KB161929

The 6th Edition Advanced Level

THE ACTUAL
감정평가실무연습
PRACTICE

For Applied Property Appraisal

PLUS 중급 Practice Tests

김사왕,김승연,황현아 편저

II
SOLUTION

會經社

제 6 판

머리말

12월의 영광 이후 감정평가 업계에 들어온지 벌써 10년이 넘었습니다. 감정평가사로서 비교적 많은 일들이 있었고 많은 것들을 배웠습니다. 현재 감정평가로서의 삶에 감사하며 자부심을 가지고 있습니다. 가장 눈부신 청년시절을 신림동 고시촌에서 열정적으로 보냈던 추억은 감정평가업계에 들어와서도 큰 힘이 되고 있습니다. 그 시절 쌓았던 지식과 우정들은 현재 삶의 대부분을 차지하고 있습니다. 이러한 점은 현재 감정평가사를 꿈꾸는 수험생들을 보면서 강사 또는 선배로서의 책임과 의무를 무겁게 느끼게 합니다. 많은 후배들이 더 어려운 상황에서 공부하며 노력하는 모습을 보면서 연민과 애정을 가질 수밖에 없었고 그들의 합격의 영광을 함께 기뻐하고 업계에서도 자리를 잡아가는 모습을 보면서 강사로서 선배로서 감사함을 느끼게 됩니다.

나름의 노력을 한다고 하지만 항상 부족했던 교재와 강의에 미안함을 전하며 이번 개정판을 집필하면서는 수험에 조금이라도 더 도움이 될 수 있는 교재가 될 수 있도록 노력하였습니다.

최근 감정평가실무 문제를 살펴보건 데 ① 순수 이론을 지양한 실제 현업에서 쟁점이 되었던 논점, ② 시대적 요청에 따른 선진 평가기법과 관련된 논점, ③ “공익사업을 위한 토지 등의 취득 및 보상에 관한 법률” 등 관계법령에 개정 취지와 그 적용과 관련된 논점, ④ 순수 계산 능력보다는 자료의 활용과 문제분석을 중시하는 논점 등이 새로운 출제경향으로 고착화되고 있습니다.

『PLUS 중급 감정평가실무연습』은 다음과 같은 내용으로 구성되었습니다.

1. 「문제편」과 「예시답안편」으로 구분하여 실질적인 연습을 위한 도구로 활용할 수 있도록 하였습니다.

2. 최근의 업계의 트랜드를 담는 수험 실무 문제를 충분히 담고자 노력하였으며, 개념의 이해를 높이기 위해 되도록 복잡한 산식이나 계산은 배제하고자 하였습니다.

3. 출제경향과 유형을 분석하여 향후 출제 가능성이 있는 논점들을 제시하였습니다. 또한, 실무문제의 출제구조를 해석하여 일정한 출제 패턴을 제시함으로써 막연한 실무의 수험 범위를 줄이고, 실전에서의 적응력을 기르기 위한 지표로서 활용하고자 하였습니다.

금번 『PLUS 중급 감정평가실무연습』의 개정과정에서 많은 시간 도움을 주신 모든 분들에게 감사의 말씀을 전합니다.
『PLUS 중급 감정평가실무연습』이 수험의 올바른 방향성을 제시하길 바라며, 여러분들의 건승을 기원합니다.

2022년 3월

편저자 씀

이 책의

차 례

Chapter 01 3방식 연습문제

Chapter 02 3방식 종합문제

Chapter 03 비가치추계 연습문제

Chapter 04 비가치추계 종합문제

Chapter 05 물건별 평가 연습문제

Chapter 06 물건별 평가 종합문제

Chapter 07 목적별 평가 연습문제

Chapter 08 목적별 평가 종합문제

Chapter 09 보상평가 연습문제

Chapter 10 보상평가 종합문제

Chapter 01

3방식 연습문제

연습문제 01 토지 3방식 30점

Ⅰ. 감정평가 개요

일반거래 목적 감정평가로 시장가치 기준, 현황평가 원칙, 개별물건기준에 따라 감정평가하였음. (기준시점 2023. 8. 31)

Ⅱ. (물음 1) 비교표준지 및 거래사례 선정

1. 공시지가(비교표준지의 선정)

대상부동산의 최유효이용은 상업지역에서의 상업용으로 판단되는바, 용도지역이 같고 상업용으로 이용되는 #4를 적정한 가격자료로써 선정하기로 함. (#1, 2는 용도지역, 이용상황이 다르며, #3은 이용상황에서 비교성이 떨어지므로 제외함)

2. 거래사례

거래사례#2는 건물과 부지의 부적응상태로 보아 최유효이용에 미달하는 것으로 판단되는바 이들을 제외하고, 이용상황, 요인비교가능성, 시점수정가능성의 측면에서 가격자료로써 적정한 거래사례#1을 선정하기로 함.

3. 분양사례

대상토지와 비교가능성이 인정되어 원가법 적용을 위한 사례로 선정함.

Ⅲ. (물음 2) 감정평가액 결정

대상물건인 토지 위에 노후화가 심한 철거예정의 건물이 소재하는바, 먼저 '토지 가격'을 산정한 뒤 철거비 등을 고려하여 감정평가액을 결정하기로 한다.

1. 토지

(1) 공시지가기준법 : 공시지가#4 기준

자료에서 제시된 2023. 1. 1 기준의 공시지가는 인근토지 매입 전을 기준으로 산정된 것인바, 매입(2023. 5. 1) 전 상황을 기준함.

$$2{,}260{,}000 \times \underset{\text{시}^{1)}}{1.01668} \times \underset{\text{지}}{1.000} \times \underset{\text{개}}{1.000} \times \underset{\text{그}}{1.2} \fallingdotseq 2{,}760{,}000\text{원/㎡}$$

1) (2023. 1. 1~2023. 8. 31 : K구 상업지역)

$$1.01237 \times \left(1 + 0.00426 \times \frac{31}{31}\right) \fallingdotseq 1.01668$$

(2) 거래사례비교법

1) 사정보정(현금등가, 2022. 12. 22 기준)

- 현금 : 340,000,000
- 대출금 : $400{,}000{,}000 \times \frac{0.1/12 \times (1+0.1/12)^{120}}{(1+0.1/12)^{120}-1} \times \frac{1.01^{100}-1}{0.01 \times 1.01^{100}} = 333{,}173{,}000$
- 전세금 : 50,000,000
- 철거비 등 : 5,000,000 - 3,500,000 ≒ 1,500,000
- 계 : 724,673,000

2) 시산가액

$$\underset{\text{사}}{724{,}673{,}000^{1)} \times 1} \times \underset{\text{시}^{1)}}{1.02730} \times \underset{\text{지}}{\frac{102}{100}} \times \underset{\text{개}^{2)}}{\frac{100}{93.4}} \times \underset{\text{면}}{\frac{1}{300}} \fallingdotseq 2{,}710{,}000\text{원/㎡}$$

1) (2022. 12. 22~2023. 8. 31 : D구 상업지역)

$$\left(1 + 0.00045 \times \frac{10}{31}\right) \times 1.02477 \times \left(1 + 0.00232 \times \frac{31}{31}\right) \fallingdotseq 1.02730$$

2) 사례평점 : $\frac{6 \times 8}{300} \times 85 + \frac{(12+6) \times 14}{300} \times 95 \fallingdotseq 93.4$

(3) 원가법(분양개발법)

1) 사례토지 거래가격(2023. 8. 31)

• 사례토지 개발계획

- 건축면적 : 256 × 0.75≒192㎡

- 연면적 : 256 × 4.5 + 192 + 50 ≒ 1,394㎡

(옥탑포함) 지상 지하 옥탑

- 분양가능면적 : (1,394 - 50) × 0.75 ≒ 1,008㎡

• 분양총수입의 현가

$2{,}200{,}000 \times 4.4 \times 144 \times \left(\frac{0.6}{1.01^6} + \frac{0.4}{1.01^{10}}\right)$ ≒ 1,292,640,000

적수비[1] 2)

1) $\frac{60 + 100 + 80 + 50 \times 4}{100} \fallingdotseq 4.4$

2) 층별분양면적 : 1,008 / 7 ≒ 144㎡

• 총비용의 현가(계 : 652,689,000)

- 공사비 : $297{,}000 \times 1{,}394 \times \left(\frac{0.25}{1.01^3} + \frac{0.25}{1.01^6} + \frac{0.5}{1.01^{10}}\right)$ ≒385,369,000

- 판매관리비 : $(2{,}200{,}000 \times 4.4 \times 144) \times 0.15 \times \left(\frac{0.4}{1.01^6} + \frac{0.6}{1.01^{10}}\right)$

≒192,359,000

- 정상이윤 : $(297{,}000 \times 1{,}394) \times 0.2 \times \frac{1}{1.01^{10}}$ ≒74,961,000

• 사례토지 거래가격

1,292,640,000 - 652,689,000 ≒ 639,951,000

2) 시산가액

$639{,}951{,}000 \times 1 \times 1.00000 \times 1.000 \times 1.000 \times \frac{1}{289}$ ≒ 2,210,000 원/㎡

사 지 개 면

(4) 토지가액 결정

토지는 「감칙」 §12① 및 §14에 따라 주된 방법에 의한 공시지가기준가액을 「감칙」 §12② 및 §11에 따라 산출한 다른 방식(거래사례비교법, 원가법)에 의한 시산가액과의 합리성을 검토하였음.

가격자료의 적정성 · 양 · 질 및 증거력, 대상물건의 성격 및 감정평가 목적, 기준가치등을 종합 고려하고, 「감칙」 §12③에 따라 공시지가를 중심으로 기타 가격을 참작하여 아래와 같이 결정.

〈2,750,000원/㎡× 200㎡ ≒ 550,000,000원〉

2. 대상부동산의 감정평가액

(1) 철거비 등을 고려한 건부감가 : (22,000 - 15,000) × 50㎡ ≒ 350,000

(2) 대상부동산 감정평가액 : 토지가격 - 350,000 ≒ 549,650,000원

Tip

① 철거비처리문제 : 대상부동산(대상)이 철거전제 부동산인 경우 나지상정가격에서 철거비를 공제하여 최종 가격결정하며, 거래사례가 철거전제 부동산인 경우 거래사례금액에 철거비를 더하여 나지상정가격으로 조정 후 비준함.

② 대상부동산과 비교표준지의 시군구가 다른 경우 감칙 제14조 제2항 제2호에 근거하여 비교표준지가 소재하는 시 · 군 · 구의 지가변동률을 적용함

연습문제 02 | 공시지가기준법 및 거래사례비교법 20점

Ⅰ. 감정평가 개요

1. 감정평가 목적 : 일반거래(시가참고) 목적
2. 평가기준 : 「감정평가사법」, 「감칙」 및 관련법령 등
3. 기준시점 : 2023년 8월 31일(「감칙」§9②)
4. 기준가치 : 시장가치(「감칙」§5①)
5. 감정평가 조건 및 검토 : 현황 지상 건축물이 소재하나 건물 멸실된 상태를 조건으로 감정평가함. 이는 합리성, 적법성, 실현가능성 인정됨.

Ⅱ. 공시지가기준법

1. 비교표준지의 선정

용도지역 · 이용상황 등이 유사한 일련번호 2를 선정한다.

2. 시점수정치

2023. 1. 1~2023. 8. 31 : $1.14625 \times \left(1 + 0.01600 \times \frac{62}{30}\right)$ ≒ 1.18415

3. 지역요인비교치 : 대등 1.000

4. 개별요인비교치

$\underset{개}{\frac{100}{101}} \times \underset{세}{\left(\frac{100}{80} \times \frac{90}{100}\right)} \times \underset{형}{\frac{100}{100}} \times \underset{도}{\frac{110}{110 \times 1.05}} \times \underset{저촉}{\frac{200}{150 + 50 \times 0.7}}$ ≒1.147

5. 그 밖의 요인 보정치 : 1.00

6. 시산가액

1,400,000 × 1.18415 × 1.000 × 1.147 × 1.00 ≒ 1,900,000원/㎡

Ⅲ. 거래사례비교법

1. 사례 선택

위치 · 물적 유사성 및 시점수정 · 사정보정가능성 등을 고려하여 사례1, 2 모두를 선택한다.

2. 사례1에 의한 비준가액

(1) 토지만의 거래가격

$380,000,000 \times \underset{금융보정}{(0.5 + 0.5/1.12)} \times \underset{사정보정}{100/95} - \underset{건물가격}{100,000,000}$

≒ 278,571,000원

(2) 비준가액

$278,571,000 \times \underset{시^{1)}}{1.09843} \times \underset{지}{\frac{105}{100}} \times \underset{개}{\frac{100}{90}} \times \underset{세}{1} \times \underset{형}{1} \times \underset{도}{\frac{110}{105}} \times \underset{면}{\frac{1}{195}}$

≒ 1,920,000원/㎡

1) 2023. 4. 1~2023. 8. 31(주거지역)

1.18415 ÷ 1.07804 ≒ 1.09843

3. 사례2에 의한 가격

(1) 사례토지의 시장가치

① B지의 증분가치배분액(A지의 단가를 χ라고 하면)

$25\chi \times \frac{3}{4} ≒ 18.75\chi$

※ 증분가치 총액 : $250 \times \frac{4}{5}\chi - \left(100\chi + 150 \times \frac{1}{2}\chi\right) ≒ 25\chi$

② 사례토지의 시장가치

$260,000,000 ≒ 150 \times \frac{1}{2}\chi + 18.75\chi$

∴ χ ≒ 2,773,000원/㎡

∴ B지의 정상거래 가격은 $2,773,000 \times \frac{1}{2}$ ≒ 1,387,000원/㎡

(2) 비준가액

$1,387,000 \times 1 \times 1.18415 \times 1 \times \frac{100}{92} \times 1 \times 1 \times \frac{110}{100}$ ≒1,960,000원/㎡

사 시 지 개 세 형 도

※ 사례토지는 합병 전 매입된 사례로서 맹지, 가장형이며, 면적비교는 단가끼리 비준하고 있으므로 생략한다.

Ⅳ. 시산가액 조정 및 감정평가액의 결정

감정평가에 관한 규칙 제12조 제1항 및 제14조에 따른 토지의 주된 방법(공시지가기준법)에 의한 시산가액을 동 규칙 제12조 제2항에 따라 다른 감정평가방식(거래사례비교법)에 의한 시산가액과 합리성을 비교한 결과 양자가 유사하고 주된 방법에 의한 시산가액의 합리성이 인정되므로 주된 방법(공시지가기준법)에 의한 시산가액으로 결정하였음.

따라서 1,900,000 × 200㎡ ≒ 380,000,000원

연습문제 03 | 한정가치, 지역요인 평점 20점

Ⅰ. (물음 1) B토지에 대한 최대매수한도액

A토지와 B토지의 병합 후 토지가격을 구하여 한도액을 제시함.

1. 병합 후 토지가액(개발법)

(1) 분양수입의 현가

$1{,}350{,}000 \times 2{,}500 \times 0.5 \times \left(\frac{1}{1.01^3} + \frac{1}{1.01^6}\right)$ ≒ 3,227,572,000

(2) 개발비용의 현가

1) 공사비 : $700{,}000 \times 3{,}120 \times \frac{1}{3} \times \left(1 + \frac{1}{1.01^3} + \frac{1}{1.01^6}\right)$ ≒ 2,120,399,000

2) 판관비 : $1{,}350{,}000 \times 2{,}500 \times 0.01 \times 0.5 \times \left(\frac{1}{1.01^3} + \frac{1}{1.01^6}\right)$ ≒ 32,276,000

3) 기업이윤 : $1{,}350{,}000 \times 2{,}500 \times 0.1 \times \frac{1}{1.01^6}$ ≒ 317,940,000

4) 계 : 2,470,615,000

(3) 토지가액 : 3,227,572,000 - 2,470,615,000 ≒ 756,957,000

2. 병합 전 토지가액

(1) B토지(평가선례 기준)

900,000 × 1.06302 (시[1]) × 416 (면) ≒ 397,995,000

1) (2022. 12. 1~2023. 8. 31) : $1.00470 \times 1.04961 \times \left(1 + 0.00804 \times \frac{31}{31}\right) ≒ 1.06302$

(2) A토지 : $397{,}995{,}000 \times \frac{42}{58}$ ≒ 288,203,000

3. 최대매수한도액

756,957,000 - 288,203,000 ≒ 468,754,000

Ⅱ. (물음 2) 한정가치(B토지)

1. 증분가치

756,957,000 (병합 후) - 288,203,000 (A토지) - 397,995,000 (B토지) ≒ 70,759,000

2. 배분율(구입한도액비 기준)

$$\frac{756{,}957{,}000 - 288{,}203{,}000}{(756{,}957{,}000 - 288{,}203{,}000) + (756{,}957{,}000 - 397{,}995{,}000)} ≒ 56.6\%$$

3. B토지 한정가치

397,995,000 + 70,759,000 × 0.566 ≒ 438,045,000

Ⅲ. (물음 3) X지역의 지역평점

1. X지역 내 표준적 획지 선정

최유효이용인 A · B의 병합 후 토지를 선정한다.

2. X지역의 지역평점(x)

Y지역 내 표준지공시지가를 기준한다.

$$880{,}000 \times 1.05805 \times \frac{x}{100} \times \left(\frac{1}{1.1} \times 1 \times 1\right) \times 1{,}040$$

시[1] 지 도 형 세 면

$$\fallingdotseq 756{,}957{,}000$$

$$\langle \therefore x \fallingdotseq 86 \rangle$$

1) (2023. 1. 1~2023. 8. 31) : $1.04961 \times \left(1 + 0.00804 \times \frac{31}{31}\right) \fallingdotseq 1.05805$

연습문제 04 | 한정가치, 원가법 15점 — 감정평가사 25회 기출 변형

Ⅰ. (물음 1) B토지의 적정매입가격

1. 합병으로 인한 증분가치

18,000,000,000 - 9,000,000,000 - 4,000,000,000 =5,000,000,000

2. 적정매입가격

1) 기여도 비율

$$\frac{18,000,000,000 - 9,000,000,000}{18,000,000,000 \times 2 - 9,000,000,000 - 4,000,000,000} \fallingdotseq 0.391$$

2) 결정

4,000,000,000+5,000,000,000×0.391 =5,955,000,000

Ⅱ. (물음 2) 공장

1. 재조달원가

1) 직접공사비 및 (직 · 간접공사)경비

2,000,000,000+1,000,000,000+1,000,000,000 =4,000,000,000

2) 일반관리비 : 4,000,000,000×0.05 =200,000,000

3) 이윤

(1) 이윤율 산식 : 이윤 / (직접공사비+경비+일반관리비)

(2) 결정

① 4억÷42억=9.5%로 15% 이내임

② 따라서 소유자 제시 이윤 기준 400,000,000

4) 계 4,600,000,000원

2. 감가수정

4,600,000,000×(1 - $0.1^{1 \div 20}$) =500,246,000

3. 평가액

4,600,000,000 - 500,246,000 =4,099,754,000

연습문제 05 건물 거래사례비교법 25점

Ⅰ. 감정평가 개요

본건은 건물의 감정평가액을 산정하는 것으로서, 적산가액과 비준가액을 시산·비교하여 최종 결정하기로 한다. (기준시점 : 2023. 8. 31)

Ⅱ. 원가법

1. 재조달원가

$525{,}000 \times 1 \times 1.00441 \times \frac{95}{100} \times 420 \fallingdotseq 210{,}399{,}000$

(시[1], 건개, 면)

1) 건축비지수(2023.8.31./2023.7.10.) $\frac{112+(112-109)\times\frac{8}{12}}{112+(112-109)\times\frac{6}{12}} \fallingdotseq 1.00441$

2. 적산가액

$210{,}399{,}000 \times \left(0.8\times\frac{47}{50}+0.2\times\frac{12}{15}\right) \fallingdotseq 191{,}884{,}000$

(잔[1])

1) 잔가율 : 표준적 감가수정은 정액법을 적용함

Ⅲ. 거래사례비교법

1. 사례선택

사례#1, 2는 배분법 적용이 가능한바, 사례가격현금등가에서 토지가격(거래시점)을 제외한 건물가격을 비준하여 산정함.

2. 사례#1 기준

(1) 거래가격 현금등가

① 현금지급액 $\fallingdotseq 150{,}000{,}000$

② 저당대부인수분 : $200{,}000{,}000 \times \frac{0.01\times1.01^{180}}{1.01^{180}-1} \times \frac{1.0125^{161}-1}{0.0125\times1.0125^{161}} \fallingdotseq 166{,}040{,}000$

③ 계 $\fallingdotseq 316{,}040{,}000$

(2) 사례토지가격(2023. 4. 25)

사례#1과 용도지역, 이용상황 등이 유사한 인근 공시지가#2를 기준함.

$400{,}000 \times 1.03285 \times 1 \times \frac{95}{95} \times \frac{80}{85} \times 300 \fallingdotseq 116{,}651{,}000$

(시[1], 지, 개, 도, 면)

1) (2023. 1. 1~2023. 4. 25 : 주거지역 이하 동일)

$1\times1.011\times1.009\times\left(1+0.015\times\frac{25}{30}\right) \fallingdotseq 1.03285$

(3) 사례건물가격

$316{,}040{,}000 - 116{,}651{,}000 \fallingdotseq 199{,}389{,}000$

(4) 비준가액

$199{,}389{,}000 \times 1 \times 1.00885 \times \frac{95}{98} \times 0.9688 \times \frac{420}{400} \fallingdotseq 198{,}358{,}000$

(표, 시[1], 건개, 잔[2], 면)

1) 건축비지수(2023.8.31./2023.4.25.) $\frac{112+(112-109)\times\frac{8}{12}}{112+(112-109)\times\frac{4}{12}} \fallingdotseq 1.00885$

2) 잔가율비교치 $\frac{\text{대상(가격시점)}}{\text{사례(거래시점)}} = \frac{0.8\times\frac{47}{50}+0.2\times\frac{12}{15}}{0.8\times\frac{48}{50}+0.2\times\frac{13}{15}} \fallingdotseq 0.9688$

3. 사례#2 기준

(1) 거래가격 현금등가

$300,000,000 \times \left(\frac{1}{2} + \frac{1}{2} \times \frac{1}{1.15}\right)$ ≒ 280,435,000

(2) 사례토지가격(2023. 5. 13)

사례#2와 용도지역, 이용상황 등이 유사하며 비교가능성이 가장 큰 공시지가 #5을 기준함.

$435,000 \times 1.03974 \times 1 \times \frac{100}{95} \times \frac{75}{75} \times 240$ ≒114,262,000

시[1] 지 개 도 면

1) (2023. 1. 1~2023. 5. 13) : $1 \times 1.011 \times 1.009 \times 1.015 \times \left(1 + 0.01 \times \frac{13}{31}\right) \fallingdotseq 1.03974$

(3) 사례건물가격 : 280,435,000 - 114,262,000 ≒ 166,173,000

(4) 비준가액

$166,173,000 \times 1 \times 1.00885 \times \frac{95}{99} \times 0.969 \times \frac{420}{336}$ ≒194,854,000

표 시[1] 건개 잔[2] 면

1) 건축비지수(2023.8.31./2023.5.13.) $\dfrac{112 + (112 - 109) \times \frac{8}{12}}{112 + (112 - 109) \times \frac{4}{12}} \fallingdotseq 1.00885$

2) 잔가율비교치 $\dfrac{\text{대상(가격시점)}}{\text{사례(거래시점)}} = \dfrac{0.8 \times \frac{47}{50} + 0.2 \times \frac{12}{15}}{0.8 \times \frac{48}{50} + 0.2 \times \frac{13}{15}} \fallingdotseq 0.969$

4. 비준가액결정

• 사례#1기준가격 : 198,358,000 • 사례#2기준가격 : 194,854,000

상기와 같이 건물의 비준가액이 산정되었다. 상호 유사한 값을 보이는바, 최근의 사례인 사례#2에 중점을 두어 195,000,000원으로 결정함.

Ⅳ. 건물의 감정평가액

1. 적산가액 ≒ 191,884,000

2. 비준가액 ≒ 195,000,000

3. 시산가액 조정 및 감정평가액 결정

감칙§12① 및 §15에 의거 건물은 원가법을 주된 방법으로 하되, 감칙§12②에 따라 다른 감정평가방법에 의한 시산가액을 산출하였음.

비준가액은 시장성을 반영하는 유용성이 있으나 건물만의 정상적 거래사례의 포착이 어렵고, 수익가액은 수익성 부동산으로서 대상의 성격에 부합하나, 적용 환원율 및 건물가격 배분과정에 주관개입 소지가 있음.

따라서, 감칙§12③에 따라 주된 방법에 따른 원가법을 기준하되, 다른 감정평가방식으로 산출한 시산가액을 참작하여 192,000,000원으로 결정함.

연습문제 06 매매사례(대쌍)비교법 10점

Ⅰ. 감정평가 개요

대상부동산의 현재의 시산가치를 구하는 것으로서, 비교매매사례를 연속수정법에 의해 수정한 후, 시산가치의 범위를 결정한다.

Ⅱ. 비교매매사례의 수정

(단위 : 만원)

구 분	A	B	C
매매가격	16,000	17,000	16,500
시장상황(시점수정)	× 1.05	× 0.95	× 0.95
건축골조	950	950	950
상태	–	1,000	–
획지크기	–	1,000	–
1층 방수	1,000	–	–
2층 방수	–	–	1,000
3층 방과 욕실	1,500	–	1,500
2층 욕실	–	700	–
1층 세탁실	–	–	400
부엌개량	− 600	–	–
배관시설개량	− 400	− 400	− 400
시산가치	19,250	19,400	19,125

Ⅲ. 시산가치의 범위

19,125만원~19,400만원

연습문제 07 토지 개발법 40점

Ⅰ. 감정평가 개요

대상물건은 현황 택지후보지의 일반거래 목적의 감정평가로서, 공시지가기준가액, 비준가액, 적산가액을 산정한 후, 감정평가액을 결정.

(기준시점 2023년 8월 31일)

Ⅱ. 공시지가기준법

1. 비교표준지 선정

용도지역 및 이용상황 등을 고려하여 공시지가 #1 선정함.

2. 시산가액

$367,000 \times 1.00000 \times 1 \times \frac{100}{97} \times 1.2$ ≒ 454,000원/㎡

(시 지 개 그)

1) (2023. 1. 1~2023. 8. 31 : 주거지역)

Ⅲ. 거래사례비교법

1. 사례의 선택

위치, 물적 유사성 및 시점수정, 사정보정가능성 등을 고려하여 사례1 선정.

2. 시산가액

$1,800,000,000 \times 1 \times 1.00000 \times \frac{92}{100} \times \frac{100}{103} \times \frac{1}{3500}$ ≒ 459,000원/㎡

(사 시[1] 지 개 면)

1) (2023. 4. 1~2023. 8. 31 : 주거지역)

Ⅳ. 원가법(개발법)

1. 개요

(1) 유효택지면적 : 3,000 × (1 - 0.4) ≒ 1,800㎡

(2) 분양획지수 : 1,800 ÷ 200㎡ ≒ 9획지(주거용 6획지, 상업용 3획지)

2. 분양수입의 현가

(1) 상업용획지의 가격

① 공시지가기준가액(용도지역, 이용상황 등 고려하여 기호4)

$828,000 \times 1.00000 \times \frac{97}{100} \times \frac{100}{105} \times 1.2$ ≒918,000원/㎡

(시 지 개 그)

② 수익가액

a. 사례 적부판정 : 위치, 물적유사성, 시점수정 및 사정보정의 가능성, 계약내용의 유사성 등을 고려할 때 적합함.

b. PGI : 1,000,000 × 12 + 100,000,000 × 0.1 ≒ 22,000,000원

c. OE

- 감가상각비 : 53,726,000 × 1/50 ≒ 1,075,000원
- 유지관리비 : 53,726,000 × 0.03 ≒ 1,612,000원
- 공조공과 : 50,000 × 12 ≒ 600,000원
- 손해보험료 : $750,000 \times \frac{0.12 \times 1.12^3}{1.12^3 - 1}$ ≒ 312,000원
- 공실손실상당액 ≒ 500,000원
- 합계 ≒ 4,099,000원

d. NOI : PGI − OE ≒ 17,901,000원

e. 토지귀속 NOI

17,901,000 − 53,726,000 × 46/50 × 0.08 ≒ 13,947,000원
(건물귀속NOI: 53,726,000 × 46/50 × 0.08)

f. 대상의 기대 NOI

$13{,}947{,}000 \times 1 \times 1 \times \frac{97}{100} \times \frac{100}{103} \times \frac{200}{200}$ ≒ 13,135,000원
(사 시 지 개 면)

g. 수익가액

$13{,}135{,}000 \div 0.07 \times \frac{1}{200}$ ≒ 938,000원/㎡

③ 결정

공시지가기준가액이 918,000원이며, 수익가액이 938,000원으로 구해진바, 감칙§12 및 §14 근거 925,000원으로 결정한다.

(2) 주거용 획지 가격

① 공시지가기준가액

a. 비교표준지 : 용도지역 및 이용상황 등을 고려하여 기호2를 선정.

b. 시산가액(단가)

$689{,}000 \times 1.00000 \times 1 \times \frac{100}{95} \times 1.2$ ≒ 870,000원/㎡
(시 지 개 그)

② 비준가액

a. 사례의 선정 : 위치, 물적 유사성 및 시점수정. 사정보정가능성 등 고려 #2 선정

b. 비준가액(단가)

$152{,}000{,}000 \times 1 \times 1.00000 \times 1 \times \frac{100}{97} \times \frac{1}{180}$ ≒ 871,000원/㎡
(사 시[1] 지 개 면)

1) (2023. 7. 1~2023. 8. 31 : 주거지역)

③ 결정

공시지가기준가액이 870,000원/㎡, 비준가액이 871,000원/㎡으로 각각 시산되었으므로, 주된 방법에 의한 공시지가기준가액이 다른 방식에 의한 시산가액과 유사하여 합리성이 인정되는 바 870,000원/㎡로 결정한다.

(3) 조성택지의 가격

(925,000 × 3 + 870,000 × 6) × 200 ≒ 1,599,000,000원

(4) 현가액

$1{,}599{,}000{,}000 \times (0.2/1.01^{7} + 0.3/1.01^{8} + 0.5/1.01^{10})$

≒ 1,465,055,000원

3. 개발비용의 현가

(1) 조성비 : $5{,}000 \times 3{,}000㎡ \times 0.5 \times (1/1.01^{4} + 1/1.01^{5})$

≒ 14,343,000원

(2) 공공시설부담금 : $100{,}000 \times 9 \div 1.01^{3}$ ≒ 874,000원

(3) 판매관리비 : 1,465,055,000 × 0.03 ≒ 43,952,000원

(4) 업자이윤 : 1,465,055,000 × 0.05 ≒ 73,253,000원

(5) 합계 ≒ 132,422,000원

4. 시산가액

$(1,465,055,000 - 132,422,000) \times \frac{1}{3000}$ ≒ 444,000원/㎡

Ⅴ. 시산가액 조정 및 감정평가액의 결정

1. 공시지가기준가액 : 454,000원/㎡

2. 비준가액 : 459,000원/㎡

3. 적산가액 : 444,000원/㎡

4. 감정평가액의 결정

감정평가에 관한 규칙 제12조 제1항 및 제14조에 따른 토지의 주된 방법(공시지가기준법)에 의한 시산가액을 동 규칙 제12조 제2항에 따라 다른 감정평가방식(거래사례비교법, 원가법)에 의한 시산가액과 합리성을 비교한 결과 양자가 유사하고 주된 방법에 의한 시산가액의 합리성이 인정되므로 주된 방법(공시지가기준법)에 의한 시산가액으로 결정하였음. (감정평가법§3, 감칙§14)

454,000 × 3,000 ≒ 1,362,000,000원

연습문제 08 토지 3방식 30점

Ⅰ. 감정평가 개요

대상토지 상에는 노후화된 철거예정의 건물이 있어서 건부감가요인이 존재하는바, 건축물이 없는 상태의 토지가격을 산정 후 건부감가를 고려하여 감정평가액을 결정. (기준시점 2023.9.1.)

Ⅱ. 토지가액

1. 공시지가기준법

대상부동산의 최유효이용안과 동일한 용도이며, 용도지역이 유사한 #4를 택함.

$$2{,}400{,}000 \times 1.05367 \times \frac{100}{100} \times \frac{100}{95} \times \frac{100}{104} \times 1 \quad ≒ 2{,}560{,}000원/㎡$$

(시[1], 지, 개, 도, 그)

1) (2023. 1. 1~2023. 9. 1 : 상업지역)

2. 거래사례비교법

(1) 사례가격 현금등가(2022. 6. 30)

① 현금지급액 ≒ 1,770,000,000

② 저당대부액 : $500{,}000{,}000 \times \left[0.145 \times \frac{1.12^4 - 1}{0.12 \times 1.12^4} + \frac{1}{1.12^4}\right]$ ≒537,967,000

③ 현금등가(합계) ≒ 2,307,967,000

(2) 사례건물가격

$$679{,}210 \times 1.00980 \times \left(0.6 \times \frac{49}{50} + 0.4 \times \frac{19}{20}\right) \times 1{,}800 \quad ≒ 1{,}195{,}054{,}000$$

(시[1], 잔가율, 면)

1) 건축비지수 (2022.6.30/2021.5.1) $\dfrac{100 + (103 - 100) \times \frac{6}{6}}{100 + (103 - 100) \times \frac{4}{6}}$ ≒1.00980

(3) 사례토지가격(2022. 6. 30)

2,307,967,000 - 1,195,050,000 ≒ 1,112,917,000

(사례건물가격)

(4) 시산가액(비준가액)

$$1{,}112{,}917{,}000 \times 1 \times 1.12575 \times \frac{105}{100} \times \frac{100}{106} \times \frac{100}{104} \times \frac{1}{450}$$

(사, 시[1], 지, 개, 도, 면)

≒ 2,652,000원/㎡

1) (2022. 6. 30~2023. 9. 1 : 상업지역)

3. 원가법(개발법)

(1) 분양수입의 현가

① 총분양수입

- 분양가능면적 : 2,000 × 0.6≒1,200㎡(각 층 240㎡)

- 층별효용비(인근지역의 표준적 임대료내역 사용)

층	1	2	3	4, 5
실질임대료(원/㎡)	447,759	298,672	249,398	237,398
층별효용비	100	67	56	53

• 총분양수입

$@4,150,000$원/㎡ × 1[1] × $\left(\frac{100}{100} + \frac{67}{100} + \frac{56}{100} + \frac{53}{100} \times 2\right) \times 240$㎡

(1층, 2층, 3층, 4, 5층)

≒ 3,276,840,000

1) 격차보정 : 분양사례와 대상1층의 분양가는 동일함.

② 분양수입의 현가

$3,276,840,000 \times \left(\frac{0.2}{1.01^6} + \frac{0.3}{1.01^9} + \frac{0.5}{1.01^{12}}\right)$ ≒ 2,970,244,000

(2) 개발비용의 현가

① 건축공사비의 현가

$1,526,568,000 \times \left(\frac{0.2}{1.01^2} + \frac{0.3}{1.01^6} + \frac{0.5}{1.01^{10}}\right)$ ≒ 1,421,718,000

② 판매관리비의 현가

$3,276,840,000 \times 0.065 \times 0.5 \times \left(\frac{1}{1.01^6} + \frac{1}{1.01^{12}}\right)$ ≒ 194,836,000

(3,276,840,000: 총분양수입)

③ 개발비용의 현가(계) ≒ 1,616,554,000

(3) 시산가액

$(2,970,244,000 - 1,616,554,000) \times \frac{1}{500}$ ≒ 2,707,000원/㎡

4. 토지 감정평가액 결정

• 공시지가기준법 : 2,560,000원/㎡

• 거래사례비교법 : 2,652,000원/㎡

• 원가법 : 2,707,000원/㎡

토지의 감정평가는 「감칙」§12① 및 §14에 따라 주된 방법에 의한 공시지가기준가액을 「감칙」§12② 및 §11에 따라 산출한 다른 방식(거래사례비교법, 원가법)에 의한 시산가액과의 합리성을 검토한 결과, 거래사례비교법에 의한 시산가액과 유사성이 있고 원가법에 의한 시산가액에 의해 합리성이 인정되는바, 토지의 주된 방법에 의해 산정된 가액을 기준으로 토지가격을 결정함. (감정평가법§3, 감칙§14)

Ⅲ. 대상부동산 감정평가액 결정

(2,560,000 × 500) - (100,000 × 100) ≒ 1,270,000,000

(2,560,000 × 500: 나지상정 토지가격; 100,000 × 100: 철거비(개량물))

연습문제 09 | 개발법에 따른 타당성 25점

Ⅰ. 개요

기준시점 2023년 8월 1일을 기준으로 당해 택지개발사업의 타당성을 검토하기 위해, 분양가격의 현가와 개발비용의 현가를 비교하여 타당성 여부를 결정한다.

Ⅱ. 분양수입의 현가

1. 개요

(1) 유효택지면적 : 5,500 × (1 - 0.35) ≒ 3,575㎡

(2) 필지수 : 3,575 ÷ 200 ≒ 17.875(200㎡ 필지 17개와 175㎡ 필지 1개)

2. 분양단가의 결정(필지당)

(1) 공시지가기준가액(용도지역 · 이용상황 · 면적 등을 고려한 기호1)

400,000 × 1.03279 × 1 ×100/98 ×80/95 × 1 ≒ 355,000원/㎡

시[1] 지 개 도 그

1) 2003. 1. 1~2023. 11. 1

(2) 비준가액(이용상황 · 면적 등을 고려하여 기호2)

90,000,000 × 1 × 1.01794 × 1 × 1 × 80/100 × 200/200

사 시 지 개 도 면

≒ 73,292,000원(366,000원/㎡)

(3) 결 정

대상부동산의 목적이 타당성 검토라는 점을 고려하여 현실의 시장성이 고려된 비준가액을 반영하여 360,000원/㎡으로 결정한다.

3. 분양수입의 현가

(1) 명목가격

360,000 × 200 × (17 + 1 × 175/200 × 0.9) ≒ 1,280,700,000원

(2) 현가

1,280,700,000 × $(1/3 \times 1/1.01^4 + 2/3 \times 1/1.01^5)$ ≒ 1,222,604,000원

Ⅲ. 개발비용의 현가

1. 소지가격

(1) 공시지가기준법(용도지역 · 이용상황 등을 고려하여 기호3)

100,000 × 1.01929 × 1 × 98/101 × 80/85 × 1 ≒ 93,000원/㎡

시 지 개 도 그

(2) 거래사례비교법(용도지역 · 이용상황 등을 고려하여 사례 3)

$375{,}000{,}000 \times \frac{100}{90} \times 1.00463 \times \frac{98}{100} \times \frac{98}{100} \times \frac{1}{4000}$ ≒ 101,000원/㎡

사 시 지 개 면

(3) 결정

시장성이 반영된 비준가액에 중점을 두어 100,000원/㎡으로 결정한다.

따라서 100,000 × (5,000 + 500 × 0.7)㎡ ≒ 535,000,000원

※ 해당 사업의 완공을 전제로 기부채납하는 도시계획시설을 고려하면 별도 감가 없이 산정도 가능함.

2. 조성공사비 및 일반관리비

$(95,000 \times 5,500 + 1,280,700,000 \times 0.05)/1.01^3$ ≒ 569,285,000원

3. 개발이윤

$(1,280,700,000 \times 0.1)/1.01^5$ ≒ 121,854,000원

4. 개발비용의 현가

1 + 2 + 3 ≒ 1,226,139,000원

Ⅳ. 타당성 검토

1. NPV

1,222,604,000 - 1,226,139,000 ≒ - 3,535,000원

2. 검토

NPV < 0인 바 개발의 타당성이 없는 것으로 판단된다.

Tip 〈문 : 대상의 토지가격을 결정하시오〉의 경우 목차

Ⅰ. 감정평가 개요
Ⅱ. 공시지가기준법(공#3기준)
Ⅲ. 거래사례비교법(사례#3기준)
Ⅳ. 원가법(개발법)
  1. 개요
  2. 분양단가 결정
    (1) 공시지가기준(공#1기준)
    (2) 비준가액(사례#2기준)
    (3) 결정
  3. 분양가격의 현가
  4. 개발비용의 현가
    (1) 조성공사비 및 일반관리비
    (2) 개발이윤
    (3) 개발비용의 현가
  5. 적산가액 : (3. - 4.)
Ⅴ. 시산가액 조정 및 결정

연습문제 10 감가상각(시장추출법) 15점

감정평가사 10회 기출

Ⅰ. 발생감가액 산출방법

1. 비교가능 거래사례로부터 토지가격을 차감하여 건물 가격을 추계한다.

2. 사례건물의 기준시점 현재의 재조달원가를 추계한다.

3. 2에서 1을 차감하면 발생감가 총액이 추계된다.

4. 위 3의 발생감가액을 사례의 재조달원가 대비 비율로 나타내면 발생감가율이 추계된다.

5. 위 4를 경과년수로 나누면 연간 발생감가율이 추계된다.

6. 대상건물의 재조달원가에 연간 발생감가율과 경과연수를 곱한다.

Ⅱ. 연간감가액, 연간감가율

1. 사례 건축물 가격

540,000,000 - 700,000 × 360 ≒ 288,000,000

2. 사례 건물과 구축물 가격

x + 420,000,000 × 0.1 × 0.5 ≒ 288,000,000(x : 건물가격)

x ≒ 267,000,000

267,000,000 ÷ 300 ≒ @890,000원/㎡

3. 사례의 연간감가액

(1) 건물재조달원가 : 420,000,000 × 0.9 × $\frac{1}{300}$ ≒ 1,260,000원/㎡

(2) 연간감가액 : (1,260,000 - 890,000) ÷ 10(년) ≒ 37,000원/㎡

4. 연간감가율

37,000 ÷ 1,260,000 ≒ 2.94%

5. 대상의 연간 감가액

1,260,000 × 0.0294 ≒ 37,000원/㎡

〈× 300 = 11,100,000원〉

연습문제 11 시장추출법 및 분해법 30점

Ⅰ. 감정평가 개요

대상건물의 기준시점(2023. 6. 1) 현재 재조달원가에서 적정 감가상각액을 공제하여 건물의 감정평가액을 산정하기로 한다.

Ⅱ. (물음 1) 재조달원가

(자료 2)는 준공시점(2019. 6. 1)을 기준으로 하는바 이에 대한 항목조정과 시점수정을 행한다.

1. 적정원가(2019. 6. 1)

(1) 직접비

379,450,000 -(1,050,000 + 2,000,000) ≒ 376,400,000

울타리 조경[1]

1) 대상 건물평가와는 무관한 구축물부분이므로 제외함.

① 주체부분

297,950,000 - (1,050,000 + 2,000,000) ≒ 294,900,000(78.3%)

② 부대부분 ≒ 81,500,000(21.7%)

(2) 적정원가

376,400,000 × (1 + 0.3) ≒ 489,320,000

간접비 · 기업이윤

2. 재조달원가

489,320,000 × 1 × 1.12551 ≒ 550,735,000

사 시[1]

1) (2019. 6. 1~2023. 6. 1 : 건축비상승률) : 1.03^4≒1.12551

Ⅲ. (물음 2) 감가수정 및 감정평가액 결정

1. 거래사례비교법(시장추출법)

(1) 사례건물가격(기준시점)

920,000,000 - @ 1,050,000 × 450 ≒ 447,500,000

거래가격 사례토지가격

(2) 발생감가액

550,735,000[1] - 447,500,000 ≒ 103,235,000

사례건물가격

1) 대상과 동일하다고 간주함.

2. 분해법

(1) 물리적 감가(계 : 67,651,000)

① 치유가능 : 900,000 + 850,000 ≒ 1,750,000

재도장 누수보수

② 치유불능

• 주체 : 550,735,000 × 0.783 × $\frac{4}{50}$ ≒ 34,498,000

• 부대 : (550,735,000 × 0.217 - 1,750,000) × $\frac{4}{15}$ ≒ 31,403,000

(2) 기능적 감가(계 : 32,363,000)

① 공기조화설비

- 타당성 검토 : 500,000 × 7.5 > 1,500,000 ∴ 타당성 있음.
- 치유가능과소설비 : 1,500,000 - 1,300,000 ≒ 200,000

② 전기설비

- 타당성 검토 : 600,000 ÷ 0.105 > 2,200,000 ∴ 타당성 있음.

  (r_B)

- 치유가능대체설비 : 2,000,000 × $\frac{11}{11+4}$ +2,200,000 - 2,050,000

  ≒1,617,000

③ 유류보일러

- 타당성 검토 : 250,000 × 7.5 > (2,000,000 - 500,000) ∴ 타당성 있음.
- 치유가능대체설비 : 1,100,000 × $\frac{11}{11+4}$ +(2,000,000 - 500,000) - 1,200,000

  ≒1,107,000

④ 승강기

- 치유불능과소설비 : 2,500,000 × 7.5 - 5,000,000 ≒ 13,750,000

⑤ 층고

- 치유불능과대설비 : 15,500,000 × $\frac{50-4}{50}$ + $\frac{150,000}{0.105}$ ≒ 15,689,000

(3) 경제적 감가(외부적 감가)

160,000 ÷ 0.0819 × 0.486 ≒ 949,000

(R_o[1]) (건물비율)

1) 종합환원율(R_o) = 0.514* × 0.06 + 0.486 × 0.105 ≒ 0.0819 (0.06: r_L, 0.105: r_B)

* 토지 · 건물 가격비율(거래사례)

토지 : 건물 = $\frac{472,500,000}{920,000,000}$: $\frac{447,500,000}{920,000,000}$ = 0.514 : 0.486

(4) 감가액(합계)

67,651,000 + 32,363,000 + 949,000 ≒ 100,963,000

(물리) (기능) (외부)

3. 감가수정액 결정

시장추출법에 의해서 103,235,000원, 분해법에 의해서 100,963,000원의 발생감가액이 추계되었는바 대상 건물에 대한 세부적 · 과학적 접근으로부터 추계된 후자를 중심으로 101,000,000원으로 결정함.

4. 건물의 감정평가액

550,735,000 - 101,000,000 ≒ 449,735,000원

(재조달원가) (감가수정액)

연습문제 12 분해법 30점

Ⅰ. 감정평가 개요

복합부동산의 일반거래 목적 감정평가로 시장가치기준, 현황평가 하되, 개별물건기준 원칙에 따라 토지는 공시지가기준법, 건물은 원가법에 의하여 감정평가함. (기준시점 2023. 8. 1)

Ⅱ. 토지가액

1. 비교표준지 선정

일반주거지역 내의 주거용으로서 면적, 방위의 유사성이 인정되는 기호1 선정함.

2 시점수정치(지가변동률, 2023. 1. 1~2023. 8. 1 : 주거지역) :

1.05421 × (1 + 0.00984 × 1/31) ≒1.05454

3. 개별요인비교치

1.15 × 1/(0.5 + 0.5 × 0.7) × (1 - 0.19) ≒1.096

도 행정(저촉보정) 기타 조건

※ 토지의 경제적 감가는 이미 공시지가에 반영되었다고 보아 고려치 않음.

4. 토지가액

1,300,000 × 1.05454 × 1.000 × 1.096 × 1.00 ≒ 1,500,000원

시 지 개 그

〈×400≒600,000,000원〉

Ⅲ. 건물가액(감칙§15)

1. 재조달원가

(1) 주체부분 : 143,110,000 × 1.27 × 1.17085[1] ≒ 212,802,000원

1) (건축비변동률)

(2) 부대부분 : 41,120,000 × 1.27 × 1.17085 ≒ 61,145,000원

(3) 합계 : (1) + (2) ≒ 273,947,000원

2. 감가수정

(1) 물리적 감가

① 회복가능 ≒ 900,000원

② 회복불가능

a. 부대항목

4,023,000 × 3/20 + 7,878,000 × 3/25 + (61,145,000 - 4,023,000

배 전

- 7,878,000 - 900,000) × 3/15 ≒11,218,000원

b. 주체항목 : 212,802,000 × 3/50 ≒ 12,768,000원

③ 물리적 감가합 : ① + ② ≒ 24,886,000원

(2) 기능적 감가

① 전기시설

a. 타당성검토

$187,000 \times \frac{1.1^{12}-1}{0.1 \times 1.1^{12}}$ - (1,250,000 - 100,000) > 0(치유가능)

※ 15년으로 편익의 타당성평가 및 건물환원율로 영구환원도 가능함.

b. 감가액

800,000 × 12/15 + (1,250,000 - 100,000) - 790,000 ≒ 1,000,000원

기발 　　　　　　　　치 　　　　　　신

② 난방설비

a. 타당성검토

$150,000 \times \frac{1.1^{12}-1}{0.1 \times 1.1^{12}}$ - (2,400,000 - 200,000) < 0(치유불가능)

b. 감가액

$150,000 \times \frac{1.1^{12}-1}{0.1 \times 1.1^{12}}$ - 600,000 ≒ 422,000원

※ "기존재조달원가 – 발생감가"를 가산한다는 견해도 있음.

③ 층고(물리적 회복불가능으로 판단함)

$2,000 \times 960 \times 47/50 + 500,000 \times (1.1^{47} - 1)/(0.1 \times 1.1^{47})$

≒ 6,748,000원

※ 500,000원을 0.125로 영구환원하는 방법도 가능함.

④ 냉방시설

a. 타당성검토 : 1,000,000 × 7 - 6,000,000 > 0(치유가능)

b. 감가액 : 6,000,000 - 4,000,000 ≒ 2,000,000원

⑤ 합계 : ① + ② + ③ + ④ ≒ 10,170,000원

(3) 경제적 감가

121,000 × (1 - 0.45) ÷ 0.086[1] × 0.4 ≒ 310,000원

NOI 　　　　　　　건물비율

1) 종합환원율 : 0.6 × 0.06 + 0.4 × 0.125 ≒ 0.086

(4) 감가총액 : (1) + (2) + (3) ≒ 35,366,000원

3. 건물가액

273,947,000 - 35,366,000 ≒ 238,581,000원

Ⅳ. 대상부동산 감정평가액

600,000,000 + 238,581,000 ≒838,581,000

토지 　　　　건물

연습문제 13 지역요인비교, 표준지선정, 그 밖의 요인 보정 40점

Ⅰ. 감정평가 개요

1. 감정평가 목적 : 일반거래(시가참고) 목적

2. 평가기준 : 「감정평가사법」, 「감칙」 및 관련법령 등

3. 기준시점 : 2023년 9월 5일(「감칙」§9②)

4. 기준가치 : 시장가치(「감칙」§5①)

5. 그 밖의 사항

① 2 이상 용도지역 : 가치를 달리하여 구분평가

② 도로 : 사실상사도는 1/3 이내 평가

Ⅱ. (물음 1) 지역평점 산정

(자료 5) 기준 지역평점 산정

1. A동 : 최유효이용인 사례기준

$(1,050,000 + 1,000,000) \times \frac{1}{2}$ ≒ 1,025,000/㎡

#1 #4

2. B동

#5와 #6은 건물가격이 포함되어 배제하고, #8은 최유효이용에 미달하여 배제함.

#7 : 532,000,000 / 400 ≒ 1,330,000/㎡

3. C동 : 최유효이용 사례를 선정함.

$(1,350,000 + 1,370,000) \times \frac{1}{2}$ ≒ 1,360,000㎡

#9 #10

4. B동(대상지역) 기준 평점

$$A : B : C ≒ \frac{1,025}{1,330} : \frac{1,330}{1,330} : \frac{1,360}{1,330}$$

≒ 77.1 : 100 : 102.3

Ⅲ. (물음 2) 비교표준지 선정

1. 처리개요

대상토지는 K시 B동 소재하는 상업용으로서, 준주거와 2종일주에 속하는바, 용도지역별로 구분함.

2. 준주거지역 부분

용도지역, 이용상황이 유사한 #1975선정. (K시 B동 소재)

3. 2종일주 부분

B동에 소재한 동일 용도지역 표준지가 없는 바, 지역요인 평점이 유사한 C동 소재 '2종일주, 상업나지'인 #1980을 선정함.

※ 상기 표준지 적용시 공법상 제한은 반영하고, 사적 부담은 반영되어 있지 않은 공시지가 상태를 고려함.

Ⅳ. (물음 3) 그 밖의 요인 보정

〈감정평가실무기준 610 토지 및 그 정착물 - 1.5.2.5 그 밖의 요인 보정〉

① 시점수정, 지역요인 및 개별요인의 비교 외에 대상토지의 가치에 영향을 미치는 사항이 있는 경우에는 그 밖의 요인 보정을 할 수 있다.

② 그 밖의 요인을 보정하는 경우에는 대상토지의 인근지역 또는 동일수급권 안의 유사지역의 정상적인 거래사례나 평가사례 등을 참작할 수 있다.

③ 제2항의 거래사례 등은 다음 각 호의 요건을 갖추어야 한다.

1. 용도지역등 공법상 제한사항이 같거나 비슷할 것
2. 이용상황이 같거나 비슷할 것
3. 주변환경 등이 같거나 비슷할 것
4. 지리적으로 가능한 한 가까이 있을 것

④ 그 밖의 요인 보정을 한 경우에는 그 근거를 감정평가서(감정평가액의 산출근거 및 결정 의견)에 구체적이고 명확하게 기재하여야 한다.

Ⅴ. (물음 4) 그 밖의 요인 보정치 산정

1. 처리개요

선정한 표준지별로 구분하여 보정치를 산정함.

2. 표준지#1975 적용분

(자료 7) 中 '준주거지역. 상업용' #2를 기준함.

(#3은 용도지역상이하여 배제)

(1) 사례기준 대상 단가

2,200,000× 1.02416 × 100/77.1 × 0.78 ≒ @2,279,453/㎡

시[1] 지 개[2]

1) (2023.2.15~2023.9.5. 주거)

2) 1.00 × 0.78 × 1.00 ≒ 0.78

도로 고저 형상

(2) 공시지가기준 대상 단가

1,550,000 × 1.02701 × 1 × 0.821 ≒ @1,306,922/㎡

시[1] 지 개[2]

1) (2023.1.1~2023.9.5 주거)

2) 1.00 × 0.78 × 1.03 × 1/(0.14×0.85+0.86×1) ≒ 0.821

도로* 고저 형상 행정

* 대상의 도로는 중로한면(통행이 불가한 4M 도로는 각지로 보지 아니함)

(3) 그 밖의 요인 보정치

(1) ÷ (2) ≒ 1.74

3. 표준지#1980 적용분

(자료 7) 中 'C동, 2종일주, 상업용' #4를 기준함.

(#5는 담보 목적으로 비교성 떨어지므로 배제)

(1) 사례기준 대상 단가

1,800,000 × 1.02621 × 0.978 × 0.749 ≒ @1,353,099/㎡

시[1] 지[2] 개[3] [4]

1) (2023.1.18~2023.9.5 주거)

2) $\left(\frac{B동}{C동}\right) ≒ \frac{100}{102.3} ≒ 0.978$

3) 0.96 × 0.78 × 1.00 ≒0.749*
도 고 형

* 대상토지의 정상적인 "垈地" 부분을 기준함.

(2) 공시지가기준 대상 단가

1,321,000 × 1.02701 × 0.978 × 0.846 ≒ 1,122,501/㎡
시(1.1 - 9.5) 지 B/C 개[1]

1) 1.08 × 0.78 × 0.97 × 1/(0.23×0.85+0.77×1) ≒ 0.846
도 고 형 행정

(3) 그 밖의 요인 보정치

(1) ÷ (2) ≒ 1.20

VI. (물음 5) 대상부동산 감정평가액

1. 토지

용도지역별 단가를 해당면적에 적용하되, 2종일주에 속하는 현황도로 5㎡에 대하여 평가목적(일반거래)을 고려하여 평가함.

(1) 준주거

1,550,000 × 1.02701 × 1 × 0.821 × 1.74 ≒ @2,270,000/㎡

〈× 350㎡ × 40% ≒ 317,800,000〉

(2) 2종일주

1) 垈地 : 1,321,000 × 1.02701 × 0.978 × 0.846 × 1.20 ≒ @1,350,000/㎡

〈 × (350㎡ × 60% - 5㎡) ≒ 276,750,000〉

2) 도로 : 1,321,000 × 1.02701 × 0.978 × (0.846 × 0.33) × 1.20

≒ @444,000/㎡

* 단가 천원미만 절사(1/3 이내) 〈 × 5㎡ ≒ 2,220,000〉

(3) 합계 ≒ 596,770,000원

2. 건물

(1) 재조달원가

(560,000 + 240,000) × (1 - 0.075) × 1.30000 × (480 + 120 × 0.8)
주체 부대 1) 시[2] 지상 지하

≒ 554,112,000

1) 배제항목 : 집기비품(3%) + 운영자금(1.5%) + 개업준비금(3%)

2) 신축시점부터 기준시점까지

(2) 건물 감정평가액(유효잔존내용년수를 기준함)

$554,112,000 \times \left(0.7 \times \frac{46}{46+4} + 0.3 \times \frac{11}{11+4}\right)$ ≒ 478,753,000

3. 대상부동산의 감정평가액

토지 : 596,770,000

건물 : 478,753,000

合計 : 1,075,523,000

연습문제 14 | 재조달원가 산정 45점

Ⅰ. 감정평가 개요

토지 · 건물의 일반거래 목적 감정평가로, 시장가치기준(감칙§5①), 현황기준 원칙(감칙§6①), 개별물건기준 원칙(감칙§7①)에 따라 감정평가함.

(기준시점은 현장조사일인 2023년 9월 3일로 적용(감칙§9②)).

Ⅱ. (물음 1) 토지의 평가

1. 공시지가기준법

지리적으로 근접하고, 용도지역, 용도지구가 동일한 #4을 선정.

(최근 공시된 2023년 公示地價를 적용)

9,000,000 × 1.00000 × 1 × 0.908 × 1.25 ≒ @10,200,000/㎡

시 지 개 그[1)]

1) 2023년 현실화율 25% 반영.

2. 거래사례비교법

(1) 사례적부

대상과 용도지역, 이용상황(나지기준)이 유사한 거래사례를 선정함.

(2) 사례금액 정상화

$14,156,000,000 \times \left(0.1 + 0.3 \times \frac{1}{1.007^6} + 0.6 \times \frac{1}{1.007^{12}} \right) + @15,000 \times 1,100$

제거비용

≒ 13,316,391,000

(3) 비준가액

$13,316,391,000 \times 1 \times 1.00000 \times 1 \times 0.876 \times \frac{1}{1,100}$ ≒ @10,600,000/㎡

3. 토지가격 결정

토지는 「감칙」§12① 및 §14에 따라 주된 방법(공시지가기준법)에 의한 시산가액을 「감칙」§12② 및 §11에 따라 산출한 다른 방식(거래사례비교법)에 의한 시산가액과의 합리성을 검토하였음.

양자의 유사성이 있어 합리성이 인정되는바, 토지의 주된 방법에 의해 산정된 가액을 기준으로 토지가격을 결정함. (감정평가법§3, 감칙§14)

〈@10,200,000/㎡ × 2,100㎡ ≒ 21,420,000,000〉

Ⅲ. (물음 2) 부대설비 보정단가 산출내역서

일련번호	단가(원/㎡)	산출내역
① 위생설비	50,000	
② 방송설비	6,000	
③ TV공시청	6,000	
④ 화재탐지	12,000	
⑤ 옥내소화전	9,230	4,000,000 × 30개 ÷ 13,000(연면적)
⑥ 스프링클러	20,920	170,000 × 1,600개 ÷ 13,000
⑦ 수변전	21,540	200,000 × 1,400KVA ÷ 13,000
⑧ 가스발전기	18,460	750,000 × 320kw ÷ 13,000
⑨ E/V	15,920	69,000,000 × 3대 ÷13,000
⑩ 냉난방설비	170,000	
합 계	330,000	

Ⅳ. (물음 3) 건물 재조달원가

도급계약서, 신축건물의 사례 및 신축단가표 등을 참고로 결정함.

1. 직접법

1,400,000 × 1.44719[1)] ≒ 2,026,100/㎡

1) 건설공사비지수(비주택. '이하 同一')

$$\frac{2023.9.3}{2015.9.1} ≒ \frac{129.5 + 5.1 \times \frac{8}{12}}{90.5 + 2 \times \frac{8}{12}}$$

2. 간접법

표준단가 부대설비

(1,380,000[1)] + 330,000) × 1.21815[2)] ≒ @2,083,000/㎡

1) 대상건물은 일반적 등급인바 '2급' 적용

2) 시점수정치 : $\frac{2023.9.3}{2020.4} ≒ \frac{129.5 + 5.1 \times \frac{8}{12}}{105.8 + 13.2 \times \frac{3}{12}}$

3. 재조달원가 결정

- 직접법 : @2,026,100/㎡
- 간접법(신축단가표기준) : @2,083,000/㎡

대상의 도급계약서를 기준한 직접법은 시간의 격차가 있어 시점수정 과정에서 적정성이 반감될 수 있고, 도급계약 외의 건물원가 구성 항목이 누락될 수 있는바, 신축사례 및 표준화된 비용자료(신축단가표)를 기준한 간접법 결과치에 비중을 두어 다음과 같이 결정함.

@2,050,000/㎡ × 13,000㎡ ≒ 26,650,000,000원(이하 'RC')

Ⅴ. (물음 4) 대상 부동산 감정평가액 결정

1. 토지 : 21,420,000,000원

2. 건물

(1) 물리적 감가

1) 치유가능(내외벽 수리) ≒ 35,000,000

2) 치유불능

① 주체 : (RC × 0.777 - 35,000,000) × $\frac{12}{55}$ ≒ 4,961,292,000

② 부대 : RC × 0.223 × $\frac{12}{20}$ ≒ 3,565,770,000

3) 計 ≒ 8,562,062,000

(2) 기능적 감가

1) 타당성검토

200,000,000 × 7.5 (PGIM) > 600,000,000 ∴ 치유가능

2) 감가액 : 600,000,000 - 520,000,000 ≒ 80,000,000

(3) 감가수정액 합계 ≒8,642,062,000

(4) 적산가액

RC - 감가누계액 ≒ 18,007,938,000원

3. 대상부동산 감정평가액 결정 (1+2) ≒ 39,427,938,000원

연습문제 15 경비내역서 15점

감정평가사 9회 기출

Ⅰ. 경비 내역서

(단위 : 만원)

1. 고정경비

(210 + 650) × 1.1 ≒ 946

보험료 재산세

2. 가변경비

13,005 × 0.08 + (120 + 720) × 1.1 + 170 + 380 + 320 ÷ 4 + 40

관리비 ※ 수선비 연료비 수도 전기 페인트 소모품

≒ 2,634.4

※ 유효PGI

① 가능PGI : (1,000 × 20 + 1,500 × 15) × 0.12 + (20 × 20 + 30 × 15) × 12 ≒15,300

② 유효PGI : 15,300 × (1 - 0.15) ≒ 13,005

주) 전형적인 공실률 적용

주) 감가상각비는 실제지출 경비 아닌바 제외, 소유자급여 관리비에 포함시킴. 이자 및 소득세, 개인적 잡비는 대상건물 운영수익과 직접 관련 없는 것으로 보아 제외.

3. 대체준비금

(35 × 50 ÷ 10) + (35 × 30 ÷ 10) + (800 ÷ 8) ≒ 380

냉장고 가스 보일러

4. 합 ≒ 3,960.4

Ⅱ. 최대 가능 저당 대부액

1. 개요

NOI을 부채감당법에 의하여 자본 환원하여 수익가액 추계 후 구한다.

2. 수익가액

(1) NOI

13,005 - 3,960.4 ≒ 9,044.6

(2) 종합환원율

$R ≒ 1.5 \times 0.6 \times \frac{0.14}{1-(1+0.14)^{-20}}$ ≒ 0.1359

(3) 수익가액

9,044.6 ÷ 0.1359 ≒66,553만원

3. 최대 가능 저당 대부액

66,553 × 0.6 ≒ 39,932만원

4. 검토

홍氏의 저당대부 신청액 7억원은 과다한 것으로 판단됨.

연습문제 16 | 환원율 15점

Ⅰ. 산출개요

주어진 자료를 바탕으로 기준시점현재 기준의 종합환원율(R_o)을 Ellwood 방식에 의하여 구하기로 한다.

Ellwood 방식 : $R_o = y - L/V \times (y + p \cdot SFF - MC) {}^{-app}_{+dep} \cdot SFF$

Ⅱ. 기본환원율

$y-(L/V)_1 \times (y+p_1 \cdot SFF - MC_1) - (L/V)_2 \times (y+p_2 \cdot SFF - MC_2)$

≒ 0.15 - 0.5 × (0.15 + 0.29697 × 0.04925 - 0.10955) - 0.25 × (0.15 + 0.47073 × 0.04925 - 0.14682) ≒ 0.11587

※ 각종 수치의 계산

- $(L/V)_1$: $\frac{1,200}{2,400} = 0.5$
- $(L/V)_2$: $\frac{600}{2,400} = 0.25$
- p_1 : $\frac{1.09^{10}-1}{1.09^{20}-1} = 0.29697$
- p_2 : $\frac{1.12^{10}-1}{1.12^{15}-1} = 0.47073$
- $MC_1 = MC_{9\%,20} = \frac{0.09 \times 1.09^{20}}{1.09^{20}-1} = 0.10955$
- $MC_2 = MC_{12\%,15} = \frac{0.12 \times 1.12^{15}}{1.12^{15}-1} = 0.14682$
- $SFF_{15\%,10} = \frac{0.15}{1.15^{10}-1} = 0.04925$

Ⅲ. 자산가치변환율

1. 토지 : 지가변동률을 적용함.

(1) 토지가치비율 : $\frac{1,800}{2,400}$ ≒ 0.75

(2) 가치변화율 : : 1.03^{10} - 1 ≒ 0.34392

2. 건물

재료비와 인건비 변동률을 적용함.

(1) 건물가치비율 : $\frac{600}{2,400}$ ≒0.25

(2) 가치변화율 :

$\left(\frac{\text{보유기간말 가치}}{\text{구입시점 가치}} - 1\right) = \left(\frac{\text{준공시}RC \times (0.6 \times 1.02^{15} + 0.4 \times 1.03^{15}) \times 35/50}{\text{준공시}RC \times (0.6 \times 1.02^{5} + 0.4 \times 1.03^{5}) \times 45/50} - 1\right)$

≒ - 0.01189

3. 자산가치변화율

Δ ≒ 0.75 × 0.34392 + 0.25 × (- 0.01189) ≒ 0.25497

Ⅳ. 종합환원율(R_o)

R_o ≒ 0.11587 (기본환원율) - 0.25497 (Δ) × 0.04925 ($SFF_{15\%,10}$) ≒ 0.10331(10.331%)

연습문제 17 지분환원율 15점

Ⅰ. 산출개요

대상부동산에 대하여 '자기자본에 대한 직접환원율'을 산정하는 것으로 "1기 지분소득($BTCF_1$)"을 "지분투자액(지분가치)"으로 나누어 구한다.

Ⅱ. 지분가치의 산정

1. 매기 지분소득($BTCF$)의 현가

(단위 : 천원)

구 분	1기	2	3	4	5	6
PGI	230,000	230,000	250,000	250,000	270,000	270,000
$V\&LA$	16,100	16,100	15,000	15,000	13,500	13,500
EGI	213,900	213,900	235,000	235,000	256,500	256,500
OE	64,170	64,170	58,750	58,750	64,125	64,125
NOI	149,730	149,730	176,250	176,250	192,375	192,375
DS[1]	115,177	115,177	115,177	115,177	115,177	
$BTCF$	34,553	34,553	61,073	61,073	77,198	
현가계수[2]	0.8696	0.7561	0.6575	0.5718	0.4972	
현가	30,047	26,126	40,156	34,922	38,383	

※ 현가합 : 169,634,000

1) $DS(\text{저당지불액}) = \dfrac{NOI}{DCR}$ (시중금융조건에 의거함.)

$\therefore\ DS = \dfrac{NOI_1}{DCR} = \dfrac{149{,}730{,}000}{1.3} = 115{,}177{,}000$

2) 적정할인율(위험조정할인율)≒R_f +위험할증률≒0.12 + 0.03 ≒ 0.15

$\therefore$ 현가계수 $= \dfrac{1}{1.15^t}$ $\quad < t = 1,\ 2,\ 3,\ 4,\ 5 >$

2. 기간말 복귀가치의 현가

$$\left[\underbrace{(192{,}375{,}000 \div 0.18)}_{\text{재매도가치}} - \underbrace{650{,}776{,}000}_{\text{저당대부액}^{1)}} \times \underbrace{\left(1 - \frac{1.12^5 - 1}{1.12^{10} - 1}\right)}_{\text{잔금비율}}\right] \times \frac{1}{1.15^5}$$

≒ 324,936,000

1) $Loan(\text{대부액}) = \dfrac{DS}{MC} = 115{,}177{,}000 \div \left(\dfrac{0.12 \times 1.12^{10}}{1.12^{10} - 1}\right) ≒ 650{,}776{,}000$

3. 지분가치(지분투자액)

169,634,000 + 324,936,000 ≒ 494,570,000

Ⅲ. 자기자본에 대한 직접환원율(R_E : 지분배당률)

$R_E ≒ \dfrac{BTCF_1}{\text{지분투자액}} = \dfrac{34{,}553{,}000}{494{,}570{,}000}$ ≒ 0.06986(6.99%)

연습문제 18 | 건물 잔여법 15점

Ⅰ. 감정평가 개요

건물의 감정평가는「감칙」§12① 및 §15에 따라 원가법을 주된 방법으로 하나 대상의 특성 등으로 인하여 다른 방식(수익환원법)으로 감정평가액을 결정함. (기준시점 : 2023년 8월 1일).

Ⅱ. 환원율

1. 기본환원율

$0.15 - 0.5\times\left(0.15+\frac{1.01^{60}-1}{1.01^{120}-1}\times\frac{0.15}{1.15^{5}-1}-\frac{0.01\times1.01^{120}}{1.01^{120}-1}\times12\right)$ ≒ 0.1348

2. 개별환원율

(1) 토지환원율 : $0.1348 - 0.2 \times 0.15/(1.15^{5} - 1)$ ≒ 0.1051

(2) 건물환원율 : $0.1348 + 5/20 \times 0.15/(1.15^{5} - 1)$ ≒ 0.1719

Ⅲ. NOI

20,000 × 600㎡ × 12(월) × (1 - 0.3) ≒ 100,800,000원

Ⅳ. 건물 귀속 NOI

1. 대상 토지 가액

(1) 사정보정

(200,000,000 - 50,000,000) × 100/90 ≒ 166,667,000원

(2) 대상 토지가액 (비준가액)

166,667,000 × 1 × 1 × 1 × 100/95 × 300/150 ≒ 350,877,000원

(사 시 지 개 면)

2. 건물 귀속 NOI

100,800,000 - 350,877,000 × 0.1051 ≒ 63,923,000원

Ⅴ. 건물 수익가액(감정평가액)

63,923,000 ÷ 0.1719 ≒ 371,861,000원

연습문제 19 조소득승수법 10점

Ⅰ. 소득접근법에 의한 건물가치

1. NOI (단위 : 만원)

(1) 가능조소득 : $(1{,}000 \times 0.08 + 20 \times 12) \times 12 + (1{,}200 \times 0.08 + 30 \times 12) \times 24$ ≒ 14,784

(2) 유효조소득 : $14{,}784 \times (1 - 0.05)$ ≒ 14,045

(3) NOI : $14{,}045 \times (1 - 0.3)$ ≒ 9,831만원

2. 건물의 가치 (단위 : 만원)

(1) 토지귀속소득 : $800 \times 45 \times 0.08$ ≒ 2,880

(2) 건물귀속소득 : $9{,}831 - 2{,}880$ ≒ 6,951

(3) 건물가치 : $6{,}951/\left(0.08 + \frac{1}{40}\right)$ ≒ 66,200만원

Ⅱ. 비용접근법에 의한 건물가치

$40{,}500 \times 3 \times \left(1 - \frac{25}{65}\right)$ ≒ 74,770만원

Ⅲ. 감가상각의 문제

상기에서 고찰한 결과 비용접근법에 의한 시산가치가 8,570만원이 크게 산정되었다. 자료가 정확하다고 볼 때, 그 차이는 미래수명법이 포착하지 못한 감가액이라고 할 것이다. 즉 건물의 경과년수에 따른 실제연수법이나 미래수명법은 물리적 감가상각 외의 감가요인을 반영하지 못한다. 따라서 그 차이는 기능적, 경제적 감가상각이라 볼 수 있다. 대상은 최유효사용이기에 비용이 과대개량된 것이라고는 볼 수 없을 것이다.

연습문제 20 | 경비, 환원율 40점

Ⅰ. 개요

대상부동산(복합부동산)의 시장가격과 교환부동산의 수익가액을 비교하여 결정(기준시점 2023. 7. 2)

Ⅱ. 대상부동산 감정평가

1. 대상물건 확정

- 가로의 연속성 고려 8M 도로 "소로한면"(세로 (불)은 각지로 보지 아니함)
- 1종일주, 주거용

2. 개별물건기준(감칙§7①)

(1) 토지(공시지가기준법)(감칙§14)

1) 비교표준지 선정 : 용도지역. 이용상황 동일 〈#1〉 선정

2) 시산가액

$1{,}200{,}000 \times 1.03832 \times 1 \times \frac{1}{1.05} \times 1$ ≒ @1,187,000/㎡

시[1]

〈× 500 ≒ 593,500,000원〉

1) C구(2023. 1. 1~7. 2 주거)

(2) 건물(감칙§15)

1) 재조달원가(건설사례기준)

$900{,}000 \times 1 \times 1 \times \frac{100}{104} \times 912$ ≒ 789,231,000

시

2) 시산가액(적산가액)

1) $\times \frac{39}{40}$ ≒ 769,500,000

(3) 개별물건기준에 의한 시산가액

(1) + (2) ≒ 1,363,000,000원

3. (일괄) 거래사례비교법(감칙§7②)

(1) 사례선정

일체적 유사법 비교가능성 있고 최유효이용인 〈사례#1〉 선정

(2) 요인비교치

1) 토지 : $1.02840 \times 1 \times \frac{1}{1.05^2} \times \frac{500}{494}$ ≒ 0.944

시[1]

1) C구(2023. 3. 10~7. 2 주거)

2) 건물

$1.03640 \times 1 \times \frac{39}{35} \times \frac{912}{880}$ ≒ 1.197

시[1]

1) 건축비상승률(2023. 3. 10~7. 2)

(3) 시산가액

$1{,}380{,}000{,}000 \times 1 \times (0.65 \times 0.944 + 0.35 \times 1.197) \times 1$

일·품

≒ 1,424,919,000

4. 대상부동산 가격 결정

대상부동산은 주거용 부동산으로 토지 건물의 복합부동산으로 일체로 거래되는 관행과 용도상 불가분 관계에 있는바 일괄 비준가액 중심 〈1,400,000,000원〉으로 결정한다.

Ⅲ. 교환부동산 평가

1. 처리방침

일반상업지역 內 상업용 15M "중로한면" 기준. 노선가상가지대로 감칙§7② 근거 (일괄) 수익환원법으로 감정평가함.

2. NOI 산정

(1) PGI

$20{,}000{,}000 \times 12 + 80{,}000{,}000 \times 0.12 + 40{,}000{,}000 \times MC(12\%\ 3)$

≒ 266,254,000

(2) 운영경비

1) 제외사항

부동산 유지관리에 직접 소요되는 비용이 아닌 것 제외.

(저당지불액, 동산세금, 소득 · 법인세, 감가상각, 인출금계정, 개인적 업무비, 소유자 급여*, 부가물 설치비, 개인잡비, 자기자금 이자)

(* 다만, 소유자 급여의 경우 직접관리하는 경우 적정급여를 관리비에 포함)

2) 경비

[15,000,000 + ··· + 3,500,000 × MC(12% 3) + 3,000,000 / 10 + 1,500,000/3 + 900,000 + 1,400,000 + 266,254,000 × (0.08 + 0.05)] × 1

(토지세, 보험료, 지붕수선, 페인트, 청소, 정상운전자금이자)

≒ 90,170,000

(3) NOI : (1) - (2) ≒ 176,084,000

3. 환원율

(1) 사례#1(물리적 투자 결합법)

$0.7 \times 0.09 + 0.3 \times \left(0.11 + \frac{1}{45}\right)$ ≒ 0.103

(2) 사례#2(부채감당법)

$\frac{87{,}000}{58{,}000} \times 0.65 \times MC(10/12,\ 300) \times 12$ ≒ 0.106

(3) 사례#3(조소득승수법)

$\frac{(1-0.15)}{850{,}000/(118{,}000-6{,}000)}$ ≒ 0.112

(4) 사례#4(Ellwood법)

$0.4 \times 0.13 + 0.4 \times MC(9\%\ 20) + 0.2 \times MC(12\%\ 15)$

$-\left[0.4 \times \frac{1.09^{10} - 1}{1.09^{20} - 1} + 0.2 \times \frac{1.12^{10} - 1}{1.12^{15} - 1}\right] \times SFF(13\%\ 10)$

$- 0.2 \times SFF(13\%\ 10)$ ≒ 0.103

(5) 사례#5(금융적 투자결합법 Kazdin)

$0.2 \times 0.12 + 0.8 \times MC(10/12\%\ 360) \times 12$ ≒ 0.108

(6) 사례#6

1) 사례 상각 후 환원율

$\frac{230}{2,100}$ - $\frac{1}{3}$ × $\frac{1}{45}$ ≒ 0.1021

2) 대상 및 사례평점

① 사례#6 : 0.2 × 100 + ⋯ + 0.25 × 100 ≒ 92

② 대상 : 0.2 × 90 + ⋯ + 0.25 × 90 ≒ 93

3) 대상 상각 후 환원율

0.1021 × $\frac{92}{93}$ ≒ 0.101

※ 평점비교시 가치와 환원율은 반비례인바 역수비교, 평균하여 결정

4) 대상 상각 전 환원율

0.101 + 0.3 × $\frac{1}{45}$ ≒ 0.108

(7) 조성법

1) 위험률

① 기대수익률(평균)

0.75 × 0.14 + 0.15 × 0.12 + 0.1 × 0.16 ≒ 0.139

② 위험률(표준편차)

$\sqrt{0.75 \times (0.14 - 0.139)^2 + \cdots + 0.1 \times (0.16 - 0.139)^2}$ ≒ 0.010

2) 환원율

0.09 + 0.010 + 0.02 + 0.015 - 0.03 ≒ 0.1050

무 위 비 관 자

(8) 종합환원율 결정

대상부동산의 구성요소로서 토지건물 및 지분저당, 시장의 금리 및 리스크, 대상과 유사한 사례의 수익과 가치의 비율 등을 종합고려하여 〈10.5%〉로 결정함.

4. 수익가액(감정평가액)

176,084,000 ÷ 0.105 ≒ 1,676,990,000

NOI 환원율

Ⅳ. 교환의사 결정

1. 대상부동산 시장가치 : 1,400,000,000원

2. 교환부동산 수익가치 : 1,676,990,000원

3. 교환의 타당성

'1' < '2'인바 주택소유자 A씨는 교환제의를 수락하는 것이 경제적으로 유리

연습문제 21 리츠 20점 감정평가사 17회 기출 변형

(물음 1) 1주당 예상 배당수익률

Ⅰ. 처리계획

1주당 예상 배당수익률은 $\frac{\text{주당배당금}}{\text{주당시가(5,000원)}}$ 이므로 이에 따라 주당 배당금을 구한다.

Ⅱ. 주당 배당금

1. PGI

(1) A부동산 PGI

19,500 × 6,000 × 12 ≒ 1,404,000,000

(2) B부동산 PGI

15,500× 3,600 × 12 ≒ 669,600,000

(3) PGI 합 ≒ 2,073,600,000

2. 영업경비 등

(1) A부동산 : 1,404,000,000 × (0.4 + 0.05 + 0.025) ≒ 666,900,000

(2) B부동산 : 669,600,000 × (0.35 + 0.05 + 0.02) ≒ 281,232,000

(3) 영업경비 합 ≒ 948,132,000

3. NOI

(1) A부동산 : PGI - OE ≒ 737,100,000

(2) B부동산 : PGI - OE ≒ 388,368,000

(3) NOI 합 : ≒ 1,125,468,000

4. 지급이자

(13,969,200,000 - 5,000 × 1,000,000) × 0.065 ≒ 582,998,000

5. 배당가능금액

(1,125,468,000 - 582,998,000) × 0.95 ≒ 515,347,000

6. 주당배당금

515,347,000 ÷ 1,000,000 ≒ 515원/주

Ⅲ. 주당 예상 배당수익률

515/5,000 ≒ 10.3%

(물음 2) 각 오피스 지분배당률

Ⅰ. 처리계획

Ross의 종합환원율은 $\frac{E}{V} \times Re + \frac{D}{V} \times i$ 임에 따라 이를 적용함.

Ⅱ. 종합환원율(NOI/P)

1. A 부동산

$\frac{737,100,000}{8,835,000,000}$ ≒8.34%

2. B 부동산

$\frac{388,368,000}{5,134,200,000}$ ≒7.56%

Ⅲ. 지분배당률

1. A 부동산

$$0.0834 = Re_A \times \frac{5,000,000,000}{13,969,200,000} + 0.065 \times \frac{8,969,200,000}{13,969,200,000}$$

$\therefore Re_A ≒ 11.64\%$

※ 지분 및 차입금 투자비율은 동일함.

2. B 부동산

$$0.0756 = Re_B \times \frac{5,000,000,000}{13,969,200,000} + 0.065 \times \frac{8,969,200,000}{13,969,200,000}$$

$\therefore Re_B ≒ 9.46\%$

Tip

① 지분배당률 ≒ $\frac{BTCF}{EQ}$ ← (지분)운영소득률

② 수익률 ≒ 운영소득률 + 자본소득률

⇒ 주당수익률≒배당수익률+주식상승률

⇒ 주식상승률이 주어지지 않아 주당수익률≒배당수익률+0

연습문제 22 미수입기간에 대한 보정 15점

2010년 일본 기출문제 반영

Ⅰ. 기본적 사항 확정

1. 대상물건의 확정

- S시 K동 1동 3 - 5, (대), 150㎡

2. 기준시점 및 기준가치 : 2023. 8. 1, 시장가치

Ⅱ. 수익환원법

1. PGI

1) 지불임대료 : (650,000 × 2 + 660,000 × 2) × 12 ≒ 31,440,000

2) 보증금운용이익 : 2,620,000 × 2월 × 0.05 ≒ 262,000

3) 권리금 상각액 : 2,620,000 × 1월 × 0.5378(mc(5%,2)) ≒ 1,409,000

4) 계 ≒ 33,111,000

2. OE

1) 수선비 : 33,111,000 × 0.05 ≒ 1,656,000

2) 유지관리 : 31,440,000 × 0.03 ≒ 943,000

3) 공조공과 ≒ 2,149,000

4) 보험 : 207,000,000 × 0.001 ≒ 207,000

5) 공실 : 33,111,000 / 12 ≒ 2,759,000

6) 건물철거적립 : 207,000,000 × 0.001 ≒ 207,000

7) 계 ≒ 7,921,000

3. NOI : 1. - 2. ≒ 25,190,000원

4. 건물귀속 NOI

207,000,000 × 0.0728 ≒ 15,070,000

5. 토지기대 NOI : 3. - 4. ≒ 10,120,000

6. 미수입기간을 고려한 토지 NOI

10,120,000 × 0.9678 ≒ 9,794,000

7. 토지 R : 5% - 0.5% ≒ 4.5%

8. 수익가액

9,794,000 ÷ 0.045 ≒217,644,000원

Ⅲ. 감정평가액 결정

토지는 감칙§12① 및 §14에 따라 주된 방법은 공시지가기법이나 감칙§12① 단서 및 §11에 따라 수익환원법에 의한 시산가액〈217,644,000원〉으로 감정평가액을 결정하였음.

Tip 미수입 기간을 고려한 NOI

일본 감정평가실무기준에서는 직접환원법에 적용되는 순수익은 영구발생을 가정할 때, 경제적 내용년수 경과 후 철거 및 신축시부터 임대 개시시점까지 수익을 발생시키지 못하는 기간을 고려하고 있음.

연습문제 23 | 개별물건기준 및 일괄감정평가 30점

Ⅰ. 감정평가 개요

토지 · 건물 개별물건기준과 일괄 수익환원법에 의한 시산가액 조정하여 결정함 (기준시점 : 2023. 6. 30)

Ⅱ. 개별물건기준

1. 토지

1) 공시지가기준법

(1) 비교표준지 선정 : 동일 도로접면(너비) #101 선정

(2) 시점수정치 : 1.00001^6 = 1.00006

(3) 지역요인 비교치 : 1.000

(4) 개별요인 비교치 : 1.000

(5) 그 밖의 요인 보정치 : 동일 도로접면(너비) 평가사례 #(2) 선정

$\frac{1,160,000 \times 1.00006 \times 1 \times 1}{1,050,000 \times 1.00006 \times 1 \times 1}$ = 1.10

(6) 시산가액 :

1,050,000 × 1.00006 × 1 × 1 × 1.10 = 1,160,000원/㎡

2) 거래사례비교법

(1) 비교사례 선정 : #1

이유 : 최근 최유효이용의 거래사례로 합리적 배분법 적용가능.

(2) 사례 건물가격

800,000 × 3,000 = 2,400,000,000

(3) 시산가액

(33억 - 24억) × 1 × 1.00003* × 1 × 1 × $\frac{1}{800}$ = 1,130,000원/㎡

* 2023. 4. 1 ~ 2023. 6. 30 : 1.00001^3

3) 토지가액결정

상기 간격간의 균형관계가 유지되고 공시지가기준가격이 시장성에 의한 가격으로 지지되는 바 1,150,000 × 1,000 = 1,150,000,000원으로 결정함.

2. 건물

1) 재조달원가(간접법)

800,000 × 1 × 1.05 = 840,000원/㎡

2) 건물단가 : 840,000 × (1 - 5/50 - 0.03) = 730,000원/㎡

3) 건물가액 : 730,000 × 3,000 = 2,190,000,000원

3. 개별물건기준에 의한 시산가액

1,150,000,000 + 2,190,000,000 = 3,340,000,000

Ⅲ. 일괄 수익환원법

1. PGI

1) 월지불임료

10,500 × 1 × 1 × 1.05 = 11,000원/m^2

〈×12월 × 2,800 = 369,600,000원〉

2) 보증금운용이익 : 200,000,000 × 0.05 = 10,000,000원

3) 보증금전환임대료

(11,000 × 10월 × 2,800 - 200,000,000) × 0.1 = 10,800,000원

4) PGI : 1) + 2) + 3) = 390,400,000원

2. NOI : PGI × (1 - 0.05 - 0.30) = 253,760,000원

3. 환원율

1) 금융적 투자 결합법 : 0.5 × 9% + 0.5 × 7% = 8%

2) 시장추출법 (투자시장 질적 평점 비교법)

(1) 사례 PGI (비교가능성 있는 사례 (3) 기준, 상각전)

20,000 × (12월 + 10월 × 0.05) × 3,000 = 750,000,000

(2) 사례 NOI : 사례 PGI × (1 - 0.05 - 0.30) = 487,500,000

(3) 사례 상각전 R : 사례 NOI / 70억 = 0.07

(4) 사례 상각후 R : 사례 상각전 R - 0.37/50 = 0.063

※ 사례 건물가격 구성비 : 0.37 = 800,000×3,200 / 70억

(5) 대상 상각후 R : 사례 상각후 R × 1.048 = 0.066

※ 평점비교(사례/대상) : 1.048 = 110 / 105

(6) 대상 상각전 R : 대상 상각후 R + 0.66 / 45 = 0.08

※ 대상 건물가격 구성비 : 0.66 = 21.9억 / 33.4억

3) 환원율 결정

대상의 금융조건, 물리적 구성요서 및 시장의 평점을 종합고려하여 대상에 적용할 환원율은 〈8.0 %〉로 결정함.

4. 수익환원법에 의한 시산가액

253,760,000÷0.08 = 3,170,000,000원

Ⅳ. 감정평가액 결정

1. 각 시산가액

개별물건기준	3,340,000,000
수익가액	3,170,000,000

2. 대상부동산의 성격

대상부동산은 수익성 부동산으로 접면도로에 따른 가치의 층화를 형성하고 있음.

3. 각 시산가액의 유용성 및 한계

1) 개별물건 기준 :

개별물건 기준은 대상 부동산의 구성요소인 토지의 적정시세와 건물의 원가를 충분히 반영하고 있고

2) 일괄 수익환원법

대상은 수익성 부동산으로서 토지 건물 일체 효용성을 반영하는 유용성을 가지고 있음.

4. 시산가액 조정 및 감정평가액 결정

1) 결정 근거

감치 제12조 1항 및 제7조1항에 따른 개별물건 기준에 의한 시산가액(주된방법)을 감칙 제12조2항 및 제7조2항에 따른 일괄 수익환원법에 의한 시산가액으로 합리성을 검토함.

2) 결정

주된 방법에 의한 시산가액은 다른 방법에 의한 시산가액보다 다소 높으나 이는 수익환원법의 일반적 한계(임대료 추정 및 환원율 결정의 어려움)에 따른 임료의 지행성 등의 사유로 적정 시장가치를 반영하는 것으로 판단되는 바 그 합리성이 인정되는 것으로 사료됨. 따라서, 주된방법에 의한 시산가액인 3,340,000,000원을 감정평가액으로 결정함.

연습문제 24 조소득승수법 15점

Ⅰ. (물음 1) 조소득 승수 결정

1. 개요

이 문제는 대상부동산의 전형적인 조소득승수를 구하는 것으로서, 가능조소득과 시장가치를 구한 후, 이를 결정한다.

2. 사례의 분석

비교부동산 A, B는 대상부동산과 점포의 크기와 질이 유사하기에 비교기준으로 사용될 수 있으나, 부동산 B의 임대소득에는 추징임대료가 포함되어 있기에 시장의 전형적인 것으로 볼 수 없어 사례A만을 비교기준으로 둔다.

3. 가능조소득 및 시장가치(대상)

(1) 가능조소득(사례A 기준) : $4,000 \times \frac{4}{5}$ ≒3,200만원

(2) 시장가치 : 3,200만원 × 8.75[1] ≒280,000,000원

1) 조소득승수 : 350,000,000 ÷ 40,000,000≒8.75(사례A 기준)

4. 조소득승수의 결정

(1) 시산 조소득승수

1) 대상 임대료 기준 : 280,000,000 ÷ 30,000,000 ≒ 9.33

2) 비교부동산 기준 : 280,000,000 ÷ 32,000,000 ≒ 8.75

(2) 결 정

대상기준 9.33, 사례기준 8.75로 산정되었는바, 대상이 장기 임대차에 공여되지 않았다면 사례기준인 8.75가 가장 적절한 조소득 승수가 된다. 즉, 대상 중 1개가 고정임대료로 10년간 임대료가 불변이기에 '현 상태에서' 대상의 전형적인 조소득승수는 8.75보다 높을 것을 예상할 수 있다. 따라서 합리적인 조소득승수는 9.33과 8.75 사이인 9.00으로 결정할 수 있다.

Ⅱ. (물음 2)

1. 지켜야 할 가정

(1) 비교매매사례의 공실률이 거의 비슷해야 한다. 비록 공실률에 약간의 차이가 있다고 하더라도, 그것이 받아들일 수 없는 정도는 아니어야 한다.

(2) 비교매매사례의 경비비율이 대체로 비슷해야 한다.

(3) 비교부동산은 비교근린지역의 유사부동산으로부터 도출된 것이어야 한다.

(4) 비교매매사례는 최근의 것으로서 지역시장의 추세를 충분히 반영하고 있어야 한다.

(5) 대상부동산은 여러 가지 점에서 비교부동산과 충분히 유사해야 한다.

2. 적용대상

상기와 같은 가정이 가장 잘 부합하는 임대용 단독주택, 소규모의 임대용 아파트, 농업용 부동산, 창고용 부동산, 기타 임대와 매매가 빈번히 이루어지는 부동산에 적용가능성이 높다.

연습문제 25 | 조소득승수법 10점

Ⅰ. 물음 1

1. 비용접근법에 의한 시산가치

4억원(토지) + 11억원(건물) ≒ 15억원

2. 소득접근법에 의한 시산가치 (단위 : 만원)

$(17,500 \times 0.65 - 40,000 \times 0.1) \ / \ (0.1 + \frac{1}{50}) + 40,000$

≒ 101,458만원

3. 최대 저당대부액

상기의 시산가치가 달리 산정되었는바, 은행입장에서는 수익력을 저당대부의 가장 중요한 지표로 생각한다. 따라서 대상부동산의 가치를 101,458만원으로 볼 것이며, 따라서 저당가능한 최대금액은 101,458×0.7≒71,021만원이 된다.

Ⅱ. 물음 2

비용접근법으로 대상부동산으로 평가하는 경우 문제점은 평가사의 주관개입이 가장 크지만, 본 건에서는 신규건물로서 비용접근법에 의한 가치가 크게 산정이 되었다는 것은 대상부동산이 과대개량되었거나 감가를 과소하게 반영하였기 때문이다.

상기의 건물에서도 물론 신축건물임에도 감가가 발생할 수 있음을 간과해서는 안된다. 즉, 신축당시 물리적 결함과 잘못된 설계 · 부적절하거나 과적절한 개량물 등은 물리적 · 기능적 감가를 유발하며, 충분히 개발되지 않은 지역에 신규건물 등을 지을 경우 등 경제적 감가를 발생할 수 있음을 감안하여 비용접근법으로 평가시 이를 반영해야 한다.

연습문제 26 조소득승수법 15점

Ⅰ. (물음 1) 치유불능 기능적 감가액

1. 임대사례분석(대쌍비교법)

(1) 사례C의 34년 경과시 월임대료 추정

1) 사례A와 사례C(보통, 복층형) :

$(4,750,000 - 4,350,000) \times \frac{1}{8}$ ≒ 50,000

2) 사례C의 월임대료(34년 경과시) : 4,350,000 - 50,000 × 2

≒ 4,250,000

(2) "형식" 차이에 따른 월임대료 손실액

4,250,000 − 4,050,000 ≒ 200,000
사례C 대상

2. 매매사례분석을 통한 "GRM(월)"의 추계

(1) 사례1 : 740,000,000 ÷ 3,300,000 ≒ 224

(2) 사례2 : 860,000,000 ÷ 3,950,000 ≒ 218

(3) 사례3 : 770,000,000 ÷ 3,500,000 ≒ 220

(4) 결정 : 상호 유사하나, 최근의 사례를 기준으로 220으로 결정함.

3. 기능적 감가액

200,000 × 220 ≒ 44,000,000
월임대료손실 GRM

Ⅱ. (물음 2) 건물의 외부적 감가액

1. 현행임대료

300,000 × 12 × 6 + 200,000 × 12 × 6 ≒ 36,000,000

2. 외부적 감가액(전체)

36,000,000 × (4.5 - 3) ≒ 54,000,000

3. 건물의 외부적 감가액

54,000,000 - 2,000,000 × 12 ≒ 30,000,000

연습문제 27 | 노선가법 5점

감정평가사 1회 기출

$1{,}000{,}000 \times 0.93 \times 0.93$ ≒ 864,900원/㎡

깊 · 체 1)

1) max[각도, 면적]

≒ max[0.93, 0.93] ≒ 0.93

연습문제 28 | 회귀분석법 5점

1. 회귀식

$Y ≒ a + b \times X$ (X : 경과년수, Y : 단가)

2. 회귀식 도출

① $\Sigma X ≒ 1 + 2 + \cdots + 10$ ≒ 55

② $\Sigma Y ≒ 5{,}170{,}000 + 5{,}440{,}000 + \cdots + 8{,}200{,}000$ ≒ 65,750,000

③ $\Sigma x^2 ≒ 1^2 + 2^2 + \cdots + 10^2$ ≒ 385

④ $\Sigma XY ≒ 1 \times 5{,}170{,}000 + 2 \times 5{,}440{,}000 + \cdots + 10 \times 8{,}200{,}000$

≒ 389,140,000

⑤ $b ≒ \frac{n\Sigma XY - \Sigma X \cdot \Sigma Y}{n\Sigma X^2 - (\Sigma X)^2}$ ≒ 333,515

⑥ $a ≒ \overline{Y} - b \times \overline{X}$ ≒ 4,740,667

3. 도출된 회귀모형 $Y ≒ 4{,}740{,}667 + 333{,}515 \times X$

4. 20년간의 지가변화율

$\frac{4{,}740{,}667 + 333{,}515 \times 31년}{4{,}740{,}667 + 333{,}515 \times 11년}$ ≒ 1.79320(약 80% 상승)

→ 기준시점(2023.1.1)의 토지가격은 회귀모형상 독립변수 중 11번째 가격이며, 20년 후의 토지가격은 독립변수 중 31번째의 가격이기 때문이다.

연습문제 29 골프장 20점

Ⅰ. 감정평가개요

1. 기준시점 및 기준가치 : 2023.1.1. 시장가치

2. 대상물건의 확정

1) 골프장 : 계획관리, 골프장, 일단지, 등록면적 1,450,000㎡

2) 제외지 : 계획관리, 임야(자연림), 산100 - 2 일부 71,250㎡

3. 감정평가방법

1) 골프장 용지

토지는 감칙 §14에 따라 공시지가기준법에 의한 시산가액을 동 규칙 §12②에 근거하여 원가법에 의한 시산가액 및 수익환원법에 의한 시산가액과 비교하여 합리성을 검토한 후 감정평가액을 결정하였음.

- 공시지가기준법은 대상토지와 가치형성요인이 같거나 비슷하여 유사한 이용상황인 골프장용지의 공시지가를 기준으로 비교하였음.

- 원가법은 소지가액에 개발비용을 더하여 산정하는 감정평가방법으로 흩당 개발비용 등 공급자 입장에서의 가치형성요인 반영에 유리하나, 과거의 값에 불과하여 가치의 정의에 부합되기 어렵다는 한계가 있음.

- 수익환원법은 장래 영업소득 및 기말 복귀가액을 할인하여 산정하는 감정평가방법으로 가치의 정의에 부합되나, 영업이익 증가율의 정확성 측면에서 한계가 있음.

2) 제외지

제외지의 경우 다른 감정평가방법의 적용이 곤란하거나 불필요한 경우에 해당한다고 판단하여 감칙§12조 2항 및 §14조 의거 공시지가기준법에 의한 시산가액으로 결정하였음.

Ⅱ. 골프장 부분

1. 공시지가기준법에 의한 시산가액

1) 비교표준지 선정 : 계획관리, 골프장 〈#1〉 선정

2) 시산가액 : 50,000×1×1×1.02×1 ≒51,000원/㎡

〈×1,450,000 = 73,950,000,000〉

2. 원가법에 의한 시산가액

1) 소지가격

① 전 부분(비교표준지 #2)

30,000×1×1×1.03×1.1 ≒34,000원/㎡

〈×10,700=363,800,000〉

② 답 부분(비교표준지 #3)

20,000×1×1×1.02×1.1 ≒22,000원/㎡

〈×6,050=133,100,000〉

③ 골프장 내 임야(비교표준지 #4)

12,000×1×1×1.01×1.2 ≒15,000원/㎡

〈×1,433,250=21,498,750,000〉

④ 계 : 21,995,650,000

2) 개발비용 : 7,500,000,000+1,400,000,000×27홀 =45,300,000,000

3) 시산가액 : 1) + 2) =67,295,650,000원(46,000원/㎡)

3. 수익환원법에 의한 시산가액

1) 매기 운영소득의 현가

2,000,000,000×3×(1 - (1.01/1.07)^10)÷(0.07 - 0.01)×1.07

=46,916,000,000원

2) 기말복귀가액 현가

2,200,000,000×3÷0.08×0.5083(10년, 7%) =41,935,000,000원

3) 시산가액 : 1) + 2) =88,851,000,000원

4. 시산가액 조정 및 감정평가액 결정

감칙§12②에 의하여 토지의 감정평가는 감칙§14에 따라 산정한 공시지가기준법에 의한 시산가액이 원가법에 의한 시산가액 보다 다소 높고, 수익환원법에 의한 시산가액 보다 다소 낮으나 공급자 중심의 원리인 원가법과 매출을 기반하여 적용된 수익환원법의 한계 점이 있어 주된 방식에 의해 산정된 가액을 기준으로 감정평가액을 결정함〈73,000,000,000원〉

Ⅲ. 제외지 가격(비교표준지 #4)

15,000×71,250 =1,068,750,000원

Ⅳ. 甲소유 토지 가격

Ⅱ. + Ⅲ =74,068,750,000원

Chapter 02

3방식 종합문제

종합문제 01 토지건물(토지 3방식) 30점

Ⅰ. 감정평가 개요

일반주거지역 내 소재하는 상업용 복합부동산의 일반거래 목적, 시장가치기준(감칙§5①), 현황평가 기준(감칙§5①), 개별물건기준(감칙§7①)에 따라 감정평가.

(기준시점 : 2023.8.25.)

Ⅱ. 물음 1 : 현장조사 확인자료

1. 개요

확인자료에는 권리태양 및 물적 사항에 관한 자료를 검토해야 한다.

2. 권리태양 확인자료

① 등기부 등본 : 토지 · 건물 등기부등본으로 소유자 및 제반권리관계 확인한다. 또한 등기부에 나타나지 않는 법정지상권 · 유치권 등에 유의한다.

② 토지이용계획확인서 : 공법상 제한 사항 확인한다.

3. 물적 사항 확인자료

지적도, 토지 · 임야대장, 건축물관리대장, 건축허가도면 등

Ⅲ. 물음 2 : 비교표준지 선정

1. 비교표준지 선정 기준(감정평가에관한규칙 제14조 제2항 제1호)

① 인근지역에 위치한 표준지로서

② 용도지역 같을 것

③ 실제지목 · 이용상황 유사할 것

④ 주위환경 유사할 것

등의 기준에 가장 적합한 하나의 표준지 선정한다.

2. 비교표준지 선정 이유

용도지역(일반주거), 이용상황(상업용), 형상(가장형) 등이 유사한 표준지#2를 선정함.(#1 : 용도지역 상이, #3 : 이용상황 상이하여 제외함)

Ⅳ. 물음 3 : 감정평가액

1. 토지

(1) 공시지가기준법

$3{,}000{,}000 \times 1.07566 \times 1 \times 1 \times 1$ ≒3,230,000원/㎡

(시[1], 지, 개, 그)

1) $1.0254 \times 1.0300 \times \left(1 + 0.0300 \times \frac{56}{91}\right)$

(2) 거래사례비교법

1) 개요

최근의 최유효이용상태 하의 거래사례임에 따라 배분법 적용한다.

2) 사례건물가액(2023. 4. 1)

$720{,}000 \times 1 \times 0.96154 \times \left(0.75 \times \frac{49}{51} + 0.25 \times \frac{14}{16}\right) \times 1 \times 8{,}100$

(사, 시[1], 잔, 개, 면)

≒5,267,528,000

1) $\frac{125}{130}$

3) 비준가액

$(11,205,000,000 - 5,267,528,000) \times 1 \times 1.04902 \times \frac{100}{102} \times 1.1 \times \frac{1}{1,980}$

사　시[1)]　지　개　면

$\fallingdotseq 3,390,000$원/㎡

1) $1.0300 \times \left(1 + 0.0300 \times \frac{56}{91}\right)$

(3) 수익환원법

1) 개요

임대사례가 대상과 최유효이용상황이 유사하다고 판단되어, 이를 기초하되 토지잔여법 활용한다.

2) 사례 토지 귀속 NOI

① PGI

$100,000,000 + 85,000,000 \times 12 + 15,000,000 \times 12 \fallingdotseq 1,300,000,000$

② OE(운영경비)

$218,459,520 + 50,000,000 + 80,000,000 + 20,000,000$
$+ 20,000,000 \fallingdotseq 388,460,000$

주) 장기차입금이자와 소득세는 대상 건물의 임대 운영과 직접 관련 없어 제외한다.

③ 상각 후 NOI : ① - ② $\fallingdotseq 911,540,000$

④ 건물 귀속 NOI

• 건물 적산가액(2023.8.25 기준)

$720,000 \times 1 \times 1 \times \left(0.75 \times \frac{45}{50} + 0.25 \times \frac{10}{15}\right) \times \frac{97}{100} \times 9,200$

사　시　잔　개　면

$\fallingdotseq 5,407,944,000$

• 건물 귀속 NOI

$5,407,944,000 \times 0.12 \fallingdotseq 648,953,000$

⑤ 사례 토지 귀속 NOI : ③ - ④ $\fallingdotseq 262,587,000$

3) 대상 토지 기대 NOI

$262,587,000 \times 1 \times 1 \times \frac{100}{85} \times 1.716 \times \frac{1}{2,100} \fallingdotseq 252,437$원/㎡

사　시　지　개[1)]　면

1) $1.20 \times 1.10 \times 1.30$

4) 대상 토지 수익가액

$252,437 \div 0.1 \fallingdotseq 2,520,000$원/㎡

(4) 토지가액

1) 토지의 감정평가는 「감칙」 §12① §14에 따라 공시지가기준법이 주된 방법으로 「감칙」 §12② 및 §11에 따라 적용한 다른 감정평가방법(거래사례비교법 및 수익환원법)에 의한 시산가액과 합리성을 검토한 결과,

2) 공시지가기준가액과 비준가액은 유사성이 인정되어 그 적정성이 지지되나, 수익가액은 규모의 차이, 임료의 지행성, 일괄수익의 잔여법으로 배분 등으로 인해 비교적 낮은가액이 산출되었음.

3) 따라서, 「감칙」 §12② 및 §12③에 따라 토지의 주된 방법에 의해 산정된 공시지가기준가액을 토지가액으로 결정함.

3,200,000 × 2,000 ≒6,400,000,000원

2. 건물(원가법「감칙」 §15)

(1) 재조달원가

대상건물의 총공사비가 제시되기는 했으나, 사정 개입되었음에 따라 최근의 표준적인 건설사례 적용한다.

$720{,}000 \times 1 \times 1 \times \frac{98}{100} \times 11{,}200$ ≒7,902,720,000

사 시 개 면

(2) 감가수정 및 적산가액

$7{,}902{,}720{,}000 \times \left(0.75 \times \frac{45}{50} + 0.25 \times \frac{10}{15}\right)$ ≒ 6,651,456,000

3. 대상부동산 감정평가액 결정

6,400,000,000 + 6,651,456,000 ≒ 13,051,000,000원

종합문제 02 토지건물 3방식 40점

감정평가사 14회 기출

(물음 1) 시장가치

Ⅰ. 감정평가 개요

감정평가 3방식에 의한 시산가액을 조정하여 대상부동산의 시장가치를 결정. 기준시점은 의뢰인 제시일 2023.8.31.임.

Ⅱ. 원가방식(감칙§7①)

1. 토지

(1) 공시지가기준법

1) 비교표준지 선정

① 선정 : #1

② 이유 : 용도지역, 이용상황 등이 유사함

#2, #3은 용도지역 등이 상이하여 제외함

2) 시산가액(단가)

$3,800,000 \times 1.06325 \times 1 \times 0.9 \times 1 \fallingdotseq 3,640,000$원/㎡

(시[1], 지, 개, 그)

1) $1.0250 \times 1.0220 \times \left(1 + 0.0220 \times \frac{62}{91}\right)$

(2) 거래사례비교법

1) 사례선정

① 선정 : 사례㉮

② 이유 : 거래목적이 대상부동산의 최유효이용과 유사하여 선정함

2) 사례 거래가격

$2,100,000,000 \times \frac{100}{105} + (50,000,000 - 20,000,000) \fallingdotseq 2,030,000,000$

3) 시산가액(단가)

$2,030,000,000 \times 1 \times 1.22362 \times \frac{100}{102} \times \frac{90}{100} \times \frac{1}{580} \fallingdotseq 3,780,000$원/㎡

(사, 시[1], 지, 개, 면)

1) 2022. 4. 1~2023. 8. 31 : 1.0326 × 1.0791 × 1.0328 × 1.06325

(3) 수익환원법

1) 사례선정

임대사례㉯가 대상의 최유효이용과 유사하고, 토지잔여법 적용이 가능하여 사례로 선정함

2) 사례 NOI(상각 후, 2023.1.1 기준)

$430,000,000 \times (1 - 0.2) \fallingdotseq 344,000,000$

3) 사례 토지 귀속 NOI

① 사례 건물가격

$\left(2,500,000 \times \frac{121}{400}\right) \times 1 \times \frac{137}{141} \times 1 \times \frac{48}{51} \times 2700 \fallingdotseq 1,867,247,000$

(사, 시, 개, 잔, 면)

② 사례 토지 귀속 NOI

$344,000,000 - (1,867,247,000 \times 0.1) \fallingdotseq 157,275,000$

4) 대상 토지 기대 NOI

$157,275,000 \times 1 \times \frac{127}{120} \times \frac{100}{110} \times 0.9 \times \frac{1}{550}$ ≒ 247,611원/㎡

사 시 지 개 면

5) 대상 토지 수익가액

247,611 ÷ 0.08 ≒3,100,000원/㎡

(4) 토지가액 결정

공시지가기준가액 : 3,640,000원/㎡, 비준가액 : 3,780,000원/㎡,

수익가액 : 3,100,000원/㎡

토지의 감정평가는 「감정평가에 관한 규칙」 제12조제1항 및 제14조에 따라 산정한 공시지가기준법을 적용하되 주된 방법에 의한 시산가액을 「감정평가에 관한 규칙」 제11조 및 제12조제2항에 따라 산정한 거래사례비교법에 의한 시산가액과 합리성을 검토한 결과 유사성이 있으나, 대상이 수익성 부동산임에도 불구하고 수익환원법에 의한 시산가액과 차이가 있음.

따라서, 토지의 주된 방법에 의해 산정된 가액과 대상 부동산 특성을 고려하여 토지가액을 결정함. (감정평가법§3, 감칙§14)

3,600,000 × 600≒2,160,000,000원으로 결정함.

2. 건 물(원가법 감칙§15)

(1) 개요

본 건물의 직접공사비는 사정개입이 있었는바 최근의 표준적인 건설사례를 이용하여 간접법에 의함.

(2) 재조달원가

$2,500,000 \times 1 \times 1 \times \frac{98}{100} \times \left(3,200 \times \frac{121}{400}\right)$ ≒2,371,600,000

사 시 개 면

(3) 건물가액

$2,371,600,000 \times \left(1 - \frac{5}{50}\right)$ ≒2,134,440,000

주) 경제적 내용년수에 의함.

3. 개별물건기준에 의한 시산가액

2,160,000,000 + 2,134,440,000 ≒ 4,294,440,000

토지 건물

Ⅲ. 비교방식(감칙§7②, §11)

1. 사례 선정

대상부동산과 이용상황 등이 유사한 복합부동산의 거래사례㉯ 선정함.

2. 시산가액

$4,150,000,000 \times 1 \times 1.1000 \times \frac{100}{105} \times \frac{100}{105}$ ≒ 4,140,590,000

사 시 지 개

Ⅳ. 수익방식(감칙§7②, §11)

1. 개요

대상의 임대수지는 최유효이용상태하의 임대수지로 인근수준 대비 적정수준인바, 이를 이용하여 일괄의 수익가액을 구함.

2. 대상부동산 NOI(상각 후)

(1) PGI

50,000,000 + 384,000,000 ≒434,000,000

(2) 운영경비

8,000,000 + 2,500,000 + 1,000,000 + 47,432,000[1] + 10,000,000

≒ 68,932,000

1) 감가상각비 ≒ $2,134,440,000 \times \frac{1}{45}$

주) 장기차입금이자는 대상부동산의 운영수익과 직접 관련없어 제외함

(3) NOI

434,000,000 - 68,932,000 ≒365,068,000

3. 종합환원율(물리적 투자결합법)

$\frac{2,160,000,000}{4,294,440,000} \times 0.08 + \frac{2,134,440,000}{4,294,440,000} \times 0.1$ ≒0.0899

4. 시산가액

365,068,000 ÷ 0.0899 ≒4,060,823,000

V. 시산가액 조정 및 감정평가액 결정

1. 원가방식 : 4,294,440,000원

2. 비교방식 : 4,140,590,000원

3. 수익방식 : 4,060,823,000원

4. 감정평가액 결정

(1) 관련 규정 검토

「감정평가에 관한 규칙」 §7① 및 §12①의 개별물건기준에 따라 산출된 시산가액과 「감정평가에 관한 규칙」 §7② 및 §12②에 따라 산정한 다른 방식(거래사례비교법, 수익환원법)에 의한 시산가액들 간에 상호균형관계가 유지됨.

(2) 대상부동산의 성격 및 시장관행 고려

대상부동산이 일체로 거래되는 관행 및 수익성 부동산임을 고려하고, 시장성을 반영한 비준가액과 수익성을 반영한 수익가액이 다소 낮은 점을 감안.

(3) 감정평가액 결정

상기 내용을 종합 참작하여 대상부동산의 성격, 감정평가목적, 가격자료의 적절성, 합리성 및 증거력등을 고려하여 4,200,000,000원으로 결정함.

(물음 2) 금융조건을 고려한 대상부동산 가치산정

1. 현금지급액

3,900,000,000 - 4,200,000,000 × 0.6 ≒1,380,000,000원

2. 저당 지불액의 현가

$4,200,000,000 \times 0.6 \times \underset{MC_{6\%,30년}}{0.0726} \times \underset{PVA_{12\%,30년}}{8.0551}$ ≒1,473,697,000원

3. 현금등가

1,380,000,000 + 1,473,697,000 ≒2,854,000,000원

(물음 3) 매입 타당성 여부

1. 매입타당성여부

대상부동산의 시장가치(4,200,000,000원)보다 매수제안가격 및 저당대출조건을 감안한 현금등가액(2,854,000,000원)이 낮아 매입타당성 있음.

2. 이유

저당대출이자율(6%)이 시장이자율(12%)보다 낮아 매수제안가격에 근거한 현금등가액(cash equivalence)이 대상부동산 가치보다 낮아 매입타당성이 있는 것으로 판단됨.

Tip

① "매수제안가격 or 매입금액(지분투자액)"이 제시되는 경우에는 투자성 판단시 이들을 기준으로 분석해야 함.

② 상기에서 산정한 금융조건을 고려한 금액은 "실질 매입금액"의 성격을 가진다. 따라서 이를 기준으로 타당성 여부가 결정되어야 한다.

③ 또한, 금융조건이 대상 매입시 적용되는 조건인 경우 'DCF법'을 통한 투자가격 산정(또는 지분투자금액)을 요하는 지도 함께 분석되어야 한다.

종합문제 03 토지건물(개별물건기준과 일괄평가) 40점 감정평가사 15회 기출

(물음 1) 개별물건기준 (감칙§7①)

Ⅰ. 개요

1. 토지는 공시지가기준법, 거래사례비교법, 원가법을 통한 시산가액을 조정하여 결정하고 건물은 원가법, 거래사례비교법, 수익환원법을 통한 시산가액을 조정하여 결정함

2. 기준시점은 가격조사완료일인(감칙§9②) 〈2023.9.1〉 기준함.

Ⅱ. 토지

1. 공시지가기준법

(1) 비교표준지 선정 : #5

용도지역(일 · 상), 이용상황(상업용) 등이 유사하여 선정함.

단, #1은 규모 #2는 공법상제한사항, #3, 4는 용도지역 등에서 상이하여 제외함.

(2) 시산가액(단가)

$2{,}500{,}000 \times 1.03463 \times 1 \times 1.123 \times 1$ ≒ 2,900,000원/㎡

(시[1], 지, 개[2], 그)

1) $1.0136 \times 1.0122 \times \left(1 + 0.0122 \times \frac{63}{91}\right)$

2) 1.04×1.08

2. 거래사례 비교법

(1) 비교사례선정 : #1

거래목적이 지상창고를 철거한 것으로 보아 대상의 최유효이용과 유사하다고 판단되어 선정함. 단 #2, 3, 4는 지역요인 등 비교불가로 제외함.

(2) 현금등가

$1{,}830{,}000{,}000 + 400{,}000{,}000 \times 0.289 \times 3.312$ ≒2,212,867,000

(MC(6%,4년), PVA(8%,4년))

(3) 시산가액(단가)

$(2) \times 1 \times 1.01250 \times 1 \times 1.08 \times \frac{1}{750}$ ≒ 3,230,000원/㎡

(사, 시[1], 지, 개, 면)

1) $\left(1 + 0.0122 \times \frac{30}{91}\right) \times \left(1 + 0.0122 \times \frac{63}{91}\right)$

주) 매도인부담 철거비 고려 않음.

3. 원가법

(1) 조성시점(2023.1.1) 기준

① 소지 매입가격

$[2{,}000{,}000 \times 700 + (50{,}000 \times 240 - 5{,}000{,}000)] \times 1.08$

≒ 1,519,560,000원

주) 매입 당시 예상 철거비 등을 전제함.

② 조성공사비

$450{,}000{,}000 \times \frac{1}{4} \times (1.082 + 1.061 + 1.040 + 1.020)$

≒ 472,838,000원

③ 일반관리비 및 적정이윤

$450{,}000{,}000 \times (0.1 + 1.1 \times 0.08)$ ≒ 84,600,000원

④ 합 ≒ 2,076,998,000원

(2) 시산가액(단가)

(1) $\times\ 1 \times 1.03463 \times 1 \times 1.06 \times \frac{1}{700}$ ≒ 3,250,000원/㎡

사 시 지 개 면

4. 결정

공시지가기준가액 : 2,900,000원/㎡, 비준가액 : 3,230,000원/㎡

적산가액 : 3,250,000원/㎡

감칙§12① 및 §14에 따른 토지의 주된 방법에 의한 공시지가기준가액과 감칙 §12②에 따라 산출한 다른 방법(거래사례비교법, 원가법)에 의한 시산가액의 다소 차이가 있음.

비준가액은 금융보정 과정상 오류가능성이 있을 수 있으며, 적산가액은 시장가격이 원가법에 의한 가격을 지지할 지 의문이 제기되어, 공시지가기준법에 의한 시산가액을 기준하되, 비준가액 · 적산가액을 참작하여

3,000,000 × 820 ≒ 2,460,000,000원으로 결정함.

Ⅲ. 건물

1. 원가법

$2{,}500{,}000 \times \frac{121}{400} \times 1 \times 1 \times 1 \times \frac{48}{50} \times (287 \times 0.7 + 2{,}870)$

사 시 개 잔 면

≒ 2,229,473,000원

2. 거래사례비교법

(1) 사례선정

사례#2를 선정하여 같은 동(C동)사례로 배분법 적용함.

(2) 사례토지 가격(2022. 10. 5)

거래사례의 인근지역에 소재하고 비교가능한 사례#3을 선정.

$2{,}350{,}000{,}000 \times 1 \times 1.03248 \times 1 \times 0.970 \times \frac{900}{780}$ ≒2,715,621,000원

사 시[1] 지 개[2] 면

1) $\left(1 + 0.0171 \times \frac{153}{365}\right) \times \left(1 + 0.0330 \times \frac{278}{365}\right)$ 2) 0.96×1.01

(3) 시산가액

$(4{,}800{,}000{,}000 \times \frac{100}{95} - 2{,}715{,}621{,}000) \times 1.04656^{1)} \times \frac{100}{97} \times \frac{\frac{48}{50}}{\frac{49}{50}} \times \frac{3{,}157}{3{,}465}$

≒ 2,250,458,000원

1) $\frac{(117 + 3 \times 2/6)}{(109 + 5 \times 9/12)}$

3. 수익환원법

(1) 사례선정

같은 동(D동)을 통한 배분법 및 건물잔여법 적용함.

(2) 사례 상각전 NOI

(3,000,000,000 × 0.1 + 660,000,000 × 0.402) - [30,000,000 × (0.388 - 0.4 × 1.125 × 0.308) + 20,000,000 + 2,500,000 × 12 + 50,000,000]

≒ 457,838,000

주) 실제 지출경비가 아닌 감가상각비 제외.

(3) 사례 부동산가격

457,838,000 × 9.95[1) ≒ 4,555,488,000원

1) 평균자본회수기간 상정함. (9.9+9.7+10.3+10.0+10.2+9.6)/6

(4) 사례 토지가격(2023. 9. 1)

임대사례의 인근지역에 소재하고 비교가능한 사례#4 선정.

$1,600,000,000 \times 1 \times 1.01548 \times 1 \times 0.92 \times \frac{920}{750}$ ≒ 1,833,605,000원

(사 시[1) 지 개 면)

1) $\left(1 + 0.0122 \times \frac{52}{91}\right) \times \left(1 + 0.0122 \times \frac{63}{91}\right)$

(5) 시산가액(대상 건물가액)

$(4,555,488,000 - 1,833,605,000) \times 1 \times 1 \times 1 \times \frac{100}{105} \times \frac{3,157}{3,400}$

(사 시 잔 개 면)

≒ 2,406,998,000원

4. 건물가액 결정

적산가액 : 2,229,473,000, 비준가액 : 2,250,458,000

수익가액 : 2,406,998,000

감칙§12① 및 §15에 따른 건물의 주된 방법에 의한 적산가액과 감칙§12②에 따라 산출한 다른방법(거래사례비교법, 수익환원법)에 의한 시산가액이 상호 유사성을 나타냄.

다만, 수익가액은 사례가 대상보다 건물 규모가 커 크게 산정된 것으로 판단되어 감칙§12 및 §15에 의거 원가법에 의한 적산가액을 기준하되 최근의 시장성에 근거한 비준가액에 비중을 두어 2,230,000,000원으로 결정함.

Ⅳ. 개별물건기준에 의한 시산가액

2,460,000,000 + 2,230,000,000 ≒4,690,000,000원

(물음 2) 일괄 수익환원법(감칙§7②)

Ⅰ. 개요

1. 본 건이 최유효이용 상태임에 따라 본 건 임대수익 자료를 기준함.
2. 부채서비스액 및 세금자료가 명확하지 않은 점 및 자본수익률이 제시되어 할인현금수지 분석법 중 순수익 모형 적용함.

Ⅱ. 현금흐름표

1. 4층 기준 NOI

(1) 유효조소득

165,000 × 574 × (1 - 0.03) ≒ 91,868,700

(2) 영업경비

(3,000,000 - 2,500,000) + 1,500,000 + (1,300,000 + 1,000,000) × 12

≒ 29,600,000

주) 부가물 설치비는 자본적 지출, 수도료 · 전기료 · 연료비는 부가사용료 및 공익비 실비, 소유자 급여는 건물관리자 급여를 별도 지급, 비소멸성 보험료, 소득세 · 저당이자는 본 건물 임대운영과 직접 관련 없어 제외함.

(3) NOI ≒ 62,268,700

2. 전체 NOI

$62{,}268{,}700 \times \frac{100+60+42+38+36}{38}$ ≒ 452,267,000

3. 현금흐름표

(단위 : 천원)

기간	1	2	3	4	5	6
NOI	452,267	474,880[1]	498,624	523,555	549,733	560,728[2]

1) 452,267 × 1.05

2) 549,733 × 1.02

Ⅲ. 재매도가치

560,728,000 / (0.12 - 0.02) ≒ 5,607,280,000원

※ 필자주 : 영구상승률 2%를 고려하는 방법으로 예시답안을 작성하였으나 문제에서 제시한 재매도환원율 12%에 이러한 사정이 다 고려된 수치로 보아 12%를 적용하는 것이 더 타당한 것으로 보임.

Ⅳ. 시산가액

452,267 × 0.926 + 474,880 × 0.857 + 498,624 × 0.794 + 523,555 × 0.735 + (549,733 + 5,607,280) × 0.681 ≒ 5,799,418,000원

(물음 3) 시산가액 조정 및 감정평가액 결정

1. 감정평가액 결정 : 5,700,000,000원

2. 결정의견

토지 · 건물 · 각각 구하는 개별물건기준시 복합부동산을 토지와 건물이라는 물리적 구성 부분의 합으로 보고, 토지 · 건물 일괄평가방법은 토지와 건물이 일체로 부동산의 가치를 창출한다는 논리적 사고를 바탕으로 한다. 개별물건기준은 현행 법제에 부합하며, 평가선례가 축적되어 있다는 점, 일괄평가는 효용의 일체성을 반영하고 가치의 본질에 부합한다는 장점이 있다. 따라서 부동산의 효용을 가치의 본질로 본다면 일괄평가액에 의한 거래가 합리적인 시장 참여자의 매매의사에 부합하는 바, 일괄 수익가액을 중심으로 결정한다.

3. 확대적용 기법

감칙§7②에 근거하여 거래사례비교법, 수익환원법 등이 있다.

4. 유의사항

위 시산가액과 같은 각 가격의 괴리는 일괄평가, 즉 수익환원법의 적용시 토지와 건물 이외에 자산, 즉 비부동산가치 및 영업권 등과 같은 무형자산의 가치 등이 내재된 것에 다른 격차라고 판단할 수 있다. 이와 같이 토지와 건물 이외의 비부동산이나, 무형자산 등의 기여가 포함되어 있다는 점에서 순수한 토지, 건물의 가격인지에 대한 검토를 요하고, 일괄평가에 있어서는 가격에 영향을 미치는 제요인이 이용상황별로 상이한점에 유의한다. 또한 관련법령상 토지와 건물을 별도의 부동산으로 보는 우리의 법제상 일괄평가 후 토지와 건물가격에 대한 배분문제 등에 있어서 어려움이 있으며, 배분시 특히 건부감가나 건부증가의 처리문제에도 유의하여야 할 것이다.

종합문제 04 토지건물(개별물건기준과 일괄평가) 30점

Ⅰ. 감정평가 개요

기준시점 2023년 8월 31일의 토지 및 건물의 시장가치를 구하는 것으로서, 개별물건기준과 일괄평가에 의한 시산가액을 기준 감정평가액 결정

Ⅱ. 개별물건기준

1. 토지

(1) 공시지가기준법(용도지역 및 이용상황 등을 고려하여 기호1을 선정함)

$1{,}020{,}000 \times 1.07804 \times 1 \times 1 \times 1$ ≒1,100,000원/㎡

(시[1], 지, 개, 그)

1) (2023. 1. 1~2023. 8. 31 : 상업지역) : $1.0675 \times \left(1 + 0.0675 \times \frac{31}{212}\right) ≒ 1.07804$

(2) 거래사례비교법

$(517{,}000{,}000/1.1 + 12{,}000{,}000) \times 1.13489 \times 1 \times \frac{97}{105} \times \frac{1}{470}$

(예상철거비, 시[1], 지, 개, 면)

≒ 1,075,000원/㎡

1) (2022. 6. 20~2023. 8. 31 : 상업지역) : $\left(1 + 0.0987 \times \frac{195}{365}\right) \times 1.07804 ≒ 1.13489$

(3) 토지가액 결정

감칙§12① 및 §14에 따른 토지의 주된 방법에 의한 공시지가기준가액과 감칙§12②에 따라 산출한 다른방법(거래사례비교법)에 의한 시산가액 양자가 유사한 바, 주된 방법에 따른 시산가액 기준 1,100,000/㎡ × 520≒572,000,000원으로 결정함.

2. 건 물

(1) 재조달원가

$636{,}000{,}000 \times 1.15068 \times \frac{95}{100} \times \frac{2{,}460}{2{,}550}$ ≒ 670,703,000

(시[1], 면)

1) 건축비지수(2023.8.31./2022.8.1.) $\dfrac{280 + (280-259) \times \frac{2}{6}}{236 + (259-236) \times \frac{7}{12}} ≒ 1.15068$

(2) 감가상각액

① 치유가능 ≒ 2,100,000원

② 치유불가능

$670{,}703{,}000 \times 0.2 \times \frac{5}{17} + (670{,}703{,}000 \times 0.8 - 1{,}000{,}000 \times 1.95238)$[1]

(부대항목, 주체항목)

$\times \frac{5}{47}$ ≒ 96,327,000

1) 건축비지수(2023.8.31./2018.7.10.) $\dfrac{280 + (280-259) \times \frac{2}{6}}{139 + (155-139) \times \frac{6}{12}} ≒ 1.95238$

③ 합계 ≒ 98,427,000원

(3) 건물가액 : (1) - (2) ≒ 572,276,000원

3. 개별물건기준에 의한 시산가액 : 1. + 2. ≒ 1,144,276,000원

Ⅲ. (일괄) 수익환원법

1. 사례 NOI(2022. 8. 31)

(1) PGI

$160,000,000 \times 0.12 + 23,500,000 \times 12 \times 1.02 + 80,000,000 \times \frac{0.12 \times 1.12^5}{1.12^5 - 1}$

보 지 주 권

$≒ 329,033,000$원

(2) OE

$5,500,000 \times \left(1 - \frac{1.05^5 - 1}{0.05} \times \frac{0.12}{1.12^5 - 1}\right) + 147,500,000$ ≒148,216,000원

손 기

(3) 사례 NOI : (1) - (2) ≒ 180,817,000원

2. 대상 NOI

$180,817,000 \times 1 \times (0.4 \times 1.11390 \times \frac{100}{99} \times \frac{97}{100} \times \frac{520}{520} + 0.6 \times 1.1419$

사 토비 시[1] 지 개 면 건비 시[2]

$\times 0.924 \times \frac{95}{97} \times \frac{2,460}{2,700})$ ≒181,081,000원

잔[3] 개 면

1) (2022. 8. 31~2023. 8. 31 : 상업지역) : $\left(1 + 0.0987 \times \frac{123}{365}\right) \times 1.07804 ≒ 1.11390$

2) 건축비지수(2023.8.31./2022.8.31.) $\frac{280 + (280 - 259) \times \frac{2}{6}}{236 + (259 - 236) \times \frac{8}{12}} ≒ 1.14191$

3) 잔가율 $\left(\frac{기준시점}{임대시점}\right) = \frac{0.8 \times \frac{42}{47} + 0.2 \times \frac{12}{17}}{0.8 \times \frac{52}{55} + 0.2 \times \frac{17}{20}} = 0.924$

3. 수익가액

181,081,000 / 0.144[1] ≒1,257,507,000원

1) $0.6 \times 0.12 + 0.4 \times 0.18 ≒ 0.144$

(대상가격 구성비율이 원칙이나, 대상순수익 구성비율 적용)

Ⅳ. 시산가액 조정 및 감정평가액의 결정

「감정평가에 관한 규칙」 §7① 및 §12①의 개별물건기준에 따라 산출된 시산가액과 「감정평가에 관한 규칙」 §7② 및 §12②에 따라 산정한 다른방식(수익환원법)에 의한 시산가액들 간에 상호 균형관계가 유지되기는 하나, 대상부동산이 일체로 거래되는 관행 및 수익성 부동산임을 고려하되, 수익가액은 순수익 구성비 적용시 다소 한계점이 있어 주된 방법에 비중을 두어 1,150,000,000원으로 결정.

종합문제 05 토지건물(일괄 감정평가) 25점

Ⅰ. 감정평가 개요

토지 · 건물 일괄 평가로서 거래사례비교법 적용시 대상부동산이 최유효 이용 층수에 미달한다는 점에 주목하여 이를 일체품등비교에서 적절히 보정하기로 한다. (기준시점 : 2023년 8월 31일)

Ⅱ. 거래사례비교법

1. 처리방침

거래사례#1을 기준으로 하되, 토지 · 건물의 가격구성비를 추출하기 위하여 나지의 거래사례(#2)를 사용한다.

2. 토지 · 건물 가격구성비의 결정

(1) 거래사례#1의 토지가격(2023. 4. 12 기준)

거래사례#2를 기준으로 하여 사례의 토지가격을 구함.

$2,323,301,000 \times 1 \times 1.00768 \times 1 \times 100/99 \times \frac{1}{1,000}$ ≒2,365,000원/㎡

사[1] 시[2] 지 개 면

〈×1,300 = 3,074,500,000〉

1) 정상적으로 거래하였으므로 사정개입은 없는 것으로 봄.

2) (2023. 3. 18~2023. 4. 12 : 상업지역)

(2) 토지 · 건물 가격구성비의 결정

① 토지 가격구성비 : 3,074,500,000 ÷ 7,000,000,000 ≒0.4392 (∴ 43.92%)

② 건물 가격구성비 : 1 - 0.4392 ≒ 0.5608(∴ 56.08%)

3. 일체품등비교치

기준시점을 기준으로 대상부동산과 거래사례#1의 단위 임대면적당 NOI를 구하여 일체품등비교치를 결정하기로 함.

(1) 대상부동산의 NOI(2023. 8. 31 기준)

① 임대료 수입

120,000 × 750 + 150,000 × 550 + 160,000 × 800 × 4 + 155,000 × 750 × 3 ≒1,033,250,000

② 경비 등

150,000,000 + 49,000,000 + 50,000,000 + 35,000,000 + 65,000,000 + 45,000,000 + 30,000,000 ≒ 424,000,000

(유지관리비, 재산세, 보험료, 대손충당금, 공실충당금, 정상운전, 대체충당금)

③ 임대면적당 NOI(기준시점 기준)

(1,033,250,000 - 424,000,000) × 1.12922 (시[1]) ≒ 687,977,000(@101,923원/㎡)

1) (2022. 1. 1~2023. 8. 31 : 임대료변동률)

(2) 거래사례#1의 NOI(2023. 8. 31 기준)

① 임대료 수입

130,000 × 800 + 150,000 × 600 + 165,000 × 850 × 5
+ 160,000 × 800 × 4 ≒1,407,250,000

② 경비 등

170,000,000 + 60,000,000 + 59,000,000 + 43,000,000 + 69,000,000
(유지관리비, 재산세, 보험료, 대손충당금, 공실충당금)

+ 50,000,000 + 50,000,000 ≒501,000,000
(정상운전, 대체충당금)

③ 임대면적당 NOI(기준시점 기준)

(1,407,250,000 - 501,000,000) × 1.05251 ≒953,837,000(@107,778원/㎡)
(시[1])

1) (2023. 1. 1~2023. 8. 31 : 임대료변동률)

(3) 일체품등비교치의 결정

$\left(\frac{대상}{사례}\right) = \frac{@101,923}{@107,778}$ ≒ 0.946

4. 시산가액

7,000,000,000 × 1 × {(0.4392 × 1.04524 × 1 × 105/100 × 1,250/1,300)
(사, 토지, 시[1], 지, 토·개, 면)

+ (0.5608 × 1.03880 × 103/100 × 0.828 × 8,820/11,280)} × 0.946
(건물, 시[2], 건·개, 잔, 연면적, 일체품등비교치)

≒5,641,693,000

1) (2023. 4. 12~2023. 8. 31 : 지가변동률)

2) (2023. 4. 12~2023. 8. 31 : 건축비변동률)

Ⅲ. 부동산잔여법

1. 대상부동산의 기준시점 현재 NOI(위의 "II - 3 - (1) - ③"에서 산정함)

≒ 687,977,000

2. 수익가액(VO : 대상부동산의 수익가액)

$687,977,000 \times PVAF_{12\%,40} + \{(V_0 \times 0.4392) \times 1^{20} \times (1 - 0.015)^{10}$
(NOI, 기간말 토지가치 복귀액)

$\times (1 - 0.02)^{10}\} \times 1/1.12^{40} ≒ V_0$ ∴ V_0 ≒ 5,690,396,000

Ⅳ. 대상부동산의 적정가격의 범위

1. 거래사례비교법에 의한 시산가액 : 5,641,693,000원

2. 부동산잔여법에 의한 시산가액 : 5,690,396,000원

3. 적정가격의 범위 제시

上記와 같이 시산가액이 산정되었는바, 가격자료 및 평가방법의 적절성 등으로 미루어보아 산정된 시산가액의 타당성은 인정된다고 판단된다. 따라서, 두 시산가액을 각각 상한과 하한으로 하여 대상부동산의 적정가격이 속할 범위로 결정하여 아래와 같이 제시한다.

- 적정가격의 범위 : 5,641,693,000원~5,690,396,000원

종합문제 06 토지4방식 30점

Ⅰ. 감정평가 개요

S시 K동에 소재한 토지에 대한 시장가치를 공시지가기준법과 거래사례비교법, 수익환원법, 원가법에 의한 시산가액을 산출하여 감정평가액을 결정함. (기준시점 2023. 2. 1)

Ⅱ. 공시지가기준법

용도지역 및 이용상황이 동일·유사하여 비교가능성이 높은 기호1 공시지가를 선정함. (관리지역, 공장용지)

$490,000 \times 1.08729 \times 1 \times \frac{85}{90} \times 1$ ≒ 503,000원/㎡

시[1] 지 개(형) 그

1) (2022. 1. 1~2023. 2. 1 : 관리지역. 지가변동률)

Ⅲ. 거래사례비교법

대상토지와 동일한 이용상황의 사례B를 택함. (사례A는 이용상황이 상이하여 제외함)

1. 사례 토지가격

346,000,000 - 102,000,000[1] ≒244,000,000

1) 사례건물가격(2022. 5. 10 현재) : $400,000 \times 300 \times \frac{34}{40}$ ≒102,000,000

2. 시산가액

$244,000,000 \times 1 \times 1.06102 \times 1 \times 1 \times \frac{1}{520}$ ≒498,000원/㎡

사 시[1] 지 개 면

1) (2022. 5. 10~2023. 2. 1 : 관리지역)

Ⅳ. 수익환원법

1. 사례 NOI(2022. 1. 1 기준)

(1) PGI

$50,000,000 \times 0.085 + 80,000,000 \times \frac{0.085 \times 1.085^3}{1.085^3 - 1}$ ≒35,573,000

보증금운용익 매년지불임대료

(2) OE(감가상각비 제외)

$1,300,000 \times \frac{0.085 \times 1.085^3}{1.085^3 - 1} + 200,000 + 500,000 + 1,200,000$

≒ 2,409,000

(3) 사례 NOI : 35,573,000 - 2,409,000 ≒ 33,164,000

2. 환원율의 산정

(1) 기본환원율

$$\left(0.6 \times \frac{0.115 \times 1.115^{30}}{1.115^{30} - 1} + 0.4 \times \frac{0.121 \times 1.121^{40}}{1.121^{40} - 1}\right) - \left(0.6 \times \frac{1.115^{30} - 1}{1.115^{30} - 1} + 0.4 \times \frac{1.121^{30} - 1}{1.121^{40} - 1}\right) \times \frac{0.085}{1.085^{30} - 1}$$

≒ 0.1148

(2) 건물환원율(r_B) : $0.1148 + 1^{1)} \times \frac{0.085}{1.085^{30} - 1}$ ≒ 0.1229

1) 30년 후까지 건물은 100% 회수되는 것으로 함. (잔존가치 0%)

(3) 토지환원율(r_L)

$0.1148 - (1.032^{30} - 1)^{1)} \times \frac{0.085}{1.085^{30}-1}$ ≒ 0.1021

1) 매년상승률 3.2%

3. 사례 토지 귀속 NOI

$33,164,000 - 89,900,000^{1)} \times \underset{r_B}{0.1229}$ ≒22,115,000

1) 사례건물가격(2022. 1. 1 기준) : $300,000 \times 310 \times \frac{29}{30}$ ≒89,900,000

4. 시산가액

$\left[\underset{사}{22,115,000} \times \underset{시^{1)}}{1} \times 1.08729 \times \underset{지}{1} \times \underset{개}{1} \times \underset{면}{\frac{1}{485}}\right] \div 0.1021$

≒486,000원/㎡

1) (2022. 1. 1~2023. 2. 1)

V. 조성원가법

1. 완공시점 토지가액(2022.4.20)

(1) 투입비용

$\underset{토지}{250,000 \times 470} + \underset{조성비용}{100,000 \times 470} + \underset{전용부담금}{4,700,000} + \underset{제세공과}{1,200,000}$

$+ \underset{도급인의\ 정상이윤}{100,000 \times 470 \times 0.15}$ ≒177,450,000

(2) 이자

1) 토지 : $250,000 \times 470 \times \left[1.085 \times \left(1+0.085 \times \frac{1}{12}\right)^6 - 1\right]$ ≒ 15,503,000

2) 조성비

$470 \times 100,000 \times \left[0.2 \times \left\{\left(1+0.085 \times \frac{1}{12}\right)^6 - 1\right\} + 0.4 \times \left\{\left(1+0.085 \times \frac{1}{12}\right)^3 - 1\right\}\right]$

≒809,000

3) 부담금 등 : $(4,700,000+1,200,000) \times \left\{\left(1+0.085 \times \frac{1}{12}\right)^6 - 1\right\}$ ≒ 255,000

4) 계 ≒ 16,567,000

(3) 완공시점 토지가액 ≒ 194,017,000

2. 시산가액(2023.2.1)

$194,017,000 \times \underset{시^{1)}}{1.06509} \times \underset{면^{2)}}{\left(\frac{1}{470-50}\right)}$ ≒492,000원/㎡

1) (2022. 4. 20~2023. 2. 1)

2) 기부채납면적 제외

VI. 시산가액 조정 및 감정평가액 결정

1. 공시지가기준가액 : 503,000원/㎡
2. 비준가액 : 498,000원/㎡
3. 수익가액 : 486,000원/㎡
4. 적산가액 : 492,000원/㎡

5. 시산가액 조정 및 감정평가액 결정

(1) 관련 근거

감칙§12① 및 §14에 따른 토지의 주된 방법에 의한 공시지가기준가액을 감칙 §12② 및 §11에 따라 산출한 다른방법(거래사례비교법, 수익환원법, 원가법)에 의한 시산가액과의 합리성을 검토하였음.

(2) 각 감정평가방식의 유용성 및 한계

비준가액은 시장성을 반영하나 일괄 거래사례의 배분법 적용의 합리성이 전제되어야 하며, 적산가액은 적정원가를 반영하나 시장 거래가와 괴리가 있을 수 있고, 수익가액은 수익성을 반영하나 해당 평가시 적용한 토지잔여법의 이론적 한계가 소재함.

(3) 시산가액 조정 및 감정평가액 결정

따라서, 가격자료의 적정성 · 양 · 질 및 증거력, 대상물건의 성격 및 감정평가목적, 기준가치등을 종합 고려하고, 감칙§12③에 따라 공시지가를 중심으로 기타 가격을 참작하여 아래와 같이 결정.

∴ $500,000 \times 420㎡ ≒ 210,000,000$원

Tip 공제방식 vs 개발법

① 개발법에서는 현가 과정에서 '이자비용'을 반영할 수 있어 비용항목에 별도 이자를 고려하지 않음.
② 반면 공제방식에서는 기간에 따른 '이자비용'을 비용항목에서 별도로 고려함.
③ 상기 예시답안에서는 현가 대신 이자비용을 별도로 목차화하여 공제방식의 논리를 적용하였음.

종합문제 07 토지건물(개별물건기준과 일괄평가) 25점

Ⅰ. 감정평가 개요

담보목적 감정평가로서, 「감정평가에 관한 규칙」 §7① 및 §12①의 개별물건기준에 따른 시산가액과 「감정평가에 관한 규칙」 §7②, §12② 및 §11에 따라 산정한 다른방식(수익환원법)에 따른 시산가액을 기준 감정평가액 결정. (가격조사완료일 기준 : 2023. 8. 31)(감칙§9②)

Ⅱ. 개별물건기준

1. 공익사업시행 지구 편입 토지

① 채권자가 사업시행자로부터 통지를 받아 보상금을 압류하는 등의 방법 등 채권확보에 문제가 없음을 전제함.

② 도시계획시설 저촉 등에 따른 감가요인이 보상이 확실시 됨에 따라 가격형성요인에 반영되지 않은 것으로 판단하였음.

2. 토지가액

(1) 공시지가기준법

용도지역, 이용상황 및 공법상 제한이 유사한 〈#5〉 선정함.

$2{,}500{,}000^{1)} \times 1.02105^{2)} \times 1 \times \frac{100}{98} \times 1$ ≒2,600,000원/㎡

1) 나지상정 기준인 바, 지상권 고려되지 않음.

2) (2023.1.1~8.31) : $1.01555 \times \left(1 + 0.00262 \times \frac{62}{30}\right)$ ≒1.02105

(2) 거래사례비교법

1) 사례선정

유사성 · 비교가능성 고려 〈거래사례#3〉 선정함.

(#1 - 시점수정 불가, #2 - 이용상황 상이, #4 - 용도지역 상이 배제함.)

2) 사례토지 정상화 가격(2023. 8. 1)

① 현금 ≒ 1,000,000,000

② 원금 : $500{,}000{,}000 \times \frac{1}{3} \times (1.1^{-1} + 1.1^{-2} + 1.1^{-3})$

≒ 414,475,000

③ 이자 : $500{,}000{,}000 \times 0.01 \times \frac{1-\left(1+\frac{0.1}{12}\right)^{-12}}{0.1/12} \times \left(1 + \frac{2}{3} \times 1.1^{-1} + \frac{1}{3} \times 1.1^{-2}\right)$

≒107,008,000

④ 철거비 등 : 5,000,000 - 500,000 ≒ 4,500,000

⑤ 計 ≒ 1,525,983,000

3) 비준가액

$1{,}525{,}983{,}000 \times 1 \times 1.00271 \times 1 \times \frac{100}{108} \times \frac{1}{520}$ ≒2,720,000원/㎡

시[1]

1) (2023. 8. 1~8. 31) (1 + 0.00262 × 31/30)≒1.00271

(3) 토지가액 결정

감칙§12에 따라 토지의 주된 방법인 공시지가기준법에 의한 시산가액이 다른 방법에 의한 시산가액으로 합리성이 인정되어 주된 방법에 의한 시산가액을 감정평가액 2,600,000원/㎡× 450 ≒ 1,170,000,000원으로 결정함.

3. 건물

(1) 재조달원가

보수주의 관점에서 범위 내 하한금액 적용함.

$(796,000 + 6,000 + 3,000 + 850 + 25,000 + 65,000) \times (4,350 + 650 \times 0.75) + 32,000,000 \fallingdotseq 4,365,674,000$

(2) 건물가액

$4,365,674,000 \times (1 - 0.9 \times \frac{7}{35} - 0.05) \fallingdotseq 3,361,569,000$

물[1] 기

1) 준공시점과 완공시점 1년 이상 차이가 나므로 완공시점 기준함.

4. 개별물건기준에 의한 시산가액 ≒ 4,531,569,000

Ⅲ. (일괄) 수익환원법

1. PGI

(1) 1층 가능조소득

$7,000 \times 1.01^8 \times (12月 + 6月 \times 0.1 + 6月 \times \frac{0.1}{1-1.1^{-2}}) \fallingdotseq 121,713$원/㎡

(2) PGI

$121,713 \times (440 \times \frac{90}{100} + 450 \times 2 + 440 \times 3 \times \frac{106}{100} + 430 \times 3 \times \frac{110}{100})$

$\fallingdotseq 500,752,000$

2. OE

$500,752,000 \times (0.05 + 0.15) + 70,000,000 + 2,560,000^{1)} \fallingdotseq 172,710,000$

1) $5,000,000 \times (1 - 0.5 \times \frac{1.05^2 - 1}{0.05} \times \frac{0.1}{1.1^2 - 1}) \fallingdotseq 2,560,000$

* 소득세, 저당지불액 제외

3. NOI : PGI - OE ≒ 328,042,000

4. 수익가액(V)

$V \fallingdotseq 328,042,000^{1)} \times \frac{1 - \left(\frac{1.03}{1.10}\right)^{30}}{0.1 - 0.03} + \frac{0.8 \times V}{1.1^{30}}$

1) 최근 표준적 임대 내역으로 봄

〈∴ V≒ 4,288,288,000원〉

Ⅳ. 시산가액 조정 및 감정평가액 결정

1. 관련 근거

「감정평가에 관한 규칙」 §7① 및 §12①에 따라 토지는 공시지가기준법(§14), 건물은 원가법(§15)을 주된 방법으로 적용한 개별물건기준에 따라 산출된 시산가액을 「감정평가에 관한 규칙」 §7② 및 §12②에 따라 산정한 다른방식(수익환원법)에 의한 시산가액으로 합리성을 검토하였음

2. 각 감정평가방식의 유용성 및 한계

개별물건기준에 의한 시산가액은 각 물건별 시장가치를 반영하고 물건의 법형식에 부합하며, 일괄 수익환원법에 의한 시산가액은 대상부동산의 개별성(수익성)을 반영하는 유용성이 있음.

3. 시산가액 조정 및 감정평가액 결정

따라서, 가격자료의 적정성 · 양 · 질 및 증거력, 대상물건의 성격, 기준가치 등을 고려하되 해당 감정평가의 목적이 담보평가로 환가성, 안정성을 고려할 필요가 있는바 감칙§12③에 따라 주된 방법에 의한 시산가액을 기준 다른 방식에 의한 시산가액을 참작하여 4,300,000,000원으로 감정평가액을 결정함.

종합문제 08 토지건물(개별물건기준과 일괄평가) 35점

Ⅰ. 기본적 사항의 확정

1. 본건은 상업용 부동산에 대한 담보목적의 감정평가로 기준시점은 2023. 6. 6임.

2. 토지 :

① 3종일주, 노선상가지대, 상업용, 500m²

② 중로한면 - 서측 완충녹지 통행불가,

동측 2m 도로는 세로(불)로 판단

③ 도로저촉부분(35㎡) 감안 평가.

3. 건물 : ① 구분평가 : 기존부분과 증축부분(11층)을 구분평가

② 관찰감가 : 증축에 따른 내용년수 조정 및 관찰감가

Ⅱ. 개별물건 기준

1. 토지

1) 공시지가기준법

(1) 비교표준지 선정

용도지역(3종 일주), 이용상황(상업용), 도로조건(중로), 동일노선 표준지#3을 선정함.

(#1 : 도로접면, #2 : 주위환경, #4 : 도로접면 인접성, #5 : 용도지역 상이로 배제)

(2) 시점수정치 (지가변동률, 주거 2023.1.1. ~ 6.6) : 1.01295

1.00136×1.00519×1.00328×1.00137×(1+0.00137×37/30)

(3) 지역요인비교치 : 1.000

(4) 개별요인비교치 : 행정적 요인(도로저촉) 외 대등 0.990

$(\frac{35}{500}\times 0.85+\frac{465}{500}\times 1)$

(5) 그 밖의 요인 보정치 :

① 선정 : 최근시점, 표준지 평가사례 195번지 선정

② 격차율 :

{1,050,000×1.00027×1.00×1.00} ÷{900,000×1.01295} =1.15

③ 인근시세 : 1,000,000 ~ 1,100,000원/m² 수준

④ 결정 : 표준지공시지가와 평가사례의 격차율 및 인근시세 종합 고려하여 그 밖의 요인 보정치 〈1.15〉 결정

(6) 시산가액(단가) :

900,000 × 1.01295 × 1.000 × 0.990 × 1.15 ≒1,038,000원/㎡

2) 거래사례비교법

(1) 사례 선정 : 정상적 토지거래사례로 사정보정 등 비교가능 〈사례2〉 선정

(2) 사정보정 (예상 철거비 가산) : 390,000,000

(3) 시점수정치 (지가변동률, 주거 2023.1.1. ~ 6.6) : 1.01295

(4) 시산가액(단가) :

390,000,000×1.01295×1.000×1.050 /400 ≒1,037,000원/㎡

※ 제시 개별요인비교치에 도시계획시설 저촉 비교 포함 전제 (이하 동일)

3) 조성원가법

(1) 사례 준공시점 적산가액

① 토지매입비 : $900{,}000{,}000 \times 1.08^3$ ≒1,133,740,000

② 조성공사비 : $400{,}000{,}000 \times \frac{1}{2} \times (1.08^2 + 1.08)$ ≒449,280,000

③ 판매관리비 등 : 400,000,000×0.2 ≒80,000,000

④ 소계 ≒1,663,020,000원

〈1,663,020,000 ÷ 1,770≒940,000원/㎡〉

(2) 시산가액(단가)

940,000× 1.000 × 1.03481 ×1.000 × 0.970 ≒ 944,000원/㎡

사 시*1 지 개

1) 2022.1/1~6/6 : 1.02158×1.01295

4) 토지가액 결정

(1) 토지가액 : 1,038,000×500 =519,000,000원

(2) 감정평가액 결정 의견

① 조성사례는 면적과다 및 공급가액 중심으로 다소 차이가 있으나

② 주된 방법(공시지가기준법)에 의한 시산가액이 다른 방식(거래사례비교법, 조성원가법)에 의한 시산가액과 유사하며,

③ 본건이 소재하는 지역이 상권이 잘 형성되어 있는 성숙한 노선상가지대의 시세를 적정시세를 반영하고 있는 점에서 주된 방법에 의한 시산가액의 합리성이 인정되는 바, 감칙§12②에 따라 주된 방법에 의한 시산가액으로 토지(감정평가)가액 결정.

2. 건물

1) 건물단가

(1) 직접법 배제

재조달원가는 표준적인 건축비를 상정함에 따라 사정이 개입되고 사정보정 불가(증축부분 포함여부 불명확)하여 직접법 적용을 배제

(2) 기존부분

$\{600{,}000 + (50{,}000 + 4{,}000 + 65{,}000)\} \times (1 - 0.9 \times \frac{10+3}{40})$ = 509,000원/㎡

(3) 증축부분

$\{510{,}000 + (50{,}000 + 4{,}000 + 65{,}000)\} \times (1 - 0.9 \times \frac{4}{27+4})$ = 556,000원/㎡

※ 증축부분도 부대설비 동일 설치 전제

2) 건물가액

① 기존 : 509,000 × 1,200 =610,800,000

② 증축 : 556,000 × 60 =33,360,000

③ 건물가액 : 기존 + 증축 = 644,160,000원

3. 개별물건기준에 의한 시산가액

토지 + 건물 ≒1,163,160,000원

Ⅲ. 일괄감정평가

1. 거래사례비교법

1) 사례선정

토지 및 건물 일괄 가치형성요인에서 유사하고 비교가능성 있는 사례#1 선정

2) 시점수정치 (오피스수익률, 2022.10.1. ~ 2023.6.6) : 1.02820

1.0105×1.01×(1+0.01×67/90)

3) 지역요인비교치 : 대등 1.000

4) 개별요인비교치 : 1.00 × 1/0.95 = 1.053

5) 시산가액

11억 × 1.000 × 1.02820 × 1.000 × 1.050/ 1,300 ≒ 914,000원/㎡

사 시 지 개 면

〈×1,260 = 1,151,640,000원〉

2. 수익환원법

1) 대상 NOI : 8,000 × (12 + 10 × 0.03) × 1,200 = 118,080,000

2) 환원율 (임대사례 기준)

(1) 사례 NOI :

① PGI : 10,000,000 + 144,000,000 + 14,000,000 = 168,000,000

② L&V + OE : 6,000,000+8,000,000 + 2,000,000 + 1,000,000 = 17,000,000

③ NOI : ① - ② = 151,000,000

(2) 사례 부동산 가격

① 토지 : (표준지 5 기준)

1,240,000 × 1.01000 × 1.00 × 1.00 × 1.15 ≒ 1,440,000원/㎡

시※ 지 개 그

〈×450 = 648,000,000원〉

※ 지가변동률 : 동일 용도지역 지가변동률이 미제시 또는 적정하지 아니 하여 감칙§14②2호 단서에 따라 평균지가변동률 적용

② 건물가격

- 주체 : $600,000 \times \left(1 - 0.9 \times \frac{6}{40}\right) \times 1,200$ = 622,800,000원

- 부대 : $(60,000 + 4,000 + 6,000 + 65,000) \times \frac{14}{20} \times 1,200$
$+ 180,000,000 \times \frac{14}{20}$ = 239,400,000

- 소계 : = 862,200,000원

③ 사례 부동산 가격 : 토지 + 건물 =1,510,200,000원

(3) 환원율(R) : 사례 NOI / 사례 부동산 가격 = 10.0%

3) 시산가액 : NOI ÷ R ≒1,180,800,000

Ⅳ. 감정평가액 결정

1. 각 감정평가방식의 유용성 및 한계

(1) 개별물건기준

토지는 공시지가기준법 건물은 원가법을 주된 방법으로 물건별 적정 시장가치를 반영하나 일체의 거래관행과 차이가 날 수 있음.

(2) 일괄감정평가

거래사례비교법은 거래관행, 수익환원법은 수익성을 충분히 반영하나 사례 표본의 증거량이 부족한 경우 방식 적용 과정상 요인비교 등의 주관성 개입 소지가 있음

2. 감정평가액 결정

원칙적인 감정평가방법인 개별물건기준에 따라 토지 및 건물의 주된방법에 의한 시산가액이 일괄감정평가(다른방법 - 거래사례비교법 및 수익환원법)에 의한 시산가액과 유사성이 있어 그 합리성이 인정되는 바 주된방법에 의한 시산가액 〈1,163,160,000원〉 으로 감정평가액을 결정.

종합문제 09 | 토지(공부, 지역요인비교치, 시점수정) 40점

(물음 1) 기본적사항 확정 및 사례 선정

Ⅰ. 기본적 사항의 확정

1. 기준가치 : 감칙§5 근거. 시장가치

2. 기준시점 : 감칙§9② 근거. 가격조사 완료일(2023. 9. 6)

3. 대상물건의 확정

(1) 물적 사항

1) 토지

- 소재지 : A구 B동 100번지
- 지목 : 垈
- 토지면적 : (대장기준) : 960㎡
- 용도지역 : 일반주거지역(토지이용계획확인서)
- 형상지세 등 : 장방형 평지

〈도로는〉 인도 포함 8M “소로한면”

(세로(불)은 각지로 보지 아니한다)

- 최유효이용시 이용상황 : 상업용(근린생활시설)

2) 건물 : 블록조 200㎡(철거 전제)

(2) 권리관계

- 토지(등기부 기준) : Lee씨 소유
- 건물(등기부 기준) : Lee씨 소유

Ⅱ. 사례 선정

1. 비교표준지 선정

(1) 선정기준

감칙§14 근거 용도지역 동일. 인근지역 위치 실제 용도 이용상황 동일 · 유사, 공법상 제한유사, 주변환경 유사, 지리적 근접한 표준지

(2) 비교표준지 선정 : 선정기준에 부합하는 〈#3〉 선정

(공시지가는 나지상정인바 건부감가는 고려하지 않는다)

(3) 제외 사유

#1. 지역요인 비교 불가. #2. 이용상황 상이.

#4. 용도지역 상이하여 각각 배제

2. 거래사례 선정

(1) 선정기준

① 실거래가, ② 사정보정 가능, ③ 도시지역3년 비도시 5년 이내,

④ 배분법 적용 가능, ⑤ 비교표준지 선정기준에 적합할 것

(2) 사례 선정 : 위 기준에 부합하는 〈사례(2)〉 〈사례(6)〉 〈사례(8)〉

(3) 제외 사유

① 사례(1) 지역요인 비교 불능 ② 사례(3), (7) 용도지역 상이

③ 사례(4) 시점수정 불능 ④ 사례(5) 배분법 적용 불능

(물음 2) 토지의 각 시산가액

Ⅰ. 지역분석

1. 인근지역 및 유사지역 판정

① 대상이 속한 A구 B동은 인근지역(평점 100)

② 인근지역과 지역특성이 유사한 P구 C동은 유사지역으로 요인비교 가능

2. 지역요인 비교치

(1) 각 동별 단위면적당 순임대료

(사례의 건물요인에 영향이 없는 상각 전 순이익 기준)

1) A구 B동 : 〈사례9〉

[28,503,000 × 12 + 270,000,000 × MC(12% 2) - (33,000,000

+ 5,000,000 + 3,000,000)] / (2,700 × 0.8) ≒ @213,000원/㎡

2) P구 C동 : 〈사례10〉

[33,220,000 × 12 + 945,000,000 × 0.12 - (29,000,000 + 5,000,000

+ 3,000,000)] / (2,400 × 0.8) ≒ @247,000원/㎡

(2) 지역요인 평점(P구 C동)

213,000 × C / 100 ≒ 247,000(∴ C ≒ 116)

Ⅱ. 공시지가기준법

1,850,000 × 1.05273 × 1 × 1.023 × 1 ≒ @1,992,000/㎡

시[1] 지 개[2]

1) 시점수정(2023. 1. 1~2023. 9. 6. A구 주거)

2) 개별요인 : 90/80 × 100/110 × 95/100 × 100/95

Ⅲ. 거래사례비교법

1. 〈사례2〉 비준가액

$1{,}572{,}000{,}000 \times 1 \times 1.11650 \times 1 \times 0.9 \times \frac{1}{750}$ ≒ @2,106,000/㎡

사 시[1]

1) 시점수정(2022. 4. 1~2023. 9. 6 A구 주거)

2. 〈사례6〉 비준가액

(1) 사례토지가격

4,050,000,000 - 860,000 × 1 × 1 × 0.94 × 2,300

사 시

$\times \left(0.7 \times \frac{45}{49} + 0.3 \times \frac{15}{19}\right)$ ≒ 2,414,000,000

잔

(2) 시점수정(지가변동률 P구 C동 적용)

감칙 제14조 제3항 제2호에 의거 비교표준지가 속한 지역의 지가변동률 적용을 규정하여 “P구 C동”을 적용.

(2023. 5 1~2023. 9. 6 일반주거) ≒ 1.02935

(3) 비준가액

$2{,}414{,}000{,}000 \times 1 \times 1.02935 \times \frac{100}{116} \times 0.9 \times \frac{1}{860}$ ≒ @2,242,000/㎡

3. 〈사례8〉 비준가액

(1) 甲토지 시장가치

$$\frac{2,200,000,000 - 510,000,000}{2,200,000,000 \times 2 - (510,000,000 + 甲)} ≒ 0.6$$

〈甲 ≒ 1,073,000,000〉

(2) 시점수정(2023. 7. 1~2023. 9. 6)

P구 C동 주거 지가변동률 적용 ≒ 1.01431

(3) 비준가액

$1,073,000,000 \times \underset{사}{1} \times \underset{시}{1.01431} \times \underset{지}{\frac{100}{116}} \times \underset{개}{\frac{100}{110}} \times \underset{면}{\frac{1}{400}}$ ≒ @2,132,000/㎡

Ⅳ. 수익환원법

1. 사례선정

위치 · 물적 유사성 있으며 최유효이용〈사례12〉 선정 (사례11은 최유효이용 미달로 배제)

2. 사례 NOI

관리비는 별도 징수사항으로 파악하여 수익과 비용으로 모두 인식

(1) PGI

28,500,000 × 12 + 400,000,000 × 0.12 + 150,000,000 × MC(12% 2) + 120,000,000 ≒598,755,000

(2) OE

35,000,000 + 120,000,000 + 8,000,000 + 1,000,000 + 4,000,000 ≒ 168,000,000

(3) NOI : (1) - (2) ≒ 430,755,000

3. 사례 토지 귀속 NOI

$430,755,000 - \underset{건물P^{1)}}{2,262,665,000} \times \underset{건물R}{0.1}$ ≒ 204,488,000

1) $860,000 \times 1 \times 1 \times \frac{98}{100} \times 2,850 \times (0.7 \times \frac{48}{50} + 0.3 \times \frac{18}{20})$

4. 대상 토지 기대 NOI

$204,488,000 \times \underset{사}{1} \times \underset{시^{1)}}{1.00776} \times \frac{100}{116} \times \frac{90}{100} \times \frac{1}{950}$ ≒ @168,301/㎡

1) (2023. 8. 1~2023. 9. 6 : P구. 주거지역)

5. 수익가액

168,301 ÷ 0.08 ≒ @2,104,000/㎡

(물음 3) 토지 감정평가액 결정

1. 시산가액 조정 및 결정

(1) 관련 근거

토지는 감칙§12① 및 §14에 따라 주된 방법에 의한 공시지가기준가액을 감칙 §12② 및 §11에 따라 산출한 다른 방식(거래사례비교법, 수익환원법)에 의한 시산가액과의 합리성을 검토하였음.

(2) 각 감정평가방식의 유용성 및 한계

비준가액은 시장성을 반영하나 일괄 거래사례의 배분법 적용의 합리성 및 지역요인 비교의 적정성이 전제되어야 하며, 수익가액은 수익성을 반영하나 해당 평가시 적용한 토지잔여법은 이론적 한계(수익의 일체성, 임료의 지행성)가 소재함.

(3) 시산가액 조정 및 감정평가액 결정

따라서, 가격자료의 적정성 · 양 · 질 및 증거력, 대상물건의 성격 및 감정평가목적, 기준가치등을 종합 고려하고, 감칙§12②에 따라 주된 방법의 합리성이 인정되어 공시지가기준가액으로 감정평가액을 결정함.

@1,992,000원/㎡ × 960≒〈1,912,000,000원〉

2. 현황 부동산(토지)가액 결정

1,912,000,000 - 210,000 × 200 ≒ 1,870,000,000원

철거비

Tip 지역분석 등의 유의점

① 선정사유를 물음에서 따로 묻는 경우 선정기준, 선정, 제외사유를 목차로 잡아 구체적으로 기술할 필요가 있다.
② 지역요인 비교가능성, 개별요인 비교가능성 및 시점수정 가능성 등은 사례 선정뿐만 아니라 문제 분석의 순서를 결정하는 논점임에 유의해야 한다.
③ 관리비는 원칙적으로 실비초과액에 대해서 수익으로 계상해야 한다.
별도 언급이 없는 경우 보통 관리비를 영업경비에 포함시키나, 본 답안에서는 실비초과액은 없는 것(관리비를 별도 징수)으로 보고 풀이하였다.
④ 자가변동률 적용시 감칙 제14조 제3항 제2호에 근거 비교표준지가 속하는 시 · 군 · 구 용도지역별을 우선 적용하였다.
(* 일본에서는 표준지 또는 사례를 기준으로 지가지수를 적용하고 있음)
⑤ 철거비의 처리는 개량물의 최고최선 분석과 관련하여 입체적 이해가 요구된다.

종합문제 10 토지건물(3방식) 40점

Ⅰ. 감정평가 개요

기준시점 2023년 12월 31일을 기준한 일반거래목적의 감정평가를 3방식에 의한 시산·비교를 통하여 실시함.

Ⅱ. (물음 1) 적산가액과 비준가액

1. 개별물건기준(적산가액)

(1) 토지

- 대상은 2필 일단지 상태인바 이를 기준함.
- 인접한 토지로서 용도지역, 이용상황에서 비교가능한 표준지#1을 선정.

$31{,}800{,}000 \times 0.99203 \times 1 \times \frac{100}{95.2} \times 1.40$ ≒ @46,400,000/㎡

(시[1] 지 개 그)

1) 상업 2023 누계 : 1 − 0.00797

(2) 건물

1) 재조달원가 : (1,000,000 + 120,000) ≒ @1,120,000/㎡

(표준 부대보정)

2) 감가수정 : $1{,}120{,}000 \times \frac{30}{55}$[1] ≒ @611,000/㎡

1) 유효경과년수 : 실제 37년 경과 ∴ 37 − 12 ≒ 25

(3) 적산가액

$46{,}400{,}000{,}000 \times 1{,}750 + 611{,}000 \times 23{,}000$ ≒ 95,253,000,000

(토지 건물)

2. 비준가액

(1) 사례선정

대상과 규모에서 유사한 인근거리 내 사례#4를 선정

※ 배제사유
- 사례#1 → 급매로 인한 적정성 저하
- 사례#2 → 과도한 경쟁입찰로 다소 고가
- 사례#3 → 대상부동산과의 거리 범위 초과

(2) 비준가액

$4{,}389{,}000 \times 1 \times 0.94491 \times 1 \times \frac{100}{104.8} \times 23{,}000$ ≒ 91,017,000,000

(사 시[1] 지 개 면)

1) 2023.11.9~2023.12.31 상업

$\left(1 - 0.02547 \times \frac{22}{30}\right) \times (1 - 0.03711) = 0.94491$

Ⅲ. (물음 2) 순영업소득

1. 대상층별 임대료

(1) 간접법

임대사례를 통하여 기준층임대료를 검출함.

1) 대상 기준층 임대료

정상적인 사례#2, 3을 선정

※ 배제사유
- 사례#1 → 관계회사 간 임대차, 사정개입 우려
- 사례#4 → 적정성 검토 후 이주 결정 임대료의 적정성 의문

① 사례2 : $29{,}700 \times \frac{100}{114.4}$ ≒ @26,000/㎡

② 사례3 : 27,200 × $\frac{100}{104.7}$ ≒ @26,000/㎡

③ 결정 : 상기와 같이 유사한 @26,000/㎡으로 적용

2) 1층 · 지하층 임대료

① 1층 : @26,000 × $\frac{100}{43}$ ≒ @60,500/㎡

② 지하층 : @26,000 × $\frac{30}{43}$ ≒ @18,100/㎡

(3) 직접법

① 1층 임대료 ≒ @55,000/㎡

② 기준층 : @55,000 × $\frac{43}{100}$ ≒ @23,700/㎡

③ 지하1층 : @55,000 × $\frac{30}{100}$ ≒ @16,500/㎡

(3) 임대료 결정

상기와 같이 10% 정도 간접법에 의한 결과가 높게 나타났으나, 이는 임대개시 시점, 수집자료의 한계에서 기인할 수 있는바, 시장 내 적정자료로부터 도출된 간접법 결과치를 기준함.

2. PGI

(1) 보증금 운용익 및 임대료 수입

(60,500 × 1,190 + 26,000 × 15,430 + 18,100 × 3,080)

1F 임대면적 / 2F 이상 / 지하층

× (10 × 0.0674 + 12) ≒ 6,704,000,000

일년치

(2) 주차장 운영수입 : 20,850,000 × 12 ≒ 250,000,000

(3) 관리비 : @9,900 × 19,700 × 12 ≒ 2,340,000,000

(4) 계 ≒ 9,294,000,000

3. EGI

9,294,000,000 × (1 - 0.05) ≒ 8,829,000,000

공실률

4. NOI

8,829,000,000 - 2,340,000,000 × 0.7 ≒ 7,191,000,000

관리비의 70%
OE

Ⅳ. (물음 3) 수익가액

1. 종합환원율(Ro)

시장 내 매매금액으로부터 환원율을 추출함.

$\left(\frac{1,340}{20,000} + \frac{6,700}{100,000}\right) \times 1/2 + 0.01$ ≒ 0.0770

A　B　1)

1) 경기 상황에 따른 위험할증률

2. 수익가액

NOI/Ro≒ $\frac{7,191,000,000}{0.077}$ ≒ 93,390,000,000원

V. (물음 4) 시산가액 조정 및 감정평가액 결정

1. 각 시산가액

- 적산가액 : 95,253,000,000
- 비준가액 : 91,017,000,000
- 수익가액 : 93,390,000,000

2. 각 시산가액의 성격과 특징

- 〈적산가액〉 토지는 표준지기준가격으로 적정한 나지상정가격일 수 있으나, 대상건물 감가수정시 유효경과년수를 적용한 부분이 가격타당성을 저하시킬 수 있음.

- 〈비준가액〉 일체 빌딩거래사례로부터 비준가액이 산정되었으며 시장 내에서 지지도가 큼.

- 〈수익가액〉 본사 사옥으로 이용되고 있는 관계로 시장 내 임대료를 적용하였으나 '수익성 부동산' 검토 자료로 그 의미가 있음

3. 감정평가액 결정

(1) 관련 근거

「감칙」 §7① 및 §12①에 따라 토지는 공시지가기준법(§14), 건물은 원가법(§15)을 주된 방법으로 적용한 개별물건기준에 따라 산출된 시산가액을 「감칙」 §7② 및 §12②에 따라 산정한 다른 방식(거래사례비교법, 수익환원법)에 의한 시산가액으로 합리성을 검토하였음.

(2) 시산가액 조정 및 감정평가액 결정

따라서, 가격자료의 적정성 · 양 · 질 및 증거력, 대상물건의 성격, 기준가치 등을 고려하되 해당 감정평가는 일반거래 목적으로 시장행태(일체 거래관행), 시장 증거력 등을 고려할 필요가 있는바, 「감칙」§12③에 따라 주된 방법에 의한 시산가액을 기준 다른 방식에 의한 시산가액을 참작하여 92,000,000,000원으로 결정함.

종합문제 11 집합건물(3방식) 45점

Ⅰ. 감정평가 개요

기준시점 2023.5.1을 기준으로 대상부동산의 가격을 산정함.

Ⅱ. (물음 1) 원가법에 의한 시산가액

1. 1동 전체가격

1) 토지(공시지가기준법) : 대상부동산이 표준지인바 #1 선정

31,800,000 × 1.02581 × 1 × 1 × 1.50 ≒ @48,900,000/㎡
(시 / 지 / 개 / 그)

〈×7,700=376,530,000,000원〉

※ 그 밖의 요인 보정치

① 선례기준 대상가격 : 48,100,000 × 1.01940 × 1 × 1 ≒ @49,033,000/㎡

② 비교표준지기준 대상가액 : 31,800,000 × 1.02581 × 1 × 1 ≒ @32,621,000/㎡

③ 그 밖의 요인 보정치 ≒ ① / ② ≒ 1.50

2) 건물(원가법) : @1,963,000/㎡ × 71,000 = 139,373,000,000원

3) 개별물건기준에 의한 시산가액

토지 + 건물 = 515,903,000,000원

2. 대상 층별효용비율

각층 효용적수(40 × 2610 + 35 × 2600 + 35 × 945) / 전체 효용적수

= 0.106

3. 적산가액

515,903,000,000 × 0.106 + 2,000,000,000 ≒ 56,686,000,000원
(토·건 P / 효용비율 / 1))

1) 임차자개량물은 관행상 당연히 임차인 소유인바, 부합물만을 기산함.

Ⅲ. (물음 2) 수익환원법

1. 직접환원법

(1) NOI

@32,000 × (12月 + 18月 × 0.06[1]) × 9,923.0[2] ≒ 4,153,000,000

1) 보증금운용이율 ≒ 무위험률 + 할증률

2) 9~11F 임대면적

(2) 수익가액

4,153,000,000 ÷ (0.06 + 0.01) ≒ 59,329,000,000
(기입 R)

2. DCF법

t ≒	①	→(1% 상승)	②	→(1%)	③	→(1.5%)	④	→(1.5%)	⑤	→(3.5%)	⑥
NOI	4,153		4,195		4,237		4,301		4,366		4,519
현가율[1]	0.926		0.857		0.794		0.735		0.681		

1) 0.05 + RP(3%)

(1) 매기 NOI 현가合 ≒ 16,939,000,000

(2) 기말복귀액의 현가

$4,519,000,000 \div (0.06 + 0.01 + 0.005) \times (1 - 0.02) \times 1/1.08^5$

NOI_6 기출 R 매도비용 현가율

≒ 40,212,000,000

(3) 수익가액 : (1) + (2) ≒ 57,151,000,000

V. (물음 3) 감정평가액 결정

- 적산가액 : 56,686,000,000원
- 직접환원법 : 59,329,000,000 ………… ①
- DCF : 57,151,000,000 ………… ②

1. 관련 근거

대상은 집합건물로 「감칙」 §12① 및 §16에 따라 주된 방법인 거래사례비교법을 적용하여야 하나 적정한 거래사례 포착이 어려워 「감칙」 §12① 단서에 따라 다른 방법을 주된 방법으로 적용하되 (원가법, 수익환원법)에 의한 시산가액과의 합리성을 검토하였음.

2. 각 감정평가방식의 유용성 및 한계

① 비준가액은 집합건물로서 구분소유권의 대상이 되는 건물부분과 그 대지사용권을 일괄 감정평가하는 것으로 시장성을 반영하나 거래사례의 증거력이 수반되어야 함.

② 적산가액은 거래사례의 포착이 어려운 대상물건의 특성을 반영하고 적정원가의 산출이 가능하나 시장 거래가와 괴리가 있을 수 있음.

③ 수익가액은 대상의 일체 수익성 및 대상물건의 성격을 반영하나 NOI 및 이에 적용되는 율의 적정성이 수반되어야 함. 직접환원법과 DCF법에서 사용한 1기의 NOI는 상호 동일하지만, 직접환원법에서의 종합환원율(R)은 DCF법의 세부적으로 적용한 장래소득의 변동성, 운영기간 중의 수익률, 임대차기간말 복귀가치의 변동가능성 등 제반 투입변수를 하나의 수치에 함의하고 있음. 따라서 투입자료의 확실성 · 객관성 정도에 따라 산출된 시산가액의 가격타당성이 좌우되며, 각 투입자료에 대한 예측치, 수집된 시장자료가 다양한 만큼 ①과 ② 두 방법에 의한 결과치는 달라질 수 있음.

3. 감정평가액 결정

대상부동산은 수익성 부동산으로서, 관련법률 및 평가목적을 고려하여 수익방식에 의한 결과치에 중점을 두어 결정하되, 보다 구체적인 DCF법에 가중치를 부여하여 아래와 같이 결정함.

〈57,150,000,000원〉

종합문제 12 골프장 평가 45점

Ⅰ. (물음 1) 2021.5.30 골프장 (예정)부지 매입 담보평가

1. **대상물건** : 2필지의 사유지 매입관련 담보평가(국유지는 제외)

2. **적용공시지가 및 비교표준지 선정 :**

① 기준시점 최근 공시된 〈2021.1.1.〉 적용

② 기호#1 : A리 보전관리, 자연림 〈公#1〉 선정

③ 기호#2 : B리 계획관리, 전 〈公#4〉 선정

3. **공시지가기준법**

1) 기호 1 : 5,000×1×1×1×1 ≒@5,000원/㎡

(×1,000,000≒5,000,000,000원)

2) 기호 2 : 12,000×1×1×1×1 ≒@12,000원/㎡

(×50,000≒600,000,000원)

3) 計 : 5,600,000,000원

Ⅱ. (물음 2) 2022.3.30 조성 중인 골프장 부지 경매평가

1. **대상물건**

① 조성 중인 골프장 부지 : 일단지 中 997,000㎡(국유지 미매입 부지 제외)

② 제외지 : 산 22 - 1번지 53,000㎡는 골프장에서 제외된 부지로 보전관리, 자연림 기준

2. **조성 중인 골프장 부지**

(1) 공시지가기준법

① 적용공시지가 및 비교표준지 선정 : 기준시점 최근 공시된 〈2022.1.1.〉 적용, 대상부동산 표준지(조성 중) 〈公#5〉 선정.

② 시산가액 : 21,000×1×1×1×1 ≒@21,000원/㎡

* 개별요인 : 조성정도는 공시기준일과 동일.

(2) 원가법

① 소지가격 : 5,000×947,000+12,000×50,000 ≒5,335,000,000

② 조성비용 : 20,000×0.8×997,000 ≒15,952,000,000

* 취득세는 골프장의 사실상 사용시작 시점에서 부과되어 고려 안함.

③ 시산가액 : (①+②)÷997,000 ≒@21,000원/㎡

(3) 결정

공시지가를 기준한 시산가액 및 원가법에 의한 시산가액의 균형을 이루고 있어 주된방식에 의한 시산가액 기준 〈21,000×997,000≒20,937,000,000원〉

3. **제외부지(공시지가기준법)**

① 적용공시지가 및 비교표준지 선정 : 기준시점 최근 공시된 〈2022.1.1.〉 적용, 보전관리, 자연림 〈公#1〉 선정.

② 시산가액 : 6,000×1×1×1×1 ≒@6,000원/㎡

〈×53,000≒318,000,000원〉

4. **경매평가액** : 1.+2. ≒ 21,255,000,000원

Ⅲ. (물음 3) 2023.9.1 골프장 일반시가 평가

1. 대상물건 확정

① 토지 : 일단지, 등록면적 1,000,000㎡ 기준

② 건물 등 : 완공상태 기준

2. 개별물건기준(원가방식)

(1) 토지(골프장 용지)

1) 공시지가기준법

① 적용공시지가 및 비교표준지 선정 : 기준시점 최근 공시된 〈2023.1.1.〉 적용, 대상부동산 골프장 표준지 〈公#5〉 선정.

② 시산가액 : 31,000 × 1 × 1 × 1 × 1.3 ≒@40,000원/㎡

2) 원가법

① 소지가격 : 5,000 × 947,000 + 12,000 × (50,000 + 3,000)

≒5,371,000,000

② 조성비용 : 20,000 × 1,000,000 ≒20,000,000,000

③ 취득세 : ② × 11% ≒2,200,000,000

④ 시산가액 : (① + ② + ③) ÷ 1,000,000 ≒@28,000원/㎡

3) 결정

조성원가성에 근거를 둔 원가법 보다 실제 거래가능가격 등 평가선례 등에 의해 시장성을 확보한 공시지가기준법에 의한 시산가액 중심

〈40,000 × 1,000,000 ≒ 40,000,000,000원〉

(2) 건축물

1) 철근콘크리트조

900,000 × [5,000 + 2/3 × 254 + (882 + 112 + 96 + 85 + 192) × 1/2]

≒5,267,550,000

2) 조적조 : 200,000 × 160 + 240,000 × 25 ≒38,000,000

3) 計 : 5,305,550,000원

(3) 개별물건기준에 의한 시산 가액

토지 + 건물 ≒45,305,550,000원

3. 거래사례비교법

(1) 사례선정 : 면적, 개장일시, 규모(18홀) 등 비교가능성 높은 〈사례A〉

(2) 사례 홀당 가격

520억 ÷ 18홀 ≒2,888,889,000원/홀

(3) 시점수정

회원권시세 변동률(1 + 0.02 × 32/31) ≒1.02065

(4) 지역요인 비교치

$$\frac{\text{A도}:(31{,}000+44{,}000+34{,}000)\div 3}{\text{B도}:(35{,}000+45{,}000)\div 2} \fallingdotseq 0.908$$

(5) 시산가액

2,888,889,000 × 1 × 1.02065 × 0.908 × 0.998 ≒2,671,924,000원/홀

* 개별요인 : 1.05 × 0.97 × 0.98

〈×18홀≒48,094,632,000원〉

4. 골프장 시산가액 조정 및 감정평가액 결정

(1) 관련 기준

「감칙」 §7① 및 §12①에 따라 토지는 공시지가기준법(§14), 건물은 원가법(§15)을 주된 방법으로 적용한 개별물건기준에 따라 산출된 시산가액을 「감칙」 §7② 및 §12②에 따라 산정한 다른 방식(거래사례비교법)에 의한 시산가액으로 합리성을 검토하였음.

(2) 각 감정평가방식의 유용성 및 한계

개별물건기준에 의한 시산가액은 각 물건별 시장가치를 반영하나 골프장을 구성하는 모든 유·무형의 자산을 산정하지 못한 한계가 있음.

일괄 거래사례비교법에 의한 시산가액은 대상부동산의 일체로 거래되는 관행을 반영하는 유용성이 있으나 가격형성요인 분석시 구체적·객관적 비교가 요구됨.

(3) 시산가액 조정 및 감정평가액 결정

따라서, 대상물건의 성격, 기준가치, 가격자료의 성격·증거력 등을 고려하되 해당 감정평가의 목적이 일반거래로 시장행태 및 거래관행을 고려할 필요가 있는바 감칙§12③에 따라 주된 방법에 의한 시산가액 및 다른 방식에 의한 시산가액을 참작하여 48,000,000,000원으로 감정평가액을 결정함.

종합문제 13 물류창고 PF 40점

Ⅰ. (물음 1) 담보평가 - 현황 기준

1. 대상물건 개요

① 매입예정 토지, 계획관리 內 전 · 답 6필지를 대상

② 개별물건기준, 공시지가기준법(감칙 §14) 적용

2. 기준시점 : 2023.9.1.

3. 비교표준지 선정

계획관리 內 '田' 〈公 #2〉 선정

4. 단가

(1) 기호#1,2,3

50,000×1×1× 0.96 × 1.4 ≒@67,000

(2) 기호 #4,5,6

50,000×1×1×(0.92×0.96)×1.4 ≒@62,000

5. 담보평가액

(1) 기호#1 : 67,000×27,000 ≒1,809,000,000

(2) 기호#2 : 67,000×22,000 ≒1,474,000,000

(3) 기호#3 : 67,000×500 ≒33,500,000

(4) 기호#4 : 62,000×500 ≒31,000,000

(5) 기호#5 : 62,000×10 ≒620,000

(6) 기호#6 : 62,000×150 ≒9,300,000

(7) 합계 : 3,357,420,000

Ⅱ. (물음 2) 완공 후 가치 - 컨설팅

1. 대상물건 개요(가치추정의 전제 및 조건)

귀 요청에 따라 지구단위계획의 승인 및 계획에 따른 완공을 조건으로 토지 및 건물의 완공 후 가치를 산정 (제외지 별도 산정 가능)

2. 원가법

(1) 토지

1) 창고용지(지구단위 편입면적 : 48,300㎡)

계획관리. 장. 〈公#1〉 선정

115,000×1×1×1×1.4 ≒@161,000

〈×48,300≒7,776,300,000〉

2) 도로부지(지구단위 편입면적 : 300㎡)

$161,000\times\frac{1}{3}$ ≒@53,000

〈×300≒15,900,000〉

* 도로부지의 기부채납 등 조건에 따라 제외 가능

3) 계 〈7,792,200,000원〉

(2) 건물

1) A동(냉장/냉동) : 800,000×50,000 ≒40,000,000,000

2) B동(상온) : 650,000×8,640 ≒5,616,000,000

3) 계 45,616,000,000

(3) 합계

토지+건물 ≒53,408,200,000

3. 거래사례비교법

(1) 사례선정

동일 용도 지역, 동일 용도 창고, 최근 거래사례, 접근성 유사 등 비교가능성 높은 〈사례③〉 선정

(#① 용도지역 상이, #② 시점괴리, #④ 창고용도 및 접근성 상이로 배제)

(2) 시점수정치 : 경기도 임대료 추세 매년 5% 상승 적용

$1.05\times(1+0.05\times\frac{3}{12})$ ≒1.06313

(3) 개별요인비교

(0.35×1.1+0.65)×(0.4×1.05+0.3+0.3×1.05)×1 ≒1.071

(4) 연면적당 단가

868,000×1×1.06313×1×1.071 ≒@988,000

(5) 비준가액

988,000×58,640 ≒57,936,320,000

4. 수익환원법

(1) 사례선정

① A동(냉장/냉동) : 동일 용도 〈#⑥,〉 선정

② B동(상온) : 동일 용도〈#⑤,〉 선정

(2) 대상 월임대료 산정

1) A동(냉장/냉동)

32,500×1×1×1×1.000 ≒@32,500원/3.3㎡

* 개 : 대등

2) B동(상온)

13,000 × 1 × 1 × 1 × 1.000 ≒@13,000원/3.3㎡

(3) PGI(1기)

① A동연지불임료 : 32,500×(50,000×0.3025)×12月 ≒5,898,750,000

② B동연지불임료 : 13,000×(8,640×0.3025)×12月 ≒407,721,600

③ 관리비 : 1,000×(50,000+8,640)×12월 ≒703,680,000

④ 계 7,010,151,600

(4) EGI(1기) : (3)×(1 - 0.07) ≒6,519,441,000

(5) OE

① 변동경비 : 관리비×0.4×(1 - 0.07) ≒261,769,000

② 고정경비 : 관리비×0.4 ≒281,472,000

③ 계 543,241,000

(6) NOI : (4) - (5) ≒5,976,200,000

(7) 보유기간 현금흐름

1) 개요

① 연지불임료 4기부터 4% 상승 적용

② 관리비, 경비는 고정

2) 현금흐름

구분	1	2	3	4	5	6
연지불임료	6,306,472	6,306,472	6,306,472	6,558,730	6,821,080	7,093,923
관리비	703,680	703,680	703,680	703,680	703,680	703,680
PGI	7,010,152	7,010,152	7,010,152	7,262,410	7,524,760	7,797,603
EGI	6,519,441	6,519,441	6,519,441	6,754,042	6,998,027	7,251,771
OE	543,241	543,241	543,241	543,241	543,241	543,241
NOI	5,976,200	5,976,200	5,976,200	6,210,801	6,454,786	6,708,530
현가	5,335,893	4,764,190	4,253,741	3,947,076	3,662,619	

(8) 기말 재매도가치

6,708,530,000÷0.11 ≒60,986,636,000

* 기출R ≒ Income rate + risk

(9) 수익가액(할인율 12% 적용)

$\Sigma \frac{\text{매기NOI}}{(1.12)^n} + \frac{\text{재매도가치}}{1.12^5}$ ≒56,569,000,000

5. 가치의견 결정

(1) 가치산정 목적

사업성 검토를 위한 것으로 사업의 리스크를 충분히 고려할 필요성 있음

(2) 가치 추계 조건

완공 후의 가치를 전제로 산정한 가격으로 완공시점 등 현 시점과의 차이에 따른 리스크 감안.

(3) 물류창고업 동향 – 시장분석(물류창고)

물건이 속한 권역의 경쟁력, 경기도 물류창고 임대료 추세를 감안.

(4) 대상 성격 고려 – 개별분석

물류창고의 성격, 임대료 동향, 창고완공에 따른 가격 및 임대료를 감안

(5) 각 시산가액의 유용성 및 한계

① 원가법 : 공급자 중심의 원가성에 치중될 우려

② 거래사례비교법 : 시장의 동향 및 특성을 반영

③ 수익환원법 : 수익성 부동산으로서의 개별성 반영

(6) 결정

사업의 성패는 실질적으로 사업소득에 의하여 결정되는 바, 임대료 · 할인율(Risk) 등을 충분히 고려한 수익가액 중심 토지 및 건물의 취득비용을 고려한 적산가액과 최근 물류창고의 거래동향을 감안한 비준가액을 종합참작하여 〈57,000,000,000원〉으로 결정.

종합문제 14 호텔, 조건부 감정평가 45점

Ⅰ. (물음 1) 감정평가에 관한 규칙 §6(현황기준 원칙)

1. 감칙 §6

① 기준시점에서 대상물건의 이용상황 및 공법상 제한을 받은 상태를 기준으로 한다.

② ①항에도 불구하고 감정평가 조건을 붙여 감정평가할 수 있다.

㉠ 법령에 다른 규정이 있는 경우

㉡ 의뢰인이 요청하는 경우

㉢ 감정평가의 목적이나 대상물건의 특성에 비추어 사회통념상 필요하다고 인정하는 경우

2. 대상의 조건과 적정성 검토

(1) 감정평가조건

① 「도정법」 상 종후자산의 평가로 호텔 건물이 완공된 것을 조건으로 평가

② 감정평가의 목적 및 대상 특성에 비추어 사회통념상 필요하다고 인정됨.

(2) 적정성 검토(조건의 합리성 · 적법성 · 실현가능성)

① 「도정법」에 의한 개발사업의 완공 조건으로 평가목적 및 대상 특성에 비추어 합리성 · 적법성이 인정되며,

② 사업시행인가 이후 진행되는 사업으로 실현가능성 인정됨.

Ⅱ. (물음 2) 종전자산 평가

1. 대상물건

① 일반상업지역, 상업용, 300㎡

② 건물(철근콘크리트조, 근린생활시설, 500㎡ 사용승인 : 1993.5.1.)

2. 기준시점

사업시행인가일 : 2022.5.31.

3. 토지

(1) 비교표준지

① 2022.1.1. 적용공시지가

② 일 · 상, 상업용, 사업지구 內 〈#A〉 선정

(2) 평가액

11,800,000 × 1.00000 × 1.000 × 1.000 × 2.1 ≒@24,800,000

〈× 300.0 ≒ 7,440,000,000〉

4. 건물(현황 멸실상태나 귀 제시 조건에 따라 평가)

$1,000,000 \times \frac{21}{50}$ ≒@420,000

〈× 500 ≒ 210,000,000〉

* 「도정법」 상 종전자산 멸실된 건물을 감정평가 하는 경우는 도정법 제81조3항에 해당하는 경우등 제한적으로 적용되어야 함.

Ⅲ. (물음 3) 완공 후 가치(개별물건기준 및 비교방식)

1. 기준시점 : 2023.5.31.

2. 개별물건기준

(1) 토지(일반상업, 상업용, 대지면적 1,800.0㎡)

1) 비교표준지 선정

① 기준시점 당시 최근 2023.1.1. 적용

② 대상부동산 표준지 〈#C〉 선정

2) 토지가액

25,900,000×1×1×1×2.1 ≒@54,400,000원/㎡

시 지 개 그

〈×1,800.0≒97,920,000,000원〉

(2) 건물가액

(1,800,000+400,000)×25,240.46 〈≒55,529,012,000원〉

(3) 시산가액 : (1)+(2) 〈≒153,449,012,000원〉

3. 비교방식

(1) 사례선정 : 용도지역, 이용상황, 동일, 인근, 최근사례〈사례 3〉

(#1 : 용도지역, 규모상이, #2 : 시점수정 불가)

(2) 시점수정 : 1.03000

(3) 개별요인비교치

1×(1.05×0.4+0.3+1.05×0.3)×1 ≒1.035

(4) 연면적당 단가

5,982,000×1×1.03000×1×1.035 ≒@6,380,000원/㎡

(5) 시산가액 : (4)×25,240.46 〈≒161,034,000,000원〉

Ⅳ. (물음 4) 수익방식

1. 예상 매출기준

(1) PGI

1) 객실매출 : 120,000×270×365×0.85 ≒10,052,100,000

2) 식음료 : 532,000,000

3) 기타 : 1)×0.15 ≒1,507,815,000

4) 계 : 1)+2)+3) ≒12,091,915,000

(2) NOI : (1)×0.5 ≒6,045,958,000

(3) 기말재매도가치 : [(2)×1.02^5]÷0.05 ≒133,504,000,000

(4) 수익가액

1) 할인율 : 0.4×0.065+0.6×0.056+0.01 ≒0.069

2) 수익가액 : Σ NOI현가 +기말복귀가치/1.069^5

$$≒6,045,958,000\times\frac{1-\left(\frac{1.02}{1.069}\right)^5}{(0.069-0.02)}+133,504,000,000/1.069^5$$

〈≒121,434,000,000원〉

2. 마스터리스(임대계약 기준)

(1) PGI

1) 보증금운용이익 : 220,000×0.05×25,240.46

2) 연지불임료 : 22,000×12月×25,240.46

3) 관리비 : 10,000×12月×25,240.46

4) 계 9,969,981,000

(2) OE : 3,028,855,000×0.9 ≒2,725,970,000

(3) 매기 현금흐름 (NOI)

구분	1	2	3	4	5	6
보증금운용익	277,645					
연지불	6,663,481					
관리비	3,028,855	2% 상승	2% 상승	1% 상승	1% 상승	1% 상승
PGI	9,969,981	10,169,381	10,372,769	10,476,497	10,581,262	10,687,075
OE	2,725,970	2,780,489	2,836,099	2,864,460	2,893,104	2,922,035
NOI	7,244,011	7,388,892	7,536,670	7,612,037	7,688,158	7,765,040

(4) 기말 재매도가치 : 7,765,040,000÷0.05 ≒155,300,000,000

(5) 수익가액

1) 할인율 : 0.4×0.062+0.6×0.056 ≒0.058

2) 수익가액 : Σ NOI현가 +기말복귀가치/1.058^5 ≒148,837,000,000

3. 시산가액 조정 및 감정평가액 결정

(1) 관련 근거

「감정평가에 관한 규칙」 §7① 및 §12①에 따라 토지는 공시지가기준법(§14), 건물은 원가법(§15)을 주된 방법으로 적용한 개별물건기준에 따라 산출된 시산가액을 「감정평가에 관한 규칙」 §7② 및 §12②에 따라 산정한 다른 방식(거래사례비교법, 수익환원법)에 의한 시산가액으로 합리성을 검토함.

(2) 호텔 시장의 특성

호텔시장은 관광산업의 동향의 분석이 선행될 필요가 있고, 복합부동산으로서 일체로 거래되는 관행이 형성되어 있음.

(3) 대상부동산 성격

대상은 호텔(특1등급), 수익성부동산, 장기임대차 계약(마스터리스)의 특징을 가지고 있음.

(4) 각 평가방식의 유용성 및 한계

개별물건기준(원가방식)은 토지 및 건물의 일체로 거래되는 관행에 부합되지 못하며, 특수부동산으로서의 시장특성을 반영하는 거래사례비교법, 수익성을 반영하고 있는 수익환원법의 유용성이 인정됨.

(5) 감정평가 목적 및 감정평가 조건

본건은 PF 대출을 위한 호텔 완공을 조건으로 한 감정평가임을 고려

(6) 감정평가액 결정

따라서, 감칙§12③에 따라 특수부동산의 시장특성 등 고려 거래사례비교법 및 수익환원법에 비중을 두어 160,000,000,000원으로 결정

종합문제 15 | 오피스 30점

Ⅰ. 감정평가 개요

대상 집합건물은 「감칙」§12① 및 §16에 따라 주된 방법인 거래사례비교법을 적용하여야 하나, 대상물건의 특성 등으로 인하여 적정한 감정평가방식 원가법(개별물건기준) 및 일괄거래사례비교법을 적용함.

- 기준시점 : 매매계약예정일 2023.9.20. (감칙§9②단서)

Ⅱ. 원가법 (개별물건기준)

1. 토지(공시지가기준법)

용도지역(일상), 이용상황(업무용), '노선상가지대' 소재 #3을 선정.

26,300,000 × 1.06773 × 1 × 1 × 1.2 ≒ @33,698,000/㎡

시[1] 지 개 그[2]

1) (2023.1.1~2023.9.20 상업) : $1.05549 \times \left(1 + 0.00705 \times \frac{51}{31}\right)$ ≒ 1.06773

7월 누계 8~9월분

2) 증액요인 반영(20%)

〈총액 : @33,698,000 × 3100㎡ ≒ 104,464,000,000원〉

2. 건물(원가법)

(1) 재조달원가 : 1,400,000원/m^2

(2) 건물단가 : $1,400,000 \times \frac{44}{55}$ ≒ @1,120,000/㎡

(3) 건물가액

1,120,000 × 51,000 ≒ 57,120,000,000

면

3. 개별물건기준에 의한 시산가액 : 토지 + 건물

≒ 161,584,000,000원

Ⅲ. (일괄) 거래사례비교법

시장 내에서의 일반적 비교단위인 '건물연면적당 단가'를 기준하여 일괄 비준함.

1. 사례선정

대상빌딩과 이용상황. 이용규모(면적, 층수 등)에서 유사하여 비교가능성이 있는 #1과 #3을 선정 (사례#2는 규모 상이하여 배제)

2. 사례#1 기준

(1) 사정보정 : 하자담보는 매도인 부담으로 별도 보정 없음.

150,000,000,000

(2) 시점수정치 : (2022.11.1.~2023.9.20. 상업)

$1.00727 \times 1.00628 \times 1.05549 \times \left(1 + 0.00705 \times \frac{51}{31}\right)$ ≒ 1.08225

(3) 개별요인비교치

$\frac{100}{100} \times 0.2 + \frac{100}{100} \times 0.2 + \frac{100}{100} \times 0.3 + \frac{105}{100} \times 0.2 + \frac{100}{100} \times 0.1$ ≒ 1.010

(4) 시산가액

(1). $\times$ 1.08225 $\times$ 1 $\times$ 1.010 $\times$ $\frac{51,000}{49,000}$ ≒ 170,653,000,000원

시 지 개 면

3. 사례#3 기준

(1) 사정보정

① 현금 : 150,000백만 × 0.4 ≒ 60,000백만

② 대부액

$$90,000\text{백만} \times \left[\frac{0.07 \times 1.07^{15}}{1.07^{15}-1} \times \frac{1.08^{5}-1}{0.08 \times 1.08^{5}} + \left(1-\frac{1.07^{5}-1}{1.07^{15}-1}\right) \times \frac{0.085 \times 1.085^{10}}{1.085^{10}-1} \times \frac{1.08^{10}-1}{0.08 \times 1.08^{10}} \times \frac{1}{1.08^{5}}\right] \fallingdotseq 87,760\text{백만}$$

③ 소계 : ①+② ≒ 147,760,000,000

(2) 시점수정치 : (2022.10.1~2023.9.20 상업)

$$1.01107 \times 1.00727 \times 1.00628 \times 1.05549 \times \left(1 + 0.00705 \times \frac{51}{31}\right) \fallingdotseq 1.09423$$

(3) 개별요인비교치 :

$$\frac{100}{100} \times 0.2 + \frac{100}{105} \times 0.2 + \frac{100}{100} \times 0.3 + \frac{105}{100} \times 0.2 + \frac{100}{100} \times 0.1 \fallingdotseq 1.000$$

(4) 시산가액

(1). $\times$ 1.09423 $\times$ 1 $\times$ 1.000 $\times$ $\frac{51,000}{49,000}$ ≒168,283,000,000원

면

Ⅳ. 시산가액조정 및 감정평가액 결정

- 개별물건기준 : 161,584백만원
- (일괄) 거래사례비교법 : 168,283백만원 ~170,653백만원

개별물건기준에서 토지는 공시지가기준가액으로서 최유효이용 상태를 반영한 나지상정가격이므로 적정성이 인정되나, 일체로 거래되는 대상물건의 시장관행을 반영하기 어려운 측면에서 한계점이 있음.

비준가액은 시장 내에서의 오피스빌딩 거래방식에 부합하여 비교가능한 유사빌딩의 사례로부터 산정되었는바 본 평가목적에 부합하는 적정매매가격으로서의 타당성이 인정됨.

상기와 같은 논거에 의거 비준가액 중심 170,000,000,000원으로 대상 부동산의 감정평가액을 결정함.

종합문제 16 토지건물(지역분석, 시장추출법) 30점

Ⅰ. 감정평가 개요

1. 기준시점 : 2023.6.30 (감칙§9②단서)

Ⅱ. (물음 1) 지역요인, 비교표준지 선정

1. 지역분석

(1) 지역특성 : 개발시기, 생애주기 소득 경비 등 가치형성요인 종합 고려

(2) NOI 기준

1) L동 : 125,000×(1 - 0.1) - 46,000 =66,500(86.4)
2) M동 : 148,000×(1 - 0.12) - 56,000 =74,240(96.4)
3) N동 : 150,000×(1 - 0.12) - 55,000 =77,000(100)
4) O동 : 136,000×(1 - 0.06) - 47,000 =80,840(105)
5) P동 : 154,000×(1 - 0.05) - 45,000 =101,300(131.6)

(3) 공시지가 기준(기준시점 기준)

1) H구 L동 : 425,000×1.03113 / 500,000×1.03113 (85.0)
2) H구 M동 : 482,000×1.03113 / 500,000×1.03113 (96.4)
3) H구 N동 : 500,000×1.03113 / 500,000×1.03113 (100)
4) Y구 O동 : 510,000×1.06206 / 500,000×1.03113 (105.1)
5) Y구 P동 : 635,000×1.06206 / 500,000×1.03113 (130.8)

(3) 결정

	L	M	N	O	P
평점	85.0	96.4	100	105.1	130.7

인근지역 및 유사지역의 지역특성, 기타 형성요인은 종합 분석한 결과 상기와 같은 평점을 결정

(4) 유사지역

대상 속한 인근지역과 가장 유사한 지역을 소득, 경비, 지가 가장 유사 〈M동〉

2. 비교표준지 선정

(1) 선정기준

인근지역(또는 유사지역) 소재 용도지역 동, 이용상황 등 동일 · 유사 표준지를 선정 (감칙§14②1호)

(2) 선정

인근지역에 표준지가 부재하여 유사지역 소재 용도지역, 이용상황 동일 〈公 #2〉 선정

Ⅲ. (물음 2) 경제적 내용년수

1. 시장추출법

대상과 유사 거래사례부터 연간감가율을 추출. 그 역수로 내용연수 결정

2. 사례선정

주위환경, 구조 등 건물가치형성요인 유사 〈사례 B〉 선정

3. 사례 현금등가액

$7억 + 225,490,000 \times \left(1 - \frac{(1+0.072/12)^{60}-1}{(1+0.072/12)^{120}-1}\right) \times MC(7.8\%/12,\ 60月)$

$\times PVAF(12\%/12,\ 60月)$ ≒820,447,000

4. 사례 토지가액

용도지역 이용상황 동일 인근 〈公#2〉 선정

$640,000 \times 1.01380^{*1)} \times 1 \times 1.152^{*2)} \times 1$ = 747,000/m^2

〈×650 = 485,550,000〉

*1) 시 : 1.00342×1.00468×1.00564

*2) 개 : 105/95×98/94×1

5. 사례 건물가액 : 3. - 4. = 334,897,000

6. 경제적 내용년수

(1) 재조달 원가 : 234,000×2.7928×1100 = 718,867,000

(2) 연간 감가액 : ((1) - 건물P) / 18년 ≒21,332,000

(3) 경제적 내용년수 : (1) / (2) ≒ 33년

Ⅳ. (물음 3) 감정평가액

1. 토지

(1) 공시지가 기준법

1) 시점수정치(비교표준지 소재 H구)

1.00342× ⋯ ×1.0032 ≒1.03113

2) 지역요인 비교치 : $\frac{100}{96.4}$ ≒1.037

3) 개별요인 비교치 : $\frac{100}{95} \times \frac{98}{94}$ ≒1.097

4) 그 밖의 요인 보정치 : 1.000

5) 시산가액

640,000×1.03113×1.037×1.097×1 ≒751,000/m^2

〈×780 = 585,780,000원〉

(2) 거래사례비교법

1) 사례선정

가치형성요인 등 유사하여 비교가능성 있는 거래사례 A 선정

2) 시산가액

$\frac{630,000,000}{800} \times 1 \times 1.00000 \times \frac{100}{105.1} \times 1$ ≒@749,000/m^2

시 지

〈×780 = 584,220,000원〉

* Y구 보합세

(3) 토지가액 결정

주된 방법에 의한 시산가액이 다른 방법(거래사례 비교법)에 의한 시산가액과 유사하여 합리성이 인정되어 주된 방법에 의한 시산가액으로 감정평가액을 결정 〈585,780,000원〉

2. 건물(원가법, 감칙§15)

$321,000 \times 2.2437 \times \frac{33-16}{33}$ ≒371,000/m^2

시

〈1,850 = 686,350,000〉

3. 감정평가액 결정

토지 + 건물 〈 = 1,272,130,000원〉

종합문제 17 대형마트, 감정평가서 작성 30점

Ⅰ. (물음 1) 감정평가액 결정

1. 비교방식(일괄. 거래사례비교법)

(1) 개별요인 비교치

1) 시장점유 지수 : ① 대상 = 48.6

② 사례 = 60

2) 개별요인비교치

$0.4\times\frac{48.6}{60}+0.4\times(1-0.05)+0.2\times\frac{115}{100}$ = 0.934

(2) 시산가액

2,113,000 × 1 × 1 × 1 × 0.934 = 1,970,000/m²

시 시 지

〈×7,000 = 13,800,000,000원〉

2. 원가방식(개별물건 기준)

(1) 토지(공시지가기준법, 감칙§14)

1) 비교표준지 선정 : 용도지역, 이용상황 동일, 지리적인접〈#1〉

2) 토지가액

2,000,000 × 1 × 1 × 1 × 1.1*2 = @2,200,000/m²

시

〈×2,000 = 4,400,000,000〉

*2 그 밖의 요인 보정치 : ① 평가사례 – 위치적 유사성〈#1〉 기준

② 인근시세 : 2,000,000~3,000,000 內

③ 결정 : 종합고려 〈1.1〉 결정

(2) 건물(원가법, §15)

1) 기존부분

$[700,000+(50,000\times4+100,000)]\times\frac{44}{50}$ = @880,000/m²

〈×9,000 = 7,920,000,000〉

2) 증축부분(구분평가)

$1,000,000\times\frac{44}{44+1}$ = @977,000/m²

〈×1,000 = 977,000,000〉

3) 건물가액 : 1) + 2) = 8,897,000,000원

(3) 개별물건(원가방식) 기준 시산가액 : 토 + 건 〈= 13,297,000,000원〉

3. 수익방식(일괄 수익환원법)

(1) PGI

1) 보증금운용이익 : 27억 × 0.06 = 162,000,000

운용이율

2) 연지불임료 : 461억 × 0.02 = 922,000,000

3) 증액보증금전환 : 27억 × 0.05 × 0.07 = 9,450,000

전환율

4) 계 1,093,000,000

(2) OE

1) 간주부가세 : 27억 × 0.034 × 0.1 = 9,180,000

2) OE : 1) + 50,000,000 = 59,180,000

(3) NOI : (1) - (2) = 1,033,820,000

(4) 환원율(cap rate)

1) 사례 #1기준 : 10,000,000×4.5% / (15,000백만÷2,000) = 0.06

2) 사례 #2기준 : 12,000,000×3.5% / (15,750백만÷3,000) = 0.08

3) 평균R : 0.07

(5) 시산가액 : NOI÷R 〈≒14,769,000,000원〉

4. 시산가액 조정 및 감정평가액 결정

(1) 지역분석

성숙된 상업지대로 대상 용도에 따른 판매시장의 광역적 분석 필요

(2) 개별분석

대형판매시설로 일괄 거래관행 및 매출기반 수익성 분석 필요

(3) 임대차 내역 및 유통시장 동향

① 비율임대차에 따른 임대계약 수준, 적정성 검토요망

② 최근 유통산업 동향에 기반한 매출 분석 필요

(4) 기준가치 및 평가목적 고려

시장가치 산정, 자산취득 목적 등 고려

(5) 각 평가방식의 유용성 및 한계

① 비교방식 : 동일수급권 내 유사 판매시설의 거래관행 반영 필요, 비입지적 요소의 객관화 필요

② 원가방식 : 인근지가 및 건물원가를 반영하나 거래관행 및 대상 특수성 반영에 미흡

③ 수익방식 : 대상 임대계약 특수성 및 수익성 반영하나 계약내용 및 각종 지표의 객관성 확보 필요

(6) 감정평가액 결정 의견

감칙§12 근거 비교방식에 의한 시장성 및 수익방식에 의한 임대수준 등 개별성 반영 〈140억원〉으로 결정

Ⅱ. (물음 2) 감정평가서 작성

1. 대상물건 개요

(1) 대상물건 형상등

① 토지 : 3필(일단지), 일반상업, 상업용, 2000m^3, 광대소각, 가장형, 평지

② 건물 : 일반철골구조 10,000m^2 사용승인 2017.01.26

(2) 기준시점 결정 및 그 이유

감칙§9② 귀 제시일 2023.9.1

(3) 실지조사 기간 및 내용

① 조사기간 : 2023. 8. 7~2023. 9. 1

② 실지조사내용 : ⅰ) 토지 : 3필 일단지 상업용

ⅱ) 건물 : 6축 증축 2022. 1. 1

③ 공부와 현장의 물적 동일성 인정됨

2. 기준가치 및 감정평가 조건

(1) 기준가치 : 감칙§5 근거 시장가치 기준

(2) 감정평가조건 : 해당 없음

3. 감정평가 방법의 적용

(1) 대상물건 감정평가 적용 규정

① 개별물건 기준(감칙§7①) : 토지 공시지가기준법(감칙§14)

건물 원가법(감칙§15)

② 일괄평가(감칙§7②) : 감칙§16 일괄평가. 거래사례비교법

수익환원법 등(감칙§11)

③ 감정평가방법의 적용 및 시산가액 조정(감칙§12)

(2) 대상물건에 적용한 주된방법과 다른 감정평가 방법

① 주된방법 : 일체로 거래되는 관행에 따라 거래사례비교법 적용(감칙§12① 단서)

② 다른 감정평가방법 : ⅰ) 개별물건기준(토지 공시지가기준법, 건물 원가법)

ⅱ) 수익환원법

(3) 일괄 · 구분 · 부분 감정평가

1) 일괄평가

① 일체 거래 관행(감칙§7②) 토지 건물 일괄

② 토지 3필 일단지(용도상 불가분 관계)

2) 구분평가

건물 증축부분은 가치를 달리해 구분(감칙§7③)

Chapter 03

비가치추계 연습문제

연습문제 01 | 토지의 최고최선 20점

Ⅰ. 감정평가 개요

대상은 토지의 최유효이용판정으로 여러 대안 중 토지가치가 최대로 되는 대안을 최유효이용으로 판정함.

Ⅱ. (물음 1) 최유효이용의 판정기준

1. 최유효이용의 의의

공지나 개량부동산에 대해서 합리적이며 합법적으로 이용가능한 대안 중에서, 물리적으로 채택이 가능하고, 경험적인 자료에 의해서 적절히 지지될 수 있고, 경제적으로도 타당성이 있다고 판명된 것으로서 최고의 가치를 창출하는 이용을 말한다.

2. 판정기준

(1) 합리적 이용 : 시장 내에서 합리적으로 가능하고, 경제적으로도 타당한 이용

(2) 합법적 이용 : 각종 공법상 규제 및 기준에 어긋나지 않는 이용

(3) 물리적 채택가능성 : 토지의 모양, 하중지지력, 편익시설의 유용성 등의 사항

(4) 최고수익에 대한 경험적 증거 : 시장에서의 객관적인 증거로서 뒷받침되는 이용

Ⅲ. 용도판정(1층상정)

1. 대안 A(업무용)

(1) 전체 NOI

$\{8,000 \times 12 \times (1 + 0.12)\} \times (25 \times 50 \times 0.8) \times (1 - 0.2) \fallingdotseq 86,016,000$

전용면적

(2) 건물 귀속 NOI(잔가율 0, 직선법, 만년감가, 이하 동일)

$270,000 \times 25 \times 50 \times (0.08 + \frac{1}{50}) \fallingdotseq 33,750,000$

(3) 토지가치

$(86,016,000 - 33,750,000) \div 0.08 \fallingdotseq 653,325,000$

2. 대안 B(상업용)

(1) 전체 NOI

$\{8,500 \times 12 \times (1 + 0.12)\} \times (25 \times 50 \times 0.95) \times (1 - 0.2)$

$\fallingdotseq 108,528,000$

(2) 건물 귀속 NOI

$330,000 \times 25 \times 50 \times \left(0.08 + \frac{1}{50}\right) \fallingdotseq 41,250,000$

(3) 토지가치

$(108,528,000 - 41,250,000) \div 0.08 \fallingdotseq 840,975,000$

3. 용도에 따른 최유효판정

대안 B 상업용의 토지가치가 더 크므로 상업용으로 결정

Ⅳ. 층수 판정(1층 / 3층)

1. 1층 상정 : 840,975,000

2. 3층 상정

(1) 전체 NOI

$\{8,500 \times 12 \times (1 + 0.12)\} \times (25 \times 25 \times 0.95) \times \frac{100+60+60}{100} \times (1 - 0.2)$

각층전용면적

≒ 119,381,000

(2) 건물 귀속 NOI

$\{(330,000 \times 25 \times 50 \times 1.15) + 60,000,000\} \times \left(0.08 + \frac{1}{50}\right)$ ≒ 53,438,000

엘리베이터[1)]

1) 엘리베이터도 수명을 50년으로 본다.

(3) 토지가치

(119,381,000 - 53,438,000) ÷ 0.08 ≒ 824,288,000

3. 최유효 층수 판정

1층 상정시 토지가치가 더 크므로 1층으로 판정

Ⅴ. (물음 2) 최유효이용 결정

토지가치가 최대인 1층 상업용으로 판정

1층 상업용 상정시 토지가치 : 840,975,000(561,000원/㎡)

Tip 최고최선의 분석 문제 패턴

나지(토지)의 분석
- 전체 NOI ÷ R − 건물 P (배분법)
- 토지 NOI ÷ 토지 R (토지잔여법)

개량물의 분석
- 현황: 주상용 — 주상용 토지 + 주상용 건물 / 주상용 일괄비준 / 주상용 일괄수익
- 리모델링 증축: 상업용 — (토+건) 3방식 − 리모델링 비용 ≒ 개량물
- 철거 후 신축: 업무용 ⇒ 토지 − 철거비 = 개량물 — (토+건) 3방식 − 건물 P − 철거비 ≒ 개량물

연습문제 02 토지의 최고최선 40점

Ⅰ. 감정평가 개요

기준시점 2023. 9. 1을 기준으로 대상토지의 최고최선의 이용을 판단하고 그 이용을 상정하여 대상토지의 시장가치를 추계하기로 한다.

Ⅱ. (물음 1) 토지이용분석

공지에 대한 분석으로서 토지잔여법을 적용하여 최고의 가치를 창출하는 이용방법을 대상토지의 최고최선의 이용방법으로 판단한다.

1. Case A(상업용)

(1) NOI ≒ (7,500× 4,800 × 12 + 350,000,000 × 0.12) × 0.9 × 0.9

(4,800: 전용면적)

≒ 383,940,000

(2) 토지 귀속 NOI

383,940,000 − 260,000 × 5,200 × 0.17 ≒ 154,100,000

(383,940,000: NOI, 5,200: 연면적, 0.17: r_B)

(3) 토지가치

154,100,000 ÷ 0.10 ≒ 1,541,000,000

(154,100,000: 토지 귀속 NOI, 0.10: r_L)

2. Case B(업무용)

(1) NOI ≒ (7,800 × 4,400 × 12 + 450,000,000 × 0.12) × 0.95 × 0.9

(4,400: 전용면적)

≒ 398,293,000

(2) 토지 귀속 NOI

398,293,000 − 340,000 × 4,800 × 0.17 ≒ 120,853,000

(398,293,000: NOI, 4,800: 연면적, 0.17: r_B)

(3) 토지가치

120,853,000 ÷ 0.10 ≒ 1,208,530,000

(120,853,000: 토지 귀속 NOI, 0.10: r_L)

3. 대상토지의 최고최선의 이용

- Case A : 1,541,000,000
- Case B : 1,208,530,000

토지잔여법을 적용하여 추계한 토지가치 중 상업용 이용이 더 큰 가치를 보이는 바, 대상토지의 최고최선의 이용을 "상업용"으로 판단한다.

Ⅲ. (물음 2) 대상토지의 시장가치

"상업용"으로 이용하는 경우의 대상토지 시장가치를 추계한다.

1. 공시지가기준법

인근에 위치하며, 용도지역, 이용상황에서 비교성이 있는 공시지가#2를 택함.

1,300,000 × 1.00000 × 1 × $\frac{100}{97}$ × 1 ≒ 1,340,000원/㎡

(1.00000: 시, 1: 지, $\frac{100}{97}$: 개, 1: 그)

2. 거래사례비교법

이용상황(상업용)에서 비교가능하며, 정상적인 사례인 #2를 택함.

(1) 사례 건물가격(2023. 2. 1)

$260,000 \times 1 \times 1.00000 \times \frac{102}{100} \times 0.966 \times 5,200$ ≒ 1,332,153,000

사 시 개 잔[1] 면

1) 잔가율 $0.7 \times \frac{49}{50} + 0.3 \times \frac{14}{15} = 0.966$

(2) 사례 토지가격

2,661,000,000 - 1,332,153,000 ≒ 1,328,847,000

(3) 비준가액

$(2) \times 1 \times 1.00000 \times \frac{102}{100} \times \frac{100}{101} \times \frac{1}{1,000}$ ≒ 1,342,000원/㎡

사 시 지 개 면

3. 분양개발법

(1) 분양수입의 현가

1) 분양총수입

$700,000 \times 1 \times 1 \times \frac{102}{100} \times \frac{100}{105} \times \frac{100}{100} \times 5.02 \times 960$ ≒ 3,277,056,000

사 시 지 토개 건개 1) 2)

1) 적수비교치 = $\frac{99+102+101+100\times2}{100} = 5.02$

2) 층별전용면적 : $\frac{4,800}{5} = 960$㎡ (∵ 층별면적동일)

2) 분양수입의 현가

$3,277,056,000 \times \left(\frac{0.2}{1.01^{11}} + \frac{0.3}{1.01^{12}} + \frac{0.3}{1.01^{14}} + \frac{0.2}{1.01^{16}}\right)$ ≒2,874,151,000

(2) 개발비용의 현가

1) 건축공사비

$260,000 \times 5,200 \times \left(\frac{0.4}{1.01^{3}} + \frac{0.3}{1.01^{6}} + \frac{0.3}{1.01^{13}}\right)$ ≒1,263,374,000

2) 판매관리비

$3,277,056,000 \times 0.05 \times \frac{1}{1.01^{13}}$ ≒143,971,000

3) 개발이윤 및 기타비용(X : 분양개발법에 의한 토지가격)

$X \times 0.15 \times \frac{1}{1.01^{13}}$ ≒$0.1318X$

4) 계 ≒ $1,407,345,000 + 0.1318X$

(3) 적산가액

$X = 2,874,151,000 - (1,407,345,000 + 0.1318X)$

$\therefore X = 1,295,994,000$(1,296,000원/㎡)

4. 수익환원법 : 최고최선의 이용분석시 추계함

≒ 1,541,000,000(1,541,000원/㎡)

5. 대상토지의 시장가치(감정평가액 결정)

- 공시지가기준가액 : 1,340,000원/㎡
- 비준가액 : 1,342,000원/㎡
- 적산가액 : 1,296,000원/㎡
- 수익가액 : 1,541,000원/㎡

각 방식에 의한 시산가액이 상기와 같이 산정되었다.

본 평가목적이 "토지의 최고최선의 이용분석 결과에 따른 시장가치의 산정"이라는 점을 고려하고, 감칙§12 및 §14에 의거 공시지가기준가액 및 수익가액 등을 참작하여 아래와 같이 최종 결정한다.

∴ 1,400,000원/㎡ × 1,000㎡ ≒ 1,400,000,000원

Tip 최유효이용(이용상황) 결정과 가격의 관계

토지의 최유효이용(최고최선) 문제에서 일반적으로 수익가액을 활용하여 토지의 이용상황을 우선 결정하고 그 이용상황에 따른 3방식 적용이 일반적인 문제풀이 방법이다.
이는 이론적으로 본다면 그 바탕이 토지잔여법 및 지대지가론에 근거하기 때문일 것이다.
그러나, 경제적 타당성을 검토하여 이용상황 내지 최유효이용을 결정하는 것은 수익성뿐만 아니라 시장성과 원가성을 모두 고려해야 한다고 볼 때 각 이용상황별 3방식에 의한 가격을 시산조정하여 가격결정과 동시에 최유효이용을 결정하는 논리가 보다 합리적이라는 것이 필자의 생각이다.

연습문제 03 개량물의 최고최선 25점

Ⅰ. 감정평가 개요

개량물의 최고최선의 분석을 기반으로 시장가치 산정(기준시점 2023. 8.31)

Ⅱ. 현상태

1. 개별물건기준

(1) 토지(공시지가기준법)

일반상업 주상(#2) 선정

$3,700,000 \times 1.02056 \times 1 \times \frac{0.95}{1.04} \times 1$ ≒ @3,450,000

1) 2023.1.1.~8.31(상업)

〈×1,000≒3,450,000,000원〉

(2) 건물

1) 단가 : $800,000 \times 1.79586 \times (1 - 0.95 \times \frac{12}{45})$ ≒ @1,072,000원/㎡

2) 총액 : $1,072,000 \times 5,200$ ≒ 5,574,400,000원

(3) 개별물건기준에 의한 시산가액 : (1) + (2) ≒ 9,024,400,000

2. 일괄 수익환원법

(1) PGI

1) 지불임대료

$[(43,000 + 58,000) \times 540 + (45,000 + 40,000) \times 560 + (20,000 + 18,000) \times 580 \times 2] \times 12$ ≒ 1,754,640,000

2) 보증금운용익 및 권리금 상각

$[(43,000 + 58,000) \times 540 + (45,000 + 40,000) \times 560] \times (12 \times 0.1 + 6 \times \frac{0.1 \times 1.1^5}{1.1^5 - 1})$ ≒ 284,234,000

3) 계 : 1) + 2) ≒ 2,038,874,000

(2) 영업경비 ≒ 1,108,000,000

(3) NOI : (1) - (2) ≒ 930,874,000

(4) 시산가액 : NOI ÷ 0.1 ≒ 9,308,740,000

3. 결정

토지 및 개량물로서 중도적 이용에 할당될 수 있는바 일체 효용성을 반영하는 수익가액 기준 〈9,300,000,000원〉으로 결정

Ⅲ. 리모델링시(상업용)

1. PGI

(1) 지불임대료

$[(80,000 + 70,000) \times 480 + (65,000 + 60,000 + 55,000) \times 500 + 50,000 \times 520 \times 2] \times 12$ ≒ 2,568,000,000

(2) 보증금운용이익 및 권리금 상각

$(1) \div 12 \times (12 \times 0.1 + 6 \times \frac{0.1 \times 1.1^5}{1.1^5 - 1})$ ≒ 595,516,000

(3) PGI : (1) +(2) ≒ 3,163,516,000

2. 영업경비 ≒ 1,580,000,000

3. NOI : 1. - 2. ≒1,583,516,000

4. 전환비용 고려 자본환원가치(개량물 상태)

NOI ÷ 0.11 - 2,500,000,000 ≒ 11,896,000,000

자본적 지출

Ⅳ. 철거 후 신축(업무용)

1. 나지상정 토지가(공시지가기준법)

일반상업 업무용〈#1〉

$7,800,000 \times 1.02056 \times 1 \times \frac{0.95}{0.9} \times 1$ ≒8,400,000원/㎡

〈× 1,000 ≒ 8,400,000,000〉

2. 개량물 상태(철거비 고려)

84억 - 50,000 × 5,200 ≒ 8,140,000,000원

Ⅴ. 시장가치 결정

1. 현상태 : 93억

2. 상업용(리모델링) : 11,896,000,000

3. 업무용(신축) : 8,140,000,000

4. 시장가치 결정

(1) 이용상황 결정(상업용)

대상은 개량물(복합부동산)으로 합리적 · 합법적이용으로서 물리적으로 채택가능한 대안으로서 최고의 경제적 가치를 창출하는 '상업용' - 리모델링이 최고최선의 이용으로 분석됨.

(2) 업무용 신축 이용방안의 검토

업무용 신축의 이용방안은 토지만의 최고최선의 이용일 수 있으나 현 상태의 개량물이 소재하는 상황에서는 업무용으로 전환에 대한 성숙이 미진하여 현 부동산을 철거하는 경우 전환비용(철거비용, 건축비용 등) 및 대기비용(건축기간동안 임대료 손실)을 발생시키기 때문인 것으로 분석됨.

(3) 시장가치 원칙의 측면(감칙§5) - 최유효이용의 원칙

대상부동산의 시장가치는 최고최선의 이용을 기준으로 형성되는 '최유효이용의 원칙'에 이론적 근거 및 시장가치 원칙에서 판단함.

(4) 현황평가 원칙의 측면(감칙§6)

감정평가 원칙 중 '현황평가 원칙'에 따라 대상은 개량물(건물)이 소재하는 상태를 기준으로 판단함.

(5) 개별물건기준 원칙의 측면(감칙§7)

대상부동산은 토지 · 건물의 복합부동산으로 대상물건마다 개별로 평가하여야 하나 최고최선의 이용분석 결과 대상물건이 일체(개량물이 소재하는 상태)로 거래되며 용도상 불가분관계에 있는 경우에 해당하는 것으로 최고최선의 분석으로 판단되었는 바 일괄 감정평가액을 기준으로 결정함.

(6) 시장가치 결정

상기의 검토 결과를 종합하여 '상업용(리모델링)'을 기준한 시장가치는 11,896,100,000원임.

연습문제 04 개량물 상태의 분석 30점

Ⅰ. (물음 1) 토지 최고최선의 이용 상정하의 토지의 가격

1. 공시지가기준법

(1) 비교표준지

용도지역 및 이용상황과 면적 등을 고려하여 유사성이 인정되는 〈기호3〉 선정.

(2) 시산가액

$1{,}600{,}000 \times 1.03001 \times 1 \times 0.84 \times 0.95 \times 1 \times \frac{103}{95} \times 1$

(시[1], 지, 도, 형, 세, 획, 그)

≒ 1,426,000원/㎡

1) (2023. 1. 1~2023. 8. 31 : 상업지역)

2. 거래사례비교법

(1) 사례 선정

위치 · 물적 유사성 및 시점수정 · 사정보정가능성 등을 고려하여 사례 선정함.

(2) 사례 건물 가격(2022. 11. 30)

1) 재조달원가

$650{,}000 \times 0.89400 \times \frac{98}{100} \times 1{,}750$ ≒ 996,591,000원

(시, 개, 면)

2) 적산가액

$996{,}591{,}000 \times \left\{0.7 \times \left(1 - 0.9 \times \frac{1}{50}\right) + 0.3 \times \left(\sqrt[15]{0.1}\right)\right\}$ ≒ 941,488,000원

(3) 사례 토지 가격 : 1,425,000,000 - 941,488,000 ≒ 483,512,000원

(4) 비준가액

$483{,}512{,}000 \times 1 \times 1.03308 \times \frac{100}{95} \times 1 \times 1.19 \times 1 \times \frac{103}{100} \times \frac{100}{105} \times \frac{1}{425}$

(사, 시[1], 지, 도, 형, 세, 획, 기, 면)

≒ 1,444,000원/㎡

1) (2022. 11. 30~2023. 8. 31 : 상업지역)

3. 수익환원법(토지의 최고최선 상정시)

(1) PGI

1) 보증금운용익 : 217,950,000×0.1 ≒ 21,795,000원

2) 지불임대료

[(21,000 + 22,000 + 25,000) × 250 + 28,000 × 240 + 33,000 × 220] × 12 ≒ 371,760,000원

3) 합계 : 1) + 2) ≒ 393,555,000원

(2) 운영경비

$\frac{371{,}760{,}000}{12} + 79{,}538{,}000 + 975{,}000{,}000 \times 0.01 + 110{,}000{,}000$

(유, 조, 1), 손, 기)

≒ 230,268,000원

1) 건물가격 ≒ 650,000 × 1,500㎡

(3) NOI : (1) - (2) ≒ 163,287,000원

(4) 토지 귀속 NOI

163,287,000 - 975,000,000 × 0.12 ≒ 46,287,000원

(5) 수익가액

46,287,000/470㎡ ÷ 0.07 ≒ 1,407,000원/㎡

4. 최고최선의 이용 상정하의 토지의 가격 결정

공시지가기준가액이 1,426,000원/㎡, 비준가액이 1,444,000원/㎡, 수익가액이 1,407,000원/㎡으로 산정되었는바, 공시지가에 의한 가격이 시장성 및 수익성을 반영하고 있다고 보여지는바, 1,426,000 × 470㎡≒670,220,000원으로 결정한다. (철거비는 폐재가치와 상계)

Ⅱ. (물음 2) 현상태 부동산 가치

1. 건물

(1) 재조달원가

$650{,}000 \times \underset{\text{시}}{1} \times \underset{\text{개}}{\frac{90}{100}} \times \underset{\text{면}}{1{,}200}$ ≒ 702,000,000원

(2) 건물가액

1) 기존부분

$702{,}000{,}000 \times \underset{(1\sim3층)}{\frac{900}{1{,}200}} \times \left[0.7 \times \underset{\text{주체}}{\left(1-0.9\times\frac{5}{50}\right)} + 0.3 \times \underset{\text{부대}}{0.1^{5/15}}\right]$

≒ 408,694,000원

2) 증축부분

$702{,}000{,}000 \times \underset{(4층)}{\frac{300}{1{,}200}} \times \left[0.7 \times \underset{\text{주체}}{\left(1-0.9\times\frac{1}{46}\right)} + 0.3 \times \underset{\text{부대(내용년수 조정하지 않음)}}{(\sqrt[15]{0.1})}\right]$

≒ 165,604,000원

3) 건물가액 ≒ 574,298,000원

2. 현 상태하의 토지 가치

(1) 향후 5년간 NOI

1) PGI(2023. 8. 31)

① 보증금운용익

170,000,000 × 0.1 ≒17,000,000원

② 지불임대료

[(20,000 + 22,000) × 250 + 25,000 × 240 + 30,000 × 220] × 12

≒ 277,200,000원(월지불임대료; 23,100,000원)

③ 합계(2023. 1. 1) : ① + ② ≒ 294,200,000원

④ 기준시점의 PGI : $294{,}200{,}000 \times \frac{102}{100}$ ≒ 300,084,000원

2) 영업경비

$\underset{\text{유}}{23{,}100{,}000 \times 1.02} + \underset{\text{조}}{61{,}600{,}540} + \underset{\text{손}}{574{,}298{,}000 \times 0.01} + \underset{\text{기}}{95{,}000{,}000}$

≒ 185,906,000원

3) NOI : 1) - 2) ≒ 114,178,000원

(2) 토지가치(x)

$$574{,}298{,}000 + x \fallingdotseq 114{,}178{,}000 \times \frac{1.12^5 - 1}{0.12 \times 1.12^5} + \left(1.08^5 \times x + 574{,}298{,}000 \times \frac{4}{5}\right) \times \frac{1}{1.12^5}$$

건물 / 토지 / 5년간 순수익의 현가합 / 기말복귀액의 현가

$\therefore x \fallingdotseq 589{,}340{,}000$원

Tip 〈문 : 대상부동산의 시장가치를 산정하시오〉의 경우 목차

Ⅰ. 감정평가 개요

Ⅱ. 현황부동산 가격(P)

4층으로 이용중인 토지만의 가격을 개별물건기준으로 구할 수 없어 일괄(현황) 수익가액을 산정.

1. 향후 5년간 순수익
2. 부동산가격(토지가격 : x)

$574{,}298{,}000 + x \fallingdotseq 114{,}178{,}000 \times PVA(12\%, 5년)$

*건물

$+ (1.08^5 \times x + 574{,}298{,}000 \times \frac{4}{5}) \times \frac{1}{1.12^5}$

기말복귀액의 현가

∴ 부동산가격 ≒ 토지 + 건물

Ⅲ. 철거 후 신축시 가격

1. 나지상정 토지가격
   (1) 공시지가기준가액〈공#3〉
   (2) 비준가액(사례 #1, #2, #3)
   (3) 수익가액(최유효 상정 기준)
   (4) 토지가격 결정
2. 현황부동산 가격
   1. - 철거비

Ⅳ. 대상부동산 가격 결정

1. 현황
2. 철거 후 신축시

연습문제 05 | 투자우위분석(개발법) 30점 감정평가사 10회 기출

Ⅰ. 토지가액(물음 1) (기준시점 2023. 9. 1)

1. 공시지가기준법(단가)

$610{,}000 \times 1.01570 \times \frac{100}{102} \times \frac{100}{106} \times 1 \fallingdotseq 573{,}000$원/㎡

(시 지 개 그)

※ 시점수정(2023. 1. 1~2023. 9. 1 주거지역)

$1.0075 \times 1.0048 \times \left(1+0.0048 \times \frac{63}{91}\right) \fallingdotseq 1.0157$

2. 거래사례비교법

(1) 사례A 기준

1) 사례토지 시장가치(2022. 9. 1)

$1{,}200{,}000{,}000 \times \frac{2}{3} \times \frac{100}{90} \times (0.2 + 0.3 \times 0.98 + 0.5 \times 0.971) \div 1{,}500$

$\fallingdotseq 580{,}000$원/㎡

2) 시산가액(단가)

$580{,}000 \times 1 \times 1.00973 \times \frac{100}{95} \times \frac{100}{112} \fallingdotseq 550{,}000$원/㎡

(사 시* 지 개)

※ 시점수정(2022. 9. 1~2023. 9. 1 주거지역)

$\left(1-0.0024 \times \frac{30}{92}\right) \times (1-0.0051) \times 1.0157 \fallingdotseq 1.00973$

(2) 사례B 기준

1) 거래시점(2023. 1. 1) 사례가격보정

사례가격의 1/3이 저당대부금이나 저당이자율(14.4%)과 시장이자율(12%)이 상이하므로 금융조건보정을 행한다.

• 원금상환액의 현가

$300{,}000{,}000 \times \left(\frac{1}{3} \times \frac{1}{1.01^{12}} + \frac{1}{3} \times \frac{1}{1.01^{24}} + \frac{1}{3} \times \frac{1}{1.01^{36}}\right) \fallingdotseq 237{,}394{,}000$원

• 이자액의 현가

$300{,}000{,}000 \times \frac{0.144}{12} \times \frac{(1+0.01)^{12}-1}{0.01 \times (1+0.01)^{12}} + 200{,}000{,}000 \times \frac{0.144}{12}$

$\times \frac{1.01^{12}-1}{0.01 \times 1.01^{12}} \times \frac{1}{1.01^{12}} + 100{,}000{,}000 \times \frac{0.144}{12} \times \frac{1.01^{12}-1}{0.01 \times 1.01^{12}} \times \frac{1}{1.01^{24}}$

$\fallingdotseq 75{,}127{,}000$

• 보정된 거래가격

$600{,}000{,}000 + 237{,}394{,}000 + 75{,}127{,}000 \fallingdotseq 912{,}521{,}000$원

2) 시산가액(단가)

$912{,}521{,}000 \times 1 \times 1.01570 \times \frac{100}{104} \times \frac{100}{125} \div 1{,}200 \fallingdotseq 594{,}000$원/㎡

(사 시 지 개)

(3) 비준가액 결정

사례B는 저당이자율이 시장이자율보다 높으므로 합리적인 매수인이라면 저당을 상환할 것이므로 사례로서의 합리성이 결여되어, 사례A를 기준으로 550,000원/㎡으로 결정한다.

3. 토지가액

(1) 공시지가와 사례를 기준한 가격이 각각 573,000원/㎡, 550,000원/㎡으로 산정되었는바, 「감칙」 §12 및 §14에 따라 주된 방법에 의한 시산가액 573,000원/㎡으로 결정함.

(2) 건축부지와 도시계획도로저촉부분을 구분평가하되 도시계획도로 저촉부지는 70% 수준으로 평가함.

1) 건축부지 : 2,500 × 573,000 ≒ 1,432,500,000원

2) 저촉부지 : 500 × 573,000 × 0.7 ≒ 200,550,000원

3) 토지가액 : ≒1,633,050,000원

Ⅱ. 투자우위 결정(물음 2)

1. 분양시 토지투자가치

(1) 분양가격 현가(2023. 9. 1)

1) 분양총액 : 650,000,000 × 18세대 ≒11,700,000,000원

2) 분양가격 현가 : 11,700,000,000 × (0.2 × 0.961 + 0.3 × 0.933 + 0.5 × 0.887) ≒ 10,712,520,000원

※ 투자가치 산정인바 기대수익률(10%) 적용도 가능함

(2) 공사비등 현가

1) 건축공사비

1,200,000원/㎡ × 6,500㎡ × (0.3 × 0.971 + 0.3 × 0.942 + 0.4 × 0.887)

≒7,243,860,000원

2) 판매비 · 일반관리비

11,700,000,000 × 0.1 × $\left(\frac{1}{2}\times 0.961+\frac{1}{2}\times 0.887\right)$ ≒ 1,081,080,000원

3) 공사비등 현가합계 : 1) + 2) ≒8,324,940,000원

(3) 토지 투자가치

10,712,520,000 (분양현가) − 8,324,940,000 (공사비등현가합계) ≒ 2,387,580,000원

2. 임대시 토지 투자가치

(1) 상각전 NOI(2024년 8월)

1) PGI(실질임대료)

① 지불임대료 3,000,000원/세대 × 12월 × 18세대 ≒ 648,000,000원

② 보증금운용익 250,000,000원/세대 × 18세대 × 0.08 ≒ 360,000,000원

③ 합계 ≒ 1,008,000,000원

2) 운영경비

① 유지수선비 : 8,163,180,000 (건물가격[1]) × 0.007 ≒ 57,142,000원

1) $1,200,000 \times 6,500 \times (0.3 \times 1.01^{\wedge 9} + 0.3 \times 1.01^{\wedge 6} + 0.4) ≒ 8,163,180,000$원

② 관리비 : 648,000,000 × 0.02 ≒ 12,960,000원

③ 제세공과 : χ (토지가격) × 0.004 + 8,163,180,000 (건물가격) × 0.005

≒ 40,815,000+0.004χ

④ 손해보험료

$8{,}163{,}180{,}000 \times 0.0015 \times \left[0.5+0.5\times\left(1 - \frac{1.06^5-1}{0.06} \times \frac{0.12}{1.12^5-1}\right)\right]$

≒ 6,812,000원

⑤ 대손준비금 : 1,008,000,000 × 0.01 ≒ 10,080,000원

⑥ 합계 : 127,809,000원 + 0.004χ

3) 상각전 NOI

1,008,000,000 - 127,809,000 - 0.004χ ≒ 880,191,000원 - 0.004χ

(2) 토지 수익가액(2024년 8월)

(880,191,000 - 0.004χ - 8,163,180,000 × 0.09) ÷ 0.05 ≒ χ

χ ≒ 2,695,000,000원

(3) 토지 투자가치(기준시점)

$2{,}695{,}000{,}000 \times \frac{1}{1.1}$ ≒ 2,450,000,000원

3. 투자우위 판단

(1) 분양시 토지가치 : 2,387,580,000원

(2) 임대시 토지가치 : 2,450,000,000원

(3) 토지의 소지가격이 1,633,050,000원으로 양자 모두 투자타당성이 있으나, 임대시가 토지수익성이 크다.

Tip 고민해 봅시다 – 환원율의 성격

투자의사 결정을 위한 것으로 분양시 토지가치(개발법) 산정시 기대수익률을 적용하는 것이 일반적일 것이다.
그러나 임대시 토지가치(토지잔여법) 산정시 적용되는 환원율의 성격이 시장(객관적)성이 강한지 투자(주관적)성이 강한지 그 의미에 따라 개발법에 적용시키는 할인율도 양자의 균형을 맞출 필요가 있다고 사료된다.
따라서, 환원율의 성격이 시장성이 강하다고 보아 시장이자율을 적용해 보았다.

Tip 투자의사 결정

1. Inflow vs Outflow ⇒ 대상이 "토지"인 경우
   - 개발법 형태의 분석
     ⇒ 분양수입의 현가 vs 개발비용(공사비 등+소지(토지) 매입가격)
   - 개발 대안의 결정
     ⇒ 최고최선 분석 논리
2. 시장가치 vs 투자가치 ⇒ 주로 대상이 "토지+건물"
   ⇒ 3방식과 DCF법의 비교
3. NPV법, PI법, IRR법 ⇒ 주로 대상이 "토지+건물"
   ⇒ 매입금액, 매도(매수) 예정가격, 지분투자금액이 주어진 경우
   (단, Inflow, Outflow로 NPV법, PI법 적용 형태는 별론)

연습문제 06 | 타당성 분석(토지 개발법) 25점

Ⅰ. 개요

미개발상태의 '전'을 매입하여 개발하는 일련의 사업진행과정상의 현금흐름을 분석하여 투자지표인 *NPV*와 *IRR*을 근거로 당해 사업의 경제적 타당성을 검토한다. (기준시점 : 2023. 8. 19)

Ⅱ. 현금유입

1. 개발계획

(1) 분양면적 : 5,500 × (1 - 0.35) ≒ 3,575㎡

(2) 분양필지

3,575㎡ ≒ 200㎡ × 17 + 175㎡ × 1

(정상필지 / 미달필지)

2. 분양필지의 단가(준공인가시점 기준 : 2023. 11. 19)

(거래사례비교법) 주거용이고 격차수정이 가능한 사례#2 선정함.

$88,822,000 \times \underset{사}{1} \times \underset{시^{1)}}{1.00200} \times \underset{지}{1} \times \underset{개}{\frac{100}{100}} \times \underset{도}{\frac{100}{100}} \times \underset{면}{\frac{1}{200}}$ ≒ @445,000원/㎡

1) (2023. 7. 1~2023. 11. 19 : 주거지역)

3. 현금유입

(1) 총분양수입

@445,000원/㎡ × (200 × 17 + 175 × 1 × 0.9) ≒ 1,583,088,000

(0.9 : 할인분양)

(2) 현금유입

① 3개월 : $1,583,088,000 \times \frac{1}{3}$ ≒ 527,696,000

② 4개월 : $1,583,088,000 \times \frac{2}{3}$ ≒ 1,055,392,000

Ⅲ. 현금유출

1. 소지가격의 산정(2023. 8. 19)

(거래사례비교법)

대상의 현상태와 동일한 용도이며, 사정보정이 가능한 #3을 택함.

$346,000,000 \times \underset{사}{\frac{100}{90}} \times \underset{시^{1)}}{1.0000} \times \underset{지}{\frac{98}{100}} \times \underset{개}{\frac{98}{100}} \times \underset{기타^{2)}}{0.973} \times \underset{면}{\frac{1}{4,000}}$ ≒ 90,000원/㎡

1) (2023. 8. 1~2023. 8. 19 : 주거지역) : 보합세

2) (500/5,500×0.7+5,000/5,500×1)

2. 현금유출

(1) 소지가격(0개월)

90,000 × 5,500 ≒ 495,000,000

(2) 조성공사비

150,000 × 5,500 ≒ 825,000,000

① 1개월 : 825,000,000 × 0.2 ≒ 165,000,000

② 2, 3개월 : 825,000,000 × 0.4 ≒ 330,000,000

(3) 일반관리비(3개월)

1,583,088,000 × 0.05 ≒ 79,154,000
총분양수입

(4) 개발이윤(3개월)

1,583,088,000 × 0.03 + 825,000,000 × 0.05 ≒ 88,743,000
총분양수입 조성공사비

Ⅳ. 경제적 타당성 검토(감칙 제27조)

1. 매월 현금흐름분석표

(단위 : 개월, 천원)

구	분	0	1	2	3	4
Ⅰ. 현금유입	분양수입				+527,696	+1,055,392
Ⅱ. 현금유출	소지구입비	− 495,000				
	조성공사비		− 165,000	− 330,000	− 330,000	
	일반관리비				− 79,154	
	개발이윤				− 88,743	
Ⅲ. 현금흐름	(≒Ⅰ − Ⅱ)	− 495,000	− 165,000	− 330,000	+29,799	+1,055,392

2. $NPV_{1\%}$

$$≒ -495,000 - \frac{165,000}{1.01} - \frac{330,000}{1.01^2} + \frac{29,799}{1.01^3} + \frac{1,055,392}{1.01^4} ≒ 61,270천원$$

3. IRR

(1) $NPV_{1\%}$ =61,270천원

(2) $NPV_{3\%} ≒ -495,000 - \frac{165,000}{1.03} - \frac{330,000}{1.03^2} + \frac{29,799}{1.03^3} + \frac{1,055,392}{1.03^4}$

≒ − 1,278천원

(3) $IRR ≒ 1\% + (3\% - 1\%) \times \frac{NPV_{1\%}}{NPV_{1\%} - NPV_{3\%}} ≒ 2.96\%$(월)

4. 타당성 분석

- $NPV_{1\%} = 61,270,000 > 0$
- $IRR = 2.96\% > 1\%$

상기와 같이 투자지표가 추계되었는바, ○○부동산투자회사는 요구수익률인 월 1%를 충분히 충족시킬 수 있다. 따라서 대상 개발사업의 경제적 타당성은 인정된다고 할 수 있다.

Tip

대상이 "토지"로서 "개발법 논리를 적용하는 Inflow vs Outflow"의 패턴의 문제였다. 단, 물음 자체에서 NPV, IRR을 산정하도록 강제하여 상기와 같은 풀이로 접근한 것임.

연습문제 07 타당성 분석(개발법) 25점

Ⅰ. 개요

대상은 개발계획의 타당성을 결정하는 것으로서, 일반상업지역 내 복합부동산의 구입가격과 향후 현금유입의 현가를 비교하여 결정한다.

(기준시점 : 2023. 9. 1)

Ⅱ. 현금유출의 현가(구입가격)

1. 부동산의 구입가격

(1) A부동산 구입가격

1) 토지가액

• 거래사례비교법(위치 · 물적 유사성 및 시점수정 · 사정보정가능한 사례임)

• 거래가격보정

$(900,000,000 + \frac{100,000,000}{1.1}) \div 1.1 - 300,000,000$ ≒ 600,826,000원

• 비준가액

$600,826,000 \times 1 \times 1 \times 1 \times 1 \times \frac{1}{500}$ ≒ 1,202,000원/㎡

사 시 지 개 면

(1,202,000원×600≒721,200,000원)

2) 건물가액 ≒ 400,000,000원

3) 합계 : 721,000,000 + 400,000,000 ≒ 1,121,000,000원

(2) B부동산 가격 ≒ 1,700,000,000원

(3) 구입가격(현금유출) : 1,121,000,000 + 1,700,000,000

≒ 2,821,000,000원

2. 공사비 등의 현가

(1) 건축공사비

$500,000 \times 10,400㎡^{1)} \times \left(0.2 + \frac{0.8}{1.01^{12}}\right)$ ≒ 4,731,789,000원

1) 적법성 검토

① 합필 후 토지면적 : 1,500㎡

② 건축바닥면적 : 1,500×0.6≒900㎡

③ 건축연면적 : 1,500×11≒16,500㎡

∴ 신축계획은 건축법상 제한범위 내인바 적법하다 판단

(2) 이윤 : $500,000 \times 10,400 \times \frac{0.2}{1.01^{12}}$ ≒ 922,947,000원

(3) 기타 : 4,731,789,000 × 0.1 ≒ 473,179,000원

(4) 합계 ≒ 6,127,915,000원

3. 합계

2,821,000,000 + 6,127,915,000 ≒ 8,948,915,000원

Ⅲ. 현금유입의 현가

1. PGI

$10,400 \times 0.7 \times \{100,000 + 300,000 \times 0.15 + 200,000$

지 보

$\times (0.15 \times 1.15^3) / (1.15^3 - 1)\}$ ≒ 1,693,294,000원

권

2. NOI

$1,693,294,000 \times (1 - 0.3)$ ≒ 1,185,306,000원

3. 임대 개시시점의 수익가치(2024. 9. 1)

(1) 환원율

$0.15 - 0.6 \times (0.15 + 0 \times SFF - 0.1) + 0.1 \times 0.15/(1.15^5 - 1) ≒ 0.1348$

[별해]

Akerson방식

$E/V \times y + L/V \times r - L/V \times p \times SFF + \Delta \cdot SFF$

$≒ 0.4 \times 0.15 + 0.6 \times 0.1 - 0 + 0.1 \times 0.15/(1.15^5 - 1)$

$≒ 0.1348$

(2) 임대 개시시점의 수익가치

$1,185,306,000 \div 0.1348$ ≒ 8,793,071,000원

4. 기준시점의 투자가치(현금유입의 현가)

8,793,071,000/1.12[1] ≒ 7,850,956,000원

1) WACC인 12%(≒$0.4 \times 0.15 + 0.6 \times 0.1$)로 할인하였지만, 공사비 등의 할인율 1%로 할인하여도 무방하다고 사료된다.

Ⅳ. 타당성 분석(감칙 제27조)

1. NPV

7,850,956,000 - 8,948,915,000 ≒ - 1,097,959,000

2. 타당성 여부

NPV < 0이므로 당해사업의 경제적 타당성은 없는 것으로 판단된다.

Tip

대상은 "토지+건물"이었으나 합필하여 신축을 계획하고 있는 것으로 실질적으로는 "개발법 논리 적용(토지) Inflow vs Outflow"의 패턴 문제임.

연습문제 08 레버리지 효과 20점

Ⅰ. (물음 1) Leverage effect

1. 세전 Leverage effect

(1) 무저당 PGI률 : $\frac{12,000,000}{100,000,000}$ ≒ 12%

(2) 레버리지 효과 : (12% - 10%) × $\frac{80}{20}$ ≒ 8%

[별해]

(2) 80% 대부시 지분수익률

$$f(\chi) ≒ -20,000,000 + \frac{4,000,000}{(1+\chi)} + \cdots + \frac{4,000,000 + 20,000,000}{(1+\chi)^5} ≒ 0$$

〈χ≒20%〉

(3) 레버리지 효과 : 20 - 12 ≒ 8%
로 산정가능하다.

2. 세후 Leverage effect

(1) 무저당 PGI률

1) 매기 ATCF

$12,000,000 - \left(12,000,000 - \frac{85,000,000}{31.5}\right) \times 0.28$ ≒ 9,395,000

(TAX: $\left(12,000,000 - \frac{85,000,000}{31.5}\right) \times 0.28$, dep. *2,698,000)

2) 기간말 지분복귀액

100,000,000 - (100,000,000 - 100,000,000 + 2,698,000 × 5) × 0.28

(재매도P.: 100,000,000, TAX: (100,000,000 - 100,000,000 + 2,698,000 × 5) × 0.28, dep.: 2,698,000 × 5)

≒ 96,223,000

3) PGI률

$$f(\chi) ≒ -100,000,000 + \frac{9,395,000}{(1+\chi)} + \cdots + \frac{9,395,000 + 96,223,000}{(1+\chi)^5} ≒ 0$$

〈χ ≒ 8.76%〉

(2) 80% 대부시 지분수익률

1) 매기 ATCF

12,000,000 - 80,000,000 × 0.1 - 365,000 ≒3,635,000

(NOI: 12,000,000, DS: 80,000,000 × 0.1, TAX[1]: 365,000)

1) TAX (4,000,000 − 2,698,000) × 0.28 (BTCF: 4,000,000)

2) 기간말 지분복귀액

100,000,000 - 80,000,000 - 3,777,000 ≒16,223,000

(재매도: 100,000,000, 미상환저당잔금: 80,000,000, tax[1]: 3,777,000)

1) TAX(100,000,000 − 100,000,000 + 2,698,000 × 5) × 0.28

3) 지분수익률

$$f(\chi) ≒ -20,000,000 + \frac{3,635,000}{(1+\chi)} + \cdots + \frac{3,635,000 + 16,223,000}{(1+\chi)^5} ≒ 0$$

〈χ≒ 15.4%〉

(3) 레버리지 효과 : 15.4 - 8.8 ≒ 6.6%

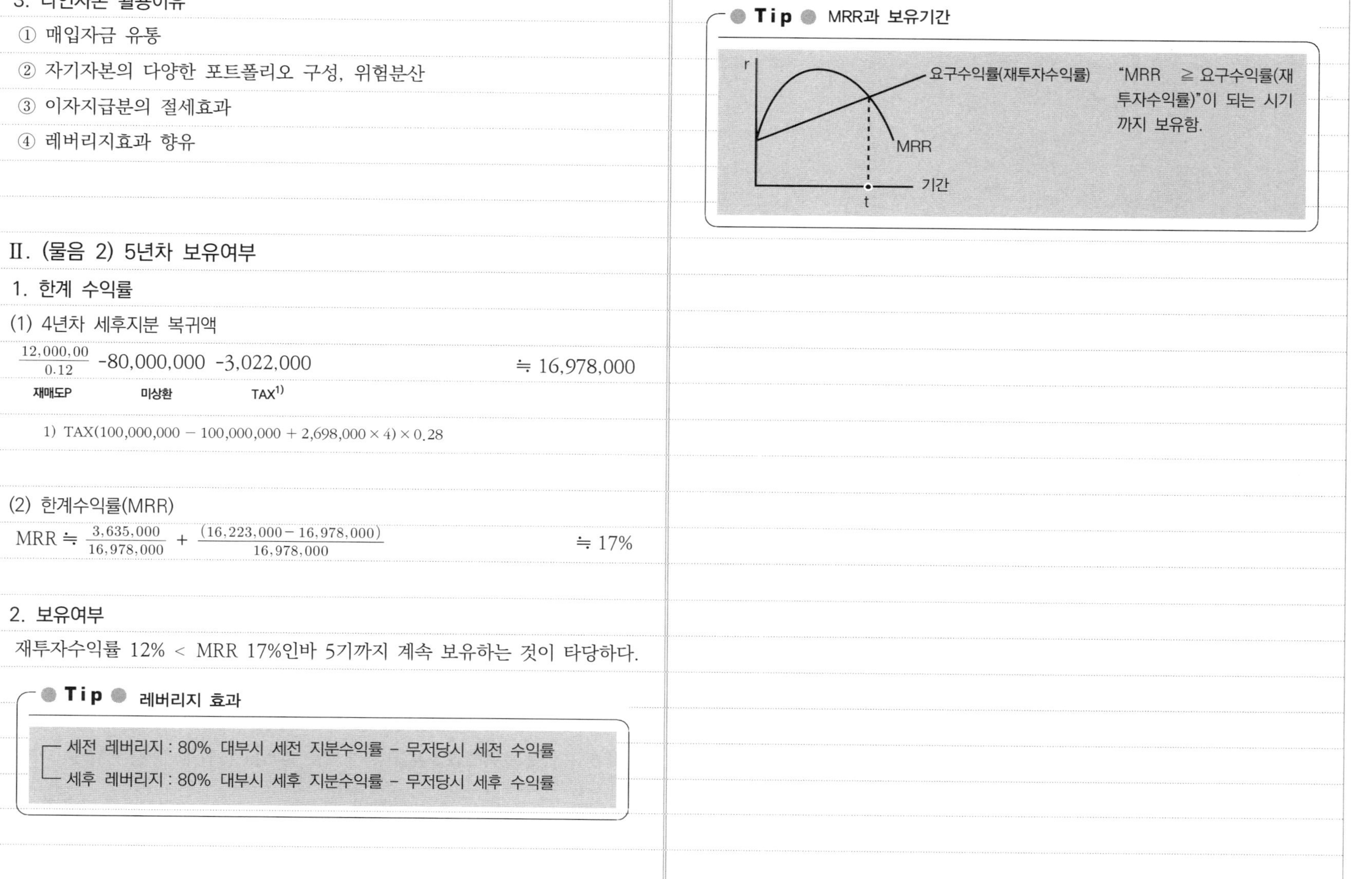

3. 타인자본 활용이유

① 매입자금 유통

② 자기자본의 다양한 포트폴리오 구성, 위험분산

③ 이자지급분의 절세효과

④ 레버리지효과 향유

Ⅱ. (물음 2) 5년차 보유여부

1. 한계 수익률

(1) 4년차 세후지분 복귀액

$\frac{12,000,00}{0.12}$ -80,000,000 -3,022,000 ≒ 16,978,000

재매도P 미상환 TAX[1)]

1) TAX(100,000,000 − 100,000,000 + 2,698,000 × 4) × 0.28

(2) 한계수익률(MRR)

$$MRR \fallingdotseq \frac{3,635,000}{16,978,000} + \frac{(16,223,000-16,978,000)}{16,978,000} \fallingdotseq 17\%$$

2. 보유여부

재투자수익률 12% < MRR 17%인바 5기까지 계속 보유하는 것이 타당하다.

Tip 레버리지 효과

- 세전 레버리지 : 80% 대부시 세전 지분수익률 - 무저당시 세전 수익률
- 세후 레버리지 : 80% 대부시 세후 지분수익률 - 무저당시 세후 수익률

Tip MRR과 보유기간

"MRR ≧ 요구수익률(재투자수익률)"이 되는 시기까지 보유함.

연습문제 09 Sales & Lease back 15점

Ⅰ. 개요

Sales&Lease back에 대한 타당성 검토로서, 현금수지분석을 통하여 결과를 도출하되, 절세효과(tax - shield effect)에 유의한다.

Ⅱ. 계속보유하는 경우의 현금수지

1. 감가상각비 절세효과(유입)

$\left(310{,}000{,}000 \times \frac{1}{20}\right) \times 0.28 \times \frac{1.1^{20}-1}{0.1 \times 1.1^{20}}$ ≒36,949,000

2. 20년 후 매각시 현금수지의 현가(유입)

$[2{,}000{,}000{,}000 - (2{,}000{,}000{,}000 - 110{,}000{,}000) \times 0.28] \times \frac{1}{1.1^{20}}$

매도가격 자본이득세

≒ 218,625,000

3. 현금수지 합계(순유입) ≒ 255,574,000

Ⅲ. Sales & Lease back하는 경우의 현금수지

1. 매도시 현금수지(유입)

$[1{,}250{,}000{,}000 - (1{,}250{,}000{,}000 - 420{,}000{,}000) \times 0.28]$

매도가격 자본이득세

≒ 1,017,600,000

2. 유효임대료의 현가(유출, 임대료의 절세효과 고려)

$120{,}000{,}000 \times (1 - 0.28) \times \frac{1.1^{20}-1}{0.1 \times 1.1^{20}}$ ≒ 735,572,000

영업소득세율[1]

1) 임대료는 비용으로 처리되므로 영업소득세 과세대상소득을 구성하지 않는다. (∴ 절세효과 有)

3. 현금수지 합계(순유입)

1,017,600,000 - 735,572,000 ≒ 282,028,000

Ⅳ. 검토 의견

Sales & Lease back으로 운용하는 경우 26,454,000원(≒ 282,028,000 - 255,574,000)만큼 더 이익이므로 이 방안을 선택하도록 의뢰인에게 권유한다.

연습문제 10 간이타당성 분석 20점

Ⅰ. (물음 1) 취득가격 (기준시점 : 2023.8.31.)

1. A

위치, 물적 유사성(면적 내용년수 등) 유사 〈#1〉

$15,010,000,000 \times 1 \times 1.02359 \times 1 \times \frac{1}{1.1}$ ≒ 13,970,000,000

시[1] *수량요소포함

1) (5.1~8.31) : $1+0.07\times\frac{123}{365}$

2. B

위치, 물적 유사성(규모 등) 유사 〈#2〉

$14,720,000,000 \times 1 \times 1.01764 \times 1 \times \frac{1}{0.95}$ ≒15,770,000,000

시[1]

1) (6.1~8.31) : $1 + 0.07 \times \frac{92}{365}$

Ⅱ. (물음 2) NOI

1. A

(1) $BTCF$: 13,970,000,000 × 0.4 × 0.09 ≒ 503,000,000

(2) $D.S$: 13,970,000,000 × 0.6 × MC(7%, 20년) ≒ 791,000,000

*0.0944

(3) NOI : (1) + (2) ≒ 1,294,000,000

2. B

15,770,000,000 × (0.4 × 0.09 + 0.6 × 0.0944) ≒ 1,461,000,000

BTCF D.S

Ⅲ. (물음 3) 투자의사 결정

1. 시장 적정 월 임대료 : @35,000원/㎡

2. 각 부동산별 예상(요구) 월 임대료(월/㎡)

(1) A

(A × 12 × 7,500 × 0.65) × (1 - 0.05) × (1 - 0.35) ≒ 1,294,000,000

〈A≒@35,800원/㎡〉

(2) B

(B × 12 × 9,000 × 0.65) × (1 - 0.05) × (1 - 0.35) ≒ 1,461,000,000

〈B≒@33,700원/㎡〉

3. 결정

전방위접근법에 의할 때

〈B〉 부동산의 최소요구 월임대료가 시장 임대료 @35,000/㎡를 하회하며, 시장에서 경쟁력이 있을 것이라 판단되는 B부동산의 투자가 타당하다.

다만, 상기의 분석은 간이 타당성 분석으로 실제 재무타당성 분석의 결과와 상이할 수 있다.

연습문제 11 | 투자수익률 15점

감정평가사 13회 기출

Ⅰ. 개요

A부동산과 B부동산의 각각의 투자수익률을 산정한 후 투자의사결정을 한다.

(기준시점 : 2023. 7. 1)

Ⅱ. A부동산의 투자수익률산정

1. NOI(2022. 7. 1 기준)

(1) 유효조소득

1) 가능조소득

(5,000 × 100 × 0.9 × 12) × $\frac{100+80+70}{80}$ ≒ 16,875,000원

2) 공실 및 불량부채에 대한 충당금

16,875,000 × 0.03 ≒ 506,250원

3) 기타소득(주차장임대료) ≒ 3,000,000원

4) 유효조소득

16,875,000 - 506,250 + 3,000,000 ≒ 19,368,750원

(2) NOI

19,368,750 × (1 - 0.4) ≒ 11,621,250원

운영경비

2. 부동산가치 ≒ 150,000,000원

3. 투자수익률의 산정(2023. 7. 1 기준)

$\frac{11,621,250 \times 1.02}{150,000,000} \times 100\%$ + 2% ≒ 9.90%

Ⅲ. B부동산의 투자수익률 산정

1. NOI(2022. 7. 1 기준) ≒ 10,500,000원

2. 부동산가치

(1) 토지가치

300,000 × 1.0200 × 100 ≒ 30,600,000원

시 면

(2) 건물가치

1) 회귀상수(a)와 회귀계수(b)

사례	x	y	xy	x2
1	3	580,000	1,740,000	9
2	10	500,000	5,000,000	100
3	7	520,000	3,640,000	49
4	5	560,000	2,800,000	25
5	0	600,000	0	0
Σ	25	2,760,000	13,180,000	183

$a = \frac{2,760,000 \times 183 - 25 \times 13,180,000}{5 \times 183 - 25^2}$ ≒ 605,448

$b = \frac{5 \times 13,180,000 - 25 \times 2,760,000}{5 \times 183 - 25^2}$ ≒ - 10,690

2) 건물가치

건물가치(y) ≒ [재조달원가(회귀상수) - 감가상각액(회귀계수) × 경과년수] × 면적(605,448 - 10,690 × 1) × 200 ≒ 118,952,000원

(3) 부동산의 가치 : 30,600,000 + 118,952,000 ≒ 149,552,000

3. 투자수익률의 산정(2023. 7. 1 기준)

$\frac{10,500,000 \times 1.04}{149,552,000} \times 100\% + 4\%$ ≒11.30%

Ⅳ. 투자의사결정

A부동산에 투자할 경우 투자수익률은 9.90%, B부동산에 투자할 경우 투자수익률은 11.30%이므로 투자수익률이 높은 B부동산에 투자하는 것이 유리하다.

Tip 수익률의 구조

수익률	≒	운영소득률	+	자본소득률
Y (종합수익률)	≒	$\frac{NOI_1}{P_0}$ (종합환원율)	+	$\frac{P_1 - P_0}{P_0}$
Y_E (세전 지분수익률)	≒	$\frac{BTCF_1}{EQ_0}$ (지분배당률)	+	$\frac{EQ_1 - EQ_0}{EQ_0}$
Y_D (저당수익률)	≒	$\frac{D \cdot S}{L_0}$ (저당계수 : MC)	+	$\frac{L_1 - L_0}{L_0}$

* 이론상 운영소득률에 적용되는 소득은 1기말이 적용되어야 하나 현업(실무상)의 "오피스 매장용 빌딩 임대료 조사 및 투자수익률 추계결과 보고서"에서는 현재 1기초의 임대수익을 기준으로 산정하고 있다.

연습문제 12 투자수익률, 위험 25점

감정평가사 15회 기출

(물음 1) 자기지분환원률, 표준편차

Ⅰ. 지분환원율(Re)

1. 비관적인 경우

① 지분수익 : 500,000,000 × (1 - 0.08) × (1 - 0.42) - 255,000,000 ≒ 11,800,000

② Re : $\frac{11,800,000}{450,000,000}$ ≒ 2.62%

2. 일반적인 경우

① 지분수익 : 530,000,000 × (1 - 0.06) × (1 - 0.38) - 255,000,000 ≒ 53,884,000

② Re : $\frac{53,884,000}{450,000,000}$ ≒ 11.97%

3. 낙관적인 경우

① 지분수익 : 560,000,000 × (1 - 0.05) × (1 - 0.35) - 255,000,000 ≒ 90,800,000

② Re : $\frac{90,800,000}{450,000,000}$ ≒ 20.18%

4. 부동산의 A의 Re

0.25 × 0.0262 + 0.5 × 0.1197 + 0.25 × 0.2020 ≒ 11.69%

Ⅱ. 표준편차(σ_E) 부동산 투자안 선택

1. 분산

$0.25 \times (0.1169 - 0.0262)^2 + 0.5 \times (0.1169 - 0.1197)^2 + 0.25 \times (0.1169 - 0.2020)^2$ ≒ 0.0039

2. σ_E : $\sqrt{0.0039}$ ≒ 6.25%

(물음 2)

Ⅰ. 지분수익률과 위험의 그림

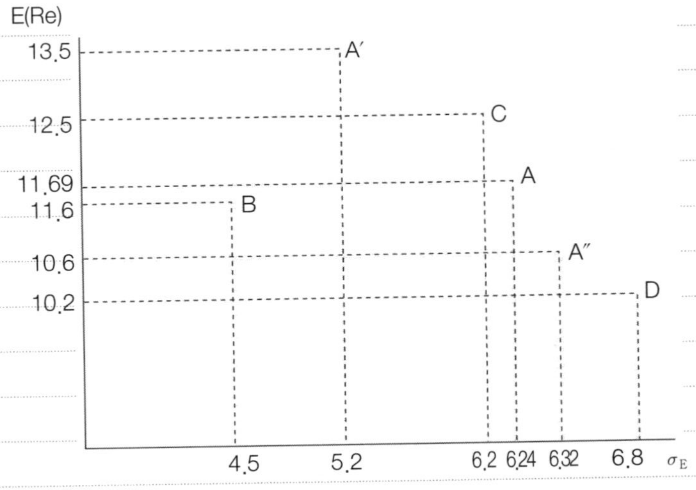

Ⅱ. 투자선택

분리정리(Seperation theorem)에 의한 투자결정과정에 따를 때 먼저 지배원리에 의해 A는 C와 비교할 때 위험은 높고 수익률은 낮아 C는 A를 지배하여 A는 배제될 것이고, B와 C는 위험과 수익률의 관계가 같아 투자자의 위험에 대한 태도에 따라 투자선택이 달라질 것이다. 예컨대 투자자가 위험회피형이라면 B를 선택할 것이고 위험추구형이라면 C를 선택할 것이다.

(물음 3) 투자 선택 변화

Ⅰ. Re 및 σ_E의 변화

1. Re : 0.1 × 0.0262 + 0.6 × 0.1197 + 0.3 × 0.2020 ≒ 13.5%

2. 분산

0.1 × $(0.1350 - 0.0262)^2$ + 0.6 × $(0.1350 - 0.1197)^2$ + 0.3 × $(0.1350 - 0.2020)^2$ ≒ 0.0027

3. σ_E : $\sqrt{0.0027}$ ≒ 5.2%

Ⅱ. 투자자 선택 변화 (A → A′)

지배원리에 의할 때 A′는 C를 지배하고, A′와 B는 투자자의 위험에 대한 태도에 따라 달라진다.

(물음 4) 투자 대안 검토

Ⅰ. Re 및 σ_E의 변화

1. Re : 0.25 × 0.017 + 0.5 × 0.109 + 0.25 × 0.189 ≒ 10.6%

2. 분산

0.25 × $(0.106 - 0.017)^2$ + 0.5 × $(0.106 - 0.109)^2$ + 0.25 × $(0.106 - 0.189)^2$ ≒ 0.0037

3. σ_E : $\sqrt{0.0037}$ ≒ 6.08%

Ⅱ. A″와 D의 비교

A″는 D보다 위험은 낮고 RE는 높아 D를 지배하여 A″를 투자하는 것이 타당하다고 판단된다.

Chapter 04

비가치추계 종합문제

종합문제 01 시장가치와 NPV법(투자가치) 30점 감정평가사 27회 기출 변형

Ⅰ. (물음 1) 2023. 07. 01 시장가치

1. 감정평가개요

1) 기준가치 : 시장가치

2) 감정평가방법 : 3방식

3) 대상물건 확정

① 토지 : 노선상가지대, 일단지, 800㎡, 소로한면, 부정형

② 건물 : RC조, 사용승인 2012. 05. 01(11년 경과)

2. 개별물건 기준

1) 토지

(1) 공시지가기준법에 의한 시산가액

① 사례 선정 : 용도지역·이용상황, 동일지역 내 노선상가지대 〈#4〉

② 그 밖의 요인

감정평가목적, 건물 규모, 최근 시점 고려 〈#1〉 선정

$$\frac{3{,}600{,}000\times1.00979\times100/103\times(0.9\times1\times1)}{3{,}000{,}000\times1.02017\times1\times(0.97\times1\times1)} = 1.07$$

③ 토지가액

$3{,}000{,}000\times1.02017^{1)}\times1\times(0.97\times1\times1)\times1.07$ = @3,180,000

〈×800 = 2,544,000,000〉

1) 시 1.01687×1.00323

2) 건물(원가법)

$770{,}000\times(1-0.9\times11/50)\times2{,}740$ = 1,692,000,000

3) 합계 : 토지 + 건물 = 4,236,000,000

3. 수익방식

1) 방침

① 직접환원법, 최근 임대사례 적용

② 2,480㎡를 임대면적으로 봄

2) NOI

(1) PGI

$[(160{,}000+120{,}000+100{,}000\times2)\times520+90{,}000\times400]\div1.1$

= 259,636,000

(2) EGI : (1)×(1 - 0.05) = 246,654,000

(3) OE : 25,000×2,480 = 62,000,000

(4) NOI : (2) - (3) = 184,654,000

3) 환원율(시장추출법, 사정개입 사례 배제)

$[\frac{140{,}000}{3{,}500{,}000}+\frac{88{,}000}{2{,}200{,}000}]\div2$ = 4%

4) 수익가액 : 2) ÷ 0.04 = 4,616,000,000

Ⅱ. (물음 2) 2023. 07. 01 매입타당성

1. NPV

1) 매입금액(현금유출) : 4,200,000,000

2) 현금유입 현가

(1) 보유기간 현금흐름 현가

	1기	2기	3기	4기
PGI	259,636	272,617	286,248	300,561
EGI	246,654	258,987	271,936	285,533
OE	62,000	64,480	67,059	69,742
NOI	184,654	194,507	204,877	215,792

(2) 기말 복귀가액 : 215,792,000÷(0.04+0.005)×0.97 =4,652,000,000

(3) 현가 합

$\frac{\sum 매기 NOI_t}{1.06^t}+\frac{기말복귀가액}{1.06^3}$ =4,425,000,000

3) NPV : 2 - 1 =225,000,000

2. 투자 계획에 대한 의견

1) 시장가치와 매입가액 검토

(1) 시장가치의 기준

① 대상 물건의 특성

사무실 임대를 주 용도로 하는 〈업무용〉, 현황 규모를 고려시 소규모 업무용 부동산으로 노선상가지대 내 위치하여, 일체적 효용이 반영된 비교방식이 대상의 적정 시장가치를 현출할 것으로 사료됨.

다만, 이러한 수익성 부동산은 적정 수익률에 의해 담보될 때 거래가격의 적정성이 입증되므로 수익방식과의 균형이 중요할 것으로 사료됨.

② 투자부동산의 시장가치

원가방식을 주된 방법으로 하되, 일체 효용 및 일체 수익성 반영하는 수익방식에 의해 적정성이 인정되는 바 〈4,400,000,000원〉을 기준으로 검토.

(2) 매입가액과의 검토

현재 매입가격은 42억으로 시장가치보다 저가매입 가능하여 투자 타당성 검토에 긍정적 요인으로 작용함. 다만, 기존 5억의 저당권의 인수여부가 불분명하고, 이를 인수하는 조건으로 거래되는 경우 시장가치보다 고가로 매입하게되어 투자자의 요구수익률 충족 여부를 면밀히 검토할 필요성이 있음.

2) 투자가치와 매입가액의 검토

투자가치는 약 44억, 현황 매입가액은 42억으로 현재 乙의 투자계획은 타당성 있음.

또한 저당인수 조건 또는 추가 저당설정 등이 있는 경우 leverage 효과로 수익률의 증폭이 있을 것으로 판단됨.

3) 타당성 확보를 위한 Risk 고려사항

본건의 시장상황은 V동 상권에 유동인구 유출이 있는 상황임. 이러한 시장조건은 W동에 지역적 호황을 가져올 수 있는 점에서 낙관적일 수 있으나, 유동인구의 단절 등의 사유로 개별 부동산 측면에서 비관적일 수 있음.

따라서 시장의 객관적 수익률(IRR)과 투자자 요구 수익률(6%)과 비교를 통한 수익률의 적정성을 검증할 필요가 있어 보임.

4) 추가적 고려사항

① 통상 부동산 투자는 타인자본을 차입하여 레버리지효과를 향유하며 이를 통해 안정적 지분수익률 확보가 된다면 타당성이 극대화 될 수 있음

② NPV 산정시 적용된 할인율 및 환원율, 임대변동 등에 따라 타당성 여부가 변동될 수 있으며, 민감도분석, 확률분석 등을 통해 주요 변수를 판단하고 해당 변수를 관리하는 선택과 집중 전략 등이 고려 필요함

종합문제 02 개량물의 최고최선 분석 35점

감정평가사 16회 기출

Ⅰ. 개요

최유효이용이란 대상부동산에 대해 합리적이며 합법적으로 이용 가능한 대안 중에서 물리적으로 채택가능하고 경제적으로도 타당성이 있다고 판명된 것으로서 최고의 가치를 창출하는 이용을 말하는 바, 제시받은 개발방안의 타당성을 최유효이용의 근거로 분석함

Ⅱ. (물음 1) 개발방안의 타당성 분석

1. 개발방안의 분석

(1) 대안 #1, 4는 최유효이용 요건 중 합리적, 합법적 이용이며 물리적으로 채택가능함에 따라 선택하여 분석함.

(2) 대안 #2는 대지귀속면적에 따라 지적분할하면 87.5㎡/70%≒125㎡로서 K시 대지 최소면적 150㎡를 충족하지 못함에 따라 합법적이지 못해 배제함.

(3) 대안 #3의 K시 B구는 상업지로의 진행이 급속히 진행되어 주거지로서의 기능이 대체로 상실되어 주변상황이나 수요의 측면에서 주거용 건축물인 소형아파트의 개발은 합리성이 결여되어 배제함.

(4) 대안 #5는 대상부동산 인근지역의 지질 및 지반상태가 연암지대임에 따라 건축가능 층수가 지하 2층임에도 지하 3층을 계획하여 물리적 채택 가능성에서 배제됨.

2. 경제적 타당성 분석

(1) 대안#1(업무용)

① 개발 후 부동산 가치 ≒ 2,452,000,000

② 건축비 등

$750{,}000 \times (280 + 340 \times 6) \times \frac{1}{(1+0.1/12)^{10}} + 60{,}000 \times 450 \times \frac{1}{(1+0.1/12)^{2}}$

≒ 1,628,000,000

③ 부동산 가치 : ① - ② ≒ 824,000,000

(2) 대안#4(상업용)

① 개발 후 부동산가치 ≒2,210,000,000

② 건축비 등

$[480{,}000 \times (300 \times 2 + 180 \times 1 + 320 \times 6) + 60{,}000 \times 450] \times \frac{1}{(1+0.1/12)^{2}}$

≒ 1,301,000,000

③ 부동산 가치 : ① - ② ≒ 909,000,000

3. 최종 개발대안의 제시

대안 #4(상업용)가 최고의 가치를 창출하는 최유효이용임에 따라 이를 최종 개발 대안으로 제시함.

Ⅲ. (물음 2) 현재 상태의 부동산 가치

감정평가 3방식에 의한 시산가액을 조정하여 현재 상태의 대상 부동산의 가치를 산정한 후 대상부동산의 가액을 결정함.

1. 개별물건기준

(1) 토지(공시지가기준법)

① 비교표준지 선정 : #4

용도지역(일반상업), 이용상황(주상용) 등에서 비교가능성이 높아 선정함

#1은 이용상황, #2는 용도지역, #3은 규모 등의 측면에서 상이하여 배제함.

② 토지가액

1,300,000 × 1.01982 × 1,000 × 1.026 × 1.000 ≒1,360,000원/㎡

시[1] 지 개[2] 그 〈× 500 =680,000,000원〉

1) 1.01980 × (1 + 0.00075 × 1/31)

2) 1.08 × 0.95×1

(2) 건물가액(원가법)

$660,000 \times \frac{35}{45}$ ≒ 513,000원/㎡

잔 〈× 450=230,850,000원〉

(3) 개별물건기준에 의한 시산가액 : 토지+건물 ≒ 911,000,000원

주) 일체의 거래사례를 이용하여 비율법(할당법)으로 토지 비준가액을 구할 수 있으나, 사례#1은 이용상황, 규모 등에서 비교가능성이 떨어지고 사례#2는 건부감가가 발생하고 있어 균형의 원칙이 성립되지 않아 비율법(할당법) 적용이 곤란하여 고려치 않음.

2. 거래사례비교법

(1) 사례선정 : 사례#2

건물신축일자, 건물의 주구조, 규모, 이용상황 등 비교가능성이 높아 선정.

(2) 비준가액

900,000,000 × 1 × 1.00000 × 1.000 × 0.950 ≒ 855,000,000원

사 시 지 개

3. 수익환원법

(1) 개요

중도적 이용을 전제한 개량물의 수익가액 산정으로 현행 임대료를 환원하여 수익가액을 산정함.

(2) NOI

[(700,000,000 + 100,000,000) × 0.12 + (5,000,000 + 500,000) × 12]

× [1 - (0.03 + 0.2 + 0.01)] ≒ 123,120,000

주) 소유자 급여는 대상부동산의 운영과 직접 관련없어 제외함.

(3) 수익가액

123,120,000 ÷ 0.15 ≒ 820,800,000원

4. 현 상태의 (중도적 이용 전제한) 가치 결정

최근의 시장성을 반영하는 비준가액에 비중을 두되 대상부동산이 수익성 부동산임에 따라 수익가액을 참작하여 830,000,000원으로 결정함.

Ⅳ. 시장가치 결정

1. 이용상황 결정(상업용, 대안#4)

대상은 개량물(복합부동산)으로 합리적 · 합법적이용으로서 물리적으로 채택가능한 대안으로서 최고의 경제적 가치를 창출하는 철거 후 신축방안인 '상업용'(대안#4)이 최고최선의 이용으로 분석됨.

2. 중도적 이용과 상업용(대안4)의 이용방안 결과 분석

현 상태의 개량물이 소재하는 상황에서는 상업용으로 전환 및 성숙이 미진하거나 전환비용(철거비용, 건축비용 등) 및 대기비용(건축기간동안 임대료 손실)을 발생시키기는 경우라면 현 상태가 최고최선의 이용으로 중도적이용에 할당 될 수 있음. 그러나, 개발대안#4의 최고최선 분석 결과 현 개량물을 철거하고 상업용 건물을 신축 개발하는 방안이 최고최선의 이용으로 결정됨.

3. 시장가치 원칙의 측면(감칙§5) – 최유효이용의 원칙

대상부동산의 시장가치는 최고최선의 이용을 기준으로 형성되는 '최유효이용의 원칙'에 이론적 근거 및 시장가치 원칙에서 판단함.

4. 현황평가 원칙의 측면(감칙§6)

감정평가 원칙 중 '현황평가 원칙'에 따라 대상은 개량물(건물)이 소재하는 상태를 기준으로 판단함.

5. 개별물건기준 원칙의 측면(감칙§7)

대상부동산은 토지 · 건물의 복합부동산으로 대상물건마다 개별로 평가하여야 하나 최고최선의 이용분석 결과 대상물건이 일체(개량물이 소재하는 상태)로 거래되며 용도상 불가분관계에 있는 경우에 해당하는 것으로 최고최선의 분석으로 판단되었는 바 일괄 감정평가액을 기준으로 결정함.

6. 시장가치 결정

상기의 검토 결과를 종합하여 상업용을 전제로 한 개발대안 #4의 부동산 가치가 (909,000,000원) 현 상태의 부동산 가격(830,000,000원)보다 큼에 따라 909,000,000원을 시장가치로 결정함.

종합문제 03 MNPV(증분 NPV) 20점

Ⅰ. (물음 1) 최저층수 기준한 NPV(5층 기준)

1. 개발 계획

(1) 대지면적 : 미관지구에 따른 건축후퇴선 고려 아니함. 900㎡

(2) 건축면적(바닥면적) : 900㎡ × 0.7 ≒630㎡

(3) 층별분양면적 : 630㎡ × 0.8 ≒504㎡

2. 현금유입 현가

(1) 대상 5층 부분 분양수입 : $370,000,000 \times 1 \times 1.01^2 \times 1 \times 2$

≒ 754,874,000원

(2) 분양(효용) 적수 산정

1) 최유효이용이 5~8층이므로, "저층시가지" 기준함.

2) 상층부 일정층까지 차이가 나타나므로 "A형" 기준함.

3) 지하 1개층 주차장

$\frac{44+100+60+50+45+42}{42}$ ≒ 8.12

(3) 총분양수입 : 754,874,000 × 8.12 ≒6,129,577,000원

(4) 현가 : (3) × 0.25 × $(1.01^{-21}+1.01^{-22}+1.01^{-23}+1.01^{-24})$

≒ 4,900,343,000원

3. 현금유출 현가

(1) 토지구입비 : 1,715,000 × 900 ≒ 1,543,500,000원

(2) 개발비용 현가

[770,000 + (9,800 + 25,000 + 65,000)[1]} × (630 × 7층) + 32,000,000 × 2대] × 1.01^{-24} ≒ 3,071,365,000원

1) 부대설비 : 99,800

(3) 현금유출 현가(計) : (1) + (2) ≒ 4,614,865,000원

4. 최저층수(5층) 기준한 NPV[2. − 3.] : (+)285,478,000원

Ⅱ. (물음 2) 증분 NPV(MNPV)

1. MNPV6층

(1) 현금유입 현가 증분

754,874,000 × 0.25 × $(1.01^{-21}+1.01^{-22}+1.01^{-23}+1.01^{-24})$

≒603,490,000원

(2) 현금유출 현가 증분

1) 개발비용 증분 : [(796,000 + 99,800) × 8 - (770,000 + 99,800) × 7] × 630 ≒679,014,000원

2) 현가 : 1) × 1.01^{-24} ≒534,768,000원

(3) $MNPV_{6층}$: (1) - (2) ≒(+)68,722,000원

2. MNPV7층

(1) 현금유입 현가 증분 ≒ 603,490,000원

(2) 현금유출 현가 증분

$[(796,000 + 99,800) \times 630 + (55,000,000 - 32,000,000) \times 2] \times 1.01^{-24}$

≒ 480,694,000원

(3) $MNPV_{7층}$: (1) - (2) ≒(+)122,796,000원

3. MNPV8층

(1) 현금유입 현가 증분 ≒ 603,490,000원

(2) 현금유출 현가 증분

$[(858,000 + 99,800) \times 10 - (796,000 + 99,800) \times 9] \times 630 \times 1.01^{-24}$

≒752,089,000원

(3) $MNPV_{8층}$: (1) - (2) ≒ (-)148,599,000원

Ⅲ. (물음 3) 최적층수 및 순현재가치

1. 최적층수의 결정

MNPV < 0 이전 층수로서 경제적 관점 최적 층수는 〈7층〉임.

2. 순현재가치(NPV)

285,478,000 + 68,722,000 + 122,796,000 ≒ (+)476,996,000원

※ NPV법은 가치가산원리가 성립하므로, "ΣMNPV≒NPV"가 인정된다. 이에 부의 극대화를 목적으로 한 유효한 투자분석 기법으로 인정된다.

Tip TNPV(TIRR)와 MNPV(MRR)의 관계

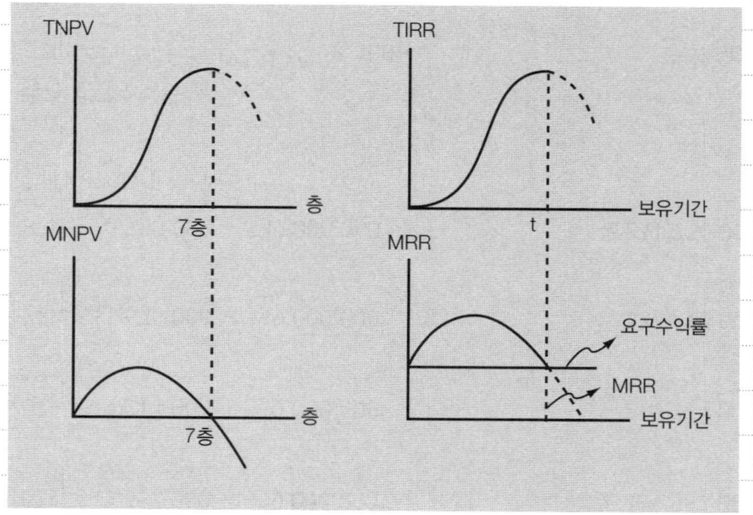

종합문제 04 한계수익률(MRR)과 보유기간 30점

Ⅰ. 개요

대상부동산은 부동산의 적정 처분시기를 결정하고 투자가치를 산정한다. (기준시점 2023. 8. 20)

Ⅱ. (물음 1) 보유기간 결정

1. (물음 1 – 1) 요구수익률

(1) 기회비용을 고려한 요구수익률

투자자 관점 J씨의 기회비용을 반영한 12%를 요구수익률로 결정한다.

(2) 위험할증률

시간 경과에 따른 위험할증률을 고려하는 경우 매기(4기 이후) 0.5%를 가산한다.

2. 현금수지

(1) 개요 : 보유기간 산정을 위한 것으로 5~8년의 현금흐름 분석

(2) 현금흐름

	5	6	7	8
PGI	111,300[1]	111,300	66,780	66,780
EGI	107,961	107,961	64,777	64,777
NOI	83,475	83,475	51,421	51,421
DS[2]	32,205	– 좌동 –		
BTCF	51,270	51,270	19,216	19,216

1) PGI : 100,000 × 1.06 × 1.05

2) D.S : ① 저당가치 : 566,200,000 × 0.6 ≒ 339,000,000

② 이자 : 339,000,000 × 0.095

3. 매기 지분복귀액

(1) 4기 : 566,200,000 - 339,000,000* ≒ 227,200,000

(2) 5기 : 543,552,000 - 339,000,000* ≒ 204,552,000

(3) 6기 : 549,214,000 - 339,000,000* ≒ 210,214,000

(4) 7기 : 561,670,000 - 339,000,000* ≒ 222,670,000

(5) 8기 : 570,730,000 - 339,000,000* ≒ 231,730,000

* 미상환저당잔금 ≒ 저당원금

4. 매기 한계수익률

(1) 5기 : $\frac{204,552 - 227,200 + 51,270}{227,200} \times 100\%$ ≒ 12.6%

(2) 6기 : $\frac{210,214 - 204,552 + 51,270}{204,552} \times 100\%$ ≒ 27.8%

(3) 7기 : $\frac{222,670 - 210,214 + 19,216}{210,214} \times 100\%$ ≒ 15.1%

(4) 8기 : $\frac{231,730 - 222,670 + 19,216}{222,670} \times 100\%$ ≒12.7%

5. (물음 1 - 2) 요구수익률 12% 고정시 적정 보유기간

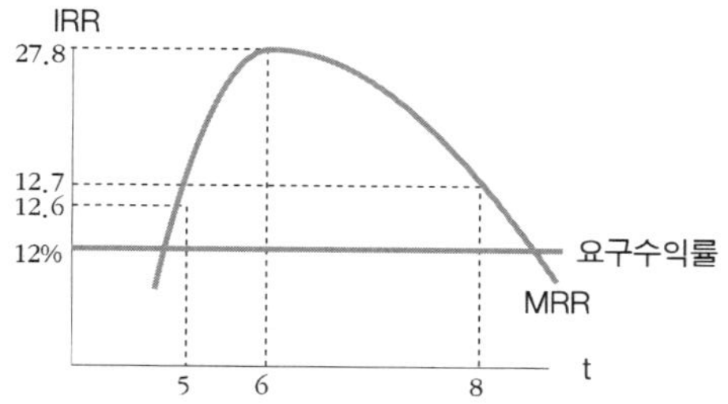

∴ 보유기간 8기까지 요구 수익률 12%를 상회하는바 8기까지 보유한다.

6. (물음 1 - 3) 요구수익률 0.5% 상승시 적정보유기간

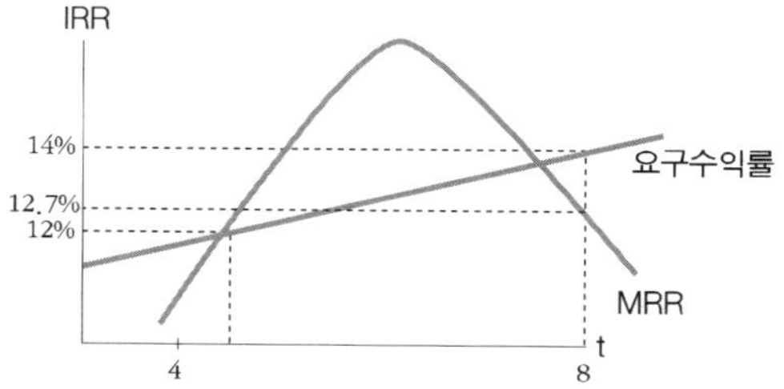

요구수익률	: MRR
① 5기 : 12% + 0.5	< 12.6% → 보유
② 6기 : 12% + 1	< 27.8% → 보유
③ 7기 : 12% + 1.5%	< 15.1% → 보유
④ 8기 : 12% + 2%	> 12.7% → 처분

⑤ 검토

따라서 "MRR ≥ 요구수익률"되는 7기까지만 보유한다.

Ⅲ. (물음 3) 투자가치 결정

1. 저당가치 ≒ 339,000,000

2. 지분가치

(1) 현금 흐름의 현가

1) 1~4차년도 ≒ 117,515,000

2) 5~7차년도(매기 요구수익률 0.5% 가산)

[51,270/1.125 + 51,270/1.125/1.13 + 19,216/1.125/1.13/1.135] $\times \frac{1}{1.12^4}$ ≒ 63,057,000

3) 合計 : 1) + 2) ≒ 180,572,000

(2) 기말 지분 복귀액 :

$222{,}670{,}000 / 1.135 / 1.13 / 1.125 / 1.12^4$ ≒ 98,076,000

(3) 지분가치 : (1) + (2) ≒ 278,648,000

3. 투자가치 : 저당 + 지분 ≒ 617,648,000

4. 평가검토

적정보유기간 7년간 보유시 투자가치가 617,648,000원으로 현 시장가치(매수가격) 566,200,000원보다 상회하는 바 투자의 타당성이 긍정된다.

종합문제 05 NPV법, IRR법, Fisher 수익률 20점

Ⅰ. (물음 1) NPV법

1. NPV_A

- $200,000 + \frac{45,000}{1.1} + \cdots + \frac{200,000}{1.1^{10}}$ ≒ 31,820천원

2. NPV_B

- $200,000 + \frac{8,000}{1.1} + \cdots + \frac{270,000}{1.1^{10}}$ ≒ 42,061천원

3. 투자의사 결정

(1) 투자안 검토 : 투자자금 2억원 한정으로 〈상호배타적〉 투자안

(2) 투자의사 결정 : $NPV_B > NPV_A > 0$이므로 〈B부동산에 투자함〉

Ⅱ. (물음 2) IRR법

1. IRR_A

- $200,000 + \frac{45,000}{(1+r)} + \cdots + \frac{200,000}{(1+r)^{10}} ≒ 0$

if) $NPV_{12\%} ≒ 11,645$

$NPV_{14\%} ≒ -5,663$

$\therefore r ≒ 12\% + 2\% \times \frac{11,645}{11,645+5,663}$ ≒13.35%

2. IRR_B

- $200,000 + \frac{8,000}{(1+r)} + \cdots + \frac{270,000}{(1+r)^{10}} ≒ 0$

if) $NPV_{12\%} ≒ 12,695$

$NPV_{14\%} ≒ -12,141$

$\therefore r ≒ 12\% + 2\% \times \frac{12,695}{12,695+12,141}$ ≒13.02%

3. 투자의사 결정(상호 배타적 투자안)

$IRR_A > IRR_B >$ 요구수익률 10%이므로 〈A부동산 투자함〉

Ⅲ. (물음 3) 결과 차이의 이유

1. fisher수익률 판정

$\frac{45,000}{(1+r)} + \cdots + \frac{200,000}{(1+r)^{10}} ≒ \frac{8,000}{(1+r)} + \cdots + \frac{270,000}{(1+r)^{10}}$

〈∴ r≒12.26%〉

2. 차이가 나는 이유

(1) fisher수익률과의 관계

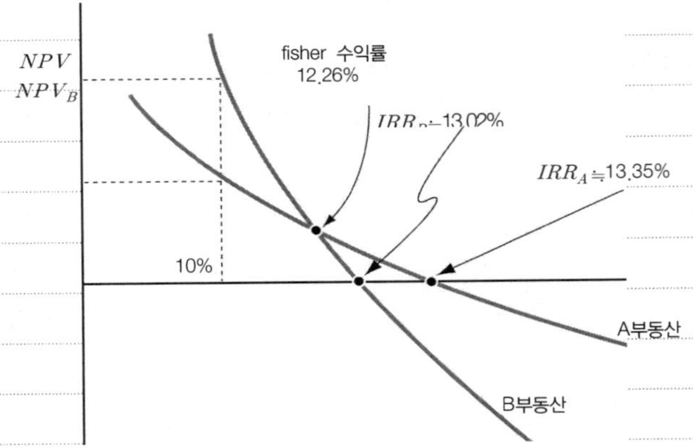

fisher수익률(12.26%)보다 작은 10%를 요구수익률로 하였는바, NPV법과 IRR법의 결과치가 달라짐.

(2) 기타 이유

A부동산과 B부동산의 ① 현금흐름 양상이 다르고, ② IRR법은 내부수익률을 재투자수익률로 가정하여 차이가 남.

Tip MNPV, MRR, Fisher의 수익률

Fisher의 수익률을 대안 A와 대안 B의 현금흐름의 차액(증분 현금흐름)을 기준으로 수익률을 산정하는 것으로 한계(Mergin)의 개념으로 이해하면 된다. 결국 MNPV, MRR과 동일한 개념이다.

종합문제 06 | 투자대안의 선택 30점

Ⅰ. (물음 1) 투자 대안의 성격 (기준시점 : 2023. 8. 31)

(상호 독립적 투자인지 여부)

1. 투자자 가용자금 : 30억

2. 타인자본 : 부동산 매입가의 60%

3. 투자금액 합계

$\underset{\text{대안 A}}{100억} \times \underset{\text{자기자본}}{0.4} \times \underset{\text{지분}}{\frac{1}{4}}$ (10억) $+ \underset{\text{대안 B}}{3{,}750백만} \times \underset{\text{자기자본}}{0.4}$ (15억) ≒ 25억원

4. 검토

투자금액(25억) < 가용자금(30억)인바 대안 A, B는 각각 “상호 독립적” 투자안이다.

Ⅱ. (물음 2) 해당 portfolio 기대수익률

1. 대안 A 분석

(1) 매기 BTCF(지분 : 1/4)

(단위 : 천원)

	1	2	3	4	5
NOI	270,000[1]	275,400	280,908	286,526	292,257
DS[2]	223,544	– 좌동 –			
BTCF	46,456	51,856	57,364	62,982	68,713

1) NOI(1기) : 32,000 × (12 + 5 × 0.1) × (12 × 50 × 2 + 10 × 90 × 2) × 0.9 × 1/4지분

2) DS : 100억 × 0.6 × 1/4 × MC(8% 10)

(2) 기말지분복귀액

$$\left[100억 \times 1.22 \times 0.95 - 100억 \times 0.6 \times \left(1 - \frac{1.08^5 - 1}{1.08^{10} - 1}\right)\right] \times \frac{1}{4}$$

≒2,004,953,000원

(3) NPV법(요구수익률 10%)

$NPV ≒ -1{,}000{,}000 + \frac{46{,}456}{1.1} + \cdots + \frac{68{,}713 + 2{,}004{,}953}{1.1^5}$ ≒ 458,788,000

“NPV > 0”인바 투자의 타당성 긍정

(4) IRR법

- 산식 : $f(x) ≒ -1{,}000{,}000 + \frac{46{,}456}{(1+x)} + \cdots + \frac{68{,}713 + 2{,}004{,}953}{(1+x)^5} ≒ 0$
- x ≒ 19%일 때 f(19%) ≒ 10,074
- x ≒ 20%일 때 f(20%) ≒ - 28,346
- $IRR ≒ 0.19 + 0.01 \times \frac{10{,}074}{(10{,}074 + 28{,}346)}$ 〈≒ 19.26%〉
- 검토 : IRR(19.26%) > 요구수익률(10%)인 바 투자타당성 긍정

2. 대안 B 분석

(1) 매기 BTCF

(단위 : 천원)

	1	2	3	4	5
NOI	521,541[1]	531,972	542,611	553,464	564,533
DS	335,316[2]	- 좌동 -			
BTCF	186,225	196,656	207,295	218,148	229,217

1) NOI(1기) : (63,000 + 130,000) × 200 × (12 + 6 × 0.1 + 6 × MC(10% 3)) × 0.9

2) DS : 3,750백만 × 0.6 × MC(8% 10)

(2) 기말 지분복귀액

35억 × 0.95 - 3,750,000,000 × 0.6 × $\left[1 - \frac{1.08^5 - 1}{1.08^{10} - 1}\right]$ ≒ 1,986,179,000

(3) NPV법(요구수익률 10%)

- NPV ≒ $- 1,500,000 + \frac{186,225}{1.1} + \cdots + \frac{229,217 + 1,986,176}{1.1^5}$ ≒ 512,149,000
- 'NPV > 0'인바 투자의 타당성 긍정

(4) IRR법

- 산식 : f(x)≒ $- 1,500,000 + \frac{186,225}{1+x} + \cdots + \frac{229,217 + 1,986,176}{(1+x)^5}$ ≒ 0
- x ≒ 18%일 때 f(18%) ≒ 6,107
- x ≒ 19%일 때 f(19%) ≒ - 44,481
- IRR ≒ $0.18 + 0.01 \times \frac{6,107}{(6,107 + 44,481)}$ 〈≒ 18.12%〉
- 검토 : IRR(18.12%) > 요구수익률(10%)인바 투자의 타당성 긍정

3. Portfolio 구성 및 기대수익률

(1) 각 대안의 투자 타당성

대안 A, B 모두 NPV법 IRR법에 의한 투자 타당

(2) 포트폴리오 구성

① 대안 A : 10억

② 대안 B : 15억

③ 나머지 기용자금 5억은 K - FUND에 투자

(3) 기대수익률

$\frac{10}{30} \times 19.26\% + \frac{15}{30} \times 18.12\% + \frac{5}{30} \times 15\%$ 〈≒ 17.98%〉

다만 각 투자안의 상관계수, 위험에 따라 K - FUND의 구성비율을 달리할 수 있다.

Tip 투자분석의 문제분석 패턴

투자안의 성격 규명
└ 상호 독립적 vs 상호배타적 ← 부동산 매입예정가(평가) 및 지분투자금액

현금흐름 분석
└ NPV, IRR, PI ← 대안의 수익분석 자료 활동

투자의사(대안) 결정
├ 상호 독립적 : NPV 〉 0 / IRR 〉 요구수익률 / PI 〉 1 인 모든 대안 선택
└ 상호배타적 : $MAX(NPV_A, NPV_B, \cdots)$ 〉0 / $MAX(IRR_A, IRR_B, \cdots)$ 〉요구수익률 / $MAX(PI_A, PI_B, \cdots)$ 〉1

종합문제 07 타당성 분석(토지, 확률분석) 25점

Ⅰ. 개요

의뢰인이 지정한 2023년 3월 1일을 기준으로 물음에 답함.

Ⅱ. (물음 1) 사업부지 적정매입가격

(대상, 최유효이용 : 2종 일반주거지역 내 타운하우스 부지)

1. 공시지가기준법

용도지역(2주), 이용상황(연립)에서 유사하여 비교가능한 #2를 선정.

3,290,000 × 0.96846 × 1 × 1.019 × 1 ≒ 3,250,000/㎡

1) 지 개2) 그

1) (2022.1.1.~2023.3.1. 주거)

2) 기준시점 기준

2. 조성원가법

(1) 소지(2022. 4. 1 준공시점 기준)

용도지역, 이용상황(전)을 고려해 公#3을 기준함.

1,880,000 × 1.01158 × 1 × 0.931 × 1 ≒ @1,770,000/㎡

시1) 지 개2) 그 (×1200=2,124,000,000)

1) (2022.1.1~2022.4.1)

2) 준공시점기준

(2) 조성비 등(2022. 4. 1 기준)

$(300,000 \times 1,200 + 120,000 \times 840) \times 0.5 \times (1.005^{3} + 1)$

(840: 유효택지면적 1200×0.7; 1.005^{3}: 착공; 1: 준공)

≒ 464,273,000

(3) 시산가액(단가)

$2,588,273,000 \times 1 \times 0.95756 \times 1 \times 1.019 \times \frac{1}{840}$ ≒ @3,010,000/㎡

1) 사 시2) 지 개3) 면

1) 사례조정 후 가격((1) +(2)(2))

2) (2022.4.1.~2023.3.1)

3) 기준시점 기준

3. 적정매입가격

감정평가에 관한 규칙§12① 및 §14에 따라 공시지가기준법을 주된 방법으로 적용한 시산가액의 합리성이 인정되어

@3,250,000 × 900 ≒ 2,925,000,000원 으로 결정함.

Ⅲ. (물음 2) 타당성 검토

1. 〈NPV〉 Cash – Inflow. 현가

(1) 일반경기

$6,937,920,000 \times \left(\frac{0.8}{1.01^{3}} + \frac{0.2}{1.01^{12}}\right)$ ≒ 6,618,512,000

1) 2)

1) 적정분양수입 : (165 × 4,260,000 × 2 + 198 × 4,580,000) × 3개층

2) 의뢰인 S씨의 '기대요구수익률'을 기준으로 타당성 검토함.

(2) 경기침체

$6,937,920,000 \times 0.95 \times \left(\frac{0.6}{1.01^3}+\frac{0.4}{1.01^{12}}\right)$ ≒ 6,177,989,000

할인

(3) 소계(확률 가중) : ((1) × 0.8 + (2) × 0.2) ≒ 6,530,407,000원

2. Cash - Outflow. 현가

(1) 토지매입(철거비 매도자 부담 ∴ 불포함)

$3,500,000,000 \times \frac{1}{2} \times \left(1+\frac{1}{1.01^6}\right)$ ≒ 3,398,579,000

(2) 건축비

$[1,660,000 \times (165 \times 2 + 198) \times 3] \times \frac{1}{3} \times \left(1+\frac{1}{1.01^3}+\frac{1}{1.01^6}\right)$

≒ 2,552,867,000

(3) 기타 제비용

$550,000,000 \times \frac{1}{2} \times \left(\frac{1}{1.01^3}+\frac{1}{1.01^6}\right)$ ≒ 525,975,000

(4) 소계((1) + (2) + (3)) ≒ 6,477,421,000

3. 타당성 검토

(1) NPV ≒ 6,530,407,000 - 6,477,421,000 ≒ 52,986,000

(2) 타당성 검토 의견

"NPV > 0"이므로 의뢰인의 기대요구수익률은 달성되어 투자타당성은 있다.

4. 투자시 유의사항

(1) 해당 보고서의 한계

현재 검토 대상 주요변수를 기준으로 투자안의 타당성을 검증하였으나 주요 변수의 변동에 따른 결과값이 달라질 수 있음. 특히 추후 경제적, 정치적, 사회적 조건 또는 상황에 변동에 따른 체계적 위험 등에 대한 사항은 해당 보고서가 보증할 수 없음.

(2) 사업 위험에 대한 지속적 관리

경기침체 등에 따른 분양수입의 변동성은 관리가 불가능하나 공사 도급계약 금액(건축비), 토지매입가격 및 그 시기, 근로자 파업, 법적분쟁(소송) 등 비체계적 위험에 대한 지속적 관리를 통해 투자의 타당성을 확보할 필요가 있음.

Tip

앞서 언급한 바와 같이 대상이 "토지"이기 때문에 "개발법 논리에 의한 Inflow vs Outflow" 패턴으로 분석하면 보다 쉽게 접근이 가능하다.

Ⅰ. 감정평가 개요
Ⅱ. (물음 1) → 토지매입가격 → Outflow
Ⅲ. (물음 2)
  1. Inflow : 분양수입현가
  2. Outflow : 공사비 등 + 소지(토지) 매입가격

종합문제 08 | 타당성 분석(토지, 민감도 분석) 35점

Ⅰ. 개요

대상토지의 현상태에서의 매입가격과 투자가치를 산정하고, 투입변수 변동에 따른 투자자문 의견을 제시함.

(기준시점 : 현장조사 완료일 : 2023.3.1.)(감칙§9②)

Ⅱ. (물음 1) 현 상태의 적정 매입가격 추정

미개발 상태의 토지들로서 (자료 8) 현황비교자료를 기준함.

1. 그룹 ① : 일반공업, 산업단지에 위치한 公#F

150,000×1.00302×1 × 0.945×1 ≒142,000원/m²

〈×5,000 = 710,000,000〉

2. 그룹 ② : 2종일주, 미개발지대 公#B 선정

192,000 ×0.99985 ×1 ×0.893× 1 ≒171,000원/m²

〈×180,000 = 30,780,000,000〉

3. 그룹 ③ : 31,490,000,000 × 0.03 ≒ 945,000,000

4. 적정매입가격(①~③의 合) ≒ 32,435,000,000원

Ⅲ. (물음 2) G건설(주)의 투자가치

1. Inflow

(1) 아파트분양 매출(공동주택 1, 2블록)

1) 33평형 : 평형유사, 비교적 최근 사례인 "H - 나라"를 기준

4,330,000 × 1.2 ≒ @5,200,000/평

∴ @5,200,000 × 33 × 1,500 세대 ≒ 257,400,000,000

2) 48평형

4,330,000 × 1.2 + 30,000 × (48 - 33) ≒ @5,600,000/평

시장 선호도 반영

∴ @5,600,000 × 48 × 350 세대 ≒ 94,080,000,000

3) 아파트분양 매출(1)~2) 合) : 351,480,000,000원

(2) 용지분양매출

1) 일반상업용지 : 일반상업, 노선상가지대 內 公#D 선정

1,440,000 × 1×1 ×1.258×1 ≒ @1,800,000/㎡

〈∴ @1,800,000 × (12,000 + 11,000) ≒ 41,400,000,000〉

1지구 2지구

2) 근린시설부지 : 2종일주. 정비된 상가지대 內 公#I 선정

600,000 × 0.99985 × 1 × 1.1 × 1 ≒ @660,000/㎡

〈∴ @660,000 × (3,000 + 2,000) ≒ 3,300,000,000〉

상가1 상가2

3) 용지분양 매출(1)~2) 合) ≒ 44,700,000,000

(3) Inflow 합계((1)+(2)) ≒ 396,180,000,000

2. Outflow

(1) 공사비

아파트공사 / 부지공사

$1,300,000 \times \frac{400}{121} \times 66,300 + 255,000 \times 188,000$

$m^2 \to$ 평

≒ 332,866,000,000

(2) 외주용역비

$(6,000 + 12,000) \times \frac{400}{121} \times 66,300 + 2,000 \times 188,000$ ≒ 4,321,000,000

(3) 분양제경비 : 40억 + 396,180,000,000 × 0.01 ≒ 7,962,000,000

(4) 금융비용

이자 / 수수료

$32,435,000,000 \times 0.8 \times (0.08 \times 2년 + 0.01)$ ≒ 4,411,000,000

L/V

(5) Outflow 합계((1)~(4)) ≒ 349,560,000,000

3. 투자가치(1 - 2) ≒ 46,620,000,000원

Ⅳ. (물음 3) 투자수익률 변화 및 투자자문의견

1. 기본 투자수익률 ≒ $\frac{투자가치}{매입가격} - 1$

$≒ \frac{46,620,000,000}{32,435,000,000} - 1$ ≒ 43.7%

2. 토지매입가격 변화와 투자수익률

구분	투자가치[1]	매입가격	투자수익률
+5%	46,620,000천	34,056,750천	36.9%
− 5%	46,620,000천	30,813,250천	51.3%

3. 예상분양가격 변화와 투자수익률

구분	투자가치[1]	매입가격	투자수익률
+5%	66,429,000천	32,480,000천	104.8%
− 5%	26,811,000천	32,480,000천	− 17.3%

4. 투자수익률에 대한 투자자문

당해 투자안은 기본적 전제하에서 43.7%의 투자수익률을 달성할 수 있다. 하지만 이러한 재무적 타당성 결론은 개발사업에서의 불확실한 성과에 대한 추정이나 예측에서 얻어진 것으로서 이러한 추정이나 예측이 잘못되었을 경우 타당성 분석자체가 의미를 잃어버릴 수 있다.

투자수익률 분석 결과 토지매입가격과 예상분양가격 중 수익률에 민감한 것은 후자로서 ±5% 변동에 따라 수익률은 - 17.3%~+104..8%의 범위를 보이고 있다.

따라서 향후 분양가를 결정할 때 신중을 기해야 하며, 민감하지 않은 요소에 너무 집착하지 않는 선택과 집중의 전략이 필요할 것으로 판단된다.

Tip **민감도분석(Sensitivity analysis)**

수익성 분석을 하는 모형의 구성요소가 변화함에 따라 그 결과치가 어떠한 영향을 받는가를 분석하는 기법

결국, 사업성에 영향을 미치는 민감한 요소(변수)를 분석하여, 그 요소의 관리를 통해 사업의 타당성을 확보하기 위한 것

종합문제 09 오피스, 레버리지 효과 40점

Ⅰ. (물음 1) A부동산 매입 예정가격 적정성 검토

1. 일괄 거래사례비교법

등급, 규모 등의 측면에서 유사성이 인정되는 사례#1을 선정함.

(1) 현금등가액

$9{,}900{,}000{,}000 \times \left(\frac{0.2}{1.02} + \frac{0.3}{1.04} + \frac{0.3}{1.06} + \frac{0.2}{1.08}\right)$ ≒9,432,166,000

(2) 비준가액

$9{,}432{,}166{,}000 \times 1.02 \times 1.0 \times (1.05 \times 1.05) \times \frac{6{,}000}{6{,}500}$

시* 지 개 면

≒9,791,000,000원

* CDB capital rate

2. 개별물건기준

(1) 토지

1) 공시지가기준법

용도지역, 도로조건 등 비교가능성 높은 公#1 선정

2,500,000 × 1.00000 × 1.000 × 1.050 × 1.00 ≒2,630,000원/㎡

시 지 개 그

2) 거래사례비교법

비교가능성 높은 토지만의 거래사례#3 선정

3,800,000,000 × 1 × 1 × 1 × 1 × 1/1,450 ≒2,620,000원/㎡

3) 토지가액 결정

「감칙」 §12① 및 §14에 따른 토지의 주된 방법인 공시지가기준가액과 「감칙」 §12②에 따른 다른 방식(거래사례비교법)에 의한 비준가액 간의 균형관계가 유지되는 점에 비추어 주된 방법에 의한 시산가액으로 결정함.

2,630,000 × 1,500 ≒3,945,000,000

(2) 건물(원가법)

1) 기존 : $(700{,}000 + 250{,}000) \times \frac{20}{55}$ ≒345,000원/㎡

345,000 × 6,000 ≒2,070,000,000원

2) 리모델링 : 500,000 × 6,000 ≒3,000,000,000원

3) 계 : 5,070,000,000원

(3) 개별물건기준에 의한 시산가액 : (1)+(2) ≒9,015,000,000원

3. (일괄) 수익환원법)(DCF법)

(1) PGI(2023.9.30.)

대상과 비교가능성 높은 K타워 선정

[(52,000 × 0.12 + 5,200) × 12] × 1 × 1.02* × 1 × (1.05 × 1.05) × 6,000

* CBD capital rate ≒926,269,000원

(2) EGI : (1) × 0.95 ≒879,956,000

(3) 공익비실비초과액

5,200 × 0.4 × 12 × 1 × 1.02 × 1 × (1.05 × 1.05) × 6,000 × 0.5≒84,206,000

(4) 기타 OE : (2) × 0.2 ≒175,991,000

(5) NOI : (2) + (3) - (4) ≒788,171,000

(6) 수익가액

1) 매기 현금흐름의 현가(할인율 : CBD Investment Rate 10%)

$788,171,000 \times (1 - (1.02/1.1)^3)/0.08$ ≒1,997,016,000

2) 기말 재매도가치 현가

① 재매도가치 : ≒10,500,000,000

② 현가 : ①/1.1^3 ≒7,888,805,000

3) 합계 : ≒9,885,000,000원

4. 적정매입여부 검토

(1) 시장가치의 결정

1) 시장특성 : 오피스 빌딩의 거래 관행(연면적당 비준가액 중심)

2) 평가목적 고려 : 일반거래 목적의 적정 시세의 파악

3) 대상물건 특성 : 수익성 부동산 고려

4) 개별물건기준의 한계 : 오피스 빌딩의 거래관행과 괴리

5) 수익환원법의 유용성 : 보유기간 및 시장의 오피스 투자수익률 등 감안

6) 종합 참작하여 9,791,000,000원으로 결정

(2) 매입의 타당성 검토

매입예정가격 10,000,000,000원은 적정가격 수준으로 매입의 타당성이 인정됨.

Ⅱ. (물음 2) 매입예정가격에 따른 지분배당률 및 지분수익률 검토

1. 지분배당률

(1) 저당대부액

1) 1기 DS : 788,171,000 / 1.7 ≒463,630,000

2) 저당대부액 : 463,630,000 / 0.06 ≒7,727,000,000

(2) 지분투자액(EQ) : 10,000,000,000 - (1) ≒2,273,000,000

(3) 1기 BTCF : 788,171,000 - 463,630,000 ≒324,541,000

(4) 지분배당률 : 324,541,000 / 2,273,000,000 ≒0.143(14.3%)

2. 지분수익률 (3년 보유)

(1) 매기 현금흐름 (단위 : 천원)

	1기	2기	3기
NOI	788,171	803,934	820,013
DS	463,630	좌동	좌동
BTCF	324,541	340,304	356,383
기말지분복귀 가치	10,500,000 − 7,727,000≒		2,773,000

(2) 지분수익률

$$2,273,000,000 \fallingdotseq \frac{324,541,000}{(1+Y)^1} + \frac{340,304,000}{(1+Y)^2} + \frac{356,383,000 + 2,773,000,000}{(1+Y)^3}$$

〈Y≒20.9%〉

Ⅲ. (물음 3) 레버리지 효과

1. 무차입시 종합수익률

$$10{,}000{,}000{,}000 \fallingdotseq \frac{788{,}171{,}000}{(1+X)^1} + \frac{803{,}934{,}000}{(1+X)^2} + \frac{820{,}013{,}000 + 10{,}500{,}000{,}000}{(1+X)^3}$$

〈$X \fallingdotseq 9.5\%$〉

2. 레버리지 효과 : 20.9% - 9.5% ≒11.4%

종합문제 10 | 개량물의 최고최선 분석 30점

Ⅰ. 개요

1. 처리방침

현황(숙박시설) 및 용도전환 가능성 고려

지역 · 개별분석 기반. 최고최선분석을 통해 시장가치 결정

2. 기준시점 : 2023.9.4.

3. 지역개황 : 숙박시설 기능 쇠퇴 후 타용도 전환 과정 중

Ⅱ. (물음 1) 개발대안에 따른 할당가치

1. 개발방안 결정

(1) 최고최선 분석의 기준

① 물리적 실현가능성 ② 합법적 개발방안 ③ 합리적 타당성 있는 대안으로

④ 경제적으로 최고의 가치를 창출하는 대안으로 결정

(2) 개발방안 선택

지구단위계획에 따른 합법적 · 합리적 개발대안으로 〈대안 #2〉 선정

(대안#1, #3은 지구단위계획의 층 · 용도에서 부적합)

2. 공동주택(대안 2) 부동산 가치

(1) 나지상정 토지가치

1) 공시지가기준법

① 비교표준지 : 기준시점 최근〈2023.1.1〉. 준주거 연립주택〈公#2〉

② 시산가액 : 630,000×1×1×0.8× 1 ≒@504,000원/㎡

〈×2,300 ≒ 1,159,200,000원〉

* 그 밖의 요인

인근 지가수준 공동주택 'ㅁㅁ지방도' @500,000~644,000원/㎡ 수준으로 시세를 적절히 반영하여 별도 보정 안함.

2) 개발법

① 분양수입(현가) : 300,000,000×10세대 ≒30억

② 개발비용 등 : $[(1{,}200{,}000\times1{,}700)+30억\times0.01]\times\frac{1}{1.12}$ ≒1,848,214,000

③ 시산가액 : ① - ② ≒1,151,786,000

3) (철거 전제)나지상정 토지가치

공동주택으로 전환과정을 반영하고 있는 공시지가기준법에 의한 시산가액이 , 개발계획의 현금흐름에 따른 수익성을 갖춘 개발법에 의한 시산가액과 유사성이 있고 그 합리성이 인정되는 바, 공시지가기준가액으로 〈1,159,200,000원〉으로 결정

(2) (철거고려) 개발에 따른 할당 가치

(1) - 15,000×(1,200+70) 〈≒1,140,150,000원〉

Ⅲ. (물음 2) 숙박시설 이용에 따른 가치 및 부동산 가치 결정

1. 처리방침

현재 용도(숙박시설) 개별물건기준 가격 및 일괄 수익가액을 고려.

2. 개별물건기준

(1) 토지(공시지가기준법)

1) 비교표준지 : 기준시점 최근 〈2023. 1. 1〉, 준주거. 상업용〈公#1〉

2) 시산가액

430,000×1×1×0.78×1 ≒@335,000㎡

* 그 밖의 요인

00국도변 @453,000~600,000원/㎡, 후면지대 @272,000~300,000원/㎡ 으로 시세를 적절히 반영 별도 보정 안함

〈×2,300≒770,500,000〉

(2) 건물(원가법)

1) 건물단가

① 기호(가) : 1,060,000×0.1 ≒@106,000㎡

② 기호(나) : 850,000×1.05×0.1 ≒@89,000㎡

2) 건물가액

① 기호(가) : @106,000㎡×1,200 ≒127,200,000

② 기호(나) : @89,000㎡×70 ≒6,230,000

〈합계 : 133,430,000원〉

(3) 개별물건기준에 의한 시산가액 : 토지+건물 〈≒903,930,000원〉

3. (일괄) 수익환원법

(1) NOI

(10,000,000 - 4,000,000)×12 ≒72,000,000

(2) 부동산 잔여법(DCF법)

72,000,000×PVAF(15% 5년)+903,930,000×1.1/1.15^5

- 600,000×29* ≒718,309,000원

* 동산항목

4. 현재 용도 이용시 부동산 가치

① '인근지역'은 공동주택 등으로 〈전환과정에〉 있어,

② 〈중도적 이용〉으로서의 가치는 토지 및 건물(개량물) 일체의 이용에서 발생하는 바 일체 효용 및 수익성 기준한 수익가액 중심〈720,000,000원〉으로 결정

5. 시산가액 조정 및 감정평가액 결정

(1) 시장분석

1) Y시 지역분석(경제적 요인) : 숙박업 지속적 감소세, 공동주택 등 전환 과정

2) 인근지역 Age - cycle

전반적 숙박시설 영업상황 악화로 인근지역 Age - cycle이 쇠퇴기에 있음

(2) 대상부동산 성격 - 내용연수 경과

공동주택 전환 가능성이 인정되며, 현 내용연수 경과된 부동산임

(3) 감정평가액 결정

① 시장의 행태 ② 인근지역, Age - cycle, 용도전환가능성

③ 대상 성격 ④ 감정평가 목적 등

종합참작, 공동주택의 신축을 고려한 가격 기준

〈1,140,000,000원〉으로 결정

종합문제 11 리츠, 투자수익률 45점

(물음 1) 대상부동산 시장가치 (기준시점 2023.6.30.)

Ⅰ. 비교방식

1. A부동산

(1) 사례 선정 : 동일권역, 유사규모 가장 유사한 〈사례1〉 선정

(사례#2,4 규모 상이 #3 권역 상이)

(2) 개별요인 비교치

1+(2×0.01+0×0.03 - 0.3×0.05) =1.005

(3) 시산가액 :

1) 사례 연면적당 단가 : 90억 /6500 =1,384,615

2) 시산가액

1,384,615 × 1.00 × 1.00× 1.005 ≒1,391538

시 지 개 〈×6,000 = 8,350,000,000〉

2. B부동산

(1) 사례 선정 : 동일권역, 유사규모 〈사례2〉 선정

(사례#1,3 규모 상이 #4 용도지역 상이)

(2) 개별요인 비교치

1+(3×0.01+0×0.03 - 0.1×0.05) =1.025

(3) 시산가액 :

1) 사례 연면적당 단가 : 45억 /3100 =1,451,613

2) 시산가액

1,451,613 × 1.00 × 1.00× 1.025 ≒1,487,903

시 지 개

〈×3,600= 5,360,000,000〉

Ⅱ. 수익방식

1. A부동산

(1) 사례 선정 : 동일권역, 유사규모 가장 유사한 〈사례3〉 선정

(사례#4 규모 상이)

(2) PGI :

1) 개별요인 비교치 1+(5×0.01 - 2×0.03+0.3×0.05) = 1.005

2) PGI

1,8000 × 1.00 × 1.00× 1.005 ≒18,090원/m^2,월

시 지 개

〈×12월×6000= 1,302,480,000〉

(3) NOI

PGI × (1 - 영업경비비율40%) =781,488,000

(4) 기말매도가액 : 8,350,000,000 × 1.1 =9,185,000,000

(5) 시산가액 : $\frac{\Sigma NOI}{(1+\text{시장할인율}(8\%))^n} + \frac{\text{기말복귀액}}{(1+\text{시장할인율})^3}$ =9,310,000,000

2. B부동산

(1) 사례 선정 : 동일권역, 유사규모 가장 유사한 〈사례4〉 선정

(사례#3 규모 상이)

(2) PGI :

1) 개별요인 비교치 1+(4×0.01 - 10×0.03+0.2×0.05) = 0.75

2) PGI

17,000 × 1.00 × 1.00 × 0.75 ≒12,750원/m^2,월

시 지 개

〈×12월×3600 = 550,800,000〉

(3) NOI : PGI × (1 - 영업경비비율30%) = 385,560,000

(4) 기말매도가액 : 5,360,000,000 × 1.1 = 5,896,000,000

(5) 시산가액

$$\frac{\Sigma NOI}{(1+시장할인율)^n} + \frac{기말복귀액}{(1+시장할인율)^3}$$ = 5,670,000,000

Ⅲ. 원가방식

1. A부동산

(1) 토지 : 일반상업, 상업용 〈#2〉 선정

1,100,000 × 1.00 × 1.00 × 1.00 ≒1,100,000

시 지 개

〈×1,500 = 1,650,000,000〉

(2) 건물 : 6,000 규모 이상 1,100,000 × 6,000 = 6,600,000,000

(3) 시산가액 : 토지 + 건물 = 8,250,000,000

2. B부동산

(1) 토지 : 준주거, 업무용 〈#3〉 선정

800,000 × 1.00 × 1.00 × 1.00 ≒800,000

시 지 개

〈×1,200 = 960,000,000〉

(2) 건물 : 6,000 규모 미만 : 1,250,000 × 45/50 = 1,125,000원/m^2

〈×3,600 = 4,050,000,000〉

(3) 시산가액 : 토지 + 건물 = 5,010,000,000

(물음 2) 대상부동산 투자가치 (기준시점 2023.6.30.)

Ⅰ. 처리계획

1. 산식

$$\frac{\Sigma 대상NOI}{(1+가중평균요구수익률)^n} + \frac{기말복귀액}{(1+가중평균요구수익률)^3}$$

2. 요구수익률 (가중평균 수익률)

(1) 지분비율 : 50억(주식) / 135억 (매입가) = 0.37

(2) 요구수익률 : 0.37 × 8% + 0.63 × 6% +0.3% = 7.0%

Ⅱ. A부동산

1 PGI : 19,000 × 12월 × 6,000 = 1,368,000,000

2. NOI : PGI × (1 - 영업경비비율40%) = 820,800,000

3. 기말매도가액 : 9,185,000,000

4. 투자가치 : $\frac{\Sigma 대상 NOI}{(1+가중평균요구수익률)^n} + \frac{기말복귀액}{(1+가중평균요구수익률)^3}$

= 9,650,000,000

Ⅲ. B부동산

1 PGI : 16,000 × 12월 × 3600 = 691,200,000

2. NOI : PGI × (1 - 영업경비비율30%) = 483,840,000

3. 기말매도가액 : = 5,896,000,000

4. 투자가치 : $\frac{\Sigma 대상 NOI}{(1+가중평균요구수익률)^n} + \frac{기말복귀액}{(1+가중평균요구수익률)^3}$

= 6,080,000,000

(물음 3) 1차년도 주당 예상 배당수익률

Ⅰ. 주당 배당금

1. PGI

1) A 부동산 : 1,368,000,000

2) B 부동산 : 691,200,000

2. NOI

1) A부동산

1,368,000,000 × (1 - 0.4 - 0.04 - 0.01) ≒752,400,000

2) B부동산

691,200,000 × (1 - 0.30 - 0.04 - 0.01) ≒449,280,000

3) 합계 : 1) + 2) = 1,201,680,000

3. 지급이자

(135억 - 5,000 × 1,000,000) × 0.06 = 510,000,000

4. BTCF : NOI - 지급이자 = 691,680,000

5. (주당) 배당금 : BTCF × 0.95 ≒657,096,000

〈÷ 1,000,000 주 ≒ 657원/주〉

Ⅱ. 주당 예상 배당수익률

657 / 5,000 ≒13.1%

(물음 4) 주식 투자 수익률 (기대수익률)

Ⅰ. 처리계획

$$-50억 + \frac{\sum 배당금}{(1+IRR)^n} + \frac{기말주식청산액}{(1+IRR)^3} = 0$$

Ⅱ. 주식 투자 수익률

1. 주식 투자액 : 50억

2. 기말 주식 처분액 : [(A+B)매각액 - 저당(85억)] × 0.95

= 6,251,950,000

3. 주식 투자수익률 :

$$-50억 + \frac{\sum 657,096,000}{(1+IRR)^n} + \frac{6,251,950,000}{(1+IRR)^3} = 0$$

〈IRR = 20.0%〉

종합문제 12 타당성(NPV법과 IRR법) 40점

Ⅰ. (물음 1) 시장가치

1. 사례선정

본건과 동일 하위 시장(규모), 사용승인일, 전용률 등에서 유사한 <임대사례 #2>를 시장임대료로 활용

2. PGI (0기)

(1) 보증금 운용이익 : (210,000×0.05)×50,000 =525,000,000

(2) 연 지불임대료 : 21,000×12×50,000 =12,600,000,000

(3) 연 관리비 : 8,000×12×50,000 =4,800,000,000

(4) 계 : =17,925,000,000

3. EGI (1기) : PGI (0기) × 1.05 × (1 - 0.05) = 17,880,000,000

4. OE (1기) : 연관리비 × 1.05 × (0.4 + 0.95 × 0.3) = 3,452,000,000

5. NOI (1기) : EGI - OE = 14,428,000,000

6. 직접환원법에 의한 시산가액

(1) 환원율 :

① 물리적 투자결합법 : 0.6 × 5% + 0.4 × 6.5% = 5.6%

② 금융적 투자결합법 : 0.4 × 6% + 0.6 × 5.0% = 5.4%

③ 평균 : 5.5%

(2) 시산가액 : NOI ÷ R = 262,327,000,000원

7. DCF법에 의한 시산가액

(1) 운영 현금흐름(단위 : 백만원)

	1기	2기	3기	4기	5기	6기
PGI	18,821	19,762	20,750	21,788	22,877	24,021
EGI	17,880	18,774	19,713	20,699	21,733	22,820
OE※	3,452	3,625	3,806	3,996	4,196	4,406
NOI	14,428	15,149	15,907	16,703	17,537	18,414
이자	8,250	8,250	8,250	8,250	8,250	
BTCF	6,178	6,899	7,657	8,453	9,287	

※ 공실률 5% 반영, 고정경비는 공실률에 관계없이 발생

(2) 기말지분복귀 가치

1) 기출환원율 : 0.055+0.01 = 0.065

2) 기말복귀가액 : (18,414/0.065)×(1 - 0.02) ≒277,626,000,000

3) 지분복귀가액 : 2) - 165,000백만 ≒112,626,000,000

(3) 시산가액

$\frac{\sum BTCF_t}{1.065^t} + \frac{\text{기말지분복귀가액}}{1.065^5}$ +165,000백만 = 278,775,000,000

※ 지분수익율YS 북부 5.5% + 1.0%

8. 감정평가액 결정

직접환원법은 시장에서 NOI와 가치의 상대적 비율을 반영하는 시장증거력이 있고 DCF법은 예측기간의 현금흐름의 적정할 추계를 반영하는 수익성의 반영이 있어 양자를 종합고려하여 270,000,000,000원으로 결정.

Ⅱ. (물음 2) NPV 및 IRR법에 의한 타당성 검토

1. PGI (0기 : 계약임대료)

(1) 보증금 운용이익 : (240,000×0.05)×50,000 =600,000,000

(2) 연 지불임대료 : 24,000×12×50,000 =14,400,000,000

(3) 연 관리비 : 10,000×12×50,000 =6,000,000,000

(4) 계 : =21,000,000,000

2. EGI (1기) : PGI (0기) × 1.035 × (1 - 0.035) =20,974,000,000

3. OE (1기) : 연관리비 × 1.035 × (0.4 + 0.965 × 0.3) =4,282,000,000

4. NOI (1기) : EGI - OE =16,692,000,000

6. 현금흐름

	1기	2기	3기	4기	5기	6기
PGI	21,735	22,496	23,283	24,098	24,941	25,814
EGI	20,974	21,708	22,468	23,255	24,068	24,911
OE	4,282	4,432	4,587	4,748	4,914	5,086
NOI	16,692	17,276	17,881	18,507	19,154	19,825
이자	8,250	8,250	8,250	8,250	8,250	
BTCF	8,442	9,026	9,631	10,257	10,904	

※ 공실률 3.5% 반영, 고정경비는 공실률에 관계없이 발생

7. 기말지분복귀 가치

(1) 기출환원율 : =0.065

(2) 기말복귀가액 : (19,825/0.065)×(1 - 0.02) ≒298,900,000,000

(3) 지분복귀가액 : 2) - 165,000백만 ≒133,900,000,000

8. 타당성 검토

(1) NPV : $-110{,}000\text{백만} + \frac{\sum BTCF_t}{1.0625^t} + \frac{\text{기말지분복귀가액}}{1.0625^5}$ =+28,957백만

(2) IRR : $-110{,}000\text{백만} + \frac{\sum BTCF_t}{(1+y)^t} + \frac{\text{기말지분복귀가액}}{(1+y)^5}$ =0

〈IRR= 12.06%〉

(3) 타당성 분석

1) NPV법 : NPV 〉0 인바 타당성 긍정

2) IRR법 : IRR 〉 투자자 자기자본수익률(6.25%) 인바 타당성 긍정

(4) 검토 의견

1) 해당 분석의 한계 : 예측의 한계

2) 타당성 긍정의 구체적 사유

계약임료의 우수성, 투자자 자기자본수익률, 레버리지효과

3) 시장가치와 비교 검토

시장가치(2,700억) 보다 거래예정금액(2,750억)이 다소 높으나 대상의 계약임대료가 시장임대료 수준을 상회,

대상 계약임대료가 일시적인 경우 향후 시장임대료 수준으로 하향 가능성이 있어 보유기간 이후 EXIT 전략을 고려할 필요.

종합문제 13 타당성(요구수익률 결정 등) 40점

Ⅰ. (물음 1) 시장가치(B부동산) (기준시점 : 2023. 7. 1)

1. 개별물건 기준

1) 토지(공시지가기준법)

400,000×1.00000×1.000×1.000×1.00 =@400,000

〈×100=40,000,000〉

2) 건물

(1) 방침 : 유사 거래사례를 활용하여 회귀분석을 통해 대상의 건물가액 산정

(2) 회귀식 : $y = -10,690x + 605,448$ (독립변수 x = 경과년수, $R^2 = 96.3\%$)

(3) 건물가액 : 605,448 - 10,690×1 =@595,000

〈×200=119,000,000〉

3) 시산가액 : 토지+건물 =159,000,000

2. 수익환원법

10,500,000 ÷ 0.065 =161,538,000

NOI R

3. B부동산 시장가치 결정

양 시산가액이 유사하며, 대상물건이 상업용 부동산인 점을 고려하여 결정함

〈160,000,000〉

Ⅱ. (물음 2) 요구수익률 결정

1. A부동산 지분수익률

1) 방침 : 지분수익률=운영수익률$\left(\frac{BTCF}{E}\right)$+자본수익률$\left(\frac{P'-P}{E}\right)$

2) BTCF

(1) PGI : $5,000 \times 12 \times 100 \times 0.9 \times \frac{100+80+70}{80} + 3,000,000$ =19,875,000

(2) V&L : (PGI - 3,000,000)×0.03 =506,000

(3) EGI : PGI - V&L =19,369,000

(4) NOI : EGI×(1 - 0.4) =11,621,000

(5) DS : 70,000,000×0.05 =3,500,000

(6) BTCF : NOI - DS =8,121,000

3) 지분수익률

(1) 기말지분복귀액 : 150,000,000×1.02 - 70,000,000 =83,000,000

(2) 지분투자액(E) : 150백만 - 70백만 =80,000,000

(3) 지분수익률

$\frac{8,121,000}{80,000,000}(10.15\%) + \frac{83,000,000-80,000,000}{80,000,000}(3.75\%)$ =13.9%

2. 요구수익률 : 13.9%+1.1% =15.0%

Ⅲ. (물음 3) B부동산 최대지불가능액

1. **방침** : 최대지불가능 = 지분가치 + 저당가치

2. B부동산 지분가치

1) BTCF

10,500,000 - (70,000,000×0.06) = 6,300,000

NOI　　　DS

2) 기말지분복귀액 : 150,000,000×1.04 - 70,000,000 = 86,000,000

3) 지분가치 : $\frac{6,300,000 + 86,000,000}{1.15}$ = 80,261,000

3. **최대지불가능액** : 80,261,000+70,000,000 = 150,261,000

Ⅳ. (물음 4) B부동산 매입 타당성

1. NPV

80,261,000 - 80,000,000 = (+)261,000

지분가치　　　E

2. IRR

$\frac{6,300,000}{80,000,000} + \frac{86,000,000 - 80,000,000}{80,000,000}$ = 15.38%

운영수익률(7.88%)　　자본수익률(7.5%)

3. 매입타당성 검토

① NPV 〉 0, IRR(15.38%) 〉 요구수익률(15.0%)로서 매입 타당성〈긍정됨〉

② 이는 투자자 P가 B부동산을 시장가치 대비 약 10,000,000원 저렴하게 구매할 수 있고,

③ 4%의 부동산 가치 상승이 예상되는 바, 자본이득을 향유할 수 있으며

④ 7% 이상의 운영수익률을 향유할 수 있기 때문으로 판단됨.

4. 유의사항

향후 부동산 시장 예측 자료의 정확성 및 시장상황 변화에 유의

Chapter 05

물건별 평가 연습문제

연습문제 01 | 임대료(보증금산정) 15점

Ⅰ. 감정평가 개요

「감칙」 §12① 및 §22에 따라 주된 방법인 임대사례비교법과 「감칙」§12② 및 §11에 따른 다른 방식(적산법)에 의한 시산가액과의 합리성을 검토하여 감정평가액을 결정, 보증금을 도출한다(감칙§22).

(기준시점(산정기간) : 2023. 8. 31부터 1년)

Ⅱ. 임대사례비교법

1. 사례 실질임대료

160,000,000 × 0.12 + 5,500,000 × 12 ≒ 85,200,000원

2. 비준임대료

85,200,000 × 1 × 1.015 × 1 × 100/110 × (102/97) × 540/525

사 시 지 토·개 건·개 면

≒ 85,031,000원

Ⅲ. 적산법

1. 기초가액

(1) 토지가액(용도지역, 이용상황이 유사하고 정상 거래사례인 기호2 선정)

1) 사례의 토지가격 : 450,000,000 - 225,870,000*) ≒ 224,130,000원

* 건물의 거래가격(2022.12.1) : $200{,}000 \times 1 \times \dfrac{171 + 12 \times \frac{11}{12}}{100 + 7 \times \frac{6}{12}} \times 720 \times \left(1 - 0.9 \times \dfrac{6}{50}\right)$

2) 토지가액

$224{,}130{,}000 \times 1 \times 1.14933 \times 1 \times \dfrac{100}{98} \times \dfrac{1}{350}$ ≒ 751,000원/㎡

사 시[1] 지 개 면

〈× 300≒225,300,000원〉

1) 2022. 12. 1~2023. 8. 31 : $1.00986 \times 1.11458 \times \left(1 + 0.02111 \times \dfrac{31}{31}\right)$

(2) 건물가액

200,000 × 1 × 1.84541 × 102/100 × 594 × 1 ≒ 223,619,000원

사 시[1] 개 면 잔

1) 시점수정(2016. 7. 1~2023. 8. 31)

$$\frac{183 + 12 \times \frac{8}{12}}{100 + 7 \times \frac{6}{12}}$$

(3) 기초가액

225,300,000원 + 223,619,000원 ≒ 448,919,000원

2. 기대이율의 산정

(1) #1 : (88,200 - 20,000) / 510,000 ≒ 0.134

(2) #2 : (116,000 - 26,000) / 670,000 ≒ 0.134

(3) 결정 : 양자 종합하여 ≒ 0.134

3. 적산임대료

448,919,000 × 0.134 + 223,619,000 × 0.1 ≒ 82,517,000원

Ⅳ. 감정평가액 (임대료) 결정

감칙§12① 및 §22 에 의거 임대료는 임대사례비교법을 주된 방법으로 하되, 감칙§12②에 따라 다른 감정평가방법(적산법)에 의한 시산가액을 산출하였음. 임대사례비교법에 의한 시산가액은 시장성을 반영하는 유용성이 있으나 충분한 사례를 통한 가격(임료)층화의 개관성 담보가 필요하며, 적산법에 의한 시산가액은 투자자의 투자금에 대한 적정회수 등을 반영하나 지역별 · 물건별 적용 기대이율의 합리성 담보가 필요함.

따라서, 감칙§12③에 따라 주된 방법에 따른 임대사례비교법에 의한 시산가액을 기준하되, 다른 방법으로 산출한 시산가액을 참작하여 임대료는 84,000,000원으로 결정함.

Ⅴ. 보증금(x)의 산정

$(15,000 + 10,000 + 8,000) \times 180 \times 12 + x \times 0.12 \fallingdotseq 84,000,000$

〈∴ $x \fallingdotseq$ 106,000,000원〉

Tip

수익가액의 평가에서 사례의 실질임대료를 비준하여 대상의 실질임대료(PGI)를 산정 후 직접환원법이나 DCF법을 적용하도록 하는 문제가 가능하다. 임대료평가가 가격평가에 한 부분으로 속할 수 있음을 유의해야 한다.

연습문제 02 임대료(월지불임대료) 20점

Ⅰ. 감정평가 개요

임대료는 「감칙」 §12① 및 §22에 따라 주된 방법인 임대사례비교법과 「감칙」 §12② 및 §11에 따른 다른 방식(적산법)에 의한 시산가액과의 합리성을 검토하여 감정평가액을 결정하고, ㎡당 월 지불임대료를 결정.

(기준시점(산정기간) : 2023년 9월 1일부터 1년)

Ⅱ. 임대사례비교법에 의한 시산가액

1. 사례 실질임대료(2층)

(1) 보증금운용이익 : 50,000 × 0.12 ≒ 6,000

(2) 지불임대료 : 5,000 × 12 ≒ 60,000

(3) 계 ≒ 66,000원/㎡

2. 임대사례 비교법에 의한 시산가액(임대료)

$66{,}000 \times 1 \times 1.06152^{1)} \times \frac{105}{100} \times \frac{100}{105} \times \frac{104}{100} \times 1$ ≒ 73,000원/㎡

사 시 지 토개 건개 층 〈× 180=13,140,000원〉

1) (2023. 3. 1~2023. 9. 1 : 임대료상승률)

Ⅲ. 적산법에 의한 시산가액

1. 기초가액

(1) 전체의 토지가액(공시지가기준법 : 용도지역 등 고려하여 기호2 선정)

$1{,}200{,}000 \times 1.05210 \times \frac{105}{95} \times 1 \times 1$ ≒ 1,400,000원/㎡)

시[1] 지 개 그 〈×200=280,000,000원〉

1) (2023. 1. 1~2023. 9. 1)

(2) 1동 전체의 건물가액

① 건물단가(y) : 223,390 - 6429.4 × 3 ≒ 204,000원/㎡

② 건물의 가격(전체) : 204,000 × 600 ≒ 122,400,000원

(3) 1동 전체 토지 · 건물가액

280,000,000 + 122,400,000 ≒ 402,400,000원

(4) 층별효용비율

층	전유면적	㎡당 실질임대료	층별효용비	적수	층별효용비율
3	120	52,800	38.26	4,591.2	
2	120	66,000	47.83	5,739.6	0.282
1	100	138,000	100	10,000	
계	340			20,330.8	1

주1) ㎡당 실질임대료는 사례의 월지불임대료×12 + 보증금×0.12로 결정한 것임.

1층은 (165,000×0.12 + 11,000×12)×100/110

주2) 층별효용비는 1층을 100으로 한 것임.

주3) 적수는 층별효용비×전유면적을 한 것임.

층별효용비율은 각층 적수÷총 적수합

(5) 대상(2층) 기초가액 : 402,400,000 × 0.282 ≒113,477,000

2. 기대이율

(1) 토지의 가격(이용상황 용도지역 등을 고려하여 공시지가 2선정)

$1,200,000 \times 1.01274 \times \frac{100}{95} \times \frac{105}{100} \times 1$ ≒ 1,340,000원/㎡

시 지 개 그

(2) 기대이율

(48,600,000 - 600,000)/(1,340,000 × 210 + 114,000,000) ≒ 0.121

3. 필요제경비 : 450,000 × 200/600 ≒150,000

4. 적산법에 의한 시산가액(임대료)

113,477,000× 0.121 + 150,000 ≒ 13,880,000원

Ⅳ. 감정평가액(임대료) 결정

「감칙」 §12① 및 §22에 따라 주된 방법에 의한 시산가액과 「감칙」 §12② 및 §11에 따른 다른 방식(적산법)에 의한 시산가액은 다소 차이가 있으나 적산법에 의한 시산가액은 시장성 보다 원가성에 근거한 사유인바 주된 방법에 의한 시산가액의 합리성이 인정되는 것으로 판단하여 실질임대료 13,140,000원으로 결정함.

Ⅴ. ㎡당 월 지불임대료 결정

a × 10 × 0.12 + a × 12 ≒ 73,000 〈∴ a ≒ 5,530원/㎡〉

연습문제 03 | 실무상 적산법 10점 　　감정평가사 17회 기출

Ⅰ. 감정평가 개요

1. 감정평가방법

「감칙」 §12① 및 §22 에 의거 임대료는 임대사례비교법을 주된 방법으로 하나, 「감칙」 §12① 단서에 따라 토지의 임대사례의 포착이 어려운 등 사유로 주된 방법을 적용하는 것이 곤란하거나 부적절한 경우에 해당하여 적산법을 적용하여 감정평가하였음.

2. 기준시점 (산정기간) : 2023.8. 27.부터 1년

3. 그 밖의 사항

대상물건 지상에 건축물이 소재하나 토지의 임대료 산정

목적 상 소유권외 권리 등에 구애됨 없이 감정평가 하였음.

Ⅱ. 기초가액

1. 비교표준지 선정

이용상황(업무용), 도로교통(광대소각) 등이 유사한 〈公#4〉 선정

(#1 : 도로조건상이, #2, 3 : 이용상황, 면적 등 규모 측면 상이하여 배제)

(최유효이용 전제 : 시장가치가 아닌 기초가액으로 산정하였을 경우에 기대이율을 은행이자율 등을 고려한 조성법으로 산정하여야 하나, 순수이율 및 위험률 산정자료가 제시되지 아니하여 실무상 적산법을 적용, 시장가치로 산정)

2. 기초가액

$$1{,}400{,}000 \times 1.01210 \times 1 \times \frac{100}{110} \times 1.047 \times 1 \fallingdotseq 1{,}350{,}000\text{원}/\text{㎡}$$

시[1] 　지 　개 　공[2] 　그

〈× 600=810,000,000원〉

1) $1.01200 \times \left(1 + 0.00005 \times \frac{58}{30}\right)$ 　　2) $\frac{1}{0.7 + 0.3 \times 0.85}$

Ⅲ. 기대이율

기초가액을 인근지역의 최유효이용을 기준으로 시장가치를 산정하였는바, 기대이율은 현재의 임시적 이용을 고려하여 상업용지 중 업무 · 판매시설의 임시적 이용의 중앙값인 5%를 적용함.

Ⅳ. 토지 사용료평가

$810{,}000{,}000 \times (0.05 + 0.003) \fallingdotseq 42{,}930{,}000$원

Tip

	이론상 적산법	실무상 적산법
기초가액	현황기준(최유효이용 미달, 계약조건 등 반영)	최유효이용 기준
기대이율	기대수익률, 국공채 이자율 등 객관적 이율 적용	현장 이용상황 등 반영

* 최유효이용과 상이하거나, 계약조건 등에 대한 감가에 대해 이론상 적산법은 기초가액에 반영, 실무상 적산법은 기대이율에 반영하는 차이점이 있다.
* 관련 대법원 판례(2008다7286 판결)
「토지에 대한 임대료 상당의 부당이득을 산정하기 위한 기초가액은 도로로 편입될 당시의 현실적 이용상황인 도로로 제한받는 상태, 즉 도로인 현황대로 감정평가하여야 하고 토지의 부당이득액을 산정함에 있어 그 요소가 되는 기대이율은 국공채이자율, 은행의 장기대출금리, 일반시중금리, 정상적인 부동산거래 이윤율, 국유재산법과 지방재정법이 정하는 대부료율 등을 참작하여 결정할 것이다」하여 이론상 적산법의 내용을 판시하고 있다.

연습문제 04 적산법(기대이율) 10점

감정평가사 28회 기출 변형

Ⅰ. 기대이율 결정

1. 2019년

1) 기대이율 적용기준율표 : 일반단독주택, 최유효이용 4%

2) CD금리 기준 기대이율표 : 단독주택, 표준적이용, 2.5%

3) 국고채수익률 : 2019.07.01. 기준 3.1%

2. 2023년

1) 기대이율 적용기준율표 : 일반단독주택, 최유효이용 2.5%

2) CD금리 기준 기대이율표 : 단독주택, 표준적이용 1.5%

3) 국고채수익률 : 2023.07.01. 기준 2%

3. 결정

국고채수익률 및 CD 유통수익률 기대이율 적용기준율표를 검토하였음. 2%를 초과하지 못하여 신뢰성 없는 지표는 제외하되, 기초가액을 시장가치로 산정한 경우 가장 신뢰성 있는 지표인 기대이율 적용기준율표를 기준 〈2019년 : 4%, 2023년 : 2.5%〉로 결정함.

Ⅱ. 토지 임대료

1. 2019.07.01 : 810,000,000×0.04 =〈32,400,000원〉

2. 2023.07.01 : 1,042,000,000원×0.025 =〈26,050,000원〉

연습문제 04 임대료(시산조정) 15점

감정평가사 29회 기출 변형

Ⅰ. 감정평가개요

1. 집합건물 제1층 제101호의 임대료 산정목적 평가건임.

2. 기준시점 〈2023.07.01.〉

Ⅱ. (물음 1) 적산법에 의한 임대료

1. 1동 전체 가액

1) 토지

용도지역, 이용상황, 주위환경 고려 〈#1〉선정

7,176,000 × 1.00000 × 1 × 1.000 × 1.00 =7,176,000원/㎡

시 지 개 그

(×350=2,511,600,000원)

2) 건물

606,000 × 1,740 =1,054,440,000원

3) 1동 전체 가액 : '1)'+'2)' =3,566,040,000원

2. 해당 층수 기초가액

$3{,}566{,}040{,}000 \times \frac{100\times188}{69{,}166} \times \frac{100\times60}{17{,}795}$ =326,877,000원

*0.272 *0.337

3. 적산법에 의한 임대료

326,877,000×0.05×(1+0.07) =17,488,000원

Ⅲ. (물음 2) 임대사례비교법 및 시산가액조정 및 감정평가액결정

1. 임대사례비교법에 의한 임대료

1) 단가 : 283,000×1.00000×1×1 =283,000원/㎡

2) 임대료 : 283,000×60 =16,980,000원

2. 시산가액 조정 및 감정평가액 결정

1) 주된 방법 : 감정평가에 관한 규칙 제22조 임대사례비교법

2) 주된 방법과 다른 감정평가방식의 유용성 및 한계

① 감칙상 규정된 임대사례비교법은 시장에서 추출된 임대료를 기준하는바, 신뢰성이 높은 장점이 있으나 선정된 사례와 평가대상간의 계약내용의 차이 및 개별요인 주관개입성 등에서 신뢰도 문제가 제기됨.

② 실무기준상 부방식 중 하나로 적산법을 규정하고 있으며, 이 방식은 개별물건의 특성을 반영하여 기초가격을 산정하므로 직관적이며, 신뢰도가 있으나, 기대이율 · 필요제경비 등 결정시 해당 부동산의 개별성을 반영하지 못하고, 시장의 관행 · 통계 평균치 등에 의존한다는 문제가 있음. 특히 기대이율의 성격 및 요율 등 적용에 어려움이 있음.

3) 평가 대상 1층 101호의 임대료 결정

본건과 임대사례간 전용률 비교, 임대사례의 공용부분 계약내용 등에 명확한 제시가 없는바, 사례의 계약조건내용 변동 시 임대료가 변동될 가능성이 있으며, 보증금운용이율의 투자위험 반영 정도에 따라 사례실질임대료의 변동가능성이 있음. 따라서 대상의 투하된 비용, 즉 시장가치에 근거한 적산법에 의한 임대료가 본건 부동산의 개별성 고려시 적절한 것으로 사료됨. 이에 〈17,000,000원〉으로 결정함.

연습문제 06 | 수익분석법 25점

Ⅰ. (물음 1) 감정평가 개요

1. 감정평가 목적

대상부동산은 S시 K구 A동 100에 소재한 X주차장에 대하여 위탁관리를 위한 임대료 산정 목적의 감정평가임.

2. 감정평가 기준

대상부동산은 「감정평가 및 감정평가사에 관한 법률」, 「감정평가에 관한 규칙」 등 관련 법령에 의하여 평가하였음.

3. 감정평가 방법

임대료는「감칙」§12① 및 §22에 따라 주된 방법인 임대사례비교법과 「감칙」 §12② 및 §11에 따른 다른 방식(수익분석법)에 의한 시산가액과의 합리성을 검토하여 감정평가액을 결정함.

4. 그 밖의 사항

대상부동산의 기준시점은 귀 요청에 의거 2022년 11월 1일이며 임대료산정 기간은 귀 요청에 의거 2022. 11. 1~2023. 10. 31까지 1년임.
대상부동산의 소재지, 지번, 규모, 위탁조건 등은 귀 제시목록에 의거하였음.

Ⅱ. (물음 2 - 1) 임대료

1. 임대사례비교법

(1) 개요

대상부동산 주차장 인근에 위치한 공영주차장으로서 민간위탁되고 있는 사례를 선정하여 대상부동산과 사례간의 시점수정, 지역요인, 개별요인 등을 비교하여 임대료를 산정함.

(2) 임대사례 선정

K구 B동 100번지에 위치하는 Y 공영주차장으로 대상부동산과 비교적 근거리에 있으며 규모, 운영시간, 주차요금 등이 대체로 유사하여 비교가능성이 높다고 판단됨.

(3) 비준임대료

70,000,000원 × 1.00 × 1.00000 × 1.000 × 2.500 ≒ 175,000,000원
사 사 시 지 개

2. 수익분석법

(1) 개요

주차장의 면수, 만차율, 운영시간, 요금 및 정기권의 비율 등을 고려하여 예상 주차수입을 산출하고 인건비 및 관리운영비 등 제반 운영비용을 차감한 후 필요제경비를 가산하여 수익임대료를 산정함.

(2) 연간 예상주차수입

1) 일일주차

124면 × 1,800원(시간당주차요금) × 24시간(운영시간) × 15%(만차율)
× 365일(운영일수) ≒ 293,285,000원

2) 정기주차

124면 × 85,000원(요금) × 80%(만차율) × 12개월 ≒ 101,184,000원

3) 예상주차수입

1) + 2) ≒ (293,285,000+101,184,000) × 80%(감면율 적용)
≒ 315,575,200원

(3) 연간 운영비용

1) 인건비 : 1,200,000 × 3 × 12 ≒ 43,200,000원

2) 기타 경비 : 300,000 × 12 ≒ 3,600,000원

3) 제세공과금 및 운영업자 이윤 : 315,575,200 × 25% ≒ 78,893,800원

4) 계 : 1) + 2) + 3) ≒ 125,693,800원

(4) 연간 운영 순수입 : 315,575,200 - 125,693,800 ≒ 189,881,400원

(5) 필요제경비

임대차 기간 동안 임차인이 임대물건을 사용. 수익할 수 있도록 임대인이 통상적으로 유지관리하는데 드는 비용을 말하는 것으로, 감가상각비, 유지관리비, 공조공과 등이 있으나, 대상부동산의 경우 임대인이 유지. 관리하는데 별도의 비용이 들지 않으므로 이를 고려하지 않음.

(6) 수익임대료

위의 수익 등을 고려하여 190,000,000원으로 결정함.

Ⅲ. 적정임대료의 결정

「감칙」 §12① 및 §22에 따라 주된 방법에 의한 시산가액과「감칙」§12② 및 §11에 따른 다른 방식(수익분석법)에 의한 시산가액은 다소 차이가 있음. 대상의 특성 상 임대사례의 포착이 어렵고 수익에 기초한 임대료 결정 관행 등을 고려하여「감칙」§12③에 따라 주된 방법 및 다른 방식에 의한 시산가액 양자를 종합적으로 참작하여 185,000,000원으로 결정함.

Ⅳ. ITS 비용

귀 요청에 의거하여 주차장 시설개선비용을 대상부동산 주차장의 적정임대료에서 차감하기로 하며, 시설개선비용금액도 귀 제시금액으로 하였음.
대상부동산은 간이형 설치 대상이며, 간이형시스템 총 비용은 60,000,000원이고, 이를 3년간 정액분할하여 20,000,000원을 비용처리함.

Ⅴ. ITS비용 처리 후 임대료

적정임대료에서 ITS비용을 차감하여 실제 지불하여야 할 임대료를 산출함.

185,000,000 - 20,000,000 ≒ 165,000,000원

연습문제 07 | 지상권이 설정된 토지 10점

Ⅰ. 대상 토지의 시장가치(공시지가기준법)

1. 비교표준지 선정 : 일련번호 2 선정

2. 시산가액

$$980{,}000 \times 1.03585 \times 1.1 \times 1 \times 0.95 \times 1 \times 1 \fallingdotseq 1{,}061{,}000\text{원}/\text{m}^2$$

(시점) (지역) (도로교통) (형상) (지세) 그

〈× 250≒ 265,250,000〉

주) 시점수정(2023. 1. 1~2023. 8. 31)

$$1.03214 \times \left(1 + 0.00359 \times \frac{31}{31}\right) \fallingdotseq 1.03585$$

Ⅱ. 대상 토지의 정상 실질임대료(적산법)

x(적산임대료) ≒ 265,250,000 × 0.12 + 0.15x

〈x ≒ 37,447,000원〉

Ⅲ. 실제 지불임대료

2,500,000 × 12월 ≒ 30,000,000원

Ⅳ. 지상권이 설정된 토지가치

$$265{,}250{,}000 - [37{,}447{,}000 - 30{,}000{,}000] \times \frac{(1.12)^{24} - 1}{0.12 \times (1.12)^{24}} *$$

≒207,280,000원

* (2017. 8. 20~기준시점 6년 경과)

Tip

지상권, 지상권이 설정된 토지, 구분소유권, 구분지상권의 개념 및 목차는 명확히 정리가 되어야 할 것이다.

연습문제 08 | 지하사용료 평가(구분지상권) 25점 감정평가사 11회 기출

Ⅰ. 감정평가 개요

공익사업을위한토지등의취득및보상에관한법률(이하 법)§71② 및 법시행규칙 §31①에 의하여 사실상 영구적 토지 지하사용 보상평가액을 설문에 제시된 각 순서에 의하여 차례로 답한다.

Ⅱ. 물음 (1) 감정평가액

1. 개요

법시행규칙§31①에 의하여 기초가액에 입체이용저해율을 곱하여 평가한다.

2. 기초가액

(1) 공시지가기준법〈표준지 #2 선정〉

2,540,000 × 1.03676 × 1 × 1 × 1 ≒ 2,630,000원/㎡

시[1] 지 개 그

1) 생산자물가상승률이 제시되지 않아 지가변동률만 적용함

$1.0127 \times 1.0175 \times \left(1 + 0.0175 \times \frac{32}{91}\right)$

(2) 거래사례비교법

1) 개요

최유효이용상황 하의 거래사례임에 따라 배분법 적용 가능함.

2) 건물가격(2023. 4. 1)

① 재조달원가(건설사례)

900,000 × 0.96552[1] ≒ 868,960원/㎡

1) $\left(104 + 12 \times \frac{8}{12}\right)/116$

② 적산가액

$868{,}960 \times 1 \times 1 \times \frac{58}{60} \times 1 \times 2{,}460$ ≒ 2,066,387,000

사 시 잔 개 면

3) 비준가액

$(3{,}530{,}000{,}000 - 2{,}066{,}387{,}000) \times 1 \times 1.02376 \times 1 \times \frac{100}{95} \times \frac{1}{600}$

사 시[1] 지 개 면

≒ 2,630,000원/㎡

1) $1.0175 \times \left(1 + 0.0175 \times \frac{32}{91}\right)$

(3) 결정

법시행규칙§18①에 의해 공시지가기준가액 2,630,000원/㎡을 비준가액 2,630,000원/㎡이 지지함에 따라 그 합리성이 있다고 판단되어 이를 기준함.

〈2,630,000 × 500 ≒ 1,315,000,000원〉

3. 입체이용저해율

(1) 개요

① 대상의 최유효이용은 지하 2층 지상 15층으로 중층시가지임

② 저해층수 : 지하 2층, 지상 8층까지만 건축가능하여 지상 9~15층이 저해층수임.

(2) 건물의 이용저해율(A형)

$0.75 \times \frac{35 \times 7}{35+44+100+58+46+40+35 \times 11}$ ≒ 0.260

(3) 지하부분의 이용저해율 : 0.1 × 0.571 ≒ 0.057

(4) 그 밖의 이용저해율(최고치) : $0.15 \times \frac{1}{2}$ ≒ 0.075

(5) 입체이용저해율 : (2) + (3) + (4) ≒ 0.392

4. 보상평가액(구분지상권 설정 가액)

2,630,000 × 0.392 × 500 ≒ 515,480,000

Ⅲ. 물음 2(공시지가)

1. 비교표준지선정원칙(감칙 제14조 제2항 제1호)

① 용도지역이 같고, ② 실제지목 · 이용상황 동일 · 유사 , ③ 주변환경 유사, ④ 지리적으로 인접한 표준지 중 하나를 선정함을 원칙으로 한다.

2. 비교표준지 선정

용도지역(일반상업), 이용상황(상업나지), 주위환경(노선상가지대) 등이 유사 〈#2〉 선정.

단, #1 - 용도지역, 이용상황, #3 - 용도지역, 이용상황(업무) 등이 상이하여 제외함.

Ⅳ. 물음 3(최유효층수)

① 대상토지의 용적률 · 건폐율

② 대상토지의 공법상 용도지역 · 지구 · 구역

③ 인근지역의 표준적 이용상황

④ 토지이용에 대한 수요추이

⑤ 경제발전 가능성 등

Ⅴ. 물음 4(저해층수)

1. 저해층수

지하에 구분지상권을 설정하여 구조물을 축조함에 따라 하중을 지지하기 위해 지상의 건축이용의 제한하기 위해 입체의 이용을 제한하기 위한 것임.

2. 저해층수 결정이유

(1) 최유효층수 : 지하2층, 지상15층

(2) 저해층수 : 지상 9~15층으로 7개층

(3) 이유

지하 18m에 지하철 통과하여 하중제한으로 지하2층 지상8층까지 건축만 가능함.

연습문제 09 | 기업가치 20점

Ⅰ. 물음 1(현금흐름의 추정원칙과 FCFF의 산정)

1. 현금흐름추정의 기본원칙

(1) 현금흐름은 납세 후를 기준으로 추정하여야 한다.

(2) 현금흐름은 증분기준으로 추정하여야 한다.
(부수적인 효과고려, 잠식비용의 고려, 기회비용의 고려, 매몰원가의 불고려)

(3) 금융비용은 현금유출이 아니다. (즉, 자본조달비용 속에 고려되기에)

(4) 감가상각비는 현금유출이 아니다.

(5) 인플레이션은 현금흐름과 할인율에 일관성있게 반영하여야 한다.

(6) 자본적 지출과 당해연도 추가운전자본은 현금유출을 동반하기에 이를 공제해야 한다.

2. FCFF의 산정

2024년도의 FCFF의 추정 (단위 : 만원)

① 예상영업이익 : (1,000,000 - 550,000) × 1.05	≒ 472,500
② 세후영업이익 : 472,500 × (1 - 0.36)	≒ 302,400
③ 감가상각비 : 110,000 × 1.05	≒ 115,500
④ 자본적 지출 : 120,000 × 1.05	≒ 126,000
⑤ 추가운전자본	≒ 1,750
⑥ FCFF : ② + ③ - ④ - ⑤	≒ 290,150

Ⅱ. 물음 2(자본비용의 개념 및 구하는 방법)

1. 개념

일반적으로 자본비용이라고 하면 가중평균자본비용을 의미하며, 이를 추정하기 위해서는 원천별로 이를 구해야 하며, 원천별자본비용은 특정원천으로 조달한 자금의 현재가치와 그 자금을 사용한 대가로 미래에 지급해야 하는 금액의 현재가치와 일치시키는 할인율이다.

2. 타인자본비용

(1) 개 념

부채조달액(부채의 시장가치)과 대가로 지급해야 하는 원리금의 현재가치를 일치시켜주는 할인율이다. 이는 채권자 입장의 만기수익률과 일치한다.

(2) 산식

$B = \Sigma I/(1+k_d) + F/(1+k_d)$에서 k_d가 타인자본비용이다.

(B는 부채조달액, I는 이자지급액, F는 원금지급액)

(3) 산정방법

① 부채가 액면발행되는 경우 표시이자율을 의미하며,

② 무위험부채로 자본을 조달하는 경우 무위험이자율이 되며,

③ 위험이 존재하는 경우 CAPM으로 산정가능하다.

3. 자기자본비용

(1) 개 념

자기자본비용은 보통주를 발행하여 자금을 조달할 때 부담해야 하는 자본비용을 의미한다. 당해 기업의 주식에 대해 투자자들이 요구하는 수익률을 의미한다.

(2) 산정방법

① CAPM을 이용하는 경우 : $k_e = R_f + [E(R_M) - R_f] \times \beta$

② APT를 이용하는 경우 : $k_e = \lambda_0 + \lambda_1 b_1 + \ldots + \lambda_k b_k$

③ 배당평가모형을 이용하는 경우 : CAPM이나 APT를 이용하는 경우 가정이 성립하여야 한다는 전제가 요구되지만 배당평가모형을 이용하면 이러한 문제점을 보완가능하다.

배당평가모형에는 무성장모형과 성장모형이 있으며, 일반적인 모형은 $P_0 = \Sigma \frac{d}{1+k_e}$ 이며, 여기서 P_0는 주식을 통한 조달금액이며, d는 주당배당액일 경우 k_e가 자기자본비용이 된다. 또한 주식가격이 g% 상승하는 경우 이를 분모에서 공제하면 된다.

4. 가중평균자본비용

채권자와 주주가 부담하는 위험이 서로 다르기에 각자의 요구수익률을 자본구성비율로 가중평균한 값이 할인율이 되는바. 이는 다음과 같다. 가중치는 장부가치기준과 시장가치기준과 목표자본기준이 있으며, 장부가치기준은 경제적 가치를 반영하지 못하기에 일정한 한계가 있다.

Ⅲ. 물음 3(WACC의 산정)

1. 자기자본비용

0.08 + (0.14 - 0.08) × 1.5[1] ≒ 0.17

1) 체계적 위험도(β)는 당해자산 수익률과 시장전체의 기대수익률과의 상관관계이기에 β는 자료 2의 기울기가 된다.

2. 타인자본비용

$(0.15 \times 0.12 + 0.3 \times 0.125 + 0.5 \times 0.13) \times \frac{100^{1)}}{95} \times (1 - 0.36)$

≒ 0.0812

1) 퇴직급여충당금은 사내에 유보된 비율이기에 부채가치를 구성하지 않으며, 95%를 100%로 환원해야 할 것이며 세후로 조정해야 할 것임.

3. 가중평균자본비용

0.43[1] × 0.17 + 0.57 × 0.0812 ≒ 0.1194

1) 퇴직급여충당금 비율 0.6 × 0.05 ≒ 3%는 자기자본비율로 결정하였음.

Ⅳ. 물음 4(할인율 및 기업가치)

290,150만원 ÷ 0.1194 ≒ 2,430,067만원

Tip ● 퇴직급여충당금을 현금유출이 없는 항목으로 볼 것인가 여부

문제에서 퇴직급여충당금이 나왔으며, 퇴직급여충당금 전체가 현금유출이 없는 항목이 되는 것이 아니라, 기말에 이를 별도로 가산할 퇴직급여충당금전입액이 비용항목이 되며, 따라서 기말정리사항 속에 별도로 충당금을 전입한 경우가 있다면 이를 가산해서 FCFF를 산정해야 할 것이며, 이때에는 본 전입액은 세공제가 되지 않기에 (1 - t)를 곱한 금액을 가산해야 한다. 그러나 본 문제에서는 기말정리사항을 주지 않았고, 따라서 기말에 별도의 퇴직급여충당금을 전입하지 않았다고 보고(즉 구체적인 전입액을 알 수 없기에) 푸는 방법밖에 없다고 생각한다.

연습문제 10 기계기구 10점

감정평가사 6회 기출

Ⅰ. 감정평가 개요

도입기계의 평가로서 원가법에 의한다. 신고일자 기준 감가수정 및 사업체 평가로 설치비 고려에 유의함. (기준시점 2023. 6. 20)

Ⅱ. # 1

1. 재조달원가

(1) 도입원가(CIF 기준가격)

$(296,608,000 \div 786)(\$) \times 80\left(\frac{¥}{\$}\right) \times 1.0045 \times 919.06/100\left(\frac{원}{¥}\right)$

$\fallingdotseq 278,704,000$

(2) 부대비용

$278,704,000 \times (0.08 + 0.03 + 0.015)$ $\fallingdotseq 34,838,000$

관[1] L/C 설[2]

1) 가장 낮은 관세율 적용한다.

2) 사업체 평가임에 따라 설치비를 고려함.

(3) 재조달원가 : (1) + (2) $\fallingdotseq 313,542,000$

2. 감가상각 및 적산가액

$313,542,000 \times (1 - 0.142)^3$ $\fallingdotseq 198,042,000$

Ⅲ. # 2

1. 재조달원가

(1) 도입원가

$(348,192,000 \div 786)(\$) \times 80\left(\frac{¥}{\$}\right) \times 1.0045 \times 919.06/100\left(\frac{원}{¥}\right)$

$\fallingdotseq 327,175,000$

(2) 부대비용

$327,175,000 \times (0.08 + 0.03) + 200,000 \times 5.397(ton)$ $\fallingdotseq 37,069,000$

관 L/C 설

(3) 재조달원가 : (1) + (2) $\fallingdotseq 364,244,000$

2. 감가상각 및 적산가액

$364,244,000 \times (1 - 0.142)^3$ $\fallingdotseq 230,067,000$

주) 관세미납 1회분이 있음.

Ⅳ. # 3

1. 구형

$80,000 \times (1 - 0.109)^6 \times 25,000$ $\fallingdotseq 1,000,682,000$

2. 신형

$100,000 \times (1 - 0.109)^2 \times 10,000$ $\fallingdotseq 793,881,000$

3. 합 $\fallingdotseq 1,794,563,000$

연습문제 11 기계기구 10점

감정평가사 17회 기출

Ⅰ. 감정평가 개요

대상부동산은 공장저당법에 의한 도입기계의 담보평가로 원가법에 의하되, 감가수정은 신고일자인 2021년 8월 1일을 기준함. (기준시점 : 2023.8.27)

Ⅱ. 재조달원가

1. 도입원가(CIF 기준가격)

$100,000(\$) \times 105.0198\left(\frac{¥}{\$}\right) \times 0.9979 \times 8.3228\left(\frac{원}{¥}\right)$ ≒ 87,222,000

2. 부대비용

(1) 관세 · 농어촌 특별세

87,222,000 × 0.08 × (1 - 0.5) × (1 + 0.2) ≒ 4,187,000

(2) 설치비 및 부대비용

87,222,000 × (0.015 + 0.03) ≒ 3,925,000

주) 공장저당법상 담보평가로 사업체평가임에 따라 설치비 고려함.

(3) 합계 ≒ 8,112,000

3. 재조달원가

87,222,000 + 8,112,000 ≒ 95,334,000

Ⅲ. 감가상각 및 적산가액

95,334,000 × 0.736[1] ≒ 70,166,000

1) 신고일자(2021.8.1)로부터 2년 경과

Tip 과잉유휴시설의 처리

① 경매 · 보험료산정 · 기업체 매매
→ 타용도 전환 가능 여부를 참작하거나 해체처분 등을 고려하여 평가함.
② 담보 · 임대료 · 재평가
→ 평가에서 제외

Tip

도입당시는 면장상 수입신고일자를 의미하나 신고일자와 도입일자가 다른 경우 도입일자를 기준

Tip 사후관리기간

① 사후관리기간이 경과하지 않은 경우
→ 현행관세, 현행감면율 적용이 원칙
→ 단, 경 · 공매 등의 경우 현행관세율만 적용(감면율 적용 ×)하고 감면된 관세를 포함하겠다는 요지를 평가란에 명기
② 사후관리기간 경과시는 현행관세율만 적용(감면율 적용 ×)
③ 관세 감면받아 사후관리 중 양도된 경우
→ 양수자의 새로운 용도 기준으로 감면받은 관세의 전부를 납부한 경우 현행관세율만 적용
→ 양수자의 새로운 용도기준으로 일부만 납부한 경우 현행관세 · 현행감면율 적용
→ 납부 의무가 없는 경우 현행관세 · 현행감면율 적용

연습문제 12 공장 40점

Ⅰ. 감정평가 개요

공장재단은「감칙」§19①에 근거하여 개별 물건의 감정평가액을 합산한 시산가액과 일괄 감정평가하는 경우 수익환원법에 의한 시산가액을 비교하여 감정평가액 결정. (기준시점 : 2023년 9월 1일)

Ⅱ. 개별물건 기준 감정평가액 합계

1. 토지가액(공시지가기준법,「감칙」§14)

용도지역, 이용상황, 물적상황 등이 동일 유사한 비교표준지#1을 기준함

$1{,}400{,}000 \times \underset{시^{1)}}{1.08353} \times \underset{지}{1} \times \underset{도로}{1} \times \underset{형상}{1} \times 1$ ≒ 1,517,000원/㎡

〈×1,250 =1,896,250,000〉

1) (2023. 1. 1~2023. 9. 1 : 공업지역) : $1.07156 \times \left(1 + 0.01082 \times \frac{32}{31}\right) \fallingdotseq 1.08353$

2. 건물가액(원가법,「감칙」§15)

(1) 사무실용 건물

$\underset{사}{850{,}000} \times \underset{시^{1)}}{1} \times 1.39733 \times \underset{건개}{1} \times \underset{잔가율}{\left(0.7 \times \frac{36}{40} + 0.3 \times \frac{16}{20}\right)} \times \underset{면적}{540}$

≒ 557,996,000

1) (건축비지수(2023.9/2019.1) ≒ $\frac{130 + (130 - 115.4) \times 8/12}{100} \fallingdotseq 1.39733$

(2) 공장용 건물

$\underset{사}{600{,}000} \times \underset{시}{1} \times 1.39733 \times \underset{건개}{1} \times \underset{잔가율}{\left(0.8 \times \frac{21}{25} + 0.2 \times \frac{16}{20}\right)} \times \underset{면적}{400} \fallingdotseq 279{,}019{,}000$

(3) 창고용 건물

미등기 건물이나 재산세납부실적 등으로 미루어 보아 정상평가함.

$\underset{사}{630{,}000} \times \underset{시^{1)}}{1} \times 1.30227 \times \underset{건개}{1} \times \underset{잔가율}{\left(0.8 \times \frac{22}{25} + 0.2 \times \frac{17}{20}\right)} \times \underset{면적}{200}$

≒ 143,411,000

1) 건축비지수(2023.9/2020.1) ≒ $\frac{130 + 14.6 \times \frac{8}{12}}{107.3} = 1.30227$

(4) 건물가액

557,996,000 + 279,019,000 + 143,411,000 ≒ 980,426,000

3. 기계기구

(1) 과잉유휴시설의 처리

적정기계배치대수 ≒ 밀링 : 드릴링 : 그라인딩≒1 : 2.5 : 1.5 ≒ 6 : 15 : 9

∴ 그라인딩 2대(≒11 − 9)가 과잉유휴시설이며, 잔존가치와 해체처분비용이 동일하므로 0원으로 처리함.

(2) 밀링머신

$(12{,}000{,}000 \times \underset{시^{1)}}{1.1443} + \underset{설치비^{2)}}{800{,}000}) \times \underset{잔가율}{0.15^{4/10}} \times 6대$ ≒ 40,823,000

1) 2019. 1 기계가격보정지수(한국) : 1.1443

2) 사업체로서의 평가인바, 이를 고려함. (이하 동일)

(3) 드릴링머신

$(4{,}600{,}000 \times 1.1443 + 800{,}000) \times 0.15^{4/10} \times 15대$ ≒ 42,586,000

(4) 그라인딩머신(도입기계)

① 재조달원가(CIF기준)

$\{455,861 \times 1/103.4 \times 1.1224 \times 1,320 \times (1+0.05+0.05) + 800,000\}$

CIF(¥) ¥ → $ Mr(미국) $→₩ 관세율 L/C 등 설치비

×9대 ≒ 71,865,000

※ CIF기준으로서, 보험료와 운임은 이미 포함되어 있는바 이를 고려치 않음.

② 적산가액 : $71,865,000 \times 0.15^{4/10}$ ≒33,648,000

(5) 기계평가액

40,823,000 + 42,586,000 + 33,648,000 ≒117,057,000

4. 영업권(「감칙」§23③)

"인근유사 사업체를 기준한 제품판매수익"을 추계하여 대상 사업체의 영업권을 평가함.

(1) 대상 사업체의 제품판매수익

3,500ton × (1,860 × 1,000) × 0.85 × (1 - 0.8) ≒ 1,106,700,000

생산능력 단가(원/ton) 가동률 비용

(2) 인근유사 사업체를 기준한 제품판매수익

① 인근유사 사업체의 수익

5,000ton × (1,790 × 1,000) × 0.85 × (1 - 0.8) ≒ 1,521,500,000

생산능력 단가(원/ton) 가동률 비용

② 기준수익

$1,521,500,000 \times \{(0.3 \times 1 \times 1 \times \frac{1,250}{1,350}) + (0.4 \times \frac{400}{450} \times 0.868)$

토지 지 개 면 건물 면

$+ (0.3 \times \frac{6}{8} \times 0.566)\}$ ≒ 1,085,971,000

기계 대수[1)] 잔[2)]

1) 적정기계 배치대수의 비교는 "밀링머신"을 기준함.

– 인근유사 사업체의 적정기계배치대수 1 : 2.5 : 1.5 ≒ 8 : 20 : 12 (∴6대/8대)

2) 기계잔가율비교 : $0.15^{(4/10)}$ / $0.15^{(1/10)}$ ≒ 0.566

※ 건물잔가율비교(현재기준) : (0.8 × 21/25 + 0.2 × 16/20) / (0.8 × 24/25 + 0.2 × 19/20) ≒ 0.868

(3) 영업권 가액

위에서 산정한 제품판매수익의 차액을 시장이자율(12%)로 잔존내용년수(6년 4개월 ∴6년) 동안 복리연금현가화한 가액으로 함.

$(1,106,700,000 - 1,085,971,000) \times PVAF_{12\%,6}$ ≒ 85,225,000

5. 개별물건기준에 의한 시산가액

1,896,250,000 + 980,426,000 + 117,057,000 + 85,225,000

토지 건물 기계 영업권

≒ 3,078,958,000원

III. 일괄 수익환원법

1. 환원대상소득(위의 "II – 4 – (1)"에서 산정함) ≒ 1,106,700,000

2. 환원율(조성법에 의한 환원율 적용)

위험조정할인율에는 무위험율 및 대상사업의 위험요소 등이 반영되어 있는바, 이를 대상사업체의 평가시 적용할 조성법에 의한 환원율로 결정함.

〈∴ 27.5%〉

3. 수익가액

1,106,700,000 ÷ 0.275 ≒ 4,024,364,000원

Ⅳ. 대상공장의 감정평가액 결정

1. 개별물건기준 : 3,078,958,000원

2. 수익환원법 : 4,024,364,000원

3. 적정매수가격의 결정

「감칙」 §12① 및 §19①에 따른 공장재단의 주된 방법인 개별물건기준 시산가액과 「감칙」 §12② 및 §19①단서에 따른 다른 방식(수익환원법)에 의한 수익가액 간의 균형관계가 유지되는 점에 비추어 주된 방법에 의한 시산가액 3,078,958,000원을 감정평가액으로 결정함.

Tip

수익가액에는 언제나 과잉유휴시설 가치가 포함되지 않음에 유의
→ 시산가액 조정 및 결정시 언급

연습문제 13 임대권, 임차권 15점

Ⅰ. 감정평가 개요

대상은 임대차 및 전대차에 따른 시장가치 및 각 권리가격을 구하는 것으로서, 다음 물음에 답한다.

Ⅱ. 시장가치 산정(물음 1)

1. 수익방식(부동산 잔여법)

(1) 상각전 NOI : 1,000,000 × 600 × (1 - 0.5) ≒300,000,000원

(2) 수익가액

$300{,}000{,}000 \times \frac{(1.1^{37}-1)}{(0.1\times1.1^{37})} + \frac{2{,}000{,}000{,}000}{1.1^{37}}$ ≒ 2,970,592,000원

2. 원가방식

$2{,}000{,}000{,}000 + 900{,}000{,}000 \times 1.1 \times \frac{37}{40}$ ≒ 2,915,750,000원

3. 결정

수익성 부동산으로서 수익성에 비중을 두어 2,970,000,000원으로 결정한다.

Ⅲ. 임대권의 가치(물음 2)

1. 임대료 등의 현가

$(150{,}000{,}000 \times 1.09^{1)} + 100{,}000{,}000) \times \frac{(1.09^{15}-1)}{(0.09\times1.09^{15})}$ ≒ 2,123,991,000원

1) 기초보정

2. 복귀액의 현가

$(900{,}000{,}000 \times 1.1 \times 22/40 + 2{,}000{,}000{,}000) / 1.09^{15}$ ≒ 698,562,000원

3. 임대권의 가치

2,123,991,000 + 698,562,000 ≒ 2,822,553,000원

Ⅳ. 전차권의 가치(물음 3)

$(300{,}000{,}000^{1)} - 260{,}000{,}000)^{2)} \times \frac{(1.12^{15}-1)}{(0.12\times1.12^{15})}$ ≒ 272,435,000원

1) 시장임대료 : 1,000,000 × 600 × 0.5

2) 귀속소득 : 시장임대료와 지불임대료의 차이를 말하며, 이는 매기간 초에 발생하는 것이 아니라 매기간 말에 발생한다는 점에 유의해야 한다. 즉 기초에 결정되고 기말에 실현되는 것

Ⅴ. 전대권의 가치

$(260{,}000{,}000 - 150{,}000{,}000) \times 1.09^{1)} \times \frac{(1.09^{15}-1)}{(0.09\times1.09^{15})}$ ≒ 966,477,000원

1) 기초보정

Tip

- 소유권 가치 : 시장임대료, 전내용연수, 환원율 등 기준
- 임대권 가치 : 계약임대료, 잔존기간, 절세효과, 복귀가치 고려
- 전대권 가치 : (재임대료 - 원임대료) × 기초보정 × PVAF
- 전차권 가치 : (시장임대료 - 재임대료) × PVAF

연습문제 14 환지예정지 10점

Ⅰ. 감정평가 개요

환지대상토지 및 종전토지의 평가로 기준시점은 2023. 8. 31임.

Ⅱ. 환지예정지

분담금이 청산되지 아니하였으므로 작은 면적인 권리면적 400㎡를 기준하며, 환지예정지인바, 환지 기준하여 이용상황(대) 동일한 표준지 2 선정

$280,000 \times 1.20018^{1)} \times 1 \times \frac{100}{105} \times 1 \fallingdotseq @320,000/㎡$

1) (2023. 1. 1~2023. 8. 31)

$1.16242 \times (1 + 0.03248 \times \frac{31}{31}) \fallingdotseq 1.20018$

$\langle \times 400 \times \frac{1}{3} \fallingdotseq 42,667,000 \rangle$

Ⅲ. 환지외 토지

물적사항은 토지대장을 기준하므로 650㎡(≒ 1,450 - 800)를 평가하며, 환지 전의 '답'을 기준하여 이용상황이 동일한 표준지 1 선정

$180,000 \times 1.20018 \times 1.000 \times \frac{99}{102} \times 1 \fallingdotseq @210,000/㎡$

$\langle \times 650 \times \frac{1}{3} \fallingdotseq 45,500,000 \rangle$

Ⅳ. 지분가액 (위치 특정되지 아니하고, 동일 지분 전제)

Ⅱ. + Ⅲ. = 88,167,000

Tip

표준지 공시지가 평가에서는 환지처분 이전 환지예정지로 지정된 경우 청산금의 납부여부에 관계 없이 환지예정지의 위치, 확정예정 지번, 면적, 형상 도로접면 상태와 그 성숙도 등을 고려하여 평가함.

→ 표준지 공시지가 평가는 소유권 등 권리의 평가가 아니라 물적상태의 공시(평가)를 목적으로 하기 때문이다.

연습문제 15 | 광산 15점

감정평가사 13회 기출

Ⅰ. 감정평가 개요

감칙§19②에 의한 광산 및 감칙§23①에 의한 광업권을 평가함.

Ⅱ. 물음 1

1. 광산평가액(감칙§19②)

(1) 개요

광산의 수익가액에서 장래소요기업비의 현가합을 차감하여 평가한다.

(2) 광산의 수익가액

1) 상각전 NOI

① 매출액

$5{,}000 \times 50{,}000 \times 12$ ≒ 3,000,000,000

② 소요경비

$500{,}000{,}000 + 350{,}000{,}000 + 3{,}000{,}000{,}000 \times 0.1 + 150{,}000{,}000$

≒ 1,300,000,000

③ 상각전 NOI ≒ 1,700,000,000

2) 환원율

$R ≒ 0.16 + \frac{0.1}{1.1^{12} - 1}$ ≒ 0.2068

주) 가행년수 : $(5{,}500{,}000 \times 0.7 + 8{,}000{,}000 \times 0.42) \div (50{,}000 \times 12)$ ≒ 12년

3) 수익가액

$1{,}700{,}000{,}000 \times \frac{1}{0.2068}$ ≒ 8,220,503,000

(3) 광산평가액

$8{,}220{,}503{,}000 - 1{,}450{,}000{,}000$ ≒ 6,770,000,000

2. 광업권(감칙§23①)

(1) 개요

상기 광산가격에서 자산가격 차감하여 평가한다.

(2) 광업권

$6{,}770{,}000{,}000 - 3{,}300{,}000{,}000$ ≒ 3,470,000,000

Ⅲ. 물음 2

1. 사전조사사항

① 광업등록원부 : 광업권에 관한 소재지 · 광종 · 광구 · 면적, 등록번호, 등록일, 권리관계, 부대조건, 연혁 등 기타 필요사항.

② 광업재단 등기부 등본 : 토지, 건물, 시설의 종류 · 용도 · 성능 · 규격, 토지사용권의 목적 · 기간 · 면적 등, 기타 필요사항.

③ 광업권등록증, 탐광계획 및 실적에 관한 사항, 채광계획 및 채광실적에 관한 사항, 광물생산보고서에 관한 사항 등

2. 현장조사사항

① 입지조건(교통 · 수송 · 용수 · 동력 · 노동력 · 갱목상태 등), ② 지질 및 광상(암층 · 구조 · 노두 및 광상의 형태 등), ③ 채광(채굴 · 지주 · 배수 · 통기 · 운반방법 등), 광석처리(선광 · 제련의 방법 등), 광산설비(시설의 성능 · 용량 · 수량 등), 광물의 시장성 등

Ⅳ. 물음 3

환원율은 광산의 상장법인 배당률에 세금을 감안한 이율이며 축척이율은 소모성 자산의 자본회수분을 안전하게 회수하는데 사용되는 이율이다. 또 환원율은 상각전과 상각후로 구분되는데 상각 전 환원율은 자본회수를 포함한 개념이고 상각 후 환원율은 부동산의 위험성을 반영한 자본수익률임에 반해, 축적이율은 안전한 곳에 투자했을 때 얻을 수 있는 안전율(무위험률)이라는 점에서 차이가 있다.

연습문제 16 광천지 10점

Ⅰ. 감정평가 개요

대상은 광천지에 대한 평가로, 대상 광천지의 가격은 아래의 산식에 의하여 구한다.

- 대상광천지의가격 ≒ 기본개발비 × 온천지지수 × $\frac{\text{대상광천지 용출량지수}}{\text{표준광천지 용출량지수}}$

Ⅱ. 감정평가액 산정

1. 기본개발비(토지매입비 포함)

2,000,000 + 16,500,000 + 5,000,000 + 3,500,000 + 4,050,000 + 450,000 ≒ 31,500,000

2. 온천지 지수

(1) 수익가액

189 × 365 × (400 - 256) ÷ 0.15 ≒ 66,226,000

(2) 온천지지수

$\frac{66,226,000}{31,500,000}$ ≒ 2.10

3. 용출량지수

(1) 표준광천지 : 350 × 0.8 ≒ 280ton → ∴ 2.5

(2) 대상광천지 : 330 × 0.9 ≒ 297ton → ∴ 3.0

4. **감정평가액** : 31,500,000 × 2.10 × 3.0/2.5 ≒ 79,380,000원

연습문제 17 | 입목 15점 감정평가사 19회 기출

Ⅰ. 감정평가 개요

대상부동산은 입목의 취득가격 평가로서 시장가역산법을 적용하여 평가하되, 대상부동산 입목은 제시 자료에 의거 경급을 중등급으로 적용함.

평가액 ≒ 입목재적 × 조재율 × 재적당원목가격 /(1 + 기업이윤율 + 투하자본수익률(월) × 투하자본회수기간(월)) - 재적당생산비

Ⅱ. 거래가격

1. 천연림

(1) 참나무(시들음병 중 이상은 제외하고 경 이하는 90%로 적용함)

1,653.8 × (0.5 × 0 + 0.2 × 0.9 + 0.3) × 0.85 × 90,000 ≒ 60,727,540

(2) 기타활엽수 : 3,307.5 × 0.85 × 85,000 ≒ 238,966,880

(3) 소나무 : 551.3 × 0.85 × 95,000 ≒ 44,517,480

(4) 계 ≒ 344,211,900

2. 인공림

(1) 잣나무 : 1,047.4 × 0.85 × 90,000 ≒ 80,126,100

(2) 낙엽송 : 748.1 × 0.85 × 95,000 ≒ 60,409,080

(3) 리기다소나무 : 1,197 × 0.85 × 90,000 ≒91,570,500

(4) 합계 ≒ 232,105,680

3. 거래가격

(1) 적용이율

1 + 0.1 + (0.07 + 0.05) / 12 × 6개월 ≒ 1.16

(2) 거래가격 결정

(344,211,900 + 232,105,680) / 1.16 ≒ 496,825,500

Ⅲ. 생산비용

1. 개요

생산비용에는 벌목조재비, 산지집재비, 운반비, 임도보수 및 설치비, 잡비 등을 포함한다.

2. 벌목조재비

8,505.1 / 10 × (80,000 + 80,000 + 30,000) ≒ 161,596,900

3. 산지집재비

8,505.1 / 10 × 80,000 ≒ 68,040,800

4. 운반비

8,505.1 / 10 × (80,000 + 110,000) ≒ 161,596,900

5. 임도 보수 및 설치비

2.1 / 0.3 × 90,000 ≒ 630,000

6. 잡비

(161,596,900 + 68,040,800 + 161,596,900 + 630,000) × 0.1

≒ 39,186,460

7. 계 ≒ 431,051,060

Ⅳ. 입목가격

거래가격 - 생산비용 ≒ 496,825,500 - 431,051,060 ≒ 65,774,440

연습문제 18 층고제한(문화재보호구역) 20점

Ⅰ. 감정평가 개요

기준시점 2023년 8월 31일의 토지가격을 구하는 것으로서, 층고의 제한이 없는 상태의 가격을 구한 후, 입체이용저해율에 따른 감가를 반영하여 결정한다.

Ⅱ. 층고 제한을 받지 않는 상태의 가치

1. 공시지가기준법

(1) 비교표준지 : 1종일주 내 상업용의 기호2 선정함.

(2) 공시지가 보정

$1{,}500{,}000 \div \left(\frac{2}{3}+\frac{1}{3}\times 1.2\right)$ ≒1,406,000원/㎡

(3) 시산가액(단가)

$1{,}406{,}000 \times 1.01871 \times 1 \times \frac{100}{98} \times 1 \times 1 \times 1$ ≒1,462,000원/㎡

(시[1], 지, 개, 도, 면, 그)

1) 2023. 1. 1~2023. 8. 31(주거지역)

$1.00181 \times 1.00193 \times 1.00320 \times 1.00311 \times 1.00263 \times 1.00192 \times \left(1 + 0.00192 \times \frac{62}{30}\right)$

≒1.01871

2. 거래사례비교법(단가)

$\frac{1{,}600{,}000{,}0}{1{,}350} \times 1 \times 1.01136 \times 1 \times \frac{100}{102} \times 1 \times \frac{100}{80}$ ≒1,469,000원/㎡

(사, 시[1], 지, 개, 도, 면)

1) 2023. 4. 4~2023. 8. 31(주거지역)

$\left(1+0.00311\times\frac{27}{30}\right)\times 1.00263 \times 1.00192 \times \left(1+0.00192\times\frac{62}{30}\right)$ ≒1.01136

3. 결 정

공시지가기준가액이 1,462,000원/㎡, 비준가액이 1,469,000원/㎡으로 산정되었는바, 모두 고려하여 중위치인 1,465,000원/㎡으로 결정한다.

Ⅲ. 입체이용저해율

1. 건축가능층수

$\tan 27° ≒ \frac{x}{18}$(x : 건축 가능높이 - 3m) ∴ x ≒ 9.17m

(1) 건축가능높이 : 9.17 + 3 ≒ 12.17m

(2) 건축가능층수 : 12.17 ÷ 4 ≒ 3.04(3층 : 절사함)

2. 입체이용저해율

지하이용저해는 없는 것으로 한다.

$0.75 \times \frac{40 + 35 \times 2}{44 + 100 + 58 + 46 + 40 +} + 0.15 \times \frac{3}{4}$ ≒0.3430

(건물의 이용저해율) (그 밖의 이용저해율)

Ⅳ. 감정평가액

1,465,000 × 200 × (1 - 0.3430) - 5,000,000 ≒ 187,501,000원

연습문제 19 오염부동산 15점

감정평가사 28회 기출

Ⅰ. (물음 1) 오염 전 토지가액

1. 사례 : 오염 전 토지 거래사례

2. 시점수정치 :

사례가 소재하는 C구 공업지역 지가변동률 기준 〈1.08133〉

3. 지역요인 비교치 : 100/115 = 0.870

4. 개별요인 비교치 : 100/135 = 0.741

5. 감정평가액

4,666,000 × 1.08133 × 0.870 × 0.741 = @3,252,000원/㎡

(× 9,999㎡ = 32,516,000,000원)

Ⅱ. (물음 2) 오염 후 토지가액

1 오염 전 토지가액

인근 토지가격과 비교하였을 때 주택부지로 이행으로 인한 개발이익이 매도자에게 귀속되어 적정하지 않다고 판단되는 바, (물음 1) 토지가액 기준함

32,516,000,000원

2. 가치 하락 분

1) 조사비용 : 1,000,000 × 2,000 = 2,000,000,000원

2) 정화비용 : 600,000 × 2,000 × PVAF(6%,3)(2.673012) = 3,207,000,000원

3) 임대료 손실 현가

(3,000,000,000 × 0.02 + 600,000,000) × PVAF(6%,4)(3.465106)

= 2,286,000,000원

3. 스티그마

① 업체 보고서 기준 : 32,516,000,000 × 0.3 = 9,754,000,000원

② 시장조사 자료 기준 : 32,516,000,000 × 0.2 = 6,503,000,000원

③ 평균 8,128,000,000원

4. 토지가액 결정 : [1. - 2. - 3.] / 9,999 = @1,689,000원/㎡

(× 9,999㎡ = 16,888,000,000원)

* 정신적 손신은 가치하락으로 보지 않음.

연습문제 20 일조침해 20점

감정평가사 22회 기출

Ⅰ. 감정평가 개요

감칙 25조, 관련 법령 및 판례 근거, 기준시점 2023.8.1

Ⅱ. 환불대상세대

연속일조시간 및 총일조시간 모두 제한되는 〈101동 - 301호, 401호〉, 〈102동 - 602호〉, 〈110동 - 602호〉

Ⅲ. 환불금액

1. 101 - 301

1) 가치 하락 전 평가액(단지 내 창면적 감소 없는 사례 107 - 503 선정)

322,000,000 × 1.01029 × 1 × 96/99 × 98/98 × 1 = 315,455,000

시[*1] 층 호 타입

*1 2023.6.25.~8.1 : (120+1×32/30)/(119+1×25/30)

2) 환불액

(1) 가치하락율 : 0.06 × (1 - 165/240) ≒ 1.88%

(2) 환불액 : 1) × 1.88% = 5,930,000

2. 101 - 401

1) 가치 하락 전 평가액

322,000,000 × 1.01029 × 1 × 98/99 × 98/98 × 1 = 322,027,000

시 층 호 타입

2) 환불액

(1) 가치하락률 기준

1) × 1.75%[*1] = 5,635,000

*1 하락률 : 0.06×(1 − 170/240) ≒ 1.75%

(2) 거래사례비교법

1) - 305,000,000 × 1.04090 × 1 × 1 = 4,552,000

시[*1]

*1 시 : 2023.3.12.~8.1 : (120+32/30)/(116+0.8×12/31)

(3) 결정 : 최소 4,552,000원으로 결정

3. 102 - 602

1) 가치 하락 전 평가액

322,000,000 × 1.01029 × 1 × 100/99 × 100/98 × 1 = 335,305,000

층 호 타입

2) 환불액

(1) 가치하락율 : 0.06 × (1 - 160/240) ≒ 2.00%

(2) 환불액 : 1) × 2.00% = 6,706,000

4. 110 - 602

1) 가치 하락 전 평가액

322,000,000×1.01029×1×100/99×100/98×104/100×110/85

시 층 호 타입 면적

=451,281,000

2) 환불액

(1) 가치하락율 : 0.06×(1 - 160/240) ≒2.00%

(2) 환불액 : 1)×2.00% =9,025,000

Chapter 06

물건별 평가 종합문제

종합문제 01 | 일조침해 20점

Ⅰ. 감정평가 개요

대상은 일조권 등 침해에 따른 경제적 가치 감소액에 관한 감정평가로서, 제시된 조건 및 평가방법에 따라 평가함. (기준시점 : 2023. 8. 31)

Ⅱ. (물음 1) 일조침해 관련 〈判例〉 및 관계법령

1. 일조침해 등에 대한 〈判例〉 등

일조침해 등에 관하여 건축법 제61조 및 서울시 건축조례가 있으며, 특히 〈判例〉는 동지일 기준 오전 8시에서 오후 4시 사이에 총 4시간 이상 또는 오전 9시에서 오후 3시 사이에 연속하여 2시간 이상 일조시간이 확보된 경우 수인한도를 넘지 않는다고 보았다.

2. 대상부동산 일조침해 여부

연속 2시간 이상 일조가 확보되지 아니한 바, 총 4시간 기준한 수인한도를 고려할 때, 일조시간 예측 결과 3시간 7분이므로 〈53분〉간의 일조침해가 나타나는 것으로 볼 수 있다.

Ⅲ. (물음 2) 일조권 등 침해에 따른 침해 보정률

1. 평가방법

(1) 일조침해 가치하락 보정률(Hedonic Price Method)

1) 회귀식

y≒ax+b(x : 일조침해시간(분), y : 부동산 가치

a : 분당 가치하락분, b : 침해 없는 부동산 가치)

2) 매매사례 표본 검토

일조 침해 없는 사례인 〈사례 #1, 2, 6〉 제외함.

3) 회귀분석

① Σx : 180 + …… + 0 ≒ 740

② Σy : 213,300,000 + …… + 22,000,000 ≒ 1,512,300,000

③ Σxy : 180 × 213,300,000 + …… + 0 × 220,000,000 ≒ 158,410,000,000

④ Σx^2 : 180^2 + …… + 0^2 ≒ 117,400

4) 회귀식 도출

① $a = \frac{n\Sigma xy - \Sigma x \Sigma y}{n\Sigma x^2 - (\Sigma x)^2}$ ≒ - 37,294

② $b = \bar{y} - a\bar{x}$ ≒ - 219,987,000

③ $y =$ - 37,294x +219,987,000(r≒99% 신뢰도 있음)

5) 보정률 : $\frac{37,294}{219,987,000} \times 53$분 ≒0.00898(0.898%)

(2) 조망침해 및 압박보정률 : 0.03 × 0.54 ≒0.01620(1.62%)

(3) 환경심리 보정률 : 0.025 × 0.4 ≒0.01000(1%)

(4) 침해 보정률 : (0.00898 + 0.01620 + 0.01) ≒0.03518(3.52%)

2. 경제적 가치 감소에 따른 침해 보정률

과학화 · 객관화 평가기법인 Hedonic Price Method를 적용한 보정률에 의한 방법이 무형의 가치를 계량화하는 신뢰성 있는 방법으로 인정되므로 이를 중시하여 “3.52%”로 결정함.

종합문제 02 | 임대료 20점

Ⅰ. 감정평가 개요

임대료는「감칙」§12① 및 §22에 따라 주된 방법인 임대사례비교법과「감칙」§12② 및 §11에 따른 다른 방식(적산법)에 의한 시산가액과의 합리성을 검토하여 감정평가액을 결정. (기준시점(산정기간) : 2023. 8. 1부터 1년)

Ⅱ. 임대사례비교법

1. 4층의 임대료(임대사례 1 기준)

(1) 사례 1층의 보증금 총액(임대면적 기준)

$3{,}000{,}000{,}000 \times \left(\frac{500 \times 100}{500 \times 100 + 300 \times 60}\right)$ ≒ 2,205,882,000

(2) 시산가액(임대료)

$(2{,}205{,}882{,}000 \times 0.12) \times 1 \times 1 \times 1 \times \frac{105}{100} \times \frac{50}{100} \times \frac{378}{500}$

사 시 지 개 층·효 면

≒ 105,000,000

2. 5층의 임대료(임대사례 2 기준)

(1) 사무실 부분

$(2{,}500{,}000 \times 0.12) \times 1 \times 1 \times 1 \times 1 \times 168$ ≒50,000,000

사 시 지 개 면

(2) 회의실 부분

$(2{,}500{,}000 \times 0.12) \times 1 \times 1 \times 1 \times 1 \times \frac{90}{100} \times 230$ ≒62,000,000

사 시 지 개 위치 면

Ⅲ. 적산법

1. 전체부동산의 기초가액

$11{,}000{,}000 \times 798 + 2{,}950{,}000 \times 2{,}792$ (임대면적[1]) ≒17,014,400,000

1) 연면적과 동일하다고 간주

2. 4층 부분의 기초가액

$17{,}014{,}400{,}000 \times \frac{180 \times 50}{240 \times 55 + 200 \times 100 + 180 \times (60 + 55 + 50) + 200 \times 46 + 160 \times 44}$[1]

≒1,934,920,000

1) 전체효용적수(상기 식의 분모부분 값) : 79,140

3. 5층부분의 기초가액

(1) 사무실

$17{,}014{,}400{,}000 \times \frac{200 \times 46}{79{,}140} \times \frac{100 \times 80}{100 \times 80 + 90 \times 120}$ ≒ 841,668,000

(2) 회의실

$17{,}014{,}400{,}000 \times \frac{200 \times 46}{79{,}140} \times \frac{90 \times 120}{100 \times 80 + 90 \times 120}$ ≒1,136,251,000

4. 시산가액(임대료)

- 4층 : 1,934,920,000 × 0.05 × 1.09 ≒ 105,000,000
- 5층(사무실) : 841,668,000 × 0.05 × 1.09 ≒ 46,000,000
- 5층(회의실) : 1,136,251,000 × 0.05 × 1.09 ≒ 62,000,000

Ⅳ. 감정평가액 결정

「감칙」 §12① 및 §22에 따라 주된 방법에 의한 시산가액과「감칙」§12② 및 §11에 따른 다른 방식(적산법)에 의한 시산가액이 유사하여 주된 방법에 의한 시산가액의 합리성이 인정되어 주된 방법에 의한 시산가액으로 결정.

- 4층 : 105,000,000원
- 5층(사무실) : 50,000,000원
- 5층(회의실) : 62,000,000원

〈보고서〉

층	용도	임대면적(m^2)	연간실질임대료	전세보증금[1]	월지불임대료[2]
4	사무실	378	105,000,000	875,000,000	7,813,000
5	사무실	168	50,000,000	417,000,000	3,720,000
	회의실	320	62,000,000	517,000,000	4,613,000

1) 전세보증금 ≒ 연간실질임대료 ÷ 0.12

2) 월지불임대료 × (12 × 0.12 + 12) ≒ 연간실질임대료

종합문제 03 임대료 30점

(물음 1) 감칙 상 임대료평가방법

1. 임대사례비교법(감칙 제2조 제8호)

대상물건과 가치형성요인이 같거나 비슷한 물건의 임대사례와 비교하여 대상물건의 현황에 맞게 사정보정, 시점수정, 가치형성요인 비교 등의 과정을 거쳐 대상물건의 임대료를 산정하는 감정평가방법을 말한다.

2. 적산법(감칙 제2조 제6호)

대상물건의 기초가액에 기대이율을 곱하여 산정된 기대수익에 대상물건을 계속하여 임대하는데 필요한 경비를 더하여 대상물건의 임대료를 산정하는 감정평가 방법을 말한다.

3. 수익분석법(감칙 제2조 11호)

일반기업 경영에 의하여 산출된 PGI을 분석하여 대상물건이 일정한 기간에 산출할 것으로 기대되는 순수익에 대상물건을 계속하여 임대하는데 필요한 경비를 더하여 대상물건의 임대료를 산정하는 감정평가 방법을 말한다.

(물음 2) 감정평가

대상건물 2층 부분에 대한 과거부당이득분(임대료)의 평가로서 적산법에 의함.

(산정기간 : 2021. 1. 17~2022. 3. 20)

I. 매기 기초가액

1. 2021. 1. 17 기준 기초가액

(1) 토지전체

2종일주. 상업용으로 동일로변에 위치한 〈1005 - 5 : 2021公〉 선정

3,050,000 × 1.00176 × 1 × 1 × 1.3 ≒ @3,972,000/㎡

(시[1], 지, 개[2], 그)

〈× 340㎡ ≒ 1,350,480,000원〉

1) 2021.1.1.~2021.1.17.

2) 표준지 [인접 1005 – 4와 일단지 ∴ 가장형 / 후면에 이면도로 有 ∴ 중로각지] $\frac{100}{100}$(도) × $\frac{102}{102}$(형) × $\frac{116}{116}$(세)

(2) 건물전체

1) 재조달원가

(775,000+149,000) × 0.98433 × 0.96 ≒ @873,000원/㎡

1) PPI(2021.1/2020.9)

2) 단가

① 지상 : 1) × 43/50 ≒ @750,000원/㎡

② 지하 : 1) × 0.5 × 43/50 ≒ @375,000원/㎡

3) 총액

750,000 × 1,110 + 375,000 × 290 ≒941,250,000원

(3) 대상 2F 기초가액

(1,350,480,000+941,250,000) × 0.1176 ≒ 269,507,000원

토 건 층효율[1]

1) 120 × 26.7 ÷ [(100 + 26.7 + 27.8 × 2 + 28.3) × 120 + 70 × 28.3]

2. 2022.1.1 기준

(1) 토지전체

2종일주 · 상업용인 〈1005 - 5 : 2022.〉 선정(동일로변 위치)

3,150,000 × 1.00071 × 1 × 1.030 × 1.3 ≒ @4,221,000/㎡

시[1] 지 개[2] 기

〈 × 340㎡ ≒ 1,435,140,000원〉

1) 2022.1.1 : 1+0.02206 × $\frac{1}{31}$

2) 표준지〈전년과 달리 일단지가 아님 ∴ 세장형〉 $\frac{100}{100}\times\frac{102}{99}\times\frac{116}{116}$

도 형 세

(2) 건물전체

1) 단가

① 지상 : (880,000+149,000)×1.00970×0.96× $\frac{42}{50}$ ≒ @837,000원/㎡

1) PPI(2021.12/2021.9)

② 지하 : ① × 0.5 ≒ @418,000원/㎡

2) 총액

837,000 × 1,110 + 418,000 × 290 ≒1,050,290,000

(3) 대상 2F 기초가액

(1,435,140,000 + 1,050,290,000) × 0.1176 ≒ 292,286,000원

토 건 층효율

Ⅱ. 임대료산정

1. 기대이율

$\left(\frac{50}{1,000} + 0.05\right) \times \frac{1}{2}$ ≒ 0.05

상업

2. 매기임대료산정

(1) 2021.1.17.~2021.12.31

269,507,000 × 0.05 × $\frac{349}{365}$ ≒ 12,885,620원

(2) 2022.1.1.~2022.3.20.

292,286,000 × 0.05 × $\frac{80}{365}$ ≒ 3,203,134원

(3) 계 : (1) + (2) ≒16,078,700원

종합문제 04 | 오염부동산 40점

Ⅰ. 감정평가 개요

감칙§12① 및 §25에 따라 "소음등"으로 대상물건에 직접적 또는 간접적인 피해가 발생하여 대상물건의 가치가 하락한 경우 그 가치하락분을 감정평가할 때에 소음등이 발생하기 전의 대상물건의 가액 및 원상회복비용 등을 고려하여 감정평가 하였음.

현재의 오염된 상태를 고려한 대상부동산의 가치를 산정하되 감칙§12①, §14, §15에 따라 토지는 공시지가기준법, 건물은 원가법으로 하는 개별물건기준(감칙§7①)을 주된 방법으로 하되 감칙§12②에 따라 대상물건을 일괄로하는 수익환원법(감칙§7①, §11)을 적용하여 합리성을 검토하였음.

(기준시점 : 현장조사완료일 2023.5.14)

Ⅱ. (물음 1) 스티그마 등

1. 스티그마의 의의

환경오염의 영향을 받는 부동산에 대해 대중들이 갖는 무형의 또는 양을 잴 수 없는 불리한 인식

2. CVM

가상적으로 시장을 만들어 비시장재화를 화폐화하여 평가하는 방법으로 주로 설문조사 방법으로 행하여지며, 환경재 정량화 등 비시장재화 평가시 심리적 요인의 반영등 유용성이 있으나 편의(bias) 및 집단의 이익에 치우칠 수 있는 한계가 있다.

3. HPM

특성변수가 종속변수에 미치는 영향을 분석하여 다중회귀모형으로 가치 등을 산정하는 통계적 기법으로서, 객관성과 정확성의 장점이 있으나, 현존하지 않거나 특수한 상황에서의 실증적 자료의 부족으로 그 신뢰성의 한계가 나타날 수 있다.

Ⅲ. (물음 2) 원가방식

1. 오염 전 부동산가치

1) 토지

① 공시지가기준법

일반상업, 상업용인 公#2 선정

3,970,000 × 0.98860 × 1 × 0.952 × 1 ≒@ 3,740,000

(시 지 개(100/105) 그)

② 거래사례비교법

이용상황 동일하고 동일 행정구역 소재한 사례#2 선정.

(#1 : 이용상황 상이)

㉠ 사례가격 현금등가(2022. 3. 5)

$$2{,}750{,}000{,}000 \times \left(0.4 + 0.6 \times \frac{1}{1.11}\right) + 25{,}000{,}000 \times \frac{1}{(1+0.11/12)}$$

(양도세 부담액)

≒ 2,611,259,000

ⓛ 비준가액

$2{,}611{,}259{,}000 \times 1 \times 0.99684 \times 1 \times 1.020 \times \frac{1}{755} \doteqdot @3{,}520{,}000$

사 시 지 개(100/98) 면

③ 토지가액 결정

「감칙」 §12① 및 §14에 따른 토지의 주된 방법인 공시지가기준가액과 「감칙」 §12②에 따른 다른 방식(거래사례비교법)에 의한 비준가액의 다소 차이가 있어 「감칙」 §12③에 따라 공시지가기준가액 중심 시장성을 고려한 비준가액을 감안하여〈@3,700,000/㎡ × 450㎡ ≒ 1,665,000,000〉로 결정.

2) 건물(원가법)

$1{,}278{,}720{,}000 \times 1.23367 \times \left(0.7 \times \frac{46}{46+4} + 0.3 \times \frac{11}{11+4}\right)$

1) 시2) 잔

≒ 1,362,976,000

1) 신축시점 적정 건축비

$(560{,}000 + 240{,}000) \times (1.440 + 0.8 \times 360) \times (1 - 0.03 - 0.015 - 0.03)$

지상 지하 집기 운영 개업

3) 개별물건기준에 의한 시산가액 : 1) + 2) ≒ 3,027,976,000원

2. 스티그마 손실률

1) 연구1 – 유해상태 유무

(1) Case A : $1 - 495{,}000/\left\{(600{,}000+585{,}000+580{,}000)\times\frac{1}{3}\right\}$ ≒ 0.1586

(2) Case B : $1 - 525{,}000/\left\{(590{,}000+605{,}000+575{,}000)\times\frac{1}{3}\right\}$ ≒ 0.1102

(3) 결정 : (1) × 0.48 + (2) × 0.52 ≒ 0.13343

2) 연구2 – 전 · 후 매매사례

(1) Case C : 1 - (385,500 + 55,000) / (482,000 × 0.97029) ≒ 0.0581

이후매도 정화비용 이전매도 시점1)

(2) Case D : 1 - (370,000+54,000) / (476,500 ×0.97341[1]) ≒0.0859

(3) 결정 : (1) × 0.4 + (2) × 0.6 ≒ 0.07478

3) 연구3 – CVM

(1) Case E 기준 : $0.08 \times \frac{15}{20}$ ≒ 0.06

(2) Case F : $0.12 \times \frac{15}{27}$ ≒ 0.0667

(3) 결정 : (1) × 0.45 + (2) × 0.55 ≒ 0.06369

4) Stigma 손실률 결정(산술평균)

$(0.13343 + 0.07472 + 0.06369) \times \frac{1}{3}$ ≒ 0.09063

3. 가치하락분

1) 복구비용

$\frac{7,000}{1.11} + \frac{7,500}{1.11^2} + \cdots + \frac{23,000}{1.11^{13}}$ ≒ 307,802,000

2) 스티그마 손실 : 1,665,000,000 × 0.09063 ≒ 150,899,000

3) 가치하락분 : 1) + 2) ≒ 458,701,000

4. 원가방식에 의한 시산가액(오염 전 부동산가치 – 가치하락분)

≒2,569,275,000원

Ⅳ. (물음 3) 대상부동산 시장가치

1. 수익방식

1) 오염 후 NOI(≒ 오염전 NOI – 임대료 손실)

- 1기(보유 3년) : 383,160,000[1] - 7,000,000 ≒ 376,160,000

1) 620,000 (PGI) × (1 − 0.1 (공실) − 0.3 (경비율)) × 1.03 (상승률)

- 2기 : 383,160,000 × 1.03 - 7,500,000 ≒ 387,155,000
- 3기 : 383,160,000 × 1.03^2 - 8,000,000 ≒ 398,494,000
- 4기 : 383,160,000 × 1.03^2 × 1.02 - 110,000,000 ≒ 304,624,000
- 5기 : 383,160,000 × 1.03^2 × 1.02^2 - 130,000,000 ≒ 292,917,000
- 6기 : 383,160,000 × 1.03^2 × 1.02^3 - 160,000,000 ≒ 271,375,000
- 7기 : 383,160,000 × 1.03^2 × 1.02^4 - 19,000,000 ≒ 421,003,000
- 8기 : 383,160,000 × 1.03^2 × 1.02^5 - 21,000,000 ≒ 427,803,000

2) 기말복귀가치(8기말 기준시점)

(383,160,000 × 1.03^2 × 1.02^6 - 22,000,000) ÷ 0.1348[1] (R_o)

≒ 3,232,780,000

1) 0.5 (E/V) × 0.12 (R_E) + 0.5 (L/V) × $MC_{(9\%,20)}$ (RM) + 0.02 (할증률)

3) 시산가액 (매기편익현가, 구간별 할증할인율 구분하여 적용)

- 8기 : (427,803천원 + 3,232,780천원) × $\frac{1}{1.13}$ ≒ 3,239,453천원
- 7기 : (421,003천원 + 3,239,453천원) × $\frac{1}{1.13}$ ≒ 3,239,341천원
- 6기 : (271,375천원 + 3,239,341천원) × $\frac{1}{1.15}$ ≒ 3,052,797천원
- 5기 : (292,917천원 + 3,052,797천원) × $\frac{1}{1.15}$ ≒ 2,909,317천원
- 4기 : (304,624천원 + 2,909,317천원) × $\frac{1}{1.15}$ ≒ 2,794,731천원
- 3기 : (398,494천원 + 2,794,731천원) × $\frac{1}{1.18}$ ≒ 2,706,123천원
- 2기 : (387,155천원 + 2,706,123천원) × $\frac{1}{1.18}$ ≒ 2,621,422천원
- 1기 : (376,160천원 + 2,621,422천원) × $\frac{1}{1.18}$ ≒ 2,540,324천원(수익P)

Tip 현가 방식

상기 현가 방식은 8기부터 한 기간씩 현가를 하면서 누적하여 산정한 것이나 전 기간의 현금흐름을 해당 기간별 적용할 할인율로 할인하는 것과 같은 방식임.

2. 감정평가액 결정

대상의 개별적인 오염상황을 상대적으로 잘 반영하고 있는 수익가액을 중심으로 적산가액을 참작하여 2,650,000,000원으로 최종 결정함.

종합문제 05 영업권 및 주식가치 25점

Ⅰ. 감정평가 개요

주어진 자료를 바탕으로 순자산가치와 주식가치를 산정하여 양도가액을 구하기로 한다. (기준시점 : 2023. 1. 1)

Ⅱ. 순자산가치의 산정

1. 토지

600,000 × 1.05315 × 1 × 1.02 × 15,000 ≒ 9,667,917,000

시[1] 지 개 면

1) (2022. 1. 1 ~ 2023. 1. 1) : $1.053 \times \left(1 + 0.053 \times \frac{1}{365}\right) \fallingdotseq 1.05315$

2. 건물

$750,000 \times \frac{30}{40} \times 22,500$ ≒ 12,656,250,000

RC 잔 면

3. 영업권

영업이익을 기준으로 10년간 초과수익을 현가화한다.

(1) 2022년 영업이익

매출	:	26,000,000,000
매출원가[1]	:	− 13,500,000,000
판매관리비[2]	:	− 3,752,500,000
영업이익	:	8,747,500,000

1) 매출원가 ≒ 14,000,000,000 + 2,500,000,000 − 3,000,000,000 ≒ 13,500,000,000

매입 이월상품 기말재고

2) 판매관리비

- 감가상각비(건물) : 13,500,000,000 ÷ 40 ≒ 337,500,000

장부상취득원가

- 대손상각비 : 12,300,000,000 × 0.05 - 200,000,000 ≒ 415,000,000

당기설정액 전기설정액

- 퇴직급여 충당금 전입액 : 8,000,000,000 - 7,000,000,000 ≒ 1,000,000,000
- 기타 판관비 : 2,000,000,000
- 계 : 3,752,500,000

(2) 순자산가치(영업권 제외)

1) 자산총계

7,000,000,000 + 3,000,000,000 + 12,000,000,000 + 11,685,000,000

현금 기말재고 유가증권 매출채권[1]

+ 9,667,917,000 + 12,656,250,000 ≒ 56,009,167,000

토지 건물

1) 대손충당금 차감 후 (∵ 자산의 차감항목)

12,300,000,000 × (1 − 0.05) ≒ 11,685,000,000

2) 부채총계

8,000,000,000 + 8,000,000,000 + 8,000,000,000 ≒ 24,000,000,000

매입채무 단기차입금 퇴직급여충당금

3) 순자산가치

56,009,167,000 - 24,000,000,000 ≒ 32,009,167,000

(3) 영업권가치

$(8,747,500,000 - 32,009,167,000 \times 0.15) \times \frac{1.1^{10}-1}{0.1 \times 1.1^{10}}$

2022 영업이익 / 순자산

≒24,247,230,000

4. 당해 평가목적상 순자산가치(영업권 포함)

32,009,167,000 + 24,247,230,000 ≒56,256,397,000

영업권인정

Ⅲ. 주식가치의 산정

양도계약체결일을 기준으로 30일간의 거래내역

(∴ 2022. 12. 2~2022. 12. 31)

$$\frac{\Sigma(\text{주가} \times \text{거래량})}{\Sigma\text{거래량}} = \frac{25,200 \times 3,000 + 24,700 \times 2,700 + \cdots + 25,700 \times 4,800}{3,000 + 2,700 + \cdots + 4,800}$$

$= \frac{1,546,900,000}{64,200}$ ≒24,095원/주

Ⅳ. 양도가액의 결정

1. 순자산가치 ≒ 56,256,397,000

2. 주식가치 : 24,095 × 2,800,000[1)] ≒ 67,466,000,000

1) 발행주식수 : 14,000,000,000 ÷ 5,000 ≒ 2,800,000주

3. 양도가액(전체의 25% 해당분)

$\left[56,256,397,000 \times \frac{1}{3} + 67,466,000,000 \times \frac{2}{3}\right] \times 0.25$ ≒ 15,932,366,000

종합문제 06 | 기업가치 및 영업권 가치 등 35점

Ⅰ. 감정평가 개요

대상부동산은 매수가격정보 제공 목적의 기업가치 및 영업권에 대한 평가건임

(기준시점 : 의뢰인 제시 2023.1.1)

Ⅱ. (물음 1) 기업가치 평가의 3방식

1. 수익방식

기업의 장래 수익창출능력을 추계하여 평가하는 방식으로서 소득환원법과 할인현금수지분석법이 있음.

이론적으로 가장 타당하며, 무형자산가치의 반영이 용이한 장점이 있으나 장래 수익 및 환원율 산정 등에 주관개입 가능성이 있는 단점이 있음.

2. 비교방식

동종 산업 내에서 규모, 영업능력 등이 유사한 회사와 비교하는 방식으로서, 지침회사법과 인수합병법이 있음.

(장점) 유사기업가치와 비교하므로 객관적 설득력이 있지만

(단점) 유사기업의 사례가 많지 않고 비교작업에 주관개입 가능성이 있음.

3. 원가방식

수정된 대차대조표에 근거하여 기업가치를 추계하는 방식으로서, 자산누적법과 초과이익환원법이 있음.

(장점) 재무제표를 활용하므로 설득력이 있고 이해하기 쉬우나

(단점) 시간과 비용이 많이 소요되고 평가주체의 고도의 전문지식과 경험이 요구됨

Ⅲ. (물음 2) S상사의 기업가치

1. FCF 산정

(1) 고속성장기

(단위 : 백만원)

항목	2023. 1기	2024. 2기	2025. 3기	2026. 4기	2027. 5기
매출액	76,310 1)	99,203	128,964	174,101	235,037
− 매출원가	19,078 2)	24,801	32,241	43,525	58,759
− 판관비	763 3)	992	1,290	1,741	2,350
영업이익	56,469	73,410	95,433	128,835	173,928
− 법인세	12,423 4)	16,150	20,995	28,344	38,264
+dep	35 5)	37	39	41	43
− 자본적 지출	40 6)	40	40	40	40
− 운전자본증가	528 7)	687	893	1,354	1,828
FCF	43,513	56,570	73,544	99,138	133,839

1) 2022년 대비 30% 상승(이후 제시된 상승률 적용)

2) 매기 매출액 대비 25%

3) 매출액 대비 1%

4) 법인세율 ≒ 20% × 1.1 ≒ 22%

5) 33 + 2(이후 2증가)

6) 2 × 20

7) (당기매출 − 정기매출) × 0.03

(2) 안정성장기(FCF6) ≒ 133,839 × 1.35 ≒ 180,683백만원

2. WACC

(1) 자기자본비용(CAPM)

Ke ≒ 0.034 + (0.12 - 0.034) × 0.8[1] ≒ 10.28%

1) β계수 ≒ (11.6 − 10) ÷ (12 − 10)
기울기

(2) 타인자본비용(세후) : Kd ≒ 0.07 × (1 - 0.22) ≒ 5.46%

(3) WACC ≒ 0.5 × 0.1028 + 0.5 × 0.0546 ≒ 0.0787

3. 영업가치의 산정

(1) 고속성장단계(단위 : 백만원)

$\frac{43,513}{1.0787} + \frac{56,570}{1.0787^2} + \frac{73,544}{1.0787^3} + \frac{99,138}{1.0787^4} + \frac{133,839}{1.0787^5}$ ≒ 312,408(백만원)

(2) 안정성장단계(단위 : 백만원)

$\frac{180,683}{(0.0787 - 0.03)} \times \frac{1}{1.0787^5}$ ≒ 2,540,300(백만원)

(3) 영업가치((1) + (2)) ≒ 2,852,708,000,000

4. 기업가치(=영업가치 + 비영업가치)

2,852,708,000,000 + 69,529,000,000 = 2,922,237,000,000

Ⅳ. (물음 3)

1. 유동자산

164,624 + 546,273 + 222,247[1] + 48,922 ≒ 982,066,000,000

1) 재고자산 : 261,467 × (0.7 + 0.3 × 0.5)
순실현물

2. 투자자산 ≒ 69,529,000,000

3. 유형자산

(1) 토지 : 구입시점부터 지가변동률로 시점 수정함

202,162 × (0.65 × 1.47377 + 0.35 × 1.13722) ≒ 274,127,000,000
'가'군 1) 2)

1) 2014.3.1~2023.1.1 : $\left(1 + 0.039 \times \frac{306}{365}\right) \times \cdots \times 1.0482$

2) 2020.4.2~2023.1.1 : $\left(1 + 0.0472 \times \frac{274}{366}\right) \times \cdots \times 1.0482$

(2) 건물 등

258,474 + 698,469 + 219,038 + 125,570 ≒ 1,301,551,000,000

(3) 계 : (1) + (2) ≒ 1,575,678,000,000

4. 합계 2,627,273,000,000

Ⅴ. (물음 4)

1. 기업가치 ≒ 2,922,237,000,000원

2. 자산가치의 평가액 ≒ 2,627,273,000,000원

3. 영업권(1 - 2) ≒ 294,964,000,000원

종합문제 07 기업가치 · 비상장주식 · 기술가치 · 무형자산 평가 40점

Ⅰ. 감정평가 개요

1. 기준시점 : 2023.1.1.

2. (물음 1) 감정평가 방법 및 근거

(1) 기업가치평가

〈감칙 §24③〉에 근거 "수익환원법"을 적용

(2) 비상장 주식의 평가 : 〈감칙 §24①1호〉에 근거

수정대차대조표 작성 후 기업체의 유 · 무형 자산가치에서 부채가치를 빼고 산정한 "자기자본의 가치를 발행 주식수로 나눔"

(3) 무형자산의 평가

감칙 §23③에 근거 "수익환원법" 적용

Ⅱ. (물음 2) 기업의 영업가치

1. 산식

$$0.V = \sum_{t=1}^{n} \frac{FCFF_t}{(1+WACC)^t} + \frac{FCFF_{n+1}}{(WACC_n - g)} \times \frac{1}{(1+WACC)^n}$$

2. FCFF

	0	1	2	3	4	5	6
NOPLAT		− 114,760	− 131,073	− 45,450	19,605	256,164	296,146
+DEP		312,000	394,000	387,000	331,000	57,000	39,000
− 자본적지출		147,000	20,000	30,000	30,000	30,000	30,000
− 추가운전자본		19,000	2,000	3,000	2,000	2,000	3,000
FCFF		31,240	240,927	308,550	318,605	281,164	302,146

* 추가운전자본

구분	0	1	2	3	4	5	6
유동자산	700,000	712,000	818,000	900,000	990,000	1,040,000	1,144,000
− 유동부채	700,000	693,000	797,000	876,000	964,000	1,012,000	1,113,000
순운전자본	0	19,000	21,000	24,000	26,000	28,000	31,000
추가운전자본	0	19,000	2,000	3,000	2,000	2,000	3,000

1) 순운전자본 : 유동자산 − 유동부채

2) 추가운전자본 : 당기 순운전자본 − 전기 순운전자본

3. WACC

(1) L. Beta

① Unlevered Beta≒1.508÷(1+(1 - 0.22)× $\frac{0.3}{0.7}$) ≒1.13

② Levered Beta≒1.13×(1+(1 - 0.22)× $\frac{0.1}{0.9}$ ≒1.22

(2) CAPM : 3.68%+1.22×(12.2 - 3.68)+6% ≒20.0%

(3) 타인자본비용 : 6.5%×(1 - 0.22) ≒5.07%

(4) WACC : 0.9×20%+0.1×5.07% ≒18.5%

4. 환원율 : 13.7%

5. 영업가치

$$\frac{\Sigma 매기\ FCFF}{1.185^n} + \frac{CV(≒302,146,000 \div 0.137)}{1.185^5} \quad ≒1,609,000,000$$

Ⅲ. (물음 3) 비상장주식 가치

1. 기업가치(company value)

(1) 영업가치

0.V ≒1,609,000,000

(2) 비영업용 자산

13,000,000 + 200,000,000 ≒213,000,000

단기금융 장기투자자산

(3) 기업가치 : (1)+(2) ≒1,822,000,000

2. 자기자본 가치

(1) 이자부 부채 : 5억

(2) 자기자본 가치 : 1. - (1) ≒1,322,000,000원

3. 비상장주식 주당가치

2.÷250,000주 ≒5,288원/주

Ⅳ. (물음 4) 기술가치

1. 기술기여도 : 40%×25% ≒10%

2. 기술가치 : 1,609,000,000×0.1 ≒160,900,000

Ⅴ. (물음 5) 무형자산

1. 산식 : 영업가치 - 순운전자본 - 영업용 자산(유형)

2. 순운전자본 : 7억 - 7억 ≒0

3. 영업용 유형자산 : 7억+5.3억 ≒12.3억

4. 무형자산가치 : 1,609,000,000 - 12.3억 ≒379,000,000

종합문제 08 기업가치 · 특허권 · 영업권 40점 　감정평가사 30회 기출

(물음 1) A기업의 기업가치

Ⅰ. 개요

1. 기준시점 : 2023.01.01.

2. 근거 법령 : 「감칙」 제24조 제3항 및 실무기준 등

3. 평가 방법 : 주된 방법은 수익방식, 다른 방법에 의한 검토
물건의 성격 등에 의해 생략

4. 기업가치 산정 산식

① 기업가치 = 기업의 영업가치(영업관련가치) + 비영업자산

② 기업의 영업가치(영업자산가치) : FCFF 모형 적용

5. 주요가정

① 추정기간 : 5년 　② 추정기간 이후 성장률 : 0%

Ⅱ. WACC의 산정

1. 자기자본비용 (CAPM)

1) β : (0.9654 + 0.9885 + 0.9763) ÷ 3 　= 0.9767

2) 자기자본비용 : 3.5% + 0.9767 × (12.0% - 3.5%) 　= 11.80%

2. 타인자본비용 (세후) : 7% × (1 - 0.22) 　= 5.46%

3. WACC = 0.4 × 11.80% + 0.6 × 5.46% 　= 8.00%

Ⅲ. 기업의 영업가치(영업관련가치)

1. 방침

① 영업이익 = 매출 - 매출원가 - 판관비

② FCFF = 영업이익 × (1 - 0.22) + 감가상각비 - 자본적지출 - 추가운전자본

④ 자본적지출 : 매출액 × 3%

⑤ 추가운전자본 : 매출액 증가 × 운전자본 소요율

2. 각종 요율의 정리

1) 매출증가율

① 대상기업기준

- 2020~2021 : 2,100/2,000 - 1 　= 5%
- 2021~2022 : 2,205/2,100 - 1 　= 5%
- 결정 : 과거평균 증가율 　5%

② 동종 및 유사업종 기준 : (4.92 + 4.82 + 5.24) ÷ 3 　= 5%

③ 매출액 증가율 : (① + ②) ÷ 2 　= 〈5%〉

2) 매출원가율 : 대상기업의 과거비율 기준

- 2020 : 1,000/2,000 　= 50%
- 2021 : 1,050/2,100 　= 50%
- 2022 : 1,102.5/2,205 　= 50%
- 결정 : 과거 매출원가율이 매기 동일한바 〈50%〉 적용

3) 판매 및 관리비율

- 2020 : 200/2,000 = 10%
- 2021 : 210/2,100 = 10%
- 2022 : 220.5/2,205 = 10%
- 결정 : 매기 판매 및 관리비율이 동일한 바 〈 10% 〉 적용

4) 운전자본 소요율

1/8 + 1/10 - 1/20 = 17.50%

3. FCFF (단위 : 백만원)

구분	1	2	3	4	5
매출액	2,315	2,431	2,553	2,681	2,815
(매출원가)	1,157.50	1,215.50	1,276.50	1,340.50	1,407.50
(판관비)	231.50	243.10	255.30	268.10	281.50
세전영업이익	926.00	972.40	1,021.20	1,072.40	1,126.00
(세금)	203.72	213.93	224.66	235.93	247.72
세후영업이익	722.28	758.47	796.54	836.47	878.28
감가상각비	115	120	125	130	135
(자본적지출)	69.45	72.93	76.59	80.43	84.45
(추가운전자본)	19.25	20.30	21.35	22.40	23.45
FCFF	748.58	785.24	823.60	863.64	905.38

4. 기업의 영업가치(영업관련 기업가치)

1) 추정기간 영업가치

FCFF	748.58	785.24	823.60	863.64	905.38
현가율	0.92593	0.85734	0.79383	0.73503	0.68058
현재가치	693.13	673.22	653.80	634.80	616.19
합계액	3,271,000,000원				

2) 추정기간 후 영업가치

905.38백만원 ÷ (8% - 0%) × 1/(1+0.08)^5 = 7,702,000,000원

3) 기업의 영업가치

3,271,000,000 + 7,702,000,000 = 10,973,000,000원

5. 기업가치

1) 비영업가치 : 단기금융 + 장기투자자산 = 7억 + 3억 = 10억원

2) 기업가치 : 1,000,000,000 + 10,973,000,000 = 11,973,000,000원

(물음 2) A기업의 특허권 가치

Ⅰ. 특허권 유효잔존 수명

1. 경제적 잔존 수명

1) 기술수명 영향요인 평점 : 1×6 + 0×4 = 6점

2) 경제적 수명 : 9×(1 + 6/20) = 11.7년(약 11년)

3) 경제적 잔존 수명 : 11년 - 6년 = 5년

2. 법적 잔존 수명 : 2022.01.01.~2035.05.26.(약 13년)

3. 특허권 유효 잔존 수명 : MIN(5년, 13년) =5년

Ⅱ. 특허권 가치

1. 방침 : 기업영업가치 × 기술기여도

2. 기술기여도

1) 산업기술요소(식료품 제조업 C10) : 51.3%

2) 개별기술강도

[(4×3+6×4)+(4×4+3×6)]÷100 =70%

3) 기술기여도 : 51.3%×70% =〈35.91%〉

3. 특허권 가치

1) 방침

① 특허권 가치=기업의 영업가치×기술기여도

② 특허권의 잔존기간 동안의 기업의 영업가치를 기준함.

2) 특허권 가치 : 3,271,000,000×35.91% =〈1,175,000,000원〉

(물음 3) A기업의 영업권 가치

Ⅰ. 방침

1. 영업권=기업의 영업가치 - 영업투하자본

2. 영업투하자본=영업자산 - 영업부채 (무이자부부채, 유동부채)

=자기자본(자본)+이자부부채

3. 재무상태표상 유동부채는 모두 영업부채로 판단

Ⅱ. 영업투하자본

1. 영업자산

① 산식 : 당좌자산(그외)+재고자산+유형자산+특허권

② 산정 : 5억+6억+25억+10억+8억+1,175백만원

=6,575,000,000원

2. 영업부채 : 1,100,000,000원

3. 영업투하자본 : 6,575,000,000원 - 1,100,000,000원

=5,475,000,000원

Ⅲ. 영업권 가치

10,973 백만원 - 5,475 백만원 =〈5,498,000,000원〉

Chapter 07

목적별 평가 연습문제

연습문제 01 | 경매 · 담보평가 20점 감정평가사 13회 기출

Ⅰ. (물음 1) 담보 감정평가

1. 담보가격의 평가(기준시점 2022. 3. 31)

(1) 대상물건의 확정

① 현황도로(50㎡ : 가치형성이 곤란)평가외

② 잔여부분(10㎡ : 단독 효용성 희박)평가외

(2) 공시지가기준법

1) 비교표준지의 선정

용도지역이 동일하고 이용상황이 유사한 공시지가 기호2를 비교표준지로 선정한다.

2) 공시지가기준가액

$18{,}000 \times 1.0000 \times 1.000 \times \frac{100}{90} \times 1$ ≒20,000원/㎡

(시[1] 지 개 그)

1) 시점수정(2022. 1. 1~2022. 3. 31 : 미지정) 용도지역이 미지정이므로 녹지지역 지가 변동률을 적용함.

(3) 거래사례비교법

1) 거래사례의 선정

위치 및 물적 유사성이 있으며 시점수정과 사정보정이 가능한 거래사례 기호1을 선정한다.

2) 비준가액

$12{,}000{,}000 \times \frac{100}{121} \times 1.0000 \times 1.000 \times \frac{100}{90} \times \frac{1}{500}$ ≒ 22,000원/㎡

(사 시 지 개 면)

(4) 담보 감정평가액

「감칙」 §12① 및 §14에 따른 토지의 주된 방법인 공시지가기준가액과 「감칙」 §12②에 따른 다른 방식(거래사례비교법)에 의한 비준가액 간의 균형관계가 유지되는 점에 비추어 주된 방법에 의한 시산가액으로 결정함.

① 정상토지 : 20,000 × 300 ≒6,000,000원

② 도로 : 평가외

③ 잔여토지 : 평가외

2. 담보감정평가시 적정성 검토방법

감정평가서를 발송하기 전에는 다음 각 호의 사항을 미리 검토하여야 한다.

1) 감정평가서의 위산 · 오기 여부

2) 의뢰내용 및 공부와 현황의 일치여부

3) 감정평가관계법규 및 협약서에 위배된 내용이 있는지 여부

4) 감정평가서 기재사항이 적절히 기재되었는지 여부

5) 감정평가액의 산출근거 및 결정 의견이 적절히 기재되었는지 여부

Ⅱ. (물음 2) 경매 감정평가

1. 일괄경매조건인 경우 경매가격의 평가

(1) 대상물건의 확정

① 단독효용가치가 희박한 부분은 다른 번지와 합병되어 등기정리가 완료되었으므로 평가대상이 아니며, 현황도로부분은 채무자가 받을 보상금을 지불 전에 압류하여 담보물권을 행사할 수 있으므로 평가제외하여 토지는 121번지 300㎡만 평가하되, ② 일괄경매조건이므로 제시외건물도 평가한다. (기준시점 2023. 3. 31)

(2) 토지가액

1) 비교표준지의 선정

용도지역이 동일하고 이용상황이 유사한 공시지가 기호3을 비교표준지로 선정한다.

2) 공시지가기준가액(조성비 보정 전)

22,000 × 1.0200 × 1.000 × 1.000 × 1 ≒22,000원/㎡

시[1] 지 개 그

1) 시점수정(2023. 1. 1~2023. 3. 31 : 녹지지역)

3) 토지가격의 결정

대상부동산은 부지조성을 위해 3,000,000원이 투입되어 현황 잡종지의 상태이므로 이를 반영하여 다음과 같이 토지가격을 결정한다.

$22,000 + \frac{3,000,000}{300}$ ≒ 32,000원/㎡

(3) 제시외 건물

(150,000 + 30,000) × 1 × 1 × 1 × 30 ≒ 5,400,000원

시 개 잔 면

※ 주 : 감가수정은 정액법, 만년감가 기준

(4) 경매 감정평가액

토지 32,000 × 300	9,600,000원
(토지보상금 : 50 × 8,500)	≒ 425,000
건물	5,400,000원
합계	15,425,000원

2. 제시외 건물이 타인 소유인 경우 경매가격의 평가

(1) 대상물건의 확정

토지는 121번지를 기준하여 평가하되, 제시외건물이 타인 소유이므로 지상권이 설정된 정도의 제한을 감안하여 청구(설정부분과 설정 외 부분 구분평가)하여야 하며 건물은 평가하지 않는다.

(2) 경매가액

1) 지상권이 설정된 부분의 평가

32,000 ×(1 - 0.3) × 50 ≒1,120,000원

면[1]

1) 지상권의 설정면적 : 30 ÷ 0.6 ≒ 50㎡

2) 지상권이 설정되지 않은 부분의 평가

32,000 × 250 ≒8,000,000원

3) 경매 감정평가액

1,120,000 + 8,000,000 + 425,000 ≒9,545,000원

Tip 목적별 평가 논점 정리

구분	논점	담보	경매	보상	국공유지
토지	① 일반적 제한 (용도지역, 접도구역)	반영	반영	반영	반영
	② 개별적 제한 (도시계획 시설 등)	감가 (평가외)	감가	감가 無 (정상)	도시계획시설 결정폐지 고려
	③ 도로	평가외	1/3	칙§26	*1)
	④ 타인점유	평가외	감가	감가 無	정상/지상권
	⑤ 분묘	평가외	감가	감가 無	정상/지상권
건물	① 면적(실측면적?)	공부면적*2)	공부면적	제시면적	제시면적
	② 증축(무허가)	평가외	평가	평가	평가
제시 외	① 종물 부합물	평가외	평가	평가	평가
	② 무허가	평가외	평가	평가 (행위제한)	평가

*1) 국공유지 무상양도(재개발) 평가 시에는 용도폐지될 것을 전제로 평가

*2) 실무적으로 실측면적은 정확한 측량에 의한 것이 아니기에 큰 차이가 없는 경우 공부상의 면적을 기준함.

* 접도구역은 일반적 제한으로 감가를 반영하는 것이 원칙이나, 농지의 경우 건축 제한에 따른 감가요인의 영향이 미미하다고 보이는 경우는 별도 고려를 하지 않을 수도 있다.

연습문제 02 담보 · 경매 · 국공유재산 등 25점

감정평가사 16회 기출 변형

Ⅰ. 감정평가 개요

평가대상 면적은 토지대장등본 및 일반건축물대장등본을 기준하고 건물의 내용년수는 경제적 내용년수를 기준함. (기준시점 : 2023.8.28.)

Ⅱ. 물음 1(담보)

1. 대상물건의 확정

① 공법상제한은 제한 받는 상태를 기준으로 평가하고,

② 현황 도로 및 타인점유 : 평가외

② 제시외 : 일반건축물대장에 미등재된 제시외건물 평가외.

2. 토지

$2{,}000{,}000 \times 1.03226^{1)} \times 1.000^{2)} \times 0.670^{3)} \times 1.30^{4)}$ ≒1,800,000원/㎡

1) 기준시점 최근 2023.1.1

2) 시점수정치 : 비교표준지 소재 시군구 A시 B구 주거지역

3) 개별요인비교치 $\frac{0.7}{0.8+0.2\times0.7}\times0.9$

4) 그 밖의 요인 보정치 : 기준시점 최근 일반거래 〈사례3〉 기준

3. 건물

$750{,}000 \times \frac{45-7}{45} \times 0.7^{1)}$ ≒ 443,000원/㎡

1) 도시계획도로 저촉

4. 감정평가액

① 토지 : (정상토지) 1,800,000 × 450M² ≒ 810,000,000

(타인점유) 30M² 평가외

(사실상 사도) 50M² 평가외

② 건물 : 443,000 × 1,380 ≒ 611,340,000

※ 담보 목적 고려 건물 면적은 등기 면적 기준할 수 있음.

③ 감정평가액 : 토지 + 건물 ≒1,421,340,000

Ⅲ. 물음 2(경매)

1. 대상물건의 확정

① 토지 : 공법상제한은 제한받는 상태로 평가하고, 현황도로는 사실상사도 임에 따라 보상평가규정을 준용하여 인근 토지 평가액의 1/3 이내로 평가하고 타인 점유 부분은 이로 인한 감가를 고려하여 평가함.

② 건물 : 제시외건물은 동일인 소유의 종물임에 따라 포함하여 평가함.

2. 토지

① 정상토지 : 1,800,000 × 450 ≒ 810,000,000

② 도로 : 1,800,000 × 1/3 × 50 ≒ 30,000,000

③ 타인점유 : 1,800,000 × 0.95 × 30 ≒ 51,300,000

3. 건물

443,000 × 1,380 ≒ 611,340,000

4. 제시외

291,000 × 33 /40 × 0.7 × 30 ≒ 5,040,000

5. 감정평가액

토지 + 건물 + 제시외 ≒ 1,507,680,000

Ⅳ. 물음 3(처분)

1. 대상물건의 확정

① 제2종 일반주거지역과 문화재보호구역 같은 일반적 계획제한은 제한받는 상태로 평가하나, 도시계획시설(도로) 저촉과 같은 개별적 계획제한은 제한받지 않는 상태 기준(또는 결정 폐지된 상태 전제)함.

② 현황도로는 매각대상에서 제외.

③ 토지는 나지상정 평가임에 따라 타인점유 부분은 나지 상정함.

④ 건물은 별도 제시 없어 종물도 포함하여 평가

2. 토지

2,000,000 × 1.03226 × 1.000 × 0.957 × 1.30 ≒ 2,570,000원/㎡

1) 2)

1) 행정적 요인 : $\frac{1}{0.8+0.2\times0.7}\times0.9$

2) 그 밖의 요인 : 기준시점 최근 일반거래 〈사례4〉 적용

① 정상토지 : 2,570,000 ×480 ≒ 1,233,600,000

② 도로 : 평가외

※ 타인점유는 지상 건물 철거 전제

3. 건물 : $750,000\times\frac{45-7}{45}$ ≒ 633,000원/㎡

〈× 1,380 ≒ 873,540,000원〉

4. 제시외 : 291,000 × 33/40 × 30 ≒7,200,000원

5. 감정평가액 : 토지 + 건물 + 제시외 ≒2,114,340,000

Ⅴ. 물음 4(보상)

1. 대상물건의 확정

① 제2종 일반주거지역과 문화재보호구역 같은 일반적 계획제한은 제한받는 상태로 평가하나, 도시계획시설도로 저촉과 같은 개별적 계획제한은 제한받지 않는 상태 기준함.

② 현황도로는 사실상 사도임에 따라 인근 토지 평가액의 1/3 이내로 평가함.

③ 토지는 나지상정 평가임에 따라 타인점유 부분은 나지 상정함.

2. 토지

1) 적용공시지가 선택

사업인정의제일 이전 공시된 공시지가로 가격시점 최근 공시된 〈2022.1.1.〉 선택 (토지보상법§70④)

2) 비교표준지 선정 : 용도지역, 이용상황등 동일 유사한 〈#1〉 선정

3) 시점수정치 :

① 지가변동률 (토지보상법 시행령 §37①)

A시 B구 지가변동률 적용(2022.1.1.~2023.6.30.) 1.03226

※ 령§37③ 도로 등 사업으로 요건 해당 없음.

② 생산자물가변동률 : $\frac{109.0}{108.4}$ ≒1.00554

③ 결정 : 국지적 지가의 변동을 반영하는 지가변동률 적용

4) 개별요인 비교치 : 문화재보호구역 저촉 반영, 도시계획시설 저촉 배제

0.957

5) 그 밖의 요인 보정치 :

보상사례로 적용공시지가 선택 기준에 따라 사업인정 전 시점기준 〈사례 1〉

기준 1.20 적용

6) 토지단가

1,900,000 × 1.03226 × 1.000 × 0.957 × 1.20 ≒ 2.250,000원/㎡

① 정상토지 : 2,250,000 × 480 ≒1,080,000,000

② 도로 : 2,250,000 × 1/3 × 5 0≒37,500,000

※ 타인점유는 건축물등이 없는 상태 상정(나지상정)

3. 지장물(취득가격보상법§75①)

건물 + 지장물 ≒880,740,000

4. 보상평가액 : 토지 + 지장물 ≒1,998,240,000

연습문제 03 담보평가(시점별) 30점

감정평가사 20회 기출 변형

Ⅰ. 감정평가 개요

임야, 공장예정지 및 완공된 공장에 각 시점별 적정 담보평가액을 물건별 평가에 의하여 산정함

Ⅱ. (물음 1) 2023. 1. 1일 기준시점 담보평가액

1. 대상물건 확정

① 공장신설 승인신청, 지적분할 신청이 아직 진행 중인바, 현황 고려 전체를 "임야"로, 공유지분비율고려(김갑동지분, 1/3) 평가

② 소로 한면(대상의 거래사례 참조, 왕복2 차선 고려), 부정형, 완경사

2. 적용공시지가

기준시점(=현장조사일) 현재 2023년 공시지가가 미공시된 바 〈2022년〉공시지가적용

3. 비교 표준지 선정

관리지역, 임야, S리 소재 〈# 1〉 선정(#2:지역상이, 2023 세분용도지역상이, #3, 4 : 이용상황 상이)

4. 토지단가

51,000원/㎡ × 1.01200 * × 1 × 1 × 1 = 51,000원/㎡

*1 관리지역(2022.1.1.~2023.1.1.) : 1.01200×1.00

5. 감정평가액

51,000원/㎡ × 23,955 × 1/3 = 407,235,000원

Ⅲ. (물음 2) 2023.3.31일 기준시점 담보평가액

1. 대상물건 확정

① 허가 득한 임야로 공장예정부지로 산11번지 임야가 등록전환, 지번분할된 상태로 김갑동 소유 11번지와 11 - 3번지의 지분이 평가대상, 단 11 - 3번지는 도로로 예정된 바 환가성 등 면에서 평가외(7,780㎡, 사다리, 평지).

② 건물신축 위한 임시사용승인된 건물(제시외 건물)은 점유강도 등을 고려할 때 대상 토지에 미치는 영향 없을 것으로 판단되어 미고려.

2. 공시지가기준법

1) 비교표준지 선정

계획관리, 공업용 〈#3〉선정, 2023년도 공시지가 적용, 성숙도 고려하여 산정함.

2) 시점수정치

계관 지변율 미공시로 공법상 제한 유사한 관리지역 적용

2023.1.1.~3.31 : =1.00005

3) 개별요인비교치 : 1/1.1 = 0.909

4) 그 밖의 요인 보정치 : 성숙도 유사한 '가' 기준

① 평가전례 기준 : 120,000원/㎡ × 1.00005 × 1 × 1/0.9 = 133,340원/㎡

② 공시지가기준 : 150,000원/㎡ × 1.00005 × 1 × 1/1.1 = 136,370원

③ 결정 : 공시지가 기준가격이 시세 및 적정성을 반영하고 있어 그 밖의 요인 보정치는 1.00으로 결정

5) 시산가액

150,000원/㎡ × 1.00005 × 1 × 0.909 × 1.00 = 136,000원

3. 조성원가법

1) 개요

본건의 거래사례의 매도인에게 귀속되는 개발이익은 개발가능 임야를 구입하기 위한 필요비용으로 보아 소지가격은 이를 기준함.(공시지가 기준가격도 적용할 수 있으나 원가방식의 특성상 매매가격을 기준함)

2) 소지가격

110,000원/㎡ × 7,985㎡ = 878,350,000원

* 대상토지 거래사례기준

* 기간이자 미고려

* 개별요인 비교 불요

* 23,955㎡/3 = 7,985㎡

3) 조성공사비

45,000,000 + 150,000,000/1.5 + 30,000,000 + 72,000,000 = 247,000,000원

가설 / 50% 보정* / 옹벽 / 간접

* 조경, 바닥 제외

4) 시산가액

(878,350,000 + 247,000,000)/7,780㎡ = 145,000원/㎡

4. 감정평가액

적산가액은 소지매입가격이 높고 간접비가 부정확하여 다소 높게 산정된 공급자 중심의 가격인 점을 고려. 공시지가 기준법에 의한 시산가액은 평가전례에 의해 그 적정성이 지지되는바, 이를 기준 136,000원/㎡ 으로 결정함

136,000원/㎡ × 7,780 = 1,058,080,000원

(* 도로부분은 평가외)

Ⅳ. (물음 3) 2023.6.30 기준시점 담보평가액

1. 대상물건의 확정

1) 토지

지목변경을 조건 완공상태 지목감가 미고려, 공장부지로 소로한면, 사다리형, 평지, 7,780㎡ 기준(도로부분 평가외)

2) 건물

공장건물은 현재 미등기 상태로 금융기관의 담보권 설정이 현재로서는 불가능하고 이를 감안하여 의뢰된 것으로 건축물대장을 근거로 평가하였으니 업무 진행시 참조 바람.

2. 토지(공시지가기준법)

1) 비교표준지 선정 : 계획관리, 공업용 〈#3〉, 2023년도 적용

2) 시점수정치 (2023.1.1. ~ 6.30) :

1.1 ~ 3.31 계관 지변율 미공시로 공법상 제한 유사한 관리지역 적용하고
4.1 ~ 6.30 계관 지변율 적용

1.00005×1.01 =1.01005

3) 개별요인비교치 : 1/1 =1.000

4) 그 밖의 요인 보정치 : 성숙도 유사한 '나' 기준

① 평가전례 기준 : 170,000원/㎡×1.01005×1×1 = 171,709원/㎡

② 표준지공시지가기준 : 150,000원/㎡×1.01005×1×1 = 151,508원

③ 격차율 : ①/② =1.133

④ 결정 : 인근 시세 및 상기에 따른 격차율을 고려하여 그 밖의 요인 보정치는 1.13으로 결정

5) 토지가액 : 150,000×1.01005×1×1×1.13 = 171,000원/㎡

〈×7,780 = 1,330,380,000원〉

3. 건물(원가법)

1) 공장건물

(30,000,000+250,000,000+ ⋯ +150,000,000) = 970,000,000원

* 옹벽공사비는 토지조성공사비용으로 제외
* 크레인설비는 기계 항목으로 각각 제외

2) 사무실 건물

(5,000,000+30,000,000+ ⋯ +19,000,000) = 138,000,000원

3) 건물가액 : 1,108,000,000원

4. 감정평가액 : 토지 + 건물 = 2,438,380,000원

연습문제 04 경매평가 15점

감정평가사 26회 기출

Ⅰ. 기본적 사항의 확정

1. 기준 시점 및 평가목적 : 2023. 09. 19, 경매 목적

2. 대상 물건

(1) 토지 : S동 1210번지 200㎡

(2) 건물 : 2층 주택

(3) 제시외 : 보일러실㉠ 및 주택㉡

3. 기타사항

① 건물의 구분평가 : 2층 증축된바 가치를 달리하는 경우에 해당하여 감칙 7조 3항에 따라 구분평가함

② 기존 건물의 경과년수 : 완공일과 사용승인일 1년 이상 차이나는 바 완공일 기준 7년 경과

③ 제시외

㉠ 면적 및 구조(보일러실) 등으로 보아 부합물로서 토지가치에 미치는 영향은 미미할 것으로 판단되나, 소유권확인이 별도 필요함.

㉡ 견고한 구조로 주택 등으로 이용 중으로 토지가치에 미치는 영향이 다소 있을 것으로 판단되나, 소유권 확인 및 일괄 경매 여부에 따라 토지가치가 달라지는바 제시 외 건물로 인한 토지가치에 미치는 영향이 없는 상태(일괄경매)를 기준으로 평가하되, 소유권이 상이한 등 토지가치에 미치는 영향이 있는 경우의 토지단가를 비고란에 병기하였음.

Ⅱ. 토지

1. 소유자가 동일한 경우

6,530,000×200 =1,306,000,000

2. 소유자가 상이한 경우

6,530,000×0.88 =5,746,000원/㎡

(×200=1,149,200,000원)

※ 기호㉠에 따른 토지가치에 미치는 영향 1%는 미미한 것으로 반영하지 아니하였으나 감안 가능함.

Ⅲ. 건물

1. 기존 부분 : 750,000×43/50×100 =64,500,000

2. 증축 부분 : 600,000×43/45×12 =6,730,000

※ 조정 내용년수가 가능 경제적내용년수 초과

3. 계 : 71,230,000

Ⅳ. 제시 외 건물

1. ㉠ : 100,000×4 =400,000

2. ㉡ : 600,000×20/45×48 =12,800,000

3. 계 : 13,200,000

Ⅴ. 감정평가액 결정

1. 소유자가 동일한 경우

1,306,000,000+71,230,000+13,200,000 =1,390,430,000

2. 소유자가 상이한 경우

1,149,200,000+71,230,000 =1,220,430,000

연습문제 05 시점별 · 목적별 평가 30점 감정평가사 19회 기출 변형

Ⅰ. 감정평가 개요

본건은 부동산 운용의 컨설팅으로서 대상 토지의 활용대안별 적정가격을 산정하고 가치기준에 따라 비교 설명한다.

Ⅱ. (물음 1) 기준시점 2023. 1. 1자 토지의 정상가격

1. 기준가치

시장가치란 대상물건이 통상적인 시장에서 충분한 기간 거래된 후 그 대상물건의 내용에 정통한 거래당사자간에 통상 성립한다고 인정되는 가액을 산정.

2. 기호#1

1) 대상물건의 확정

① 이용상황 : 주차장으로 이용중이나 일시적인 이용으로서 주위의 표준적이용상황 고려 "전"

② 토지특성 : 관리지역, 전, 300㎡, 가장형, 평지, 세로(가)

2) 비교표준지 선정 : 관리지역 내 전 표준지#1 선정.

3) 평가액

62,000 × 1.00000 × 1.000 × (1.00 × 1.04 × 1.03) × 1.00

(도 형 세 / 그)

= @66,000원/㎡

〈× 300 = 19,800,000원〉

3. 기호#2

1) 대상물건의 확정

① 이용상황 : 지목이 임야이나 현황 및 인근 이용상황을 종합하여 '토지임야'(개발가능 임야).

② 보존묘지 : 거래가 제한되어 별도의 가치를 가지지 못하는 것으로 판단하여 평가외

③ 토지특성 : 관리지역, 토지임야, 가장형, 평지, 세로(가)

2) 비교표준지 선정 : 관리지역 내 토지임야 표준지#6 선정.

3) 평가액

43,000 × 1.00000 × 1.000 × (1.09 × 1.04 × 1.03) × 1.00

(도 형 세 / 그)

= @50,000원/㎡

〈× 300 = 15,000,000원〉

4. 합계

= 34,800,000원(묘지부분 30㎡ 평가외)

Ⅲ. (물음 2) 기준시점 2023. 1. 1자 토지의 기초가액

1. 기준가치

기초가액이란 적산임대료의 기초가 되는 가격으로서 대상물건의 원본가격을 말하는데 계약내용의 해당부분에 대한 계약기간에 한해 성립이 되는 가격으로 평가한다.

2. 기호#1

관리지역의 주차장으로 이용 중인바 표준지#4 선정

68,000 × 1.0000 × 1.000 × (1.00 × 1.04 × 1.00) × 1.00 = @71,000원㎡

〈× 300 = 21,300,000원〉

3. 기호#2

관리지역의 전으로 이용 중인 바 표준지#1 선정하되, 분묘부분도 포함하여 P씨가 사용 중인바, 본건은 330㎡, 부정형, 평지, 전이용임.

62,000 × 1.00000 × 1.000 × (1.00 × 1.00 × 1.03) × 1.00 = @64,000원/㎡

〈× 330 = 21,120,000원〉

4. 합계

= 42,420,000원

Ⅳ. (물음 3) 기준시점 2023. 9. 21자 토지의 시장가치

1. 개요

기준시점 2010. 9. 21의 정상가치(시장가치)은 대상 토지의 최유효사용을 전제로 공시지가기준으로 평가한다. (기준시점 현재 건축공정 80% 완료된 관리지역 상업용 건부지, 기부채납 제외)

2. 공시지가기준법

관리지역의 상업용 표준지#5 선정

190,000 × 1.01000 × 1.000 × (0.93 × 1.04 × 1.00) × 1.30

표준지 시점수정 지역 개별 그밖

= @241,000원/㎡

〈× 560 = 134,960,000원〉

3. 수익환원법

1) 환원이율

① 토지환원이율 : 0.08 × 0.1 + 0.1 × 0.4 + 0.12 × 0.5 = 0.108

② 건물환원이율 : 0.1 × 0.1 + 0.11 × 0.4 + 0.12 × 0.5 = 0.114

2) 건물 귀속 NOI

① 건물가액 : 730,000,000 × (1 - 0.04 - 0.04 - 0.02) = 657,000,000

② 건물 귀속 NOI : 657,000,000 × 0.114 = 74,898,000

3) 토지 귀속 NOI : 90,000,000 - 74,898,000 = 15,102,000

4) 시산가액(토지) : 15,102,000 ÷ 0.108 = 139,833,000원

4. 감정평가액 결정

감칙§12① 및 §14에 따른 주된 방법(공시지가기준법)에 의한 시산가액과 감칙§12②에 따른 다른 방식(수익환원법)에 의한 시산가액이 유사하여 주된방법에 의한 시산가액의 합리성이 인정되는 바 주된 방법에 의한 시산가액〈134,960,000원〉을 감정평가액으로 결정함.

Tip 주요 가치 개념의 성격 및 특징

✔ 시장가치

① 개념 : 대상물건이 통상적인 시장에서 충분한 기간 동안 거래를 위하여 공개된 후 그 대상물건의 내용에 정통한 당사자 사이에 신중하고 자발적인 거래가 있을 경우 성립될 가능성이 가장 높다고 인정되는 대상물건의 가액.

② 성격 · 특징 : 개념 요소가 가치의 기본측정가정으로, ㉠ 통상적인 시장, ㉡ 충분한 기간 동안 거래를 위하여 공개, ㉢ 대상물건의 내용에 정통한 당사자, ㉣ 신중하고 자발적인 거래에 부합하는 것으로 해석.

✔ 투자가치

① 개념 : 개인적인 투자 요구조건에 기반한 특정 당사자에 대한 대상물건의 가치.

② 성격 · 특징 :

㉠ 대상물건이 투자 및 운용목적을 위한 시장에서 재무적 타당성(사업타당성 검토)을 목표로 특정 투자자(또는 단체)간에 관계된 개인들의 욕망이나 필요, 정해진 투자목표의 만족을 위한 거래를 전제로 투자자의 지불 가능성이 가장 높다고 인정되는 가치.

㉡ 투자자의 요구조건이 시장의 전형적인 조건과 일치하는 경우 투자가치와 시장가치의 가액이 같을 수 있음.

✔ 공정가치(또는 회계목적의 공정가치)

① 개념 : 기준시점에 시장참여자 사이의 정상거래에서 자산을 매도하면서 받거나 부채를 이전하면서 지급하게 될 가액.

② 성격 · 특징 : 한국채택국제회계기준에 따라 자산 및 부채의 가치를 추정하기 위한 기본적 가치기준으로서 합리적인 판단력과 거래의사가 있는 독립된 당사자 사이의 거래에서 자산이 교환되거나 부채가 결제될 수 있는 금액.

✔ 특별가치(또는 일반목적의 공정가치)

① 개념 : 기준시점에 시장참여자 사이의 정상거래에서 자산을 매도하면서 받거나 부채를 이전하면서 지급하게 될 가액. (기존 한정가치 개념 포함)

② 성격 · 특징 : 대상물건이 한정된 시장에서 특정 당사자 간의 이익을 위한 거래가 있는 경우 가능성이 가장 높다고 인정되는 가치.

✔ 특수가치

① 개념 : 일반적으로 시장성이 없는 물건의 이용상황 등을 전제로 하여 대상물건의 경제적 가치를 적정하게 표시하는 가액.

② 성격 · 특징 :

㉠ 대상물건의 이용현황으로 통상적인 시장에서 거래의 성립을 상정하기 어려운 경우에 그 이용 현황의 계속을 전제로 한 가치

㉡ 각 물건별 성격에 따라 비용성, 수익성, 거래성 등을 고려하여 평가.
(일본기준은 비용성에 따른 가치로 봄)

연습문제 06 | 자산재평가 30점

Ⅰ. 감정평가 개요

㈜ C산업의 유형자산 중 토지에 대한 2022. 12. 31 기준 재평가건임.

Ⅱ. (물음 1)

공정가치란 국제회계기준에 따르면, 합리적 판단력과 거래의사가 있는 독립된 당사자 간의 거래에서 자산이 교환되거나 부채가 결제될 수 있는 교환가치를 뜻함. 이는 ① 합리적 시장 ② 독립된 당사자 ③ 정상적인 거래를 요건으로 하며, 평가 시 충분한 시장근거가 요구됨.

Ⅲ. (물음 2)

1. 처리개요

19 - 3 및 19 - 12 양지 상에 하나의 건물이 소재 → 일단지평가

※ 전체면적 : 5,900㎡

2. 공시지가기준법

(1) 비교표준지 선정 : 일반상업지역, 상업용, 역세권에 위치한 公1 - 5 기준

(2) 개별요인 비교치 : 대등 ≒1.000

(3) 그 밖의 요인 보정치

① 사례선정 : 철거전제 취득하여 나지상정 평가한 사례#1 기준.

(#2은 구분지상권 분리 불가능이므로 제외)

② 그 밖의 요인 보정치 :

$$\frac{8,070,000 \times 0.95552 \times 1 \times 1}{4,350,000 \times 0.99203} \fallingdotseq 1.78$$

(4) 시산가액

4,350,000 × 0.99203 × 1.000 × 1.000 × 1.78 ≒ @7,680,000/㎡

〈×5,900=45,312,000,000원〉

3. 거래사례비교법

(1) 사례 선정 : 일반상업지역, 상업용인 거래사례 1을 선정함.

(2) 금융보정(사례가격정상화)

$$2,635,000,000 \times (0.55 \times \underset{\text{저당}}{MC_{\frac{5}{12}\%,\ 120}} \times \underset{\text{현금지급}}{PVAF_{\frac{5.5}{12}\%,\ 120}} + 0.45) = 2,602,139,000$$

(3) 개별요인비교치 :

$$\left(\frac{100}{98}+\frac{100}{99}-1\right)\times\left(\frac{100}{100}+\frac{100}{99}-1\right)\times\left(\frac{100}{101}+\frac{100}{100}-1\right)\times\left(\frac{100}{98}+\frac{100}{98}-1\right) = 1.073$$

(4) 시산가액

$$\underset{\text{사}}{2,602,139,000 \times 1} \times \underset{\text{시}}{0.93772} \times \underset{\text{지}}{1.000} \times \underset{\text{개}^{1)}}{1.073} \times \underset{\text{면}}{\frac{1}{340}}$$

≒ @7,700,000/㎡

〈×5,900=45,430,000,000원〉

4. 수익환원법

(1) PGI

1) 층별효용비(1층 100, 지하층 제외 ∵ 임대 ×)

$\frac{1F}{100} - \frac{2F}{65} - \frac{3F}{42.3} - \frac{4\sim8F}{27.5}$ 〈아래층 대비 65%〉

2) 층별소득

- 1F : 972,545[1] × 1.000 × 3,800 × 0.65 ≒ 2,402,186,000
  (층·효·비 / 바닥면적 / 전용률)

1) 기준층 소득 : @5,257,000 × 0.065 + @52,570 × 12月 (보증금 / 지불임대료)

- 2F : 972,545 × 0.65 × 3,800 × 0.65 ≒ 1,561,421,000
- 3F : 972,545 × 0.423 × 3,800 × 0.65 ≒ 1,016,125,000
- 4F : 972,545 × 0.275 × 3,800 × 0.65 ≒ 660,601,000
- 5~8F : [972,545 × 0.275 × 3,450 × 0.75 ≒ 692,027,000] × 4

合 : 8,408,441,000

(2) NOI

(1) 0.95 × (1 - 0.278) ≒ 5,767,350,000
(공실등고려 / 운영경비율[1])

1) 경비비율 : 10,000 – 15,000坪 구간분 적용(∵ 대상 45,000㎡ × $\frac{121}{400}$ ≒ 13,613평)

※ 월임대료에 공익비 등이 포함되었는바, 운영비에 모든 항목 포함시킴.

(3) 토지건물 일괄가액 : NOI ÷ 0.085 ≒ 67,851,000,000원

(4) (토지)시산가액 : (3) × 0.6 ≒ 40,710,600,000원

5. 감정평가액 결정

(1) 관련 근거

토지는 「감칙」 §12① 및 §14에 따라 주된 방법에 의한 공시지가기준가액을 「감칙」 §12② 및 §11에 따라 산출한 다른 방식(거래사례비교법, 수익환원법)에 의한 시산가액과의 합리성을 검토하였음.

(2) 각 감정평가방식의 유용성 및 한계

비준가액은 시장성을 반영하나 사정보정의 합리성, 일괄 거래사례의 배분법 적용의 합리성이 전제되어야 하며, 수익가액은 수익성을 반영하나 해당 평가 시 적용한 배분법은 이론적 한계(수익의 일체성, 임료의 지행성)가 소재함.

(3) 시산가액 조정 및 감정평가액 결정

주된 방법에 의한 시산가액은 거래사례비교법에 의한 시산가액과 유사성이 있고 그 합리성이 인정되며, 본 평가는 기업회계기준 도입에 따른 재무보고 목적의 평가로서 시장에 근거한 증거로 공정가치를 결정하기 위한 것으로 그 산정 과정에 객관성과 합리성이 확보된 것으로 사료되어 공시지가기준법에 의한 시산가액〈45,312,000,000원〉으로 감정평가액을 결정함.

연습문제 07 집합건물의 경매 15점

Ⅰ. 감정평가 개요

대지권을 수반하지 않는 구분소유 건물의 경매 목적 평가로 평가명령서의 내용에 따라 평가

(기준시점 : 2023. 8. 31)

Ⅱ. 토지 · 건물 적정 배분 비율

1. **사례선정** : 가격구성비를 적정 반영한 〈사례#1〉 선정

2. 사례 정상거래가격

$$22,067,000,000 \times \left(0.5 + 0.3 \times \frac{0.08 \times 1.08^{20}}{1.08^{20} - 1} \times \frac{1.1^{20} - 1}{0.1 \times 1.120} + 0.2 \times \frac{0.12 \times 1.12^{15}}{1.12^{15} - 1} \times \frac{1.1^{15} - 1}{0.1 \times 1.1^{15}}\right)$$

≒ 21,702,651,000

3. 사례 토지가액(공시지가기준법)

(1) 비교표준지

용도지역 이용상황 동일, 유사 #1 선정

(2) 시산가액(단가)

$$\underset{\text{시}^{1)}}{9,100,000 \times 1.00120} \times 1 \times \frac{98}{96} \fallingdotseq @9,301,000/㎡$$

1) (2023. 1. 1 ~ 8. 31)

4. **가격구성비** : 토지 : 건물 ≒ 0.3 : 0.7

Ⅲ. 대상부동산 감정평가액 산정

1. 사례선정

위치 · 이용상황(주거) 구분소유 거래인 〈사례 #3〉

2. 거래사례비교법에 의한 시산가액

$$231,000,000 \times 1 \times 1.002^{8} \times 1 \times 1 \times \underset{\text{면}}{\frac{97.1}{45}} \times \underset{\text{층}}{\frac{28.3}{27.9}} \times \underset{\text{호}}{\frac{98}{80}} \fallingdotseq 629,331,000$$

3. 대상 건물 감정평가액

629,331,000 × 0.7 ≒ 440,532,000

연습문제 08 담보평가(구분소유적 공유) 20점

감정평가사 21회 기출 변형

Ⅰ. 감정평가서의 작성

1. **감정평가업자의 사무소 또는 법인의 명칭** : 공정감정평가법인

2. **의뢰인** : 한강은행

3. **감정평가목적** : 담보

4. **감정평가조건** : -

5. **기준시점** : 2023.09.02.(가격조사완료일(감칙§9②))
 - 조사기간 2023.08.30~2023.09.02,
 - 작성일자 : 2023.09.04.

6. **대상물건의 내용 (이대한 지분)**
 - 기호1 (54번지) : 일반상업, 상업용, 도시계획시설저촉 반영, 광대한면 250㎡ (구분소유적 공유로 위치 특정된 것으로 봄)
 - 기호㈎ : 철콘조 80㎡(中 20㎡도시계획시설 저촉 반영)
 - 기호2(산75) : 자연녹지, 임야 2800×1/2 지분(면적은 토지대장 기준)

7. **감정평가액의 산출근거 및 그 결정에 관한 의견**

(1) 본건의 평가는 "감정평가에 관한 규칙" 및 제반 감정평가이론 등에 의거하여 평가하였음.

(2) 감정평가액 결정의 주된 방법

① 본건 토지는 해당 토지와 유사한 이용가치를 지닌 표준지공시지가를 기준으로 해당 토지의 용도지역, 이용상황, 주위환경, 도로조건, 위치, 규모, 지형, 지세 등 제반 가격형성요인과 공시기준일로부터 기준시점까지의 지가변동추이 및 기타 사항을 종합 고려하여 평가하였음.

② 본건 건물은 구조, 사용자재, 시공상태, 부대설비, 용도, 현상 및 관리상태 등을 참작하여 원가법으로 평가하였음.

(3) 기타의견 :

① 54번지(기호1토지)는 구분소유적 공유 건부지로 위치가 특정된 것으로 판단(상업용)하여 이대한씨 점유부분을 평가하였음.

② 산75(기호2) 토지(임지) 상에 소재하는 입목은 일반적인 거래관행을 고려하여 토지에 포함하여 평가하였음.

③ 기호㉠은 제시외 건물로 평가외 하였음.

8. **대상물건목록의 표시근거**

토지 등기부등본, 대장 및 건물 등기부등본, 대장

Ⅱ. 감정평가액 산출 근거

1. 토지

(1) 54번지

기준시점 당시 최근〈2023.1.1〉, 일반상업, 상업용 〈표A〉 선정

1,100,000×1.05500×1×0.95×1.24 =@1,367,000

광대한면 *1

*1 그 밖의 요인 : 최근 일반상업, 상업용 〈선례A〉

$$\frac{1,300,000\times1.05500\times1\times1}{1,100,000\times1.05500\times1\times0.95}=1.24$$

- 평가액 : 1,367,000×(210+40×0.85) =333,548,000원

저촉

(2) 산75번지

기준시점 당시 최근〈2023.1.1.〉, 자연녹지, 임야 〈표C〉 선정

50,000×1.07500×1×1.12×1.24 =@74,000

- 평가액 : 74,000×2,800×1/2 =103,600,000원

(3) 건물

700,000×42/50 =@588,000

- 평가액 : 588,000×(60+20×0.85) =45,276,000원

(4) 감정평가액 : 483,400,000원

연습문제 09 정비사업(종전, 분양예정자산 등) 30점 감정평가사 17회 기출 변형

Ⅰ. 감정평가 개요

도시 및 주거환경정비법(이하 도정법)에 근거하여 P씨의 종전자산을 평가 등으로 기준시점, 비교표준지 선정 등에 유의하여 평가함.

Ⅱ. 물음 1 P씨 종전자산가액

1. 기준시점

도정법상 종전자산의 기준시점은 사업시행인가고시일 기준(2022. 8. 1)

2. 적용공시지가 선택

사업시행인가고시일(2022. 8. 1)당시 공시된 공시지가로 기준시점에 가장 가까운 시점에 공시된 2022년 공시지가 선택함.

3. 비교표준지 선정

사업구역내 합리적 균형성 제고를 위하여 사업구역 밖 2종일주, 단독 표준지〈1〉를 비교표준지로 선정함.

4. 토지가액

2,400,000 × 1.01501 × 1.000 × 1.000 × 1.00 ≒2,440,000원/㎡

(시 지 개 그)

〈×120 = 292,800,000원〉

5. 건물가액

$500,000 \times \frac{20}{40}$ = 250,000원/㎡

〈×90 = 22,500,000원〉

6. P씨 종전자산 감정평가액 : 토지 + 건물 = 315,300,000원

Ⅲ. 물음 2 분양예정자산 총수입

1. 기준시점 : 분양신청기간 만료일 2023.71

2. 일반분양 수입

(1) 10층 1호 일반분양가 산정

$350,000,000 \times (1 - 0.1) \times \frac{105}{100} \times \frac{100}{85}$ ≒389,000,000

(시세하락, 개별요인, 경과년수별 요인)

(2) 일반분양 수입

$389,000,000 \times \frac{100+106+110\times12+104}{110} \times 2$ = 11,528,545,000

3. 조합원 분양 수입

(1) 종전자산 총액 : 315,300,000 ÷ 0.01 = 31,530,000,000

(2) 총 사업비 : = 23,000,000,000

(3) 조합원 분양 단가 :

[(1)+(2)] ÷ (110m² × 120세대) = 4,131,000원/m²

(4) 조합원 분양수입

1) 세대당 분양가 : 4,131,000 × 110m² =454,410,000

2) 총수입 : 1) × 90세대 =40,896,900,000

4. 분양예정자산 총수입

일반 분양 + 조합원 분양 =52,425,445,000

Ⅳ. 물음 3 비례율, 권리가액, 정산금

1. 처리방침

(1) 비례율 = $\frac{\text{총수익} - \text{총비용}}{\text{종전자산평가총액}}$

(2) 권리가액 = 종전자산평가액 × 비례율

(3) 정산금 = 조합원분양가 - 권리액임에 따라 이를 차례로 적용함.

2. 비례율

(52,425,445,000 - 23,000,000,000) / 31,530,000,000 ≒93.3%

3. 권리가액

315,300,000×0.933 ≒294,174,900원

4. 정산금

454,410,000 - 294,174,900 ≒160,235,100원

연습문제 10 정비사업(국공유지처분) 20점

감정평가사 25회 기출 변형

Ⅰ. 감정평가개요

1. 감정평가 목적

대상물건은 서울특별시 A구 B동 소재 "B12주택재개발정비사업"의 시행으로 인하여, 「도시 및 주거환경정비법」 §98 및 「공유재산물품관리법」 제30조에 따른 공유재산(공유지)의 처분을 위한 감정평가임.

2. 기준가치

「감정평가에 관한 규칙」 제5조 제1항에 따라 대상물건에 대한 감정평가액은 시장가치를 기준으로 결정하였음.

3. 기준시점

「감정평가에 관한 규칙」 제9조 제2항에 따라 대상물건의 가격조사를 완료한 날짜인 2023.09.05임.

4. 기타사항

① 「도시 및 주거환경정비법」 제2조 제4호의 "정비기반시설"에 해당하는 경우에는 동법 §97에 따라 "「국유재산법」 및 「공유재산 및 물품 관리법」에도 불구하고 종래의 정비기반시설은 사업시행자에게 무상으로 귀속되고, 새로이 설치된 정비기반시설은 그 시설을 관리할 국가 또는 지방자치단체에 무상으로 귀속"될 수 있으나,

② 평가대상은 "정비사업의 시행으로 새로이 정비기반시설을 설치하거나 기존의 정비기반시설에 대체되는 정비기반시설을 설치한 경우"에 해당하지 않는 바, 동법 §98(국유 · 공유 재산의 처분 등) 및 「공유재산물품관리법」 제30조에 따라 시가(時價)를 고려하여 결정하였음.

③ 평가대상은 종래 "공용주차장"으로 이용 중이었으나, 현황 "일단의 사업부지"로 이용 중인바, 「감정평가에 관한 규칙」제6조 제1항에 따라 "기준시점에서의 대상물건의 이용상황 및 공법상 제한을 받는 상태를 기준"으로 평가하였음.

④ 국 · 공유지의 경우 해당 국 · 공유지의 위치, 형상, 환경 등 토지의 객관적 가치형성에 영향을 미치는 개별적인 요인과 재개발사업 등의 부지로서 일단으로 이용되는 것에 따른 기여도 등을 고려한 가격으로 평가하였음.

⑤ 평가대상(공유재산)은 현황 개량한 상태로 평가하였는바, 정당한 사유로 점유하고 개량한 자의 개량비의 평정 등을 통해 공유재산 매각가액을 결정하기 바람.

Ⅱ. 감정평가액 산출 근거

1. 토지 감정평가(공시지가기준법)

1) 비교표준지 선정

① 본건 평가를 위한 비교표준지는 기준시점 당시 공시된 공시지가 중 최근 공시된 〈2023.1.1〉 공시지가를 적용하되,

② 「감정평가에 관한 규칙」 제14조 제3항 제1호에 의거 평가대상 토지와 용도지역 · 이용상황 · 주위환경 등이 같거나 비슷한 표준지를 비교표준지로

선정하되 평가대상 토지와 제 가격형성요인의 비교가능성이 가장 높다고 판단되는 비교표준지로 본건 사업구역 내 표준지(주거나지/일단의 사업부지) 〈기호2〉를 선정하였음.

2) 시점수정(지가변동률 결정 : 2023.01.01.~2023.09.05)

비교표준지가 속한 서울특별시 A구 주거지역 지가변동률 적용함.

(시점수정치 : 1.00057)

3) 지역요인 비교

비교표준지와 평가대상토지는 인근지역에 소재하여 지역요인 대등함. (1.00)

4) 개별요인 비교 : 본건 및 비교표준지는 동일함. (1.00)

5) 그 밖의 요인 보정

① 비교사례의 선정 : 기준시점으로부터 비교적 가까운 시점에 평가된 사례 중 일단의 사업부지(아파트 예정지)로서 가치형성요인의 비교가능성이 가장 높다고 판단되는 〈사례#㉠〉 선정.

② 비교표준지의 격차율

$$\frac{5,700,000 \times 1.00221 \times 1 \times 1/1.18}{3,220,000 \times 1.00057 \times 1 \times 1} \fallingdotseq 1.50$$

③ 그 밖의 요인 보정치 결정 : 감정평가선례#㉠에 의해 산출된 표준지 공시지가 가격격차율을 기준하되, 인근지역 유사 감정평가사례와 인근지역 지가수준, 부동산시장 동향 등을 종합적으로 참작 참작하여 그 밖의 요인 보정치로 50.0% 증액보정함. (1.50)

6) 공시지가기준법에 의한 시산가액(산출단가)

3,220,000×1.00057×1×1×1.50 ≒4,830,000원/㎡

Ⅲ. 감정평가액 결정

기호	결정단가(원/㎡)	면적(㎡)	평가액
1	4,830,000	106.0	511,980,000
2	4,830,000	48.0	231,840,000
3	4,830,000	151.0	729,330,000
4	4,830,000	72.0	347,760,000
5	4,830,000	108.0	521,640,000
합계			2,342,550,000

「감정평가에 관한 규칙」 제12조 제2항 단서에 따라 대상물건의 특성 등으로 인하여 다른 감정평가방법을 적용하는 것이 곤란하거나 불필요한 경우에 해당하는 것으로 판단하였으며, 동 규칙 제14조에 따른 공시지가기준법에 의한 시산가액의 합리성이 인정되는 것으로 판단하여 그 시산가액인 2,342,550,000원을 감정평가액으로 결정하였음.

연습문제 11 | 개발부담금 20점

감정평가사 23회 기출

Ⅰ. 기준시점

1. 개시시점 : 개발사업인가일(2022년 10월 1일)

2. 종료시점 : 준공인가일(2023년 8월 30일)

Ⅱ. (물음 1) 30 - 2번지 : 개별공시지가가 없는 경우

1. 개시시점 지가

1) 비교표준지 선정 : 기준시점 당시 최근 2022년 계획관리, 답 〈표준지 #1〉

2) 시점수정치 : B시 계획관리(2022.1.1. - 2022.10.1.) 1.07500

3) 그 밖의 요인 보정치

① 선례 선정 : 기준시점 최근 2022, 계획관리, 답 〈평가선례 #1〉 선정

② 그 밖의 요인 보정치

$$\frac{65,000 \times 1.0750 \times 1 \times 1}{50,000 \times 1.075 \times 1.00 \times (1.00 \times 0.96 \times 0.97)} \fallingdotseq 1.396$$

위 산식에 따라 그 밖의 요인 보정치 〈1.40〉으로 결정

4) 개시시점 지가 평가액

$50,000 \times 1.07500 \times 1.00 \times (1.00 \times 0.96 \times 0.97) \times 1.40$ ≒70,000원/㎡

〈×(3,500 - 500) = 210,000,000원〉

※ 기부채납면적 제외

2. 종료시점 지가

1) 비교표준지 선정

기준시점 당시 최근 2023년 계획관리, 공업용 〈표준지 #2〉 선정.

2) 지가변동률 : B시 계획관리(2023.1.1.~2023.8.30.) 1.09500

3) 그 밖의 요인 보정

① 선례 선정 : 기준시점 최근 2023, 계획관리, 공업용 〈평가선례 #4〉

② 그 밖의 요인 보정치

$$\frac{270,000 \times 1.09500 \times 1 \times 1}{210,000 \times 1.09500 \times 1 \times (1.07 \times 1.00 \times 1.00)} \fallingdotseq 1.202$$

위 산식에 따라 그 밖의 요인 보정치 〈1.20〉으로 결정

4) 종료시점 지가 평가액

$210,000 \times 1.095 \times 1.00 \times (1.07 \times 1.00 \times 1.00) \times 1.20$ ≒295,0000원/㎡

〈 × (3,500 - 500) = 885,000,000원〉

Ⅲ. (물음 2) 30 - 4번지 : 개별공시지가가 있는 경우

개별공시지가 기준 정상지가상승분 반영

1. 개시시점 지가

$45,000 \times 1.10$ ≒50,000원/㎡

〈×3,000=150,000,000원〉

※ 정상지가상승분 : B시 평균(2022.1.1.~2022.10.1)

2. 종료시점 지가

210,000×1.105×1.00×(1.07×1.00×1.00) ≒248,000원/㎡

〈×3,000=744,000,000원〉

※ 정상지가상승분 : B시 평균(2023.1.1.~2023.8.30)

※ 기부채납면적 제외

Ⅳ. (물음 3) 30 - 5 번지 : 매입가로 개시시점 대체의 경우

1. 개시시점 지가

60,000×1.025 ≒62,000원/㎡

〈×1,000=62,000,000원〉

※ 경매 낙찰가 대체

※ 정상지가상승분 : B시 평균(2022.6.10.~2022.10.01)

2. 종료시점 지가

1) 비교표준지 선정

기준시점 당시 최근 2023년 계획관리, 공업용 〈표준지 #2〉 선정.

2) 종료시점 지가 평가액

210,000×1.095×1.00×(1.07×1.00×1.00)×1.20 ≒295,0000원/㎡

〈×1,000=295,000,000원〉

연습문제 12 NPL(채권) 20점

Ⅰ. 개요

NPL 관련 평가 건으로 현황 대상부동산 평가액을 산정하고 대상 NPL을 통해 경매 진행시 예상되는 현금흐름을 구함(기준시점 2023.09.06)

Ⅱ. (물음 1) 현 대상부동산 가치

1. 개별물건 기준

1) 토지(공시지가기준법)

5,000,000×1.003×1×1×1 =5,015,000 원/㎡

〈×250㎡=1,253,750,000원〉

2) 건물(원가법)

700,000원/㎡×200㎡×20/50 =58,800,000원

3) 시산가액 : 1)+2) =1,312,550,000원

2. 일괄 거래사례비교법

1,455,000,000×1×1.01×1×(0.95×100/95×100/95)×250/300

=1,289,079,000원

3. 시산가액 조정 및 감정평가액 결정

시산가액 중 일체 거래관행을 잘 반영하는 비준가액을 중심으로 개별물건 기준에 의한 시산가액을 종합 고려하여 1,300,000,000원으로 결정함

Ⅲ. (물음 2) 경매 진행에 따른 예상현금흐름

1. 예상낙찰가격

1) 낙찰가율기준 (최근 6개월간 A시 B구 평균낙찰가율, 단독주택 70%)

1,300,000,000×0.70 =910,000,000원

2) 낙찰사례기준

1,070,000,000×1×1.00700×1×(1×100/95×100/95)×250/350

=853,000,000원

3) 대상 예상낙찰가격 결정

대상과 권리관계 등 제반 유사하며 최근의 낙찰사례인 사례의 낙찰가액 고려하여 〈881,000,000원〉으로 결정함.

2. 예상현금흐름

1) 우선순위 권리 배분액

① 평가수수료, 경매집행비용 : 7,000,000원

② 2순위(소액임차인 최우선 변제) : 16,000,000원

③ 3순위(I은행 근저당) : 400,000,000원

④ 합 : 423,000,000원

2) 현금흐름(배당가능액)

881,000,000 - 423,000,000 =458,000,000원

Ⅳ. (물음 3) 최대지불가능액

1. (3 - 1) 현 권리 기준

1) 원리금 등가 : 500,000,000원

2) 경매 진행시 예상 현금흐름(배당가능액) : 458,000,000원

3) (채권매입) 최대지불 가능액 : 458,000,000원

2. (3 - 2) 선순위 근저당 없는 경우

1) 원리금 등가 : 500,000,000원

2) 경매 진행시 예상 현금흐름(배당가능액) :

(1) 우선 순위 권리 배분액 : 23,000,000원

(2) 현금흐름(배당가능액) : 858,000,000원

3) (채권매입) 최대지불 가능액 : 500,000,000원

Chapter 08

목적별 평가 종합문제

Ⅰ. (물음 1) 담보 감정평가액의 산정

1. 평가대상#1

(1) 처리개요

1) 면적환산 : 8단 2무보 ≒ $(300 \times 8 + 30 \times 2) \times \frac{400}{121}$ ≒ 8,132㎡

2) 평가외 부분

① 분묘 : 2기 × 100㎡ ≒ 200㎡
(소형)

② 보존임지 부분

- 축척 ≒ $\frac{1}{6,000}$ ∴ 1cm ⇒ 1cm × 6,000 ≒ 60m
- 60 × 60 × $\frac{1}{2}$ ≒ 1,800㎡
(밑변, 높이)

3) 기준시점 : 조사완료일인 2023년 9월 5일

(2) 감정평가액

: 자연녹지지역, 자연림, Y정보산업고 인근에 위치한 표준지#3을 선정함.

1) 단가산정

130,000 × 1.02215 × 1 × 1 × 1 ≒ @133,000
(시[1], 지, 개, 그 밖)

1) (2023.1.1~2023.9.5) Y시 C구 녹지
$1.00235 \times 1.00325 \times \cdots \times 1.00285 \times \left(1 + 0.00285 \times \frac{36}{31}\right)$ ≒ 1.02215

2) 감정평가액

@133,000 × 6,132㎡[1] ≒ 815,556,000원

1) 8,132 − 200 − 1,800 ≒ 6,132
(분묘, 보존임지)

2. 평가대상#2

(1) 처리개요

1) 공사진행 정도를 가치반영률로 하는 바, 대지기준가격에서 반영률을 고려하여 평가함.

2) 도로예정부분은 허가조건부이므로 현황도로에 준하여 평가외 처리함.

3) 기준시점 : 현장조사완료일인 2023년 9월 6일임.

(2) 감정평가액

1) 단가산정

① 단독주택 예정지 : 자연녹지, 단독주택인 公#3 선정함.

285,000 × 1.02375 × 1.000 × 0.728 × 1.00 ≒ @212,000
(시[1], 지, 개[2], 그 밖)

1) (2023. 1. 1~2023. 9. 6) P시 녹지
$1.00257 \times 1.00267 \times \cdots \times 1.00303 \times \left(1 + 0.00303 \times \frac{37}{31}\right)$

2) 1 × 1 × 0.97 × 0.75 ≒ 0.728
(도, 형(대상 : 사다리), 세, 기타조건(공정률))

② 창고부지 예정지 : 자연녹지, 창고인 公#4 선정

305,000 × 1.02375 × 1.000 × 0.645 × 1.00 ≒ @201,000

시 지 개[1) 그 밖

1) 0.86 × 1 × 1 × 0.75 ≒0.645

도 형(대상 : 부정형) 세 기타

2) 감정평가액

- 단독부분 : @212,000 × 660 ≒139,920,000원
- 창고부분 : @201,000 × 1,580 ≒317,580,000원

合 : 457,500,000원

3. 평가대상#3

(1) 처리개요

1) 토지

- 추가된 '136 - 23' 도로부분은 지분만큼 포함하되, 현황도로로서 평가외
- 타인점유부분은 담보물로서 부적합한바 평가외

2) 건물 : 제시외 건물 부분인 '발코니'는 등기상 적법 건물부분이 아니므로 평가외

(2) 토지가액

1) 단가산정 : 자연녹지. 단독주택인 公#10을 선정함.

330,000 × 1.02375 × 1.000 × 0.850 × 1.00 ≒ @287,000

시 지 개[1) 그 밖

1) 1 × 0.85 × 1

도 형 세

2) 토지가액 : @287,000 × 261㎡[1) ≒ 74,907,000원

1) 269 − 8 ≒ 261㎡

타인점유

(3) 건물가액

1) 기호 가

- 750,000 × 1 × $\frac{27}{45}$ ≒ @450,000

RC 시

- @450,000 × 102.3㎡ ≒ 46,035,000원

2) 기호 나

- 350,000 × 1 × $\frac{27}{45}$ ≒ @210,000

시

- @210,000 × 3.15㎡ ≒ 661,500원

(4) 감정평가액

74,907,000 + 46,035,000 + 661,500 ≒ 121,603,500원

토 건㉮ 건㉯

4. 담보감정평가액

#1. : 815,556,000원

#2. : 457,500,000원

#3. : 121,603,500원

合計 : 1,394,659,500원

II. (물음 2) (부동산) 감정평가 명세표

일련번호	소재지	지번	지목 용도	용도지역 구조	면적(㎡)		평가금액		비고
					공부	사정	단가	금액	
1	Y시C구 B동	산111	임야	자연녹지	8단2무보	6,132	133,000	815,556,000	
						200	-	평가외	분묘
				보존녹지		1,800	-	평가외	보전임지
2	P시D동	393 - 9	임야	자연녹지	2,314	660	212,000	139,920,000	주택허가
						1,580	201,000	317,580,000	창고허가
						74	-	평가외	도로예정
3	P시S동	136 - 22	대	자연녹지	269	261	287,000	74,907,000	
						8	-	평가외	타인점유
	P시S동	136 - 23	도로	자연녹지	115× 37/115	37	-	평가외	현황도로
가	P시S동	136 - 20 136 - 22	주택	연와조 슬래브지붕 단층	102.3	102.3	450,000	46,035,000	750,000 × 27/45
나	P시S동	136 - 20 136 - 22	화장실	세멘트벽돌조 슬래브지붕 단층	3.15	3.15	210,000	661,500	350,000 × 27/45
합계								₩1,394,659,500	

Tip 해당 문제 쟁점의 경매평가시 처리방법

1. 평가대상#1

(1) 보전임지

담보 평가시 채권기관과 협의 후 평가외 처리하였으나, 경매 평가 시 담보물인 토지 전체에 대하여 평가액을 산정하므로, '보존녹지지역'의 표준지를 기준으로 해당부분을 평가함.

(2) 분묘

통상 담보 평가시 포함하기도 제외하기도 하나, 경매평가 시 법정지상권 성립 가능성을 언급하면서 평가액을 산정하여 해당 부분의 가액이 포함됨.

2. 평가대상#2

(1) 도로부분

담보평가 시 현황도로에 준하여 평가외하였으나, 경매시 소유권의 대상임이 명확하므로 평가에 포함시킴.

(2) 공사진행 중인 토지

건축허가를 득하고 공사진행 중이나, 경매 평가시점 현재 각종 인허가의 유효성, 공정률 등에 유의하여 평가하여야 함.

3. 평가대상#3

(1) 도로부분

공동담보 목록으로 추가한 도로부분은 소유자의 지분만큼 가액을 산정하여 평가에 포함시킴.

(※ 진입도로 부분과 대지부분이 일괄로 진행되어야 대지의 진입로가 확보됨.)

(2) 제외 시 건물

담보 평가 시 미등기부분인 '발코니'를 평가외 처리하였으나, 경매 시에는 소유관계 등을 조사한 후 평가에 포함시킴.

(3) 타인점유부분

타인의 점유의 강도를 고려하여 일정한 감가율을 적용 후 감정평가액에 포함.

종합문제 02 개발부담금 & 담보평가 35점

(물음 1) 개시시점지가, 종료시점지가

Ⅰ. (1 - 1) 조서 1

1. 개시시점 지가(기준시점 : 2019. 4. 14)

(1) 430 - 10번지

관리지역, 공장. 2019년 〈公 1 - 3〉 선정

160,000 × 1.02641 × (1 × 1.09 × 0.96) ≒ @172,000원/㎡

시[1] 세로 평지 부정

1) 2019. 1. 1~4. 14(평균)

(2) 430 - 11번지

관리지역, 전. 2019년 〈公 1 - 1〉 선정

30,000 × 1.02641 × 1 × (1.12 × 1 × 1) ≒@34,500원/㎡

시 세로 평지 부정

2. 종료시점지가(기준시점 : 2020. 3. 30)

합병 후 기준 관리지역 · 상업용 2020년 〈公1 - 2〉

270,000 × 1.01537[1] × 1 × (1.12 × 1.04 × 1) ≒ @319,000원/㎡

중로 사다리 평지

1) (2020. 1. 1~3. 30 평균)

Ⅱ. (1 - 2) 조서 2 (기준시점 : 2021. 10. 25)

1. 비교표준지 선정 : 용도미지정, 공장, 대상유사 2021년 〈公 2 - 2〉

2. 그 밖의 요인 보정치

(1) 사례선정 : 미지정. 공업용 〈#1〉

(2) 그 밖의 요인 보정치

$$\frac{569,039 \times 1.04134^{1)} \times 1 \times 1}{450,000 \times 1.04103 \times 1 \times 0.93} \fallingdotseq 1.36$$

1) 녹지(2020.12.31.~2021.10.25.) : 공법상 제한 유사

3. 감정평가액

450,000 × 1.04103 × 1 × (0.930 × 1 × 1) × 1.360 ≒@593,000원/㎡

시[1] 소로 완경 세장

〈× 1,400 ≒ 830,200,000원〉

1) 2021. 1. 1~10. 25(녹지) : 공법상 제한 유사

(물음 2) 감정평가

Ⅰ. (2 - 1) 담보(기준시점 : 현장완료일 2023. 5. 15)

1. 토지

(1) 비교표준지 선정 : 계획관리 · 상업용 2023년 〈公 1 - 2〉

(2) 시점수정치 : 2023. 1. 1~5. 15(계 · 관) ≒0.98729

(3) 그 밖의 요인 보정치

1) 사례선정 : 비교 가능성 있는 관리지역 공업용 인근 〈#3〉

2) 그 밖의 요인 보정치

시[1] 용도지역 이용상황

$$\frac{584{,}689 \times 0.96683 \times 1 \times (1.17 \times 1.15)}{355{,}000 \times 0.98729 \times 1 \times (1.12 \times 1.04)} ≒ 1.86$$

1) 2022. 10. 17~2023. 5. 15 : 관리×계관 = (1 − 0.02072)× (1 − 0.01271)

(4) 토지가액

355,000 × 0.98729 × 1 × (1.12 × 1.04) × 1.86 ≒@759,000원/㎡

시 도 형 그

〈 × (2,400 - 200)≒1,669,800,000〉

타인점유

2. 건물가액

$390{,}000 \times 1 \times (1 - 0.9 \times \frac{3}{40})$ ≒ @363,000

〈 × 1,000 ≒363,000,000〉

3. 감정평가액 : 1.+2. ≒ 2,032,800,000

Ⅱ. (2 - 2) 경매(기준시점 : 현장조사완료일 2023. 5 . 1 6)

1. 토지

(1) 비교표준지 선정 : 미지정. 공장부지 2023년 〈公 2 - 2〉

(2) 시점수정치 : 2023. 1.1 ~5. 16(녹지) ≒0.98726

(3) 그 밖의 요인 보정치

1) 사례선정 : 미지정, 공업 최근 〈#4〉 선정

2) 그 밖의 요인 보정치

$$\frac{615{,}850 \times 0.98726 \times 1 \times 1}{577{,}000 \times 0.98726 \times 1 \times 0.93} ≒ 1.15$$

(4) 토지가액

577,000 × 0.98726 × 1 × 0.93 × 1.15 ≒ @609,000원/㎡

〈 × 1,400 ≒ 852,600,000〉

2. 건물

전소 멸실건물 제외

공장 : $360{,}000 \times (1 - 0.9 \times \frac{1}{40}) \times 540$ ≒ 190,026,000

3. 제시외

(1) 숙소 : 490,000 × 100 ≒ 49,000,000

(2) 간이창고 : $90{,}000 \times (1 - 0.9 \times \frac{1}{20}) \times 20$ ≒ 1,719,000

4. 감정평가액 ≒ 1,093,345,000원

종합문제 03 | 경매평가 40점

Ⅰ. 개요

평가명령건별로 물음에 답함. (기준시점은 각각 현장조사완료일)

Ⅱ. (물음 1) 종물과 부합물

1. 의의

(1) 종물

토지 또는 주된 건물의 경제적 효용에 계속적으로 기여하기 위하여 부속시킨 동일소유자의 독립된 물건.

(2) 부합물

동산과 동산, 동산과 부동산이 결합하여 사회관념상 한 개의 물건으로 되어 그 분리가 불가능하거나 곤란할 경우 이를 원상회복시키지 않고 한 개의 물건으로 어느 특정인의 소유에 귀속시키는 것.

2. 경매평가시 처리기준

(1) 부합물이나 종물은 경매로 인해 소유권이 이전되므로 평가에 포함.

(2) 평가시 감정서에 부합물 · 종물을 명시하고 구조 · 이용 상태를 적시함.

(3) 부합물이나 종물에 대한 소유관계가 문제가 될 수 있으므로 이 점에 유의하고 애매한 경우 감정서에 부기함.

Ⅲ. (물음 2) 소재불명, 확인불능

1. 의의

(1) 소재불명 : 물건의 소재파악이 되지 않아 없는 것으로 인정되는 경우

(2) 확인불능

물건이 있는 것으로 추정되나, 확인이 곤란한 상태에 있거나, 평가의뢰목록으로 부합시키기 곤란한 경우

2. 감정평가시 산정방침

'소재불명' 및 '확인불능'은 평가에서 제외시키는 사유로서, 단가란에 횡선(-)을 긋고, 금액란에 평가외라고 기재한다.

Ⅳ. (물음 3) 감정평가액

1. 평가명령#1(기준시점 : 2023. 9. 6)

(1) 토지가액

2종일주, 단독주택이고 제반 공법상 제한 사항이 유사한 公#5 기준

900,000×1.01334×1×1×1 ≒ @912,000/㎡

〈 × 90㎡ ≒ 82,080,000〉

※ 타인 점유 반영시

@912,000 × 80㎡ + @912,000 × 0.7 × 10㎡ ≒ 79,344,000원

(2) 건물

실측면적, 현황 용도를 기준하며, 제시외 건물을 포함하여 평가

1) 단가산정

① 지상 : 650,000 × $\frac{26}{45}$ ≒ @375,000/㎡

RC

② 지하(주택, 벽돌조) 650,000 × 0.8 × $\frac{26}{45}$ ≒ @300,000/㎡

지하보정

③ 제시외 : 150,000 × $\frac{10}{25}$ ≒ @60,000/㎡

관찰감가

2) 건물가액

375,000 × (50 + 40) + 300,000 × 55 + 60,000 × 15

1F 2F[1] 지층 제시외

≒ 51,150,000

1) 2F 실측면적

(3) 감정평가액 ((1) + (2)) ≒ 133,230,000원

2. 평가명령#2(기준시점 : 2023.9.7)

건축허가 유무를 구분하여 평가함.

(1) 현 상태(건축허가 유효) - 일단지 기준 (2,870㎡ + 2,290㎡)

#1 #2

관리지역, 공업용이고 동일로변 인접 필지인 公#1 기준

320,000 × 1.09637 × 1.000 × 0.900 × 1.00 ≒ @316,000/㎡

〈 × 5,160 ≒ 1,630,560,000〉

(2) 건축허가 없는 경우 - 개별물건기준

1) 산 70 - 15(후면)

관리지역, 농경지(전)이고 동일로변 인접 필지인 公#2 기준.

200,000 × 1.09637 × 1.000 × 0.770 × 1.00 ≒ @169,000/㎡

시 지 개[1] 그

〈 × 2,870 ≒ 485,030,000〉

1) 1.1 × (1 − 0.3) ≒ 0.770

2) 산 70 - 39(전면)

200,000 × 1.09637 × 1.000 × 1.100 × 1.00 ≒ @241,000/㎡

〈 × 2,290 ≒ 551,890,000〉

3) 合 ≒ 1,036,920,000원

V. (물음 4) 감정평가 명세표

〈평가명령 #1〉

일련번호	소재지	지번	지목 용도	용도지역 구조	면적		평가금액		비고
					공부	사정	단가	금액	
1	S시G구 E동	23 - 12	대	2종 일반주거	90	90	912,000	82,080,000	타인점유 고려시 금액 : 79,334,000원
가	S시G구 E동	23 - 12 지상	주택	벽돌조 슬래브지붕					
				1층	50.0	50.0	375,000	18,750,000	650,000 × 26/45
				2층	50.0	40.0	375,000	15,000,000	650,000 × 26/45
						-	-	평가외	멸실
				지하	55.0	55.0	300,000	16,500,000	520,000 × 26/45 현황 '주택'
	소계							₩132,330,000	
ㄱ	S시G구 E동	23 - 12 지상	다용도실	벽체이용 새시조 새시지붕 1층	(10)	10	60,000	600,000	관찰감가 150,000 × 10/25
ㄴ	S시G구 E동	23 - 12 지상	다용도실	벽체이용 새시조 새시지붕 2층	(5)	5	60,000	300,000	관찰감가 150,000 × 10/25
	소계							₩900,000	
	합계							₩133,230,000	

Ⅰ. (물음 1) 일단지 평가(표준지 조사평가기준)

1. 일단지 개념 및 판단기준

① 용도상 불가분의 관계에 있는 2필지 이상의 일단의 토지를 "일단지"라 한다.

② "용도상 불가분의 관계라 함은 일단지로 이용되고 있는 상황이 사회적 · 경제적 · 행정적 측면에서 합리적으로 당해 토지의 가치형성측면에서도 타당하다고 인정되는 관계에 있는 경우를 말한다.

③ 개발사업시행예정지는 공사기준일 현재 관계법령에 의한 당해 사업계획의 승인이나 공익사업을 위한 토지 등의 취득 및 보상에 관한 법률 제20조의 규정에 의한 사업인정이 있기 전에는 이를 일단지로 보지 아니한다.

④ 2필지 이상의 토지에 하나의 건축물(부속건축물을 포함한다)이 건립되어 있거나 건축 중에 있는 토지와 공사기준일 현재 나지상태이나 건축허가 등을 받고 공사를 착수한 때에는 토지소유자가 다른 경우에도 이를 일단지로 본다.

⑤ 2필지 이상의 일단의 토지가 조경수목재배지, 조경자재재조장, 골재야적장, 간이창고, 간이체육시설용지(테니스장, 골프연습장, 야구연습장 등) 등으로 이용되고 있는 경우로서 주위환경 등의 사정으로 보아 현재의 이용이 일시적인 이용상황으로 인정되는 경우에는 이를 일단지로 보지 아니한다.

2. 평가방법

① 일단지의 평가는 토지전체를 1필지로 보고 도로접면 형상 등 토지특성을 조사하고 평가

② 일단으로 이용되고 있는 토지 일부가 용도지역 등을 달리하는 등 가치가 명확히 구분되어 둘 이상의 표준지가 선정된 때에는 그 구분된 부분을 각각 일단지로 보고 평가한다.

Ⅱ. (물음 2) 2023.8.31 담보평가

1. 대상물건 확정

(1) 기호1(189번지)

① 준공업지역, 주상용(일시적 이용 배제), 후면상가지대

② 가장형, 세로(가), 140㎡ 평지

③ 타인점유 20㎡ 평가외

(2) 기호 2, 3(211 – 1, – 2)

① 준공업지역, 상업용, 노선상가지대, 2필 일단지

② 사다리, 광대한면, 50㎡, 평지

(3) 권리관계 : 매수예정 토지로 소유관계에 구애됨 없이 평가

(4) 건물 기호 '가' : 현황 멸실로 평가 외

건물 기호'나' : 토지에 포함된 것으로 별도 평가하지 않음

2. 기호1

(1) 공시지가기준법

후면상가지대 동일 노선 〈公#4〉

$3{,}260{,}000 \times (1 - 0.00070) \times 1 \times \underset{\text{형}}{0.95} \times \underset{\text{그}}{1.3}$ ≒ @4,020,000원/㎡

(2) 거래사례비교법

후면상가지대 〈거래사례 #1〉

$(1{,}001{,}000{,}000 - 550{,}000 \times \frac{49}{50} \times 300) \times 1 \times 1.00508 \times 0.97 \times 1 \times \frac{1}{180}$

≒@ 4,550,000원/㎡

(3) 토지가액 결정

후면상가지대의 특성 및 가격수준을 고려

「감칙」 §12① 및 §14에 따른 토지의 주된 방법인 공시지가기준가액과 「감칙」 §12②에 따른 다른 방식(거래사례비교법)에 의한 비준가액 간의 균형관계가 유지되는 점에 비추어 주된 방법에 의한 시산가액으로 결정

〈 4,020,000 × (140 - 20) ≒ 482,400,000원〉

타인점유

3. 기호 2, 3

(1) 공시지가기준법

대상부동산 표준지, 노선상가지대 소재 〈公#2〉

$4,530,000 \times 0.99930 \times 1 \times 1 \times 1.3$ ≒ @5,880,000원/㎡

(2) 거래사례비교법

노선상가지대 도로조건 규모유사 〈거래사례 #3〉

$500,000,000 \times 1 \times 1.00508 \times 0.97 \times (1.00 \times 0.95) \times \frac{1}{80}$

≒ @5,790,000원/㎡

(3) 토지가액 결정

「감칙」 §12① 및 §14에 따른 토지의 주된 방법인 공시지가기준가액과 「감칙」 §12②에 따른 다른 방식(거래사례비교법)에 의한 비준가액 간의 균형관계가 유지되는 점에 비추어 주된 방법에 의한 시산가액으로 결정

〈5,880,000 × 50 ≒ 294,000,000원〉

4. 담보평가액 : 2.+3. 〈≒776,400,000원〉

Ⅲ. (물음 3) 2023.12.31 일반거래

1. 대상물건 확정

(1) 일단지 : 189 외 2필지 건축허가득 후 착공하여 일괄 감정평가

(2) 토지특성 : 준공업, 상업용(노선상가지대) 170㎡, 광대각지, 부정형

(3) 기타 : 20㎡는 기부채납으로 제외

2. 공시지가기준법

준공업지역, 상업용, 규모유사(노선상가지대) 〈公#1〉

$5,800,000 \times 1.00985^{*} \times 1 \times 0.9 \times 1.05 \times 1.3$ ≒@7,200,000원/㎡

* 공업(Y구) : $1.0077 \times (1 + 0.00206 \times \frac{31}{30})$

3. 조성원가법

(1) 소지가격

$840,000,000 \times 1.01^4$ ≒874,107,000

(2) 조성공사비 등(건축공사비 제외)

$300,000 \times$ 190㎡ $\times [0.5 \times (1.013 + 1.01) + 0.06 \times 1.01]$

토지전체 조성 이윤

$+ 10,000 \times 170㎡ \times 1.01^3$ ≒63,354,000

(대지)

* 공공시설부담금은 '대지'에만 부과

(3) 시산가액 : (1)+(2) ≒937,461,000원

〈÷170 ≒ @5,510,000원/㎡〉

4. 개발법

(1) 분양수입의 현가

$(260,000,000+40,000,000\times\frac{6}{20})\times10$세대$+(213,000,000+12,000,000$

$\times\frac{2}{10})\times10$세대 ≒4,874,000,000

(2) 개발비용의 현가 :

$1,800,000\times1,880\times\frac{1}{1.01^{12}}$ ≒3,003,128,000

(3) 시산가액 :

[(1) - (2)] ÷ 170 ≒@11,000,000원/㎡

5. 시산가액 조정 및 감정평가액 결정

(1) 감정평가 목적

대상부동산은 일반거래 목적으로 수급 균형에 따른 시장성이 지지되는 가격을 요함.

(2) 대상물건의 성격

① 3필 일단지로, 노선상가지대에 소재하는 근린생활시설 부지임.

② 개발중인 토지임.

(3) 각 감정평가방식에 의한 시산가액의 성격 및 특징

① 〈공시지가기준법〉은 노선상가지대로서 시장특성을 반영

② 〈가산방식〉은 공급자 중심의 원가성에 중점

③ 〈개발법〉은 분양개발에 따른 수익성을 반영하나 개발이익, 성숙도 배분의 난이성 소재

(4) 개발법에 의한 시산가액이 차이나는 이유

① 개발시기, 분양(건물) 규모 등에 따른 "지역의 성숙도" 차이

② "일단 개발"에 따른 적정규모 이상의 지가 상승분 차이

③ "개발이익"이 토지가치에 모두 귀속되어 산정되는 차이

(5) 감정평가액결정

「감칙」 §12① 및 §14에 따라 주된 방법에 의한 공시지가기준가액을 「감칙」 §12② 및 §11에 따라 산출한 다른 방식(거래사례비교법, 원가법, 수익환원법)에 의한 시산가액과의 합리성을 검토하였음.

"적정시가 수준, 평가사례 등 참고" (@4,550,000~7,250,000원/㎡)

가격자료의 적정성 · 양 · 질 및 증거력, 대상물건의 성격 및 감정평가 목적, 기준가치등을 종합 고려하고, 「감칙」 §12③에 따라 공시지가를 중심으로 기타 가격을 참작하여 아래와 같이 결정.

〈@7,000,000원/㎡ × 170≒1,190,000,000원〉

종합문제 05 시점별 · 목적별 평가(산업단지사업) 25점

Ⅰ. (물음 1) 2022. 9. 1 보상

1. 사업인정 의제 : 2022. 5. 1 (계획공고고시 : 2021.10.27.)

2. 적용공시지가

당해 사업의 공고로 지가가 현저히 변동되어 토지보상법 §70⑤ 근거 계획 공고 · 고시 이전 고시된 가격시점 당시 최근 공시된〈2021. 1. 1〉 선택

3. 비교표준지 선정 : 〈#2〉

(1) 용도지역 : 당해 사업에 따른 용도지역 변경 배제

〈관리지역〉 기준 - (則§23②)

(2) 도시계획시설 저촉 배제

당해 사업에 따른 제한 배제(개별적 제한 없는 상태) - (則§23①)

4. 시점수정(令§37②)

(1) 인접 시군구 평균 지가변동률 적용 : 당해 사업에 따라 현저한 변동

(2) 지가변동률(2021.1.1~2022.9.1 : 관리) : 1.15×1.09 ≒1.25350

* 생산자물가지수 미제시

5. 그 밖의 요인 보정치

(1) 보상선례기준

① 선정 : ㉠ 보상선례. 관리지역, 과수원

㉡ 계획공고 · 고시 이전 평가 선례 〈#3〉 선정

② 격차율

$$\frac{33{,}000\times1.27857^{*}\times1\times1}{20{,}000\times1.25350\times1\times\frac{1}{1.05}\times\frac{0.8}{0.95}} ≒2.10$$

* 시 1.02×1.15×1.09

(2) 거래사례 기준

① 선정 : 관리지역. 과수원 계획 공고고시 이전〈사례 #1〉

② 격차율

$$\frac{37{,}000\times1.13121^{*}\times1\times\frac{80}{90}}{20{,}000\times1.25350\times1\times\frac{1}{1.05}\times\frac{0.8}{0.95}} ≒1.85$$

* 시(인근 시군구 평균) : $(1+0.15\times\frac{92}{365})\times1.09$

(3) 보정치 결정 : (2.10+1.85)/2 ≒1.98

6. 보상평가액

$20{,}000\times1.25350\times1\times\frac{1}{1.05}\times\frac{0.8}{0.95}\times1.98$ ≒@40,000원/㎡

〈×9,000 ≒ 360,000,000원〉

Ⅱ. (물음 2) 2023.1.1 표준지 공시지가

1. 개요

① 용도지역 : "미지정"

② 이용상황 : 공업용 나지(일시적 이용 배제)

③ 토지특성 : 중로각지, 가장형, 평지, 4,000㎡

2. 비준가액

(1) 사례선정

미지정지역, 공장용 규모유사, 가격시점이전 〈사례 #2〉 선정

(2) 평가액

$1,050,000,000/9,300 \times 1 \times 1.05082^{*} \times 1 \times \frac{95}{100}$ ≒@113,000원/㎡

* 녹지지역(K시, 2022. 1. 1~12. 31) : $1+0.2\times\frac{93}{366}$

Ⅲ. (물음 3) 2023.8.31. 일반분양가

1. 개요

① 용도지역 : "일반공업"지역

② 토지특성 : 공장용 중로각지 등

2. 공시지가기준법

최근 2023. 1. 1, 일반공업지역, 공업용, 유사성 높은 〈#6〉

$121,000 \times 1.03 \times 1 \times \frac{95}{90} \times 1.00$ ≒@132,000

* 그 밖의 요인 보정

일반평가 전례〈#4, #5〉 기준. 공시지가기준 단가가 적정 수준에 있어 별도 보정하지 않음.

종합문제 06 | 정비사업 40점

Ⅰ. (물음 1) 새로이 설치되는 정비기반 시설

1. **기준시점** : 사업시행인가 예정일 2022.12.31

2. **대상물건** :

별도 조서가 제시되지 않아 새로이 설치되는 정비기반시설 저촉 면적을 기준함.

3. **적용공시지가** : 기준시점 최근 공시된 2022.1.1.

4. #1

(1) 비교표준지 : 2종일주, 상업용 〈#371〉

(2) 평가액 :

$2,240,000 \times 1.04629 \times 1.000 \times \left(\frac{100}{103} \times \frac{100}{98}\right) \times 1.00$ ≒@2,320,000원

(×15.0≒34,800,000)

* 정비사업구역 내 표준지공시지가의 도시계획시설 저촉은 별도 감가 없이 공시하며, 구역 내 토지의 평가시에도 저촉에 따른 별도 감가 고려 안함.

5. #2

(1) 비교표준지 : 2종일주, 주상용, 대상부동산 표준지 〈#372〉

* 기준시점 현재 용도지역 기준(종전 용도지역 적용 가능)

(2) 평가액 : $1,270,000 \times 1.04629 \times 1.000 \times 1.000 \times 1.00$ ≒@1,330,000

(×60.0≒79,800,000)

Ⅱ. (물음 2) 재개발사업 현금청산

1. **가격시점** : 2023.8.31.

2. **적용공시지가**

토지보상법 제70조 제4항 준용 사업인정고시 의제 이전 최근 공시기준일로 하는 〈2022.1.1.〉

3. #1

(1) 비교표준지 : 2종일주, 상업용 〈#371〉

(2) 평가액

$2,240,000 \times 1.06286 \times 1.000 \times \left(\frac{100}{103} \times \frac{100}{98}\right) \times 1.00$ ≒@2,360,000

(×100≒236,000,000)

4. #2

(1) 비교표준지 :

1종일주, 주상용, (해당 사업에 따른 용도지역 변경 배제) 〈#380〉

(2) 평가액

$9500,000 \times 1.06286 \times 1.000 \times 1.192 \times 1.00$ ≒@1,200,000

(×100≒120,000,000)

* 개별요인 비교치 : $\left(\frac{85 \times 1.03}{75} \times \frac{98}{96}\right)$

Ⅲ. (물음 3) 재개발 영업보상

1. 개요

①「도정법」 시행규칙 9조의 2 근거(4월 보상)

②「토지보상법」 §77, 칙§45~47, §52 준용

2. #가

① 방침 : 사업인정고시 후 영업으로, 이전비, 감손상당액 지급

② 산정 : 30,000,000×0.1+2,000,000+3,000,000 ≒8,000,000

3. #나 : 현장조사 불응 〈평가 외〉

4. #다

(1) 방침

가격시점 당시 적법 건축물, 〈보상함〉 (토지보상법 §25, §67① 근거)

(2) 영업이익 및 감소분

1) 재무제표(2022 제외)

- 2019 : 180 - 87 - 35 ≒58,000,000
- 2020 : 200 - 95 - 40 ≒65,000,000
- 2021 : 240 - 113 - 50 ≒77,000,000
- 평균 : ≒5,600,000/月

⇒ 영업이익 4月 ≒22,400,000

2) 과세표준액

- 2019 : 110 - 72.6 - 110×0.1 ≒26,400,000
- 2020 : 120 - 81.2 - 120×0.1 ≒26,800,000
- 2021 : 150 - 99 - 150×0.1 ≒36,000,000
- 평균 : 2,478,000/月

⇒ 4月분 ≒9,912,000

3) 동종 유사업종 기준 : $220{,}000{,}000 \times 0.3 \times \frac{4}{12}$ ≒22,000,000

4) 최저한도 : 3,000,000×4 ≒12,000,000

명목, 3人

5) 영업이익 및 감소분 결정 : 22,400,000×1.2 ≒26,880,000

(3) 고정경비

$600{,}000 \times \frac{4}{12} + (500{,}000 + 1{,}200{,}000) \times 4$ ≒7,000,000

(4) 이전비

3,000,000+2,000,000 ≒5,000,000

(5) 감손액 및 부대비용

3,000,000+2,000,000 ≒5,000,000

(6) 보상액 [(2) +(3)+(4)+(5)] ≒43,880,000

5. #라

(1) 방침

무허가건물 내 적법영업 '세입자', 이전비상당액 제외 1,000만원 한도

(2) 산정 :

10,000,000 + 5,000,000 + 3,000,000 ≒18,000,000

6. #마

(1) 방침 : 무허가건물 내 합법영업 〈소유자〉 ⇒ 이전비 지급

(2) 산정 ≒8,000,000

Ⅳ. (물음 4) 재건축 현금청산

1. **기준시점** : 사업시행자 제시일 2023.8.31.

2. **적용공시지가** : 기준시점 최근 공시된 2023.1.1.

3. #1

(1) 비교표준지 : 2종일주, 상업용 〈#371〉

(2) 평가액

$2,350,000 \times 1.01584 \times 1 \times .000\left(\frac{100}{103} \times \frac{100}{98}\right) \times 1.00$ ≒@2,360,000원

(× 100 ≒ 236,000,000)

4. #2

(1) 비교표준지 : 2종일주, 주상용, 대상부동산 표준지 〈#372〉

(2) 평가액

$1,330,000 \times 1.01584 \times 1.000 \times 1.000 \times 1.00$ ≒@1,350,000

(×100≒135,000,000)

종합문제 07 표준지공시지가(종합) 50점

Ⅰ. 감정평가 개요

공시지가는 “표준지의 단위면적당 가격”을 말하는 것으로, 그 규준성(規準性)이 생명이다. 이하, 주어진 물음에 답하면서 표준지공시지가를 평가하기로 한다.

(공시기준일 : 2023. 1. 1)

Ⅱ. (물음 1) 표준지공시지가의 조사평가 기준

1. 적정가격 기준평가(표조기 §15①)

표준지의 평가가격은 당해 토지에 대하여 통상적인 시장에서 정상적인 거래가 이루어지는 경우 성립될 가능성이 높다고 인정되는 가격(적정가격)으로 결정하되, 객관적인 시장가치를 평가한다.

2. 실제용도 기준평가(표조기 §16)

공부상의 지목에 불구하고 공시기준일 현재의 실제 지목 및 이용상황을 기준으로 평가하되, 일시적인 이용상황은 고려하지 아니한다.

3. 나지상정평가(표조기 §17)

그 토지에 건물 기타의 정착물이 있거나 지상권 등 토지의 사용·수익을 제한하는 사법상의 권리가 설정되어 있는 경우 그 정착물 등이 없는 나지상태를 상정하여 평가한다.

4. 공법상제한상태 기준평가(표조기 §18)

공법상 용도지역·지구·구역 등 일반적 계획제한사항은 물론 도시계획시설결정 등 공공사업의 시행을 직접 목적으로 하는 개별적 계획제한사항도 반영·평가한다.

5. 개발이익반영평가(표조기 §19)

공공사업의 계획 또는 시행, 토지이용계획의 변경 등으로 인한 개발이익은 반영하여 평가한다. 다만, 공시기준일 현재 현실화·구체화되지 아니한 경우는 그러하지 아니하다.

Ⅲ. (물음 2) 공부와 조사사항

표준지의 적정가격의 조사·평가시에는 “토지·임야대장, 지적·임야도, 토지이용계획확인서, 환지예정지지정증명원 등”을 통하여, 공시기준일 현재의 “소재지·지번·지목·면적, 공법상제한사항의 내용 및 그 제한 정도 등”을 조사한다.

Ⅳ. (물음 3) 가격자료의 선별·분류

1. #11130 - 010(표조기 §26③ 3호)

‘목장용지’로서 그 안에 있는 주거용 부지의 가격은 제외된다. ‘녹지지역, 목장용지’인 “거래사례#4”를 기준으로 하되, 주거용부지의 가격을 추출하기 위해 정상적인 “평가전례#2”를 적용한다.

2. #11130 - 022

동일용도지역, 동일이용상황인 "거래사례#1"을 기준하며, 이때 도로저촉감가에 유의한다.

3. #11130 - 035

동일용도지역, 동일이용상황이며 배분법의 합리적 적용이 가능한 "거래사례#3"을 기준한다.

4. #11130 - 046

GB지정당시부터 지목이 '대'인 건축물이 없는 토지로서 동일 용도지역, 동일 용도구역 안의 건부지사례인 "거래사례 #5"를 적용한다. (표준지조사 평가기준 31조2호)

5. #11130 - 055

둘 이상의 용도지역에 걸쳐있는 토지로서, 그 용도가 상업용지이며 일반주거지역 내의 사례인 "거래사례#2"와 일반상업지역 내의 사례인 "거래사례#6"을 기준으로 하여, 면적비율에 의한 가중평균으로 평가한다.

6. #11130 - 083

준주거지역, 주거용지인 "평가전례#1"을 기준으로 평가한다.

V. (물음 4) 공시기준일(2023. 1. 1) 현재 표준지의 적정가격 평가

1. #11130 - 010

(1) 거래사례#4 기준

1) 주거용부지의 가격(2022. 12. 1)

평가전례#2로부터 주거용가격을 비준함.

$205{,}000 \times 1 \times 1.00262 \times 1 \times 0.971 \times 1/1.05 \times 1 \fallingdotseq 190{,}000$원/㎡

사 시[1] 지 개 도 기

1) (2022. 10. 15~2022. 12. 1 : 녹지지역)

$\left(1+0.001\times\frac{17}{31}\right)\times 1.002\times\left(1+0.002\times\frac{1}{30}\right)=1.00262$

2) 표준지가격

$174{,}160{,}000^{1)} \times 1 \times 1.00207 \times 1 \times 1.003 \times 1 \times \frac{1}{(2{,}000-80)^{3)}}$

사 시[2] 지 개 기 면

$\fallingdotseq 91{,}000$원/㎡

1) 사례목초지만의 가격(2022. 12. 1)

$189{,}360{,}000 - 190{,}000 \times 80 \fallingdotseq 174{,}160{,}000$

2) (2022. 12. 1~2022. 12. 31 : 녹지지역) $\left(1+0.002\times\frac{31}{30}\right)\fallingdotseq 1.00207$

3) 사례의 목초지만의 면적

(2) 결정

거래사례를 기준한 가격의 타당성이 인정되는바, 91,000원/㎡으로 결정함.

2. #11130 - 022

(1) 거래사례#1 기준

$71,000,000\times\ 1\times 1.00656\times\ 1\times 1.0720\times 0.955\times\ 90/95\times\ \frac{1}{300}$

사 시[1] 지 개 행[2] 도 면

≒ 231,000원/㎡

1) 시점수정치(2022. 3. 3~2022. 12. 31)

• 지가변동률(주거지역) :

$\left(1+0.0005\times\frac{29}{31}\right)\times 1.001\times 1.0008\times 1.0007\times 1.0004\times 1.0006\times 1.0005\times 1.0004$

$\times\ 1.0008\ \times\left(1+0.0008\times\frac{31}{30}\right)=1.00651$

• 주거용 표준지의 가격변동률 (∵ 제2종일반주거지역)

– 연간변동률(2022.1.1./2021.1.1.) $\frac{254,000}{252,000}-1=0.00794$

– 적용 : $\left(1+0.00794\times\frac{304}{365}\right)\fallingdotseq 1.00661$

• 결정 : $(1.00651+1.00661)\times\frac{1}{2}=1.00656$

2) 도로저촉감가반영

$\therefore\ 0.85+0.15\times(1-0.3)\fallingdotseq 0.955$

3) 공시지가는 '나지상정평가'하는바, 사권(지상권)의 설정은 없는 것으로 간주함.

(2) 결정

전년도 공시지가는 도시계획도로 저촉이 반영되지 않은 것이므로 이를 고려한다면 비준가액의 타당성이 인정되는바 @231,000원/㎡ 결정함.

3. #11130 - 035

(1) 거래사례#3 기준

1) 사례토지가격 현금등가(2022. 7. 1)

$224,142,000\times\left(0.3+\frac{0.5}{1.01^{6}}+\frac{0.2}{1.01^{12}}\right)\times\ 0.6$ ≒ 127,561,000

토지가격 구성비율

2) 표준지가격

$127,561,000\times\ 1\times 1.00426\ \times 1.050\ \times 1.131\times 1.05\times\ 1\times\frac{1}{400}$

사 시[1] 지$\left(\frac{A}{B}\right)$ 개 도 기 면

≒ 399,000원/㎡

1) 시점수정치(2022. 7. 1~2022. 12. 31)

• 지가변동률 (주거지역)

$1.0004\times 1.0006\times 1.0005\times 1.0004\times 1.0008\times\left(1+0.0008\times\frac{31}{30}\right)\fallingdotseq 1.00353$

• 상업용나지의 거래가격 추이 (준주거지역)

– 변동률(2022.10.1./2022.7.1.) $\frac{362,200}{361,300}-1=0.00249$

– 적용 : $1.00249\times 1.00249\fallingdotseq 1.00499$

• 결정 : $(1.00353+1.00499)\times\frac{1}{2}\fallingdotseq 1.00426$

2) 실시계획고시로, 가치상승분 고려(중로각지 수준으로 전제).

(2) 결정

전년도 공시지가는 도시계획도로 실시계획인가고시로 인한 가치상승이 미반영된 상태이며, 시장성이 반영된 비준가액을 중심으로 @399,000원/㎡으로 결정함.

4. #11130 - 046

(1) 거래사례#5 기준

$15{,}620{,}000 \times 1 \times 1.00213 \times 1 \times 1.049 \times \frac{1}{80}$ ≒ 205,000원/㎡

사 시[1] 지 개 면

1) (2022. 11. 30~2022. 12. 31 : 녹지지역)

$\left(1+0.002\times\frac{1}{30}\right)\times\left(1+0.002\times\frac{31}{30}\right)=1.00213$

(2) 결정

비준가액을 중심으로 하고, 전년도 공시지가와의 비교를 통하여 205,000원/㎡으로 결정함.

5. #11130 - 055

(1) 거래사례기준

1) 사례#2 기준 : 제2종일반주거지역 부분

$74{,}500{,}000 \times 1 \times 1.00760 \times 1 \times 1.012 \times 1/1.05 \times \frac{1}{250}$

사 시[1] 지 개 도 면

≒ 289,000원/㎡

1) (2021. 12. 30~2022. 12. 31 : 주거지역)

$\left(1+0.002\times\frac{2}{92}\right)\times 1.0005^3 \times 1.001 \times 1.0008 \times 1.0007 \times 1.0004 \times 1.0006 \times 1.0005$

$\times 1.0004 \times 1.0008 \times\left(1+0.0008\times\frac{31}{30}\right)=1.00760$

2) 사례#6 기준 : 일반상업지역 부분

$101{,}200{,}000 \times 1 \times 1.00374 \times 1 \times 1.054 \times 1/0.95 \times \frac{1}{200}$

사 시[1] 지 개 도 면

≒ 563,000원/㎡

1) (2022. 9. 1~2022. 12. 31 : 상업지역)

$1.0007\times 1.001^2 \times\left(1+0.001\times\frac{31}{30}\right)=1.00374$

3) 면적비율에 의한 가중평균단가

$0.4 \times 289{,}000 + 0.6 \times 563{,}000$ ≒ 453,000원/㎡

(2) 결정

상기와 같은 바, 시장성이 반영된 비준가액인 @453,000원/㎡으로 결정함.

6. #11130 - 083

(1) 평가전례#1 기준

$274{,}000 \times 1 \times 1.00504 \times 1 \times 0.942 \times 90/95 \times 1.1$ ≒ 270,000원/㎡

사 시[1] 지 개 도 가[2]

1) (2022. 5. 1~2022. 12. 31 : 주거지역)

$1.0008\times 1.0007\times 1.0004\times 1.0006\times 1.0005\times 1.0004\times 1.0008\times\left(1+0.0008\times\frac{31}{30}\right)$

≒ 1.00504

2) 재개발구역지정에 따른 10%의 지가상승은 반영하되, 공시기준일 현재 아직 현실화 · 구체화되지 아니한 사업시행에 대한 기대이익은 반영하지 않는다. (표조기 §32)

(2) 결정

상기 산출가격을 기준으로 전년도 공시지가와의 차이를 비교하여 @270,000원/㎡으로 결정함.

VI. 표준지 공시지가 산정내역(공시기준일 : 2023. 1. 1)

- 일련번호 11130 - 010 : 91,000원/㎡
- 일련번호 11130 - 022 : 227,000원/㎡
- 일련번호 11130 - 035 : 399,000원/㎡
- 일련번호 11130 - 046 : 205,000원/㎡
- 일련번호 11130 - 055 : 453,000원/㎡
- 일련번호 11130 - 083 : 270,000원/㎡

부동산가격공시법 및 제반관계법령 등에 의거 상기와 같이 표준지의 공시기준일(2023. 1. 1) 현재 적정가격을 평가하였음.

종합문제 08 특수토지(표준지 골프장용지) 20점

Ⅰ. 감정평가 개요

대상은 2023년 1월 1일을 공시기준일로 하는 골프장용지의 표준지공시지가 평가로서 관련기준에 의거 평가한다.

Ⅱ. 원가법

1. 부지 매입비용

$3{,}000{,}000{,}000 \times \left(1+0.09\times\frac{181}{365}\right) \fallingdotseq 3{,}133{,}890{,}000$

2. 조성비

$5{,}000{,}000{,}000 \times 0.9^{1)} \times \frac{1}{3} \times (1.01^6 + 1.01^3 + 1) \fallingdotseq 4{,}637{,}732{,}000$

1) 골프장부지에 화체되지 아니한 관리시설 비용제외

3. 시산가액

$(3{,}133{,}890{,}000 + 4{,}637{,}732{,}000) \times 1.27183^{1)} \times \frac{1}{450{,}000}^{2)} \fallingdotseq 22{,}000/㎡$

1) (2020. 6. 30~2022. 12. 31)

$\left(1+0.09\times\frac{184}{365}\right)\times 1.1\times 1.01\times 1.015^2\times 1.007\times 1.008\times 1.005^2\times 1.006\times 1.009 \times 1.005\times 1.008\times\left(1+0.008\times\frac{31}{30}\right)=1.27183$

2) 등록된 면적 기준

Ⅲ. 거래사례비교법

1. 사례선택

위치적 · 물적으로 유사하고 사정보정, 시정수정 등이 가능한 사례 B, C 선택 (사례A는 내부거래이므로 제외)

2. 사례B 기준

$22{,}000 \times 1.0 \times 1.04197 \times \frac{120}{130} \times 1.000 \fallingdotseq 21{,}000/㎡$

사 시[1] 지[2] 개[3]

1) (2022. 7. 1~2022. 12. 31)

$1.005\times 1.006\times 1.009\times 1.005\times 1.008\times\left(1+0.008\times\frac{31}{30}\right)=1.04197$

2) 지역요인비교는 기준지로부터의 거리를 기준하여 접근성이 떨어질수록 가치가 하락하는 바 거리의 역수로 비교

3) 개별요인비교는 전체(등록)면적과 개발지 비율 기준

$\frac{대상}{사례B} = \frac{50{,}000/450{,}000}{45{,}000/405{,}000}$

3. 사례C 기준

$26{,}000 \times 1.06295^{1)} \times \frac{150}{130} \times 0.667^{2)} \fallingdotseq 21{,}000/㎡$

1) (2022. 4. 1~2022. 12. 31)

$1.007\times 1.008\times 1.005^2\times 1.006\times 1.009\times 1.005\times 1.008\times\left(1+0.008\times\frac{31}{30}\right)= 1.06295$

2) 개별 $\frac{대상}{사례C}=\frac{50{,}000/450{,}000}{70{,}000/420{,}000}$

4. 결정

가격이 유사하게 형성되었는바 21,000/㎡

Ⅳ. 수익환원법

1. 대상 NOI 산정

상승세가 계속적으로 유지되는바 2021년과 2022년 NOI로 추정함.

$810,000,000 \times \left(1 + \frac{810,000,000 - 720,000,000}{720,000,000}\right)$ ≒ 911,250,000

2. 부지에 화체되지 아니한 시설귀속소득

(1) 관리시설 재조달원가

$5,000,000,000 \times 0.1 \times \frac{181 + 6}{150 + 10 \times \frac{6}{12}}$ ≒ 603,226,000

(2) 적산가액(만년감가, 관찰감가도 경년감가에 상응판단)

$603,226,000 \times \{0.7 \times \left(1 - 0.9 \times \frac{2}{50}\right) + 0.3 \times \left(1 - 0.9 \times \frac{2}{20}\right)\}$ ≒ 571,738,000

3. 수익가액

$(911,250,000 - 571,738,000 \times 0.12) \times \frac{1}{450,000} \times \frac{1}{0.08}$ ≒ 23,000/㎡

Ⅴ. 공시지가 결정

가격이 유사하게 형성되었는바, 표준지조사평가기준에 의거하여 원가법을 기준하고 각 방법에 의한 가격을 참조하여 22,000원/㎡으로 결정.

종합문제 09 매각평가, 부가가치세 산정 35점

Ⅰ. (물음1) 2023. 1.1 분양예정가격

1. 기준가치 : 시장가치

2. 평가방법(개별물건기준)

① 토지의 평가는 감칙§14, §12①에 따라 주된방법 '공시지가 기준법' 적용

② 감칙§12② 단서. 불필요한 경우 주된방법에 의한 시산가액으로 감정평가액 결정

3. 평가조건(감칙§6②)

(1) 조건 : 평가목적 상 '조성완료'된 상태 전제

(2) 검토 : 평가목적 등에 비추어 합리성, 적법성, 실현가능성 인정됨

4. 대상물건 개요 : 준주거지역, 주상복합용지

5. 비교표준지 선정

① 기준시점 당시 최근 공시전 〈2022. 1/1〉 선택

② 준주거 주상용 성숙中 택지, 유사지역 內 〈公#1〉

6. 그 밖의 요인 보정치

① 선정 : 유사지역 內 매각 평가사례 〈#1〉

② 보정치 : $\frac{450,000 \times 1 \times 1 \times 1}{420,000 \times 1 \times 1 \times 1}$ ≒1.07

7. 매각예정가액

(1) 기호#1 : 420,000×1×1.5×0.99×1.07 ≒@667,000/m^2

지

〈×3,300 = 2,201,100,000〉

(2) 기호#2 : 420,000×1×1.5×1.01×1.07 = @681,000/m^2

시

〈×4,000 = 2,724,000,000〉

Ⅱ. (물음2) 2022.9.6 토지 · 건물가액 등

1. 기준가치 : 시장가치

2. 평가방법

① 토지 : 상기 (물음1) 동일, 2필 일괄평가

② 건물 : 감칙§15, §12①에 따라 '원가법'을 주된방법

③ 다른 방식적용을 불필요한 것으로 판단

3. 평가조건(감칙§6②)

① 조건 : 현황에도 불구하고, 건물 완공된 상태 산정

② 검토 : 평가목적, 사회통념상 인정되며 관련 인허가 사항 등에 비추어 합리성, 적법성, 실현가능성 인정됨

4. 대상물건 개요

① 토지 : 준주거. 주상용(2필 일단지) 7,300m^2, 중로한면, 부정형

② 건물 : SRC, 연 70,000m^2

③ 평가대상 : i) 근생 대지권(토지 7,300 中 730m^2)

ii) 근생 건물(연 70,000 中 7,000m^2)

5. 기타사항

조건부 평가로 작업장은 임시적으로 평가외하되 이로 인한 토지가치에 미치는 영향은 없는 것으로 판단

6. 토지(공시지가기준법)

(1) 비교표준지 선정

① 기준시점 최근 공시된 〈2023.1.1〉 선택

② 해당 지구 內 준주거, 주상용 〈#4〉 선정

(2) 그 밖의 요인 보정치

① 선정 : 인근 지구 內 최근 매각 사례 〈#2〉

② 보정치 : $\frac{700,000\times1\times1\times1}{610,000\times1\times1\times1}$ ≒1.15

(3) 평가액(기호#1. 2 일단지)

610,000×1×1×0.97×1.15 ≒@680,000/m^2

〈×730* = 496,400,000원〉

* 근린생활시설 해당 대지권 면적

7. 건물(원가법)

- 근린생활시설 부분 간접법 적용

(700,000+150,000)×7,000 = 5,950,000,000

8. 토지건물 평가액 및 그 비율

(1) 감정평가액 기준 (단위 : 백만원)

	토지	건물	부가세	합계
가격	496.4	5,950	595	7,041.4
비율	7.0%	84.5%	8.5%	100%

(2) 기준시가 기준 (단위 : 백만원)

	토지	건물	부가세	합계
가격	401.5*	5,950	595	6,946.5
비율	5.7%	85.7%	8.6%	100%

* 550,000 × 730 + 850,000 × 7,000

9. 절세액

(1) 감정평가기준 VAT : 100억×8.5% = 850,000,000

(2) 기준시가기준 VAT : 100억×8.6% = 860,000,000

(3) 절세효과 : (2) - (1) = 10,000,000원

종합문제 10 정비사업(종합) 60점

Ⅰ. (물음 1) 용도폐지되는 정비기반시설

1. 기준시점

사업시행인가고시일 2022.8.1.

2. 평가방법

사업시행인가고시일 당시 용도폐지 전제

3. 대상물건

기존 정비기반시설 〈200 - 10번지〉

4. 비교표준지

① 적용공시지가 : 기준시점 최근 〈2022.1/1〉

② 비교표준지 : 3종일주, 단독(표준적이용) 〈#1〉

5. 감정평가액

1,400,000 × 1 × 1 × 0.7 × 1.3 = @1,270,000/m^2

〈×200 = 254,000,000원〉

Ⅱ. (물음 2) 새로이 설치되는 정비기반시설

1. 기준시점 : 사업시행인가고시일 2022.8.1.

2. 대상물건 : 설치 예정 정비기반시설 〈100 - 1번지, 도로 22.5m^2〉

〈200 - 20번지, 공원 100m^2〉

3. 비교표준지

① 적용공시지가 : 기준시점 최근 〈2022.1/1〉

② 비교표준지 : 3종일주, 상업 (표준적이용) 〈#2〉

4. 감정평가액 :

(1) 100 - 1번지 : 2,200,000 × 1 × 1 × 0.9/0.95 × 1.3 =@2,710,000/m^2

〈×22.5 = 60,975,000원〉

※ 도시계획저촉 별도 감가 없음.

(2) 200 - 20번지 : 2,200,000 × 1 × 1 × 1/0.95 × 1.3 = @3,010,000/m^2

〈×100 = 301,000,000원〉

Ⅲ. (물음 3) 점유 국공유지

1. 기준시점 : 사업시행인가고시일 2022.8.1.

2. 평가방법 : 점유 일단의 부지 기준, 상업용, 용도폐지

3. 대상물건 : 甲 점유부지 〈100 - 3번지〉

4. 비교표준지 : ① 적용공시지가 : 기준시점 최근 〈2022.1/1〉

② 비교표준지 : 3종일주, 상업 (표준적이용) 〈#2〉

5. 감정평가액 : 2,200,000 × 1 × 1 × 0.9/0.95 × 1.3 =@2,710,000/m^2

〈×20 = 54,200,000원〉

※ 일단지 기준

Ⅳ. (물음 4) 유상매각 국공유지

1. **기준시점** : 사업시행인가고시일 2022.8.1.

2. **대상물건** : 공동이용시설 〈200 - 20번지, 토지, 건물〉

3. **비교표준지** :

① 적용공시지가 : 기준시점 최근 〈2022.1/1〉

② 비교표준지 : 3종일주, 상업 (표준적이용) 〈#2〉

4. **토지 평가액** : 2,200,000× 1 × 1 × 1/0.95 × 1.3 = @3,010,000/m²

〈×200 = 602,000,000원〉

5. **건물 평가액**

(1) 단가 : 700,000 × 35/40 = @612,000/m²

(2) 평가액 : (1) × 200 = 122,400,000원

6. **매각 평가액** : 토지 + 건물 = 724,400,000원

Ⅴ. (물음 5) 사업시행인가 3년 이후 매각

1. **기준시점** : 가격조사완료일 2023.8.31.

2. **평가방법** : 현황평가, 시가평가

3. **비교표준지** :

① 적용공시지가 : 기준시점 최근 〈2023.1/1〉

② 비교표준지 : 3종일주, 상업 (표준적이용) 〈#2〉

4. **토지 평가액** :

2,300,000× 1 × 1 × 1/0.95 × 1.3 = @3,140,000/m²

〈×200 = 628,000,000원〉

5. **건물 평가액**

(1) 단가 : 700,000 × 34/40 = @595,000/m²

(2) 평가액 : (1) × 200 = 119,000,000원

6. **매각 평가액** : 토지 + 건물 = 747,000,000원

Ⅵ. (물음 6) 甲 종전자산 평가

1. **기준시점** : 사업시행인가고시일 2022.8.1.

2. **평가방법** :

① 균형성 고려 일부 용도지역 변경 배제(2종일주)

② 사실상 사도 : 1/3 이내 평가

3. **대상물건** :

① 토지 100 - 1, 100 - 2번지

② 건물 〈가〉

③ 종전자사 제외 : 무허가건물〈나〉, 영업손실〈다〉

4. **비교표준지** :

① 적용공시지가 : 기준시점 최근 〈2022.1/1〉

② 비교표준지 : 2종일주, 상업용, 구역 밖 〈#3〉

5. **토지 평가액** :

(1) 100 - 1번지 : 2,300,000× 1 × 1 × 0.9/0.95 × 1.3 =@2,830,000/m^2

〈×150 = 424,500,000원〉

(2) 100 - 2번지 : 2,300,000× 1 × 1 × 0.9/0.95 × 0.33 × 1.3

=@934,000/m^2

〈×10 = 9,340,000원〉

※ 100 – 3번지 점유지 매입 시 종전자산에 편입.

6. **건물 평가액**

(1) 단가 : 700,000 × 35/40 =@612,000/m^2

(2) 평가액 : (1) × 50 =30,600,000원

7. **종전자산 평가액 : 토지 + 건물** =464,440,000원

Ⅶ. (물음 7) 재건축 현금청산

1. **기준시점** : 귀 제시일 2023.8.31.

2. **평가방법** : 기준시점 당시 현황기준, 개발이익 반영
(단, 현실화, 구체화 되지 아니한 개발이익이나 조합원
비용 부담을 전제한 개발이익은 배제)

3. **비교표준지** :

① 적용공시지가 : 기준시점 최근 〈2023.1/1〉

② 비교표준지 : 3종일주, 상업용 〈#2〉

4. **토지 평가액** :

(1) 100 - 1번지 : 2,300,000× 1 × 1 × 0.9/0.95 × 1.3 =@2,830,000/m^2

〈×150 = 424,500,000원〉

(2) 100 - 2번지 : 2,300,000× 1 × 1 × 0.70 × 1.3 =@2,090,000/m^2

〈×10 = 20,900,000원〉

※ 토지보상법 시행규칙 §26 사실상 사도 1/3 적용 없음.

5. 건물 평가액

(1) 단가 : 700,000 × 34/40 = @595,000/m^2

(2) 평가액 : (1) × 50 = 29,750,000원

6. 현금청산 평가액 : 토지 + 건물 = 475,150,000원

Ⅷ. (물음 8) 재개발 현금청산

1. 가격시점 : 귀 제시일 2023.8.31.

2. 평가방법 : 토지보상법 준용

3. 대상물건 : 토지, 건물, 구축물, 기타권리 포함

4. 적용공시지가 선택

토지보상법 §70④ 사업시행인가고시 전 공시된 공시지가 중 가격시점 최근 공시된 〈2022.1/1.〉

5. 비교표준지 :

① 용도지역 : 해당 사업에 따른 변동 배제〈2종일주〉

② 선정 : 2종일주, 상업용, 구역 밖 〈#3〉

6. 토지 평가액 :

(1) 100 – 1번지 : 2,300,000× 1 × 1 × 0.9/0.95 × 1.3 = @2,830,000/m^2

〈×150 = 424,500,000원〉

(2) 100 – 2번지 : 2,300,000× 1 × 1 × 0.9/0.95 × 0.33 × 1.3

= @934,000/m^2

〈×10 = 9,340,000원〉

※ 토지보상법 시행규칙 §26 사실상 사도 1/3

7. 건물 평가액

(1) 기호 〈가〉 : 595,000 × 50 = 29,750,000원

(2) 기호 〈나〉 : 700,000 × 36/40 = @630,000/m^2

〈×20 = 12,600,000원〉

※ 무허가 건축물

8. 영업손실(토지보상법 시행규칙§47)

(1) 영업이익 :

(150,000 – 70,000 – 150,000× 0.1) × 4/12 = 21,666,000

(2) 영업손실보상액

21,666,000 × 1.2 + 3,000,000 = 28,999,000원

9. 현금청산 보상액 : 토지 + 건축물 + 영업손실 = 505,189,000원

Chapter 09

보상평가 연습문제

연습문제 01 토지보상(적용공시지가 선택, 지가변동률) 20점

I. 개요

1. 계획공고고시일 : 주민공람공고 2021.1.2
2. 사업인정의제일 : 지구지정일 2022.7.1.

II. (물음 1) 가격시점

토지보상법§67①에 의해 수용재결일 2023.7.1

III. (물음 2) 비교표준지 선정

1. 선정기준(법시행규칙 §22③)

용도지역 동일, 이용상황 동일, 주위환경 유사, 지리적으로 인접한 표준지 선정

2. 공법상 제한

법시행규칙 §23 의거 해당 사업에 따른 용도지역 변경은 제한 받지 않는 상태 종전 "자연녹지지역" 기준

3. 이용상황

무허가건축물부지인바 법시행규칙 §24에 의해 건축당시 이용상황 '전' 기준

4. 선정

자연녹지, '전' 기준 #121 선정

IV. (물음 3) 적용 공시지가 선택

1. 취득하여야 할 토지의 가치 변동여부(령§38 - 2) : 요건 충족

① 20만m^2 이상 도로 등 사업이 아닌 사업

② 사업구역 내 표준지 공시지가 변동률 (2022.1.1./2021.1.1.) : 5%

③ P구 전체 공시지가 변동률 (2022.1.1./2021.1.1.) : 10%

〈3%P 이상, 30% 이상〉

2. 적용공시지가 선택

토지보상법 §70⑤에 따라 계획공고고시일 이전 가격시점 최근 공시된 〈2021.1.1.〉 선택

V. (물음 4) 시점수정(2021.1.1.~2023.7.1)

1. 지가변동률

(1) 해당 공익사업에 따른 변동 여부(령§37③) : 요건 충족

① 20만m^2 이상 도로 등 사업이 아닌 사업

② P구 (녹지) 지가변동률 (계획공고고시일~가격시점) :

$(1 + 10\% \times 364/365) \times (1.04 \times 1.007)$ 〈5% 이상〉

③ 사업인정고시일부터 가격시점

P구 (3%), X도 (10%) 〈30% 이상〉

(2) 지가변동률(인근평균 2021.1.1. ~ 가격시점) (령§37②)

= 1.04728

2. 생산자물가상승률

$\frac{123.1}{119.6}$ = 1.02926

3. 결정

해당 지역의 지가변동상황을 보다 잘 반영하는 지가변동률 적용

Ⅵ. (물음 5) 지역 · 개별요인

1. 지역요인

인근지역인바 지역요인 비교치 1.00

2. 개별요인

$\frac{102}{100} \times \frac{98}{100} \times \frac{105}{100}$ = 1.050

Ⅶ. (물음 6) 그 밖의 요인

해당 사업에 따른 공법상 제한은 반영하지 않으며, 다른 공익사업에 따른 개발 이익 또는 공법상 제한은 반영(判)

= 1.10

Ⅷ. (물음 7) 보상평가액

130,000 × 1.04728 × 1.000 × 1.050 × 1.10 = 157,200원/m^2

〈× 1,200 = 188,640,000〉

연습문제 02 | 토지보상(적용공시지가 선택, 지가변동률, 그 밖의 요인 보정) 20점

Ⅰ. 감정평가 개요

1. 대상부동산은 일반산업단지사업을 위한 토지보상 목적 감정평가로 관련법령에 의거 정당보상액 산정
2. 가격시점 : 계약체결예정일 2023.8.31. 〈법§67①〉
3. 사업인정 의제일 : 산업단지 지정고시 2022.6.9.

Ⅱ. (물음 1) 토지 보상

1. 비교표준지 선정

(1) 선정기준(시행규칙 §22③)

용도지역 등 공법상 제한이 같거나 유사할 것,

실제 이용상황, 주위 환경 등이 같거나 유사할 것, 지리적으로 가까울 것

(2) 공법상 제한(시행규칙 §23)

용도지역 등 : 당해 사업에 따른 용도지역 변경은 배제, 변경 前 〈농림〉

(3) 비교표준지 선정 농림지역, 전, 〈公 #1〉 선정

2. 취득할 토지 가격 변동 여부(시행령§38-2)

(1) 사업구역 내 표준지 변동률(2021~2022) : 16%

(2) □□군 표준지 전체 변동률(2021~2022) : 16%

(3) 변동여부 : 차이3% 미만, 변동률1.3배 이하인바 지가의 변동 없음.

3. 적용공시지가 선택

관계법령 공고고시 (지정열람공고)로 인하여 취득할 토지의 가격이 변동되지 않아 사업인정고시(산업단지 지정고시) 이전 공시된 공시지가로 가격시점 현재 공시된 최근 〈2022.1.1.〉 적용〈법§70④〉

4. 시점수정치

(1) 지가변동률(2022.1.1.~2023.8.31.)

당해 사업에 따라 비교표준지가 소재하는 지가변동률이 현저히 변동되어 인근 시군구 지가변동률 적용(令§37②)

농림지역 : 1.03×1.03 ≒1.06090

(2) 생산자 물가변동률 : 미제시

(3) 결정 : 국지적 지가변동을 반영하고 있는 지가변동률 적용

5. 그 밖의 요인 보정치

(1) 선정

농림지역, 전, 적용공시지가 선택 기준에 따라 2022.6.9 이전 보상선례 〈#B〉 선정

(2) 보정치

$$\frac{60{,}000^{*} \times 1.06090^{*} \times 1 \times 0.98}{29{,}000 \times 1.06090 \times 1 \times \frac{1.05}{0.85} \times \frac{1.05}{0.85}} \fallingdotseq 1.33$$

* 가중평균단가 적용 * 시(인근 시군구 평균)

6. 토지 보상평가액

$29{,}000 \times 1.06090 \times 1 \times 1 \times \frac{1.05}{0.85} \times \frac{1.05}{0.85} \times 1.33$ ≒62,000

〈×200≒12,400,000〉

연습문제 03 토지보상(도시계획시설사업) 20점

감정평가사 7회 기출

〈가격시점 : 2023.8.24.〉

[물음 1]

Ⅰ. 물음 가.

1. 적용공시지가 선택 : 2022.1.1.

2. 선택이유

국토의계획및이용에관한법률상의 도시계획사업 실시계획인가 고시일이 공익사업을위한토지등의취득및보상에관한법률(이하 법)§22의 사업인정고시일에 의제됨에 따라, 법§70④에 의하여 사업인정고시일(2022.9.18) 이전에 고시된 공시지가를 기준한다.

Ⅱ. 물음 나.

970,000 × 1.00080 × 1 × 1.237 × 1.15 ≒ 1,390,000원/㎡

시[1] 지 개[2] 그[3]

1) 시점수정치(2022.1.1~2023.8.24)

① 지가변동률 : 1.0008

② 생산자물가상승률 : 1.0287

③ 결정 : 당해 가격의 지가변동상황을 보다 잘 반영하는 지가변동률 적용한다.

2) $1.2 \times \frac{1}{0.8 + 0.2 \times 0.85}$

3) 당해 공익사업과 직접 관련없는 다른 공익사업(시장)의 계획에 따른 지가상승은 해당 공익사업으로 인한 개발이익이 아님에 따라 반영한다. (판례)

Ⅲ. 물음 다.

1. 법에 의하여 부동산가격공시에 관한 법률의 표준지공시지가를 기준하여 가격시점(2023.8.24) 기준의 정당보상액을 산정한다.

2. 당해 도시계획시설 저촉에 따른 제한을 반영하지 않는다.

3. 당해 사업과 관련없는 개발이익을 반영한다.

[물음 2]

Ⅰ. 그 밖의 요인 보정치

1. 공시지가 기준 단가

260,000 × 1.00771 × 1.1 × 1.1 ≒ 317,000원/m^2

시[1] 지 개

1) 1.0021 × 1.0056

2. 보상선례 기준 단가

210,000 × 1.00924 × 1.1 × 1.54 ≒ 359,000원/m^2

시[1] 지 개

1) 1.0015 × 1.0021 × 1.0056

3. 그 밖의 요인 보정치 : 2. ÷ 1. ≒ 1.13

단, 보상선례와 대상토지 개별요인치가 무려 54%가 된다는 점에서 실거래가 분석 등을 통한 검증이 필요할 것으로 사료됨.

II. 산출방법

1. 그 밖의 요인 보정

① 토지 보상평가에 있어서 시점수정 · 지역요인 및 개별요인의 비교 외에 대상토지의 가치에 영향을 미치는 사항이 있는 경우에는 그 밖의 요인 보정을 할 수 있다.

② 그 밖의 요인 보정을 하는 경우에는 해당 공익사업의 시행에 따른 가치의 변동은 고려하지 아니한다.

③ 그 밖의 요인 보정을 하는 경우에는 대상토지의 인근지역 또는 동일수급권 안의 유사지역(이하 "인근지역등"이라 한다)의 정상적인 거래사례나 보상사례(이하 "거래사례등"이라 한다)를 참작할 수 있다.

④ 그 밖의 요인 보정은 다음 각 호의 순서에 따라 행한다.

1. 그 밖의 요인 보정의 필요성 및 근거
2. 거래사례등 기준 격차율 산정
3. 실거래가 분석 등을 통한 검증
4. 그 밖의 요인 보정치의 결정

⑤ 제4항제4호의 그 밖의 요인 보정치는 거래사례등을 기준으로 산정한 격차율과 실거래가 분석 등을 통한 검증 결과 등을 종합적으로 고려하여 적정한 수치로 결정하되, 소수점 이하 둘째 자리까지 표시함을 원칙으로 한다.

⑥ 그 밖의 요인 보정을 한 경우에는 그 산출근거를 감정평가서에 구체적이고 명확하게 기재한다.

2. 격차율 산정방법

① 그 밖의 요인의 보정치의 결정을 위한 거래사례등 기준 격차율 산정은 대상토지 기준 산정방식 또는 표준지 기준 산정방식 중 어느 하나로 할 수 있다.

② 대상토지 기준 산정방식

$$\frac{\text{거래사례등 토지단가} \times \text{사정보정} \times \text{시점수정} \times \text{지역요인의 비교} \times \text{개별요인의 비교}}{\text{표준지공시지가} \times \text{시점수정} \times \text{지역요인의 비교} \times \text{개별요인의 비교}}$$

③ 표준지 기준 산정방식

$$\frac{\text{거래사례등 토지단가} \times \text{사정보정} \times \text{시점수정} \times \text{지역요인의 비교} \times \text{개별요인의 비교}}{\text{표준지공시지가} \times \text{시점수정}}$$

연습문제 04 토지보상(불법형질변경, 미지급용지) 20점

Ⅰ. 감정평가 개요

토지보상법§67①에 의거 수용재결일인 2023. 9. 1을 가격시점으로 하여 대상 토지 및 물건의 적정보상액을 산정하기로 함.

Ⅱ. (물음 1) 공시지가의 선정

1. 적용공시지가 선택

토지보상법상의 사업인정고시일로 의제되는 "택지개발 예정지구지정 및 개발계획승인고시일(2023. 1. 23)" 이전에 공시된 것으로서 사업인정의제일에 가장 근접한 2023. 1. 1 기준의 공시지가를 선정한다.

2. 비교표준지의 선정

(1) 기호1 토지

당해 사업으로 인하여 용도지역이 변경되었는바 변경전인 "관리지역"을 기준으로 한다(이하 동일). 또한 원래는 불법으로 형질을 변경하였으나 당해 공익사업인 택지개발사업에 편입되기 전에 적법한 분필절차를 거쳤는바 이를 통하여 위법상태가 치유되었으므로 현재의 이용상황인 "대"를 기준으로 한다.

따라서, 관리지역 내의 "대" 가격을 추출할 수 있는 공시지가#2를 택한다.

(2) 기호2 토지

미지급용지로서 편입될 당시의 이용상황을 상정한다. 다만 불법형질변경토지로서 95.1.7 당시 공익사업에 편입된 바, 편입당시의 현황인 나지상태를 기준하며, 이 경우 공부상 지목을 기준으로 성토된 상황을 고려하므로 관리지역 내의 "전(편입당시 지목)"인 공시지가#4를 택한다.

Ⅲ. (물음 2) 적정보상액의 산정

1. 토지의 평가

(1) 기호1 토지(공시지가#2 기준)

$750{,}000 \times 1.01225 \times 1 \times \left(\frac{1}{1.05} \times 1 \times 1\right) \times 1 \quad ≒ 723{,}000$원/㎡

공[1] 시[2] 지 도 형 세 그

1) 대부분 단가(x) : $600{,}000 ≒ x \times 0.4 + \frac{x}{1.5} \times 0.6 \quad \therefore x ≒ 750{,}000$

2) (2023. 1. 1~2023. 9. 1 : 관리) : $1.01105 \times \left(1 + 0.00115 \times \frac{32}{31}\right) ≒ 1.01225$

(2) 기호2 토지(공시지가#4 기준)

1) 편입당시 지목기준 ("전"이용상황가격)

$410{,}000 \times 1.01225 \times 1 \times (1.1 \times 1 \times 1) \times 1 \quad ≒ 457{,}000$원/㎡

시 지 도 형[1] 세 그

1) 형상(편입당시기준) : 15m × 14m ∴ 정방형

2) 성토된 상황 고려(형질변경비용가산)

$457{,}000 + 80{,}000 \quad ≒ 537{,}000$원/㎡

2. 지장물의 평가

(1) 기호1(주거용 건물)

지장물로서 이전이 곤란한 바, 물건의 가격으로 보상함

$450{,}000 \times \frac{95}{100} \times \left(0.7 \times \frac{43}{50} + 0.3 \times \frac{23}{30}\right) \quad ≒ 356{,}000$원/㎡

개 잔가율

(2) 기호2(참고)

보상대상 여부 결정은 사업시행자의 권한이나, 행위제한일인 주민공람공고일 이후에 건축된 것으로서 보상대상이 아님.

3. 보상평가액의 결정

(1) 토지 기호1 : 723,000 × 150 ≒ 108,450,000

(2) 토지 기호2 : 537,000 × 60 ≒ 32,220,000

(3) 지장물 기호1 : 356,000 × 89 ≒ 31,684,000

(4) 지장물 기호2 : 평가외

(5) 계 ≒172,354,000원

연습문제 05 토지보상(미보상 토지) 15점

Ⅰ. 감정평가개요

1. 감정평가 목적

본건은 공원조성사업으로 미보상된 토지로서 기준시점은 2023.4.1.임.

2. 대상물건의 개요

1) 용도지역(토지보상법 시행규칙§23② 준용)

종전 사업에 따른 용도지역 변경 배제 〈1종일주〉기준

2) 이용상황(토지보상법 시행규칙§24 및 부칙 준용)

89.1.24 이전 무허가 건축물부지는 적법 건축물 부지로 의제 "단독주택"부지

※ 미보상용지는 미불용지(현 미지급용지) 규정 준용

3) 기타 토지특성 (종전 편입당시 기준)

① 지목 : '임야'

② 지형 및 지세 등 : 부정형, 완경사, 세로(가)

③ 편입면적 : 10,000㎡ 中 '1,000㎡'

④ 지대 : 미개발지

Ⅱ. 토지 보상평가액

1. 적용공시지가 선택

"미보상"토지로서 사업이 만료된 상태로 기준시점 현재 최근 공시된 〈2023.1.1〉 적용

2. 비교표준지 선정 : 1종일주, 단독주택 〈#1〉 선정

3. 지역요인 비교치 : 대등 (1.000)

4. 개별요인 비교치 : $100/105 \times 0.6 \times [0.85 + 0.95 + 100/110 - 2]$

* 가로조건 : 접면도로에서 "열세"
* 접근조건 : 대등
* 환경조건 : 본건은 "미개발지대" 기반시설 설치 등 "열세"
* 획지조건 : 지형, 지세, 규모, 접면도로상태가 표준지 대비 "열세"
* 행정적 · 기타조건 : 대등

5. 그 밖의 요인 보정치 : 1.00

6. 산출단가 : $1{,}000{,}000 \times 1.00000 \times 1.000 \times 0.405 \times 1.00 \fallingdotseq 405{,}000$원/㎡

7. 보상평가액 : $405{,}000 \times 1{,}000 = 405{,}000{,}000$원

연습문제 06 토지보상(공법상제한) 15점

Ⅰ. 감정평가 개요

당해 공익사업과 직접 관계없이 도시계획도로에 저촉된 토지의 필지 전체가 편입되는 경우로서 그 가격형성요인을 달리하는 바, 구분하여 평가한 후 면적 비율에 의한 가중평균을 하기로 한다. (가격시점 : 2023. 9. 1)

Ⅱ. 저촉 부분

1. 일반상업

용도지역, 이용상황에서 비교성이 있는 공시지가#1을 택함.

$1,000,000 \times 0.99502 \times 1 \times \frac{100}{98} \times \frac{100}{100} \times 1 \times 1 \fallingdotseq 1,015,300$원/㎡

시[1] 지 개 도로[2] 기타 그

1) (2023. 1. 1~2023. 9. 1 : 상업지역)

$(1-0.0101)\times(1-0.00444)\times(1-0.00371)\times(1-0.0014)\times1.00123\times1.00357$

$\times 1.0049\times\left(1+0.0049\times\frac{32}{31}\right)\fallingdotseq 0.99502$

2) 저촉되지 아니한 상태를 기준으로 하는바, 대상은 중로(18m)임.

2. 2종일주

용도지역, 이용상황에서 비교성이 있는 공시지가#2를 택함.

$500,000 \times 1.06599 \times 1 \times \frac{100}{97} \times \frac{100}{95} \times 1 \times 1 \fallingdotseq 578,400$원/㎡

시[1] 지 개 도로 기타 그

1) (2023. 1. 1~2023. 9. 1 : 주거지역)

$(1-0.00512)\times(1-0.00405)\times(1-0.0011)\times1.0102\times1.0132\times1.0154\times1.0177$

$\times\left(1+0.0177\times\frac{32}{31}\right)\fallingdotseq 1.06599$

Ⅲ. 접한 부분

1. 일반상업(공시지가#1 기준)

$1,000,000 \times 0.99502 \times 1 \times \frac{100}{98} \times \frac{100}{100} \times 1.025 \times 1 \fallingdotseq 1,040,700$원/㎡

시 지 개 도로 기타[1] 그

1) 계획도로의 폭을 고려하여, 대상은 광대로(25m)임.

∴ 제시된 기준에 의거 계획도로 폭의 영향으로 인한 증가분의 50%를 반영함.

$1+\left(\frac{105-100}{100}\right)\times 50\% \fallingdotseq 1.025$

2. 2종일주(공시지가#2 기준)

$500,000 \times 1.06599 \times 1 \times \frac{100}{97} \times \frac{100}{95} \times 1.025 \times 1 \fallingdotseq 592,900$원/㎡

시 지 개 도로 기타 그

Ⅳ. 보상평가액

1. 단 가

해당부분의 단가를 면적비율로 가중평균하여 결정함.

$$\frac{1,015,300\times(12\times7)+578,400\times(8\times7)+1,040,700\times(12\times23)+592,900\times(8\times23)}{600}$$

$\fallingdotseq 856,700$원/㎡

2. 보상평가액

$856,700 \times 600 \fallingdotseq 514,020,000$원

연습문제 07 토지보상(공법상제한) 20점

Ⅰ. (물음 1) 둘 이상의 용도지역에 속한 토지의 보상평가기준

둘 이상의 용도지역에 걸쳐있는 토지에 대한 평가는 각 용도지역 부분의 위치·형상·이용 상황 기타 다른 용도지역부분에 미치는 영향 등을 고려하여 면적 비율에 의한 평균가격으로 한다.

Ⅱ. (물음 2) 용도지역 사이에 있는 토지의 보상평가기준

용도지역 사이에 있는 용도지역이 지정되지 아니한 토지에 대한 평가는 그 위치·면적·이용상태 등을 고려하여 양측 용도지역의 평균적인 제한상태를 기준으로 한다.

Ⅲ. (물음 3) 비교표준지의 선정

1. 일련번호#1

양측 용도지역의 평균적인 제한상태를 고려하는바, 일반주거지역에 속한 〈기호3〉 공시지가와 녹지지역에 속한 〈기호1〉 공시지가를 비교표준지로서 채택한다.

2. 일련번호#2

용도지역을 달리 하는 두 부분이 모두 가격형성에 영향을 미치는바, 준주거지역에 속한 〈기호2〉 공시지가와 녹지지역(개발제한구역)에 속한 〈기호4〉 공시지가를 비교표준지로서 채택한다.

Ⅳ. (물음 4) 보상평가액 산정(가격시점 : 2023. 2. 28)

1. 기호#1 토지

(1) 기호3 기준(일반주거지역, 주거용)

$1{,}380{,}000 \times 1.00500 \times 1 \times \frac{90}{90\times1.} \times \frac{95}{90} \times \frac{100}{90} \times 1 \fallingdotseq 1{,}480{,}000$원/㎡

시[1] 지 도로 형상 지세 그

1) (2023. 1. 1~2023. 2. 28, 주거지역) : 1.001 × 1.004≒1.00500

(2) 기호1 기준(녹지지역, 주거용)

$800{,}000 \times 1.00741 \times 1 \times \frac{90}{90} \times \frac{95}{100} \times \frac{100}{100} \times 1 \fallingdotseq 766{,}000$원/㎡

시[1] 지 도로 형상 지세 그

1) (2023. 1. 1~2023. 2. 28, 녹지지역) : 1.0034 × 1.004 ≒ 1.00741

(3) 보상단가의 결정

$\frac{1{,}480{,}000 + 766{,}000}{2} \fallingdotseq 1{,}120{,}000$원/㎡

2. 일련번호#2 토지

(1) 기호2 기준(준주거지역, 주거용)

$1{,}500{,}000 \times 1.00500 \times 1 \times \frac{90\times1.1}{95} \times \frac{90}{100} \times \frac{90}{100} \times 1 \fallingdotseq 1{,}270{,}000$원/㎡

(2) 기호4 기준(녹지지역/개발제한구역, 주거용)

$700{,}000 \times 1.00741 \times 1 \times \frac{90\times1.1}{90} \times \frac{90}{90} \times \frac{90}{100} \times 1 \fallingdotseq 698{,}000$원/㎡

(3) 보상단가의 결정

$\frac{1{,}270{,}000 \times 150 + 698{,}000 \times 250}{400} \fallingdotseq 913{,}000$원/㎡

3. 보상평가액의 결정

- 일련번호#1 토지 : 1,120,000원/㎡ × 300㎡ ≒ 336,000,000원
- 일련번호#2 토지 : 913,000원/㎡ × 400㎡ ≒ 365,200,000원

연습문제 08 토지보상(현실 이용상황 도로) 20점 감정평가사 28회 기출 변형

Ⅰ. [물음 1] 미지급용지

1. 기본적 사항의 확정

(1) 용도지역 : 종전 공익사업을 위한 변경으로 칙§23② 〈2종일주〉

(2) 이용상황 : 편입당시 이용상황 〈주거나지〉

(3) 개별요인 : 종전 공익사업 편입 당시 〈부정형, 맹지〉

2. 적용 공시지가

(1) 사업인정 의제일 : 도로사업 실시계획인가고시일 〈2022.12.15〉

(2) 적용공시지가 선택 : 토지보상법 §70④ 의거 〈2022.1.1〉

3. **비교표준지** : 2종일주, 주거나지 〈A〉

4. **시점수정치** : 1.03257 × 1.01426 × 1.00431 = 1.05181

5. **지역요인 비교** : 1.00

6. **개별요인 비교** : 0.92 × 0.93 = 0.856

7. 그 밖의 요인 보정치

(1) 사례 : 2종일주, 주거나지 〈ㅂ〉

(2) 보정치

$$\frac{1{,}000{,}000 \times 1.01863 \times 1 \times (0.95 \times 1.03)}{770{,}000 \times 1.05181 \times 1 \times 1} = 1.23$$

8. **감정평가액** : 770,000 × 1.05181 × 1 × 0.856 × 1.23 = @853,000원/㎡

(× 381㎡ = 324,993,000원)

Ⅱ. [물음 2] 사실상 사도

1. 기본적 사항의 확정

(1) 사실상 사도 여부

칙 §26②1호 도로개설 당시의 토지소유주가 자기 토지의 편익을 위해 스스로 설치한 도로로서 사실상 사도에 해당함.

(2) 인근토지

100 - 2 의 건축을 위해 도로 개설한 바, 100 - 2 기준

〈장방형, 세로(가)〉

2. **비교표준지** : 준주거, 다세대 〈B〉

3. **개별요인 비교** : 1.02 × 0.33 = 0.336

4. 그 밖의 요인 보정치

(1) 사례 : 준주거, 다세대 〈ㄴ〉

(2) 보정치

$$\frac{1{,}500{,}000\times1.01863\times1\times1}{1{,}050{,}000\times1.05181\times1} = 1.38$$

5. **감정평가액** : 1,050,000×1.05181×1×0.336×1.38 =@512,000원/㎡

(×381㎡ = 195,072,000원)

Ⅲ. [물음 3] 예정 공도

1. 기본적 사항의 확정

(1) 표준적인 이용상황

물리적 거리 가깝고, 도로조건 등이 유사한 〈다세대〉 기준

(2) N구청장의 보상평가의뢰서에 따라 예정공도를 기준으로 감정평가하였음.

2. **비교표준지** : 준주거, 다세대 〈B〉

3. **개별요인 비교** : 사다리, 세로가 기준, 도로개설 가치상승분 배제

0.99×(1 - 0.3) = 0.693

4. **감정평가액** :

1,050,000×1.05181×1×0.693×1.38 =@ 1,060,000원/㎡

(×381㎡ = 403,860,000원)

연습문제 09 토지보상(택지개발사업) 60점

〈가격시점 : 2023.8.31.〉

Ⅰ. (물음 1) 적용 공시지가의 선택 및 사유

1. 사업인정고시 의제일

택지개발사업 예정지구고시일(2022. 9. 30)이 사업인정고시일이나 사업의 확장 또는 변경으로 인하여 추가로 세목고시된 토지의 경우에는 예정지구변경고시일(추가세목고시일)을 사업인정고시일로 본다.

2. 취득할 토지의 지가변동 여부 (시행령 제38조의2)

계획 공고 고시 등으로 인한 공시가격의 변동은 없음.

3. 기호1과 기호2

사업확장에 따라 토지세목이 추가고시된 토지로서 추가고시일을 사업인정고시일로 보기에 2023. 1. 31 이전을 공시기준일로 하는 가격시점 당시 공시된 것 중에서 2023. 1. 31에 가장 근접한 2023년도 공시지가를 선정한다. (토지보상법 제70조 4항)

4. 기호3~17

기호3은 종전 세목고시 당시 누락된 것으로서 종전 2022. 9. 30일을 사업인정고시일로 보며, 기타 4~17 또한 동일하다. 따라서 2022. 9. 30 이전을 공시기준일로 하는 가격시점 당시에 공시된 공시지가 중 2022. 9. 30에 가장 근접한 2022년 공시지가를 선정한다.

Ⅱ. (물음 2) 비교표준지의 선정 및 사유

1. 선정기준(법 제70조 1항, 칙 제22조 3항)

① 용도지역 · 지구 · 구역 등 공법상 제한이 같거나 유사할 것
② 실제 이용상황 등이 같거나 유사할 것
③ 주위환경 등이 같거나 유사할 것
④ 당해 또는 인접 시 · 군 · 구(자치구가 아닌 구를 포함한다) 안의 인근지역에 위치하며, 지리적으로 가능한 가까이 있는 것을 선정한다.

2. 기호1

두 가지 용도지역에 속하는 것으로서, 면적에 의한 가중평균함이 원칙이지만, 자연녹지지역에 속하는 부분의 면적이 과소하기에 전체가격 형성에 미치는 영향이 미미하다고 보아 주된 용도지역(주거지역), E동 등을 고려하여 기호#1을 선정한다.

3. 기호2

당해 사업시행에 따른 절차로서 용도지역이 변경된 것으로서 변경 전 용도지역인 자연녹지지역내의 田, E동 표준지인 기호#4를 선정한다. (시행규칙 제23조 2항)

4. 기호3

주위환경으로 볼 때 현재의 이용이 임시적으로 판단되는 바, 현황평가의 예외로서 일반주거지역내 주거용등을 고려하여 기호#1을 선정한다. (법 제70조 2항)

5. 기호4

대상부동산은 예정공도로서 공도부지 평가규정에 준용되기에 인근 표준적 이

용상황인 "대"로 하여 일반주거지역등을 고려하여 기호#1을 선정한다. (시행규칙 제26조 1항 3호)

6. 기호5

'89.1.24 이전에 신축된 무허가 건물부지로서 '대'로 평가하며, 적정 대지면적은 사업시행자가 제시한 면적인 237.5㎡으로 한다.

따라서 237.5㎡→ 자연녹지지역 내 '대'인 E동 소재 기호#6 선정

850 - 237.5≒612.5㎡→ 자연녹지지역 내 '전'인 E동 소재 기호#4 선정(시행규칙 제24조 및 부칙)

7. 기호6

불법 형질변경된 토지로서 95.1.7 당시 사업지구에 포함되지 않은 토지로서, 형질변경 당시의 이용상황인 '답', 자연녹지지역의 E동 표준지인 기호#5를 선정한다. (시행규칙 제24조)

8. 기호7

'89.1.24 이후에 신축한 무허가 건물부지로서 신축당시 이용상황인 '전', 자연녹지지역의 E동 표준지인 기호#4를 선정한다. (시행규칙 제24조)

9. 기호8

현황평가의 예외인 일시적 이용(3개월 전 무상철거 전제로 신축)의 가설 건축물로서 자연녹지지역 내 '전'을 고려하여 기호#4를 선정한다.

10. 기호9

공도의 부지로서 인근의 표준적인 이용상황의 '전'을 선정하여 구한 후 평가하므로 기호#4를 선정함. (시행규칙 제26조)

11. 기호10

적법한 형질변경행위이나 당해 사업으로 인하여 준공검사를 득하지 못하고 있는 상태인바, 현상이용인 '잡'을 고려하여 자연녹지지역 내 기호#3을 선정함.

12. 기호11

묘지의 경우 분묘가 없는 상태를 기준으로 하기에 인근의 표준적인 이용상황인 자연녹지지역 내 '임야'인 점을 고려하여 기호#7을 선정한다.

13. 기호12

허가를 받은 형질변경토지로서 현황평가인 자연녹지지역 '전'을 고려하여 기호#4를 선정한다.

14. 기호13

미지급용지로서 용도지역은 현황인 주거지역이며, 종전의 이용상황보다 오히려 증가된 미지급용지이기에 미지급용지 평가규정과 관계없이 현황평가한다. 따라서 주거지역내 '대'를 고려한 기호#1을 선정한다. (판례 92누4833)

15. 기호14, 15

일반주거지역 내 주거용이며 W동인 표준지#10을 선정한다.

16. 기호16

'89.1.24 이전에 신축한 무허가 건물부지로서 적정 부지는 '대' 로 평가한다.

• 500㎡ → 생산녹지 내 주거용인 기호#13

• 800㎡ → 생산녹지 내 전인 기호#12를 선정.

Ⅲ. (물음 3) 시점수정치의 결정 및 사유

1. 지가변동률

(1) 기호1(2023. 1. 1~2023. 8. 31 ; 주거지역)

$1.01368 \times \left(1+0.0016\times\frac{31}{31}\right)$ ≒ 1.01530

7월 누계 / 8월 추정분

(2) 기호2(2023. 1. 1~2023. 8. 31 ; 녹지지역)

① S구 : 1.00974 × 1.00070 ≒ 1.01045

② B구 : 1.00431 × 1.00090 ≒ 1.00521

③ 결정 : (1.01045 + 1.00521)/2 ≒ 1.00783

※ 참고 : 당해사업과 무관한 개발이익은 반영한다.

※ 인근 시군구의 지가변동률만으로도 산정가능(령§37②)

(3) 기호3 이하 주거지역(2022. 1. 1~2023. 8. 31 : 주거지역)

1.01611 × 1.01368 × 1.00160 ≒ 1.03166

2022년 누계

(4) 기호5 이하 녹지지역(2022. 1. 1~2023. 8. 31 : 녹지지역)

① (2022. 1. 1~9. 30) ≒ 1.01206

② (2022. 10. 1~2023. 8. 31)

• S구 : 1.00160 × 1.00150 × 1.00190 × 1.01045 ≒ 1.01551

• B구 : 1.00030 × 1.00040 × 1.00030 × 1.00521 ≒ 1.00622

• 평균 : (1.01551 + 1.00622)/2 ≒ 1.01087

③ 결정 : 1.01206 × 1.01087 ≒ 1.02306

2. 생산자물가상승률

(1) 기호1,2(2023.7 / 2022.12 : 생산자물가지수) : $\frac{117}{108}$ ≒1.08333

(2) 기호3 이하(2023.7 / 2021.12 : 생산자물가지수) : $\frac{117}{100}$ ≒1.17000

3. 결정

생산자물가상승률은 일반적인 재화의 가격변동을 반영할 뿐, 당해 지역의 국지적인 지가변동을 반영하지 못한다고 보아 지가변동률을 적용한다.

Ⅳ. (물음 4) 보상평가액의 산정

1. 기호1

(1) 보상단가

110,000 × 1.01530 × 1 × 1.173 × 1.064 × 1 ≒ 139,000원/㎡

시 지 개[1) 저촉보정[2) 그

1) 개별요인비교치 : 1.15(도) × 1.02(형) ≒1.173

2) 도시계획도로저촉보정(2023년 1월 1일에만 반영됨)

$\frac{1}{(0.8+0.2\times0.7)}$ ≒1.064

(2) 총액 : 139,000 × 200㎡ ≒ 27,800,000원

2. 기호5

(1) 보상단가

① '대' 부분

70,000 × 1.02306 × 1 × 1 × 1 ≒ 72,000원/㎡

시 지 개 그

② '전' 부분

42,000 × 1.02306 × 1 × 1 × 1 ≒ 43,000원/㎡

시 지 개 그

(2) 보상총액

72,000 × 237.5㎡ + 43,000 × 612.5㎡ ≒ 43,437,500원

3. 기호13

(1) 보상단가

100,000 × 1.03166 × 1 × 1 × 1 ≒ 103,000원/㎡

시 지 개 그

(2) 보상총액

103,000 × 300㎡ ≒ 30,900,000원

4. 기호14

(1) 개요

저축부분(20×6 ≒ 120㎡)은 저축되지 않은 상태를 기준으로 하며, 접한 부분(400 - 120 ≒ 280㎡)은 접한 상황을 고려하여 평가한다. 접한 부분은 정방형으로 봄.

(2) 보상단가

① 저축부분

143,000 × 1.03166 × 1 × 1.15 × 1 ≒ 170,000원/㎡

시 지 개 그

② 접한부분

143,000 × 1.03166 × 1 × 1.2 × 1 ≒ 177,000원/㎡

시 지 개 그

※ 접한부분의 증가요인을 기타조건(장래 기타 동향)으로 반영하여야 하나 처리방안에 구체적 제시가 없어 도로조건을 차용하여 적용.

(3) 보상총액

170,000 × 120㎡ + 177,000 × 280㎡ ≒ 69,960,000원

5. 기호16

'89.1.24 이전에 신축 무허가 건물부지(500㎡)는 '대'로서 평가하고, 전(800㎡) 부분과 구분하여 평가한다.

(1) 무허가 건물부지의 보상단가

95,000 × 1.02306 × 1 × 0.95 × 1 − 14,000[1] ≒ 78,000원/㎡

시 지 개 그

1) 농지보전부담금 : 무허가 건물을 대지로 평가하는 경우 농지보전부담금 등을 개별요인에서 반영할 수 있으나 편의상 "단가에서" 차감한다.

* 실무기준 해설서에서는 농지보전부담금 등은 별도로 고려하지 않는 견해에 있음.

(2) '전'의 보상단가

65,000 × 1.02306 × 1 × 1 × 1 ≒ 66,000원/㎡

(3) 보상총액

78,000 × 500㎡ + 66,000 × 800㎡ ≒ 91,800,000원

6. 기호12의 보상액

(1) 개간비 보상(A씨)

① 개간에 소요되는 비용 : ≒ 35,000원/㎡(35,000,000원)

② 한도액

• 개간 후 토지가격(공시지가 4 기준)

42,000 × 1.02306 × 1 × 0.95[1] × 1 × 1,000㎡ ≒ 40,820,000원

1) 개별요인비교치 : 1(도로) × 0.95(형상) × 1(지세)

• 개간 전 토지가격(공시지가 7 기준)

7,000 × 1.02306 × 1 × 1.15 × 1 × 1,000㎡ ≒ 8,236,000원

• 한도액

40,820,000 - 8,236,000 ≒ 32,584,000원

③ 결정 : 한도액인 32,584,000원으로 결정한다. (① > ②이기에)

(2) 토지 보상액(S시, 시행규칙 제27조 3항)

40,820,000 - 32,584,000 ≒ 8,236,000원

연습문제 10 | 개발제한구역 내 토지보상 30점

Ⅰ. 감정평가 개요

택지개발사업지구에 편입되는 토지에 대한 보상(이의재결)평가로서, 가격시점은 토지보상법 제67조1항 근거하여 〈2023. 8. 31〉기준함.

Ⅱ. 토지 보상 평가액

1. 적용공시지가 선택

토지보상법 제70조 4항에 근거하여 사업인정의제일(2023.3.20) 이전 공시된 〈2023.1.1〉 적용공시지가 선택함.

2. 비교표준지 선정

(1) G/B 조정가능지역 및 우선해제대상지역 내 표준지선정기준

1) 원칙

당해사업으로 인한 G/B해제인바, 해제되기 전 기준한 〈G/B 내〉 표준지를 선정함.

2) 집단취락 등 우선해제 대상지역

토보침 §31조의3③항 규정에 따라 〈G/B 내 우선해제대상지역〉안에 있는 표준지를 선정함.

(2) 기호#1, 2

1) G/B 조정가능지역에 속한 토지로서, 당해사업으로 인한 해제인바, 〈G/B · 자연녹지〉 기준함.

2) 기호#1은 조정가능지역에 따른 G/B해제가능성에 따른 정상지가 상승요인을 고려하되, 사업시행자가 현황측량 결과에 따라 제시한 '대'(80㎡부분)은 〈#3〉선정하고, '전'(920㎡ 부분)은 〈#1〉선정함.

3) 기호#2는 공익사업을 위한 조정가능지역인바, 정상지가 상승요인은 고려하지 아니하여 '전'기준 〈#1〉선정함.

(3) 기호#3, 4, 5

1) G/B 집단취락우선해제대상지역에 속한 토지로서, 도시계획안이 공고 및 공고예정을 확인한 경우인바, 〈G/B 우선해제대상지역안의 표준지〉를 선정함.

2) 기호#3,4,5의 비교표준지인 G/B 우선해제 대상지역안의 표준지는 해제에 준한 가격 수준인바, 별도의 보정은 불요함.

3) 기호#3은 '전'기준하여, 〈#7〉을 선정함.

4) 기호#4는 동시조치사항으로 인한 용도지역 변경예정이 확인된 바, '전'기준 〈#7〉 선정하되, 용도지역 변경을 고려한 가격으로 평가하기 위하여 〈#10〉을 기준한 가격수준을 그 밖의 요인 보정함.

5) 기호#5는 '대'기준하여 〈#9〉을 선정함.

(4) 기호#6, 7

1) 국민임대주택사업을 위한 우선해제 대상지역에 속한 토지인바, 당해사업을 위한 해제로 보아 〈G/B내 표준지〉를 선정함

2) 기호#6은 조정가능지역 대상으로 인정되는 것으로 시장의 확인을 받았으므로, 해제가능성에 따른 정상지가 상승요인을 고려하되 '상업용'을 기준 〈#2〉를 선정함.

3) 기호#7은 조정가능지역 대상으로 인정되는 것이나, 국가정책 및 지역현안 사업에 필요한 지역이라 시장이 확인하였는바, 정상지가 상승요인을 고려하지 않고, '주거용'은 기준 〈#3〉을 선정함.

3. 시점수정치(생산자물가지수 미제시)

(2023.1.1~8.31, 녹지지역) : $1.03068 \times \left(1 + 0.00404 \times \frac{62}{30}\right)$ ≒ 1.03929

4. 보상평가액(중토위 재결인바, 백원단위로 단가를 사정함)

(1) G/B해제가능성에 따른 정상지가 상승요인 보정치

'전', 상업용, 단독주택 상승률은 동일함. (5년 후 해제예정)

$\frac{(130{,}000 - 65{,}000) \div 1.61}{65{,}000}$ ≒ 0.62(62% 상승)

(2) 용도지역 변경에 따른 가격수준 보정치

기호#4와 관련 '전' 기준 즉시 변경됨에 따른 보정치

$\frac{(\text{표준지}10)}{(\text{표준지}7)} ≒ \frac{260{,}000}{120{,}000}$ ≒ 2.17(117% 상승)

(3) 기호#1

1) '대' : 130,000×1.03929×1×1×1.62 - 19,500[1] ≒ 199,400원/㎡

〈×80≒15,952,000〉

1) 농지보전부담금 : 65,000 × 0.3(50,000상한)

2) '전' : 65,000 × 1.03929 × 1 × 1 × 1.62 ≒ 109,400원/㎡

〈× 920 ≒ 100,648,000〉

3) 보상액(계) ≒116,600,000

(4) 기호#2 : 65,000 × 1.03929 × 1 × 1 × 1 ≒ 67,600원/㎡

〈× 200 ≒ 13,520,000〉

(5) 기호#3 : 120,000 × 1.03929 × 1 × 1 × 1 ≒ 124,700원/㎡

〈× 200 ≒ 24,940,000〉

(6) 기호#4 : 120,000 × 1.03929 × 1 × 1 × 2.17 ≒ 270,600원/㎡

〈× 200 ≒ 54,120,000〉

(7) 기호#5 : 240,000 × 1.03929 × 1 × 1 × 1 ≒ 249,400원/㎡

〈× 200 ≒ 49,880,000〉

(8) 기호#6 : 220,000 × 1.03929 × 1 × 1 × 1.62 ≒ 370,400원/㎡

〈× 200 ≒ 74,080,000〉

(9) 기호#7 : 130,000 × 1.03929 × 1 × 1 × 1 ≒ 135,100원/㎡

〈× 200 ≒ 27,020,000〉

연습문제 11 도시계획시설(공원) 20점

Ⅰ. 감정평가개요

1. 감정평가목적

공원조성사업에 대한 사업인정 전 보상 목적(협의)의 감정평가임.

2. 감정평가 방법

「토지보상법」 제70조 및 시행규칙 제22조 등에 따라 토지의 보상평가는 표준지 공시지가를 기준으로 감정평가함.

3. 가격시점

「토지보상법」 제67조 제1항에 따라 2023.06.29.

4. 그 밖의 사항 :

「토지보상법시행규칙」 제23조에 따라 해당 공익사업에 따른 공법상 제한은 배제(대상 공원저촉 배제)

Ⅱ. 적용공시지가 선택

1. 취득할 토지의 지가 변동 여부

토지보상법 제70조 제5항 개정 전 도시관리계획 결정고시된 사업으로 적용 없음.

2. 적용공시지가 선택 : (「토지보상법」 제70조 3항)

「토지보상법」 제70조 제3항에 따라 가격시점 당시 공시된 공시지가 중 가장 가까운 시점에 공시된 공시지가로 〈2023.1.1.〉 적용함.

Ⅲ. 비교표준지 선정

1. 선정기준 (시행규칙 제22조제3항)

표준지는 특별한 사유가 있는 경우를 제외하고는 다음 각 호의 기준에 따른 토지로 한다.

1) 용도지역, 용도지구, 용도구역 등 공법상 제한이 같거나 유사할 것
2) 평가대상 토지와 실제 이용상황이 같거나 유사할 것
3) 평가대상 토지와 주위 환경 등이 같거나 유사할 것
4) 평가대상 토지와 지리적으로 가까울 것

2. 선정

사업구역 내 소재한 표준지로서 상기 요건을 충족하는 〈#1〉 선정
(#2는 2단계 사업부지, #3은 이용상황 상이로 제외)

Ⅳ. 시점수정치(생산자물가지수 검토 제외)

1. 시군구 지가가 해당 공익사업으로 변동 여부

사업인정 전 협의로 시행령제37조 3항 적용 없음.

2. 지가변동률 (령 37조1항)

비교표준지 소재 시(C시) 녹지지역 2023.1.1.부터 2023.6.29.까지

(1.00000)

Ⅴ. 지역요인비교치

대상 및 비교표준지는 인근에 소재하여 지역요인은 대등 (1.000)

Ⅵ. 개별요인비교치 (대상 / 비교표준지) 1.500

Ⅶ. 그 밖의 요인 보정치

1. 그 밖의 요인 보정의 필요성 및 근거

판례는 보상의 형평성, 시가보상를 위해 인정, 실무기준 810 - 5.6.6, 토지보상평가지침, 감정평가 일반이론 등 근거

2. 거래사례 등 선정

1) 선정 기준

거래사례등은 다음 각 호의 요건을 갖추어야 한다. 다만, 제4호는 해당 공익사업의 시행에 따른 가격의 변동이 반영되어 있지 아니하다고 인정되는 사례의 경우에는 적용하지 아니한다

(1) 용도지역등 공법상 제한사항이 같거나 비슷할 것

(2) 실제 이용상황 등이 같거나 비슷할 것

(3) 주위환경 등이 같거나 비슷할 것

(4) 적용공시지가의 선택기준에 적합할 것

2) 선정

상기의 요건을 모두 충족하며 해당 공익사업의 시행에 따른 가격의 변동이 반영되어 있지 아니하다고 인정되는 보상사례('ㄴ') 선정

(#'ㄱ'은 협의 체결률이 상대적으로 낮아 보상 중으로 배제)

3) 격차율(1방법 : 대상기준)

$$\frac{380,000 \times 1.00000 \times 1 \times 1/1.12}{156,000 \times 1.00000 \times 1 \times 1.50} = 1.45$$

4) 실거래가 검토 (공원저촉 없는 매매사례 '나' 기준)

$$\frac{360,000 \times 1.00000 \times 1 \times 1/1.08}{156,000 \times 1.00000 \times 1 \times 1.50} = 1.42$$

5) 그 밖의 요인 보정치 결정 :

해당 공익사업의 지가에 미치는 영향, 보상사례 및 매매사례 등을 종합 검토한 결과 보상사례에 의한 격차율이 적절한 것으로 판단되어 그 밖의 요인 보정치로 〈1.45〉 결정함.

Ⅷ. 보상 평가액

1. 결정 단가

$156,000 \times 1.00000 \times 1 \times 1.50 \times 1.45 \fallingdotseq 339,000$

2. 토지 보상 평가 금액

$339,000 \times 1,000 \fallingdotseq 339,000,000$

연습문제 12 토지 및 지장물 보상 20점

감정평가사 14회 기출

Ⅰ. 감정평가 개요

실시계획인가가 토지보상법(이하 법)§20의 사업인정에 의제됨에 따라 동법 및 관련법령에 의함. 법시행규칙§20에 의해 물건별로 각각 평가함.

〈가격시점 : 2023.8.28〉

Ⅱ. 토지

1. 적용 공시지가

법§70④에 의해 사업인정고시일(2023.5.1) 이전 공시지가로 가격시점 당시 공시된 최근 공시지가 2023.1.1 공시지가 선택함.

2. 일련번호1

(1) 비교표준지 선정

환경보전가치가 높은 개발제한구역 내 토지인바, 용도지역 및 이용상황(전) 등이 유사하고, 인근지역(I동) 내 소재하는 〈#나〉 선정함.

(2) 시점수정치(2023.1.1~2023.8.28 직전분기 추정)

① 지가변동률 : 1.0314 × (1 + 0.0195 × 59/91) ≒ 1.04444

② 생산자물가상승률 : 128.8/126.4 ≒ 1.01899

③ 결정 : 당해 지역의 지가변동상황을 보다 잘 반영하고 있는 지가변동률을 적용함(이하 동일)

(3) 그 밖의 요인 보정치

① 선정 : 대상사업과 직접 관련없어 그 밖의 요인으로 참작함

② 격차율 (보상선례기준)

$$\frac{7{,}500{,}000 \times 1.20152 \times 0.9 \times 0.95 \times 1/100}{58{,}000 \times 1.04444 \times 1 \times 1.05} \fallingdotseq 1.211$$

③ 실거래가 검토 (거래사례 기준)

$$\frac{91{,}200{,}000 \times 1 \times 1.03239 \times 1 \times 0.97 \times 1/1200}{58{,}000 \times 1.04444 \times 1 \times 1.05} \fallingdotseq 1.197$$

③ 결정 : 보상선례의 균형성 및 실거래가의 적정시세를 고려하여 20% 적용

(4) 보상평가액

58,000 × 1.04444 × 1 × 1.05 × 1.2 ≒76,000원/㎡

〈×300 ≒ 22,800,000〉

3. 일련번호2

(1) 나지상태 평가가격(#1과 동일사유 #나 선정)

58,000 × 1.04444 × 1 × 1 × 1.2 ≒ 73,000원/㎡

시 지 개 그

(2) 구분지상권 보상액(한국전력)

① 감가율(보정률)

$0.10 \times \frac{4}{5} + 0.2 \fallingdotseq 0.28$

입체이용저해 추가보정(영구 포함)

※ 필자주 : 추가보정율은 구분지상권자가 향유하는 권리 부분이 아닌바 이를 제외할 수 있음.

② 구분지상권 보상액

73,000×0.28×80㎡ ≒1,635,200원

* 기 설정금액 2,400,000원을 기준으로 산정하는 견해 있음.

(3) 소유권 보상액 : 73,000 × 150 - 1,635,200 ≒ 9,314,800

4. 일련번호3

(1) 비교표준지

개발제한구역, 전 〈#나〉 선정

(2) 보상평가액

58,000×1.04444×1×(1.05×1.15*)×1.2 ≒ 88,000원/㎡

* 농업용 창고 신축허가 〈×120 = 10,560,000원〉

5. 일련번호4

(1) 비교표준지

개발제한구역 지정당시부터 '대'인바 '대'를 기준 #가 선정함.

(2) 보상평가액

150,000 ×1.04444 × 1 × 1 × 1 − 12,000 ≒ 145,000원/㎡

시 지 개 그

〈×100 ≒ 14,500,000〉

※ 이용상황이 상이하여 그 밖의 요인 보정치를 동일하게 적용 안함.

연습문제 13 | 소유권외 권리(구분지상권) 20점

Ⅰ. 감정평가 개요

토지보상법 시행규칙 §28에 따라 소유권외 권리(구분지상권)을 평가함.

1. 가격시점 : 〈2023.9.2.〉

2. 사업인정 의제일 : 택지개발지구지정 · 고시일 2019.09.09

Ⅱ. 입체이용저해율을 고려하는 방법

1. 토지가액(기초가액)

(1) 적용공시지가 : 토지보상법 §70④의거 사업인정고시일 이전 〈2019.1.1〉

(사업지구면적 20만㎡ 미만인바, 법§70⑤은 적용되지 않음)

(2) 비교표준지 선정

① 해당 사업으로 인해 용도지역 변경된바 칙 §23② 단서 의거 〈자연녹지〉 ② 현황 "전" 기준 〈표준지 #가〉선정

(3) 토지가액 : 300,000×1.10677×1×1.1×1.3 =475,000원/㎡

(×300=142,500,000원)

2. 입체이용저해율

(1) 건축가능층수

① 이격거리 : 3+[(154 - 35)÷10]×0.15 =4.785m

② 건축가능층수 : (15 - 4.785)÷3.5 =2층

(2) 건물 등 이용저해율 및 지하이용저해율

최유효이용 층수는 인근 표준적 이용 기준 2층으로 저해 층수 없으며, 지상 공간 사용으로 지하사용에 지장 없음

(3) 결정 : 0.15×3/4(최대치) =0.1125

3. 시산가액 : 142,500,000×0.1125 =16,031,000원

Ⅲ. 기설정 금액을 기준하는 방법 14,000,000원

※ 해당 구분지상권의 존속기간, 특약사항(존속기간 동안 구분지상권 설정대가의 증감은 없음) 고려

Ⅳ. 시산가액 조정 및 감정평가액 결정

입체이용저해율을 적용하는 방법은 적용 토지의 지가 상승분의 일부가 사용권자에게 귀속되게 된다는 문제점이 있다. 또한 시행규칙 31조 1항에서 입체이용저해율을 곱하여 산정한다는 규정은 토지의 공중 · 지하 공간을 영구사용할 경우의 평가방법을 규정한다는 의미이지 이를 공중사용권에 대한 보상방법으로 보기 어렵다고 사료된다.

해당 사안은 토지보상법 시행규칙 28조에 따라 취득하는 토지에 설정된 소유권 외의 권리에 대한 보상평가 방법이 적용된다고 보이며, 송전선로의 이용 및 권리설정계약의 성격을 고려하였을 때 동조 2항에 의거 양도성이 없는 경우에 해당하므로 권리설정계약을 기준함이 타당하다. 따라서 기설정금액 등을 종합 고려하여 〈14,000,000원〉으로 결정한다.

연습문제 14 잔여지 및 잔여건축물 보상 20점

I. 물음 (1)

1. 잔여지의 손실과 공사비 보상

법 제73조(잔여지의 손실과 공사비 보상)

① 사업시행자는 동일한 토지소유자에 속하는 일단의 토지의 일부가 취득 또는 사용되므로 인하여 잔여지의 가격이 감소하거나 그 밖의 손실이 있는 때 또는 잔여지에 통로·도랑·담장 등의 신설 그 밖의 공사가 필요한 때에는 국토교통부령이 정하는 바에 따라 그 손실이나 공사의 비용을 보상하여야 한다. 다만, 잔여지의 가격 감소분과 잔여지에 대한 공사의 비용을 합한 금액이 잔여지의 가격보다 큰 경우에는 사업시행자는 그 잔여지를 매수할 수 있다.

② 제1항 본문에 따른 손실 또는 비용의 보상은 해당 사업의 공사완료일부터 1년이 지난 후에는 청구할 수 없다.

2. 잔여지 수용청구

법 제74조(잔여지 등의 매수 및 수용청구) ① 동일한 토지소유자에 속하는 일단의 토지의 일부가 협의에 의하여 매수되거나 수용되므로 인하여 잔여지를 종래의 목적에 사용하는 것이 현저히 곤란한 때에는 당해 토지소유자는 사업시행자에게 잔여지를 매수하여 줄 것을 청구할 수 있으며, 사업인정 이후에는 관할 토지수용위원회에 수용을 청구할 수 있다. 이 경우 수용의 청구는 매수에 관한 협의가 성립되지 아니한 경우에 한하되, 그 사업의 공사완료일까지 하여야 한다.

※ 종래의 목적에 사용하는 것이 현저히 곤란한 때

1. 대지로서 면적의 과소 또는 부정형 등의 사유로 인하여 건축물을 건축할 수 없거나 건축물의 건축이 현저히 곤란한 경우
2. 농지로서 농기계의 진입과 회전이 곤란할 정도로 폭이 좁고 길게 남거나 부정형 등의 사유로 인하여 영농이 현저히 곤란한 경우
3. 공익사업의 시행으로 인하여 교통이 두절되어 사용 또는 경작이 불가능하게 된 경우
4. 제1호 내지 제3호외에 이와 유사한 정도로 잔여지를 종래의 목적대로 사용하는 것이 현저히 곤란하다고 인정되는 경우

3. 잔여건축물의 손실보상

제75조의2(잔여 건축물의 손실에 대한 보상 등)

① 사업시행자는 동일한 소유자에게 속하는 일단의 건축물의 일부가 취득되거나 사용되므로 인하여 잔여 건축물의 가격이 감소하거나 그 밖의 손실이 있을 때에는 국토교통부령으로 정하는 바에 따라 그 손실을 보상하여야 한다. 다만, 잔여 건축물의 가격 감소분과 보수비(건축물의 나머지 부분을 종래의 목적대로 사용할 수 있도록 그 유용성을 동일하게 유지하는 데에 일반적으로 필요하다고 볼 수 있는 공사에 사용되는 비용을 말한다. 다만, 「건축법」 등 관계 법령에 따라 요구되는 시설 개선에 필요한 비용은 포함하지 아니한다)를 합한 금액이 잔여 건축물의 가격보다 큰 경우에는 사업시행자는 그 잔여 건축물을 매수할 수 있다.

② 동일한 소유자에게 속하는 일단의 건축물의 일부가 협의에 의하여 매수되거나 수용되므로 인하여 잔여 건축물을 종래의 목적에 사용하는 것이 현저히 곤란할 때에는 그 건축물소유자는 사업시행자에게 잔여 건축물을 매수하여 줄 것을 청구할 수 있으며, 사업인정 이후에는 관할 토지수용위원회

에 수용을 청구할 수 있다. 이 경우 수용 청구는 매수에 관한 협의가 성립되지 아니한 경우에만 하되, 그 사업의 공사완료일까지 하여야 한다.

③ 제1항에 따른 보상 및 잔여 건축물의 취득에 관하여는 제9조제6항 및 제7항을 준용한다.

④ 제1항 본문에 따른 보상에 관하여는 제73조제2항을 준용하고, 제1항 단서 및 제2항에 따른 잔여 건축물의 취득에 관하여는 제73조제3항을 준용한다.

⑤ 제1항 단서 및 제2항에 따라 취득하는 잔여 건축물에 대한 구체적인 보상액 산정 및 평가방법 등에 대하여는 제70조, 제75조, 제76조, 제77조 및 제78조제4항부터 제6항까지의 규정을 준용한다.

Ⅱ. (물음 (2) - 1)) 잔여지 손실

1. 잔여지의 손실 등에 대한 평가

토지보상법 시행규칙 제32조(잔여지의 손실 등에 대한 평가)

① 동일한 토지소유자에 속하는 일단의 토지의 일부가 취득됨으로 인하여 잔여지의 가격이 하락된 경우의 잔여지의 손실은 공익사업시행지구에 편입되기 전의 잔여지의 가격(당해 토지가 공익사업시행지구에 편입됨으로 인하여 잔여지의 가격이 변동된 경우에는 변동되기 전의 가격을 말한다)에서 공익사업시행지구에 편입된 후의 잔여지의 가격을 뺀 금액으로 평가한다.

② 동일한 토지소유자에 속하는 일단의 토지의 일부가 취득 또는 사용됨으로 인하여 잔여지에 통로·구거·담장 등의 신설 그 밖의 공사가 필요하게 된 경우의 손실은 그 시설의 설치나 공사에 필요한 비용으로 평가한다.

③ 동일한 토지소유자에 속하는 일단의 토지의 일부가 취득됨으로 인하여 종래의 목적에 사용하는 것이 현저히 곤란하게 된 잔여지에 대하여는 그 일단의 토지의 전체가격에서 공익사업시행지구에 편입되는 토지의 가격을 뺀 금액으로 평가한다.

2. 청구가능 손실보상액

(1) 편입부분 : 75,000,000

(2) 잔여지

1) 가치하락 보상액 : 800,000×200 ≒160,000,000

2) 수용청구 시 : 1,500,000×200 ≒300,000,000

※ 건축이 불가능한 상태가 되어 관할 토지수용위원회에 수용을 청구할 수 있다. 그 사업의 공사완료일까지 하여야 한다.

(3) 손실보상액

잔여지 가치하락 보상액을 받는 경우 : 편입 + 가치하락 = 235,000,000원

(수용청구를 하는 경우 전체 375,000,000원을 보상금으로 받을 수 있음.)

Ⅲ. (물음 (2) - 2)) 잔여 건축물 평가

1. 잔여 건축물에 대한 평가

시행규칙 제35조(잔여 건축물에 대한 평가)

① 동일한 건축물소유자에 속하는 일단의 건축물의 일부가 취득 또는 사용됨으로 인하여 잔여 건축물의 가격이 감소된 경우의 잔여 건축물의 손실은 공익사업시행지구에 편입되기 전의 잔여 건축물의 가격(해당 건축물이 공익사업시행지구에 편입됨으로 인하여 잔여 건축물의 가격이 변동된 경우에는 변동되기 전의 가격을 말한다)에서 공익사업시행지구에 편입된 후의 잔여 건축물의 가격을 뺀 금액으로 평가한다.

② 동일한 건축물소유자에 속하는 일단의 건축물의 일부가 취득 또는 사용됨으로 인하여 잔여 건축물에 보수가 필요한 경우의 보수비는 건축물의 잔여

부분을 종래의 목적대로 사용할 수 있도록 그 유용성을 동일하게 유지하는데 통상 필요하다고 볼 수 있는 공사에 사용되는 비용(「건축법」 등 관계법령에 의하여 요구되는 시설의 개선에 필요한 비용은 포함하지 아니한다)으로 평가한다

2. **건축물 보상액**

(1) 전체 취득가격 : 1,052,000 × 381.6 ≒401,443,200원

(2) 일부편입 + 보수비

1) 편입 물건의 가격 : 1,052,000 × 24 ≒25,248,000원

2) 보수비

가. 벽면적 수리

① 면적 : (8 - 0.5 × 2) × 9 ≒63㎡

② 금액 : 63 × 526,000원 ≒33,138,000원

나. 특수상황 보정 비용

① 기둥 : 2(기둥수) × 3(층수) × 2,159,000 ≒12,954,000원

② 출입문

- 면적 : 2.4 × 1.2 × 1개 ≒2.88㎡
- 금액 : 2.88 × 175,000 ≒504,000원

3) 일부편입 + 보수비 : 1) + 2) ≒71,844,000원

3. **결정** : 일부편입 + 보수비 71,844,000원으로 결정

연습문제 15 잔여지 및 잔여건축물 30점

Ⅰ. 감정평가 개요

대상은 가격시점 2023년 9월 1일의 도로사업에 따른 보상액을 구하는 것으로서, 사업인정이 있기에 토지보상법 및 기타 보상 제규정에 의하여 각 물음에 답한다.

Ⅱ. 물음 1(토지 및 잔여지의 보상액)

1. 편입부분의 보상액

(1) 비교표준지 및 적용공시지가 선정

자연녹지지역 내 이용상황(점포)이 동일한 표준지#2를 선정한다.

(2) 보상단가

950,000 × 1.06161 × 1 × 1.144 × 1 ≒ 1,150,000원/㎡

시[1] 지 개[2] 그

1) 시점수정

• 지가변동률(2023. 1. 1~2023. 9. 1 : 녹지지역)

$1.05076 \times \left(1+0.01 \times \frac{32}{31}\right) ≒ 1.06161$

(1.05076: 2023.7 누계, 32/31: 32일 (8.1~9.1))

• 생산자물가지수(2023.8/2022.12) : 125/117 ≒ 1.06838

• 결정 : 생산자물가지수는 당해 토지의 국지적인 지가변동을 반영하기 어려운 일반물가지수인바, 지가변동률로 시점수정치를 결정하기로 한다.

2) 개별요인비교치 : 1(도로) × 1/0.95(형상) × 1(규모) × 100/92(기타) ≒ 1.144

2. 잔여지의 가치하락 보상액

(1) 편입부분의 단가 ≒ 1,150,000원/㎡

(2) 가치하락된 잔여지 단가(표준지 2 기준)

950,000 × 1.06161 × 1 × 0.880 × 1 ≒ 888,000원/㎡

시 지 개[1] 그

1) 증가(增價)된 요인은 종전을 상정하여 평가(사업시행이익과의 상계금지 원칙)

1(도로) × 1(형상) × 0.9(규모) × 90/92(기타) ≒ 0.880

(3) 차액보상

(1,150,000 - 888,000) × 260㎡ ≒ 68,120,000원

3. 보상총액

1,150,000 × 140㎡ + 68,120,000원 ≒ 229,120,000원

(편입부분) (잔여지보상)

Ⅲ. 물음 2(무허가 건물의 보상대상 여부)

보상대상 여부 결정은 사업시행자의 판단사항이나. 물음에 따라 의견 개진

1. 기호1, 2

도시관리계획결정고시일(판례) 이전에 신축한 무허가 건물로서 건물은 보상의 대상이 되며, 무허가 건물이기에 최소한도(600만원)* 보상 등 생활보상은 이루어지지 않는다.

* 주거용 건축물 보상 하한액 600만원(則§58)

2. 기호3

도시관리계획결정고시일 이후에 신축한 무허가 건물로서, 토지보존 의무를 위반한 경우로서 보상의 대상이 되지 않는다. (토지보상법 제25조)

Ⅳ. 물음 3(건물의 감가보상 여부와 보상액의 산정)

1. 기호4의 잔여부분 감가보상 근거

토지보상법 제75조의 2 및 동법 시행규칙 제35조에 근거항 잔여 건축물에 대한 손실은 보상대상이 된다.

2. 기호4의 보상액

(1) 편입부분의 보상액 : 50,000 × (4 × 10 × 5)m^3 ≒ 10,000,000원

(2) 잔여부분

1) 보수비 : 10,000 × (10 × 5)m^2 ≒ 500,000원

2) 잔여부분가격 : 50,000 × (6 × 10 × 5)m^3 ≒ 15,000,000원

(3) 합계

보수비가 잔여건축물 가격을 하회하므로 일부편입 및 보수비의 합으로 결정함 10,500,000원(여기서는 법조문 그대로 결정하였으나, 국토부 질의회신에 근거하여 전체취득비와 전체이전비와 비교하여 결정하여도 무방함.)

연습문제 16 환매토지 20점

Ⅰ. 처리방침

환매권 관련 제 규정 및 〈判例〉를 검토하여, 손해배상액을 산정함.

(가격시점 : 2023.8.26.)

Ⅱ. (물음 1) 통지를 결하여 환매권을 상실한 경우 손해배상

1. 〈判例〉의 태도

〈判例〉는 사업시행자의 환매권 통지규정은 단순한 선언적인 것이 아니라, 사업시행자의 "법적인 의무"를 정한 것이라 보고, 통지를 결하여 환매권 행사가 불가능하게 된 경우에도 불법행위를 구성한다고 판시하여, 사업시행자의 손해배상책임을 인정하였다.

2. 손해배상액 산정방법

〈判例〉는 손해배상액은 환매권을 잃을 당시 당해토지의 시가에서 환매권 행사 시 지급해야 할 금액을 공제한 금액이 되어야 한다고 보았다.

Ⅲ. (물음 2) 손해배상액 산정

"환매당시 적정가격 - 환매금액" 기준함.

1. 환매금액

(1) 환매당시(2023. 8. 26) 적정가격

1) 비교표준지 선정

① 환매권 행사 후 용도지역(주거지역)을 기준하되, '대'로서 이용가능성이 전혀 없는 바, '전'을 기준하되, 개발이익을 반영함.

② (주거지역, 전)을 기준하여 C리 소재하는 〈#1〉을 선정함.

2) 환매당시 적정가격

$600{,}000 \times 1.04124 \times 1 \times \left(\frac{1}{1.1}\times 1\right) \times 1$ ≒ 568,000원/㎡

시[1] 지 도 형 그

〈×300 = 170,400,000〉

1) $1.04067 \times \left(1 + 0.00065 \times \frac{26}{31}\right)$

(2) 보상금 × 인근유사토지 지가변동률

1) 표본지 선정

당해사업과 무관한 표준지로서, 당해사업과 무관하게 용도지역이 변경된 경우에 있어 환매토지와 그 변경과정이 유사한 S리의 〈#5〉 선정함.

2) 인근유사토지 지가변동률

가. 환매당시 표본지가격(2023. 8. 26)

$560{,}000 \times 1.04124$ ≒ 583,094원/㎡

나. 취득당시 표본지가격(2008. 8. 26)

$250{,}000 + (410{,}000 - 250{,}000) \times \frac{238}{365}$ = 354,329원/㎡

다. 인근유사토지 지가변동률 : 583,094 ÷ 354,329 =1.64563(64.563%)

3) 보상금 × 인근유사토지 지가변동률

81,000,000 × 1.64563 ≒ 133,296,000

(3) 환매금액 결정

- 환매당시 적정가격 > 보상금 × 인근유사토지 지가변동률
  (170,400,000) (133,296,000)

- 환매금액 : 81,000,000 + (170,400,000 - 133,296,000) ≒118,104,000
  보상금액

2. 손해배상액

170,400,000 − 118,104,000 ≒ 52,296,000
환매당시적정가격 환매시지급할금액

연습문제 17 | 관상수 및 과수목 20점

Ⅰ. 감정평가 개요

택지개발사업지구에 편입되는 토지상의 식재되어 있는 관상수 및 배나무에 관한 보상평가로서, 관계 제 법령에 의거하여 적정 보상액을 평가함. (가격시점 : 2023.8.31.)

Ⅱ. 관상수 보상평가액

1. 개요

이식품셈에 의한 경우와 총액으로 산정한 경우에 의한 "이전비"와 "물건의 가격"을 고려하여 작은 금액을 기준함. (토지보상법 제75조 1항)

2. 이전비

(1) 이식품셈 기준

1) 이식비

① 굴취비 : 0.63 × 74,000+0.08 × 53,000 ≒ 50,860원/주

② 상하차비 : 0.075 × 75,000 ≒ 5,625원/주

③ 식재비 : 0.43 × 74,000 + 0.21 × 53,000 + 0.32 × 80,000 ≒ 68,550원/주

④ 운반비 : 6주인바, 2.5톤을 기준 75,000 ÷ 7 ≒ 10,714원/주

⑤ 재료비 : (50,860 + 68,550) × 0.05 ≒ 5,970원/주

⑥ 부대비용 : (50,860 + 5,625 + 68,550 + 10,714 + 5,970) × 0.1 ≒ 14,171원/주

⑦ 이식비(계) ≒ 155,890원/주

2) 고손액 : 80,000 × 0.1 × 2 ≒ 16,000원/주

3) 이전비 : 155,890 + 16,000 ≒ 171,890원/주

〈× 6주 ≒ 1,031,340〉

(2) 총액 기준

1) 이식비

① 굴취비

- 조경공 : 0.63 × 6 ≒ 3.78(4인)
- 보통인부 : 0.08 × 6 ≒ 0.48(1인)
- 74,000 × 4 + 53,000 × 1 ≒ 349,000

② 상하차비

- 목도공 : 0.075 × 6 ≒ 0.45(1인)
- 75,000 × 1 ≒ 75,000

③ 식재비

- 조경공 : 0.43 × 6 ≒ 2.58(3인)
- 보통인부 : 0.21 × 6 ≒ 1.26(2인)
- 굴삭기 : 0.32 × 6 ≒ 1.92(2대)
- 74,000 × 3 + 53,000 × 2 + 80,000 × 2 ≒ 488,000

④ 운반비(2.5톤) ≒ 75,000

⑤ 재료비 : (349,000 + 488,000) × 0.05 ≒ 41,850

⑥ 부대비용 : (349,000 + 75,000 + 488,000 + 75,000 + 41,850) × 0.1 ≒ 102,885

⑦ 이식비(계) ≒ 1,131,735

2) 고손액 : (6주 × 80,000) × 0.1 × 2 ≒ 96,000

3) 이전비 : 1,131,735 + 96,000 ≒ 1,227,735

3. **수목가격** : 6주 × 80,000 ≒ 480,000

4. **보상액** :

이전비가 수목가격을 초과하므로 수목가격 〈480,000원〉으로 결정.

Ⅲ. 배나무 보상액

1. **이식가능 여부** : 이식가능 수령 7년 경과된 바, 물건의 가격 기준함.

2. **표준재식주수 기준한 정상주수**

(1) 표준재식주수(10a당) ≒ 4,620,000 ÷ 140,000 ≒ 33주

(2) 정상식에 의한 주수는 33주 × $\frac{5,000}{1,000}$ ≒ 165주(실제 200주 과다재식)

㎡ →10a

3. **보상평가액** : 4,620,000 × $\frac{5,000}{1,000}$ ≒ 23,100,000

연습문제 18 주거용건축물 및 과수목 10점 감정평가사 17회 기출

Ⅰ. 감정평가 개요

대상부동산 평가대상은 당해 공익사업인 근린공원조성사업에 직접 필요하지 아니한 지장물임에 따라 공익사업을 위한 토지 등의 취득 및 보상에 관한 법률(이하 '법')§75 등에 의하여 평가함.

(가격시점 2023. 8. 27)

Ⅱ. 주택

1. 개요

(1) 이전비와 물건의 가격 중 적은 금액을 기준한다.

(2) 대상부동산은 주거용 건축물임에 따라 위 (1)의 물건의 가격은 원가법에 의한 가격과 거래사례비교법에 의한 금액을 비교하여 큰 금액을 기준한다.

2. 물건의 가격 결정(시행규칙 제33조)

(1) 거래사례비교법

$50,000,000 \times 0.95 \times \frac{100}{105}$ ≒ 45,238,000

주) 개

주) 당해 공공사업에 따른 주택 입주권(30,000,000원)으로 인한 가격상승분 제외함.

(2) 적산가액

$630,000 \times \frac{13}{45}$ ≒ 182,000원/㎡(18,200,000)

(3) 결정 : 주거용 건축물로서 비준가액이 더 커 45,238,000원으로 결정.

3. 이전비

$630,000 \times (0.142 + 0.030 + 0.168 + 0.538)$ ≒ 553,000원/㎡(55,300,000)

4. 결정

이전비가 물건의 가격을 상회하는바 물건의 가격 45,238,000원으로 결정

Ⅲ. 과수(배나무) (시행규칙 제37조)

1. 개요

이전비와 물건가격 중 적은 금액을 기준함.

2. 이전비

(1) 이식비

$[(45,000 \times 0.7 + 30,000 \times 0.29) \times 1.1 + 43,000 \times 0.03 + 2,000] \times 1.2$

≒ 57,000원/주

(2) 고손액 및 감수액

$120,000 \times 0.2 + 20,000 \times (1 - 0.2) \times 2.2$ ≒ 59,000원/주

(3) 이전비 : (1) + (2) ≒ 116,000원/주

3. 결정

이전비가 물건가격(120,000원/주)보다 낮아 이전비 기준 5,800,000원.

연습문제 19 광업권 10점

Ⅰ. 감정평가 개요

광업권 소멸에 따른 보상액 산정에 관한 것으로, 평가시 토지보상법시행규칙 제43조 및 광업권보상지침 등에 근거하여 아래의 산식으로 평가한다. (가격시점 : 2023. 6. 1)

- 보상액 ≒ 광산평가액 - 이전 · 전용가능시설물의 잔존가치 + 그 이전비

Ⅱ. 광산의 평가액

1. 광산의 상각 전 연수익

(1) 사업수익 : 30,000 × 12 × 150,000 ≒ 54,000,000,000

(2) 소요경비[1] :

36,960,000,000 + 3,336,000,000 + 4,920,000,000 + 144,000,000 ≒ 45,360,000,000

1) '상각전'인바 감가상각비는 고려하지 않음.

(3) 연수익 : 54,000,000,000 - 45,360,000,000 ≒ 8,640,000,000

2. 가행년수

(1) 총매장량 : 4,200,000 × 0.7[1] + 2,400,000 × 0.42[2] ≒ 3,948,000

1), 2) 석탄광산의 경우, 확정 : 추정 ≒ 0.7 : 0.42

(2) 가행년수 : $\frac{3,948,000}{30,000 \times 12}$ ≒ 11년

3. 광산의 각종이율

(1) 배당이율 : $\frac{0.29}{1-0.2}$ ≒ 0.3625

(2) 축적이율 : 0.115

4. 장래소요기업비의 현가

$45,360,000,000 \times 0.12 \times \frac{1}{1.125^{11}}$ ≒ 1,489,967,000

5. 광산의 평가액

$8,640,000,000 \times \frac{1}{0.3625 + \frac{0.115}{1.115^{11}-1}}$ - 1,489,967,000 ≒ 19,468,116,000

Ⅲ. 보상액 산정

1. 이전 · 전용 가능시설 가액(평가금액)

8,000,000 + 20,000,000 + 1,000,000 + 1,500,000 + 500,000 ≒ 31,000,000원

2. 그 이전비

8,000,000[1] + 10,000,000 + 1,000,000 + 0 + 100,000 `≒ 19,100,000원

1) 지장물보상을 따르므로, 물건의 가격 범위 내 이전비로 보상함

3. 보상액

19,468,116,000 - 31,000,000 + 19,100,000 ≒ 19,456,216,000원

연습문제 20 | 어업손실 30점

Ⅰ. 감정평가 개요

어업권 등의 취소에 관한 것으로 "수산업법시행령 별표 4" 등 제반 보상관련 법령에 의거 개인별로 지급하게 될 손실보상액을 산정하기로 함. (가격시점 : 2023년 7월 1일)

Ⅱ. 甲씨에 대한 손실보상액의 산정

1. 산식

면허어업이 취소되었는바, "평년수익액 ÷ 연리(12%) + 시설물의 잔존가액"으로 함.

2. 평년수익액

(1) 평균연간어획량

처분일(2022. 10. 15)이 속한 연도의 전년도를 기준으로 3년간 소급하되, 그 사이 어장의 정비 및 수확량 저하가 있던 연도를 제외함.

(11,000 + 12,000 + 11,000)/3 ≒ 11,333kg

2017 2019 2021

(2) 평균판매단가

평가시점 현재를 기준으로 소급기산한 1년간의 수산물별 가중평균단가로 하되, 그 기간의 어가(漁價)가 전년대비 1.5 이상이 되므로 1년을 더 소급하여 계산한 단가에 전국평균변동률 곱하여 구한다.

① 판매량을 기준으로 한 가중평균단가(1년 전 기준)

$$\frac{(260,000\times17,500+240,000\times19,000+250,000\times20,000+245,000\times20,500)}{(260,000+240,000+250,000+245,000)}$$

≒ 19,229원/kg

② 평균판매단가

19,229 × 1.0169[1] ≒ 19,554원/kg

1) (2022. 7. 1~2023. 7. 1 : 전국평균변동률)

(3) 평년어업경비

평가시점 현재 해당어업의 연간어업경영에 필요한 비용으로 함.

84,050,000 + 30,000,000[1] + 31,684,000[2] ≒ 145,734,000

1) 자가노임은 어업경비 항목으로 포함됨.

2) 어장시설물의 감가상각비 : (350,000,000 + 80,000,000) × 1.1176[3] × 0.9/20 + 100,000,000 × 1.1176 × 0.9/10 ≒ 31,684,000원

(4) 평년수익액 : 11,333 × 19,554 - 145,734,000 ≒ 75,871,000원

3. 시설물 잔존가액

(1) 양식장시설 : 350,000,000 × 1.11761) × $\left(1-0.9\times\frac{4}{20}\right)$ ≒ 320,751,000

1) (2019. 1. 1~2023. 7. 1 : 연평균건설비상승률)

(2) 하역시설 : 100,000,000 × 1.1176 × $\left(1-0.9\times\frac{4}{10}\right)$ ≒ 71,526,000

(3) 부대시설 : 80,000,000 × 1.1176 × $\left(1-0.9\times\frac{4}{20}\right)$ ≒ 73,315,000

(4) 계 ≒ 465,592,000원

4. 甲씨에 대한 손실보상액

75,871,000 ÷ 0.12 + 465,592,000 ≒ 1,097,850,000원

Ⅲ. 乙씨에 대한 손실보상액의 산정

1. 산식

원양어업은 해양수산부장관의 허가사항으로서 허가어업에 준하므로, "평년수익액의 3년분 + 시설물의 잔존가액"으로 보상액을 산정함.

2. 평년수익액

(1) 평균연간어획량

어획실적이 3년 미만인 바, 동일규모 동종어업으로부터 추정하기로 함.

1,370,000[1] × 446,667[2] ÷ 1,250,000[3] ≒ 489,547kg

1) 당해 어장의 실제 실적기간 중 어획량(2021. 1. 1~2023. 7. 1)

550,000 + 520,000 + 300,000≒1,370,000kg

2) 동일규모 동종어업의 3년 평균어획량 : (450,000 + 440,000 + 450,000) / 3 ≒ 446,667kg

3) 동일규모 동종어업의 당해 실적기간 중의 어획량 : (2021. 1. 1~2023. 7. 1)

450,000 + 480,000 + 320,000 ≒ 1,250,000kg

(2) 평균판매단가

인근 수산업협동조합의 위판가격(1,350원/kg)으로 적용함.

(3) 평년어업경비

90,000,000 + 100,000,000[1] + 55,000,000 + 50,000,000 + 26,840,000[2]

≒ 321,840,000원

1) 자가노임은 어업경비 항목으로 포함됨.

2) 시설물의 감가상각비(실질가치 기준, 정액법 적용)

$2,800,000 \times 130 \times (1-0.1) \times \frac{1}{15} + 100,000,000 \times \frac{1}{20} \fallingdotseq 26,840,000$

(4) 평년수익액

489,547 × 1,350 - 321,840,000 ≒ 339,048,000원

3. 시설물의 잔존가액

(1) 선박

2,800,000 × 130 × 0.7356[1] ≒ 267,758,000원

1) $\sqrt[N]{R} = (\sqrt[15]{0.1})^2 = 0.1^{\frac{2}{15}} \fallingdotseq 0.7356$

(2) 부대시설

100,000,000 × 18/20 ≒ 90,000,000원

(3) 계 ≒ 357,758,000원

4. 乙씨에 대한 손실보상액

339,048,000 × 3년 + 357,758,000 ≒ 1,374,902,000원

연습문제 21 영업손실 20점

Ⅰ. 감정평가 개요

가격시점은 토지보상법 제67조 1항에 의하여 보상액 산정은 재결에 의한 경우 재결 당시의 가격을 기준으로 하는바, 재결일인 2023년 8월 25일임.

Ⅱ. (물음 1) 영업허가를 득하고 영업장소가 적법인 경우

1. 개요

개인영업으로서 영업의 이전에 대한 영업 손실로 평가하며, 휴업기간의 영업이익 및 영업이익감소액에 고정적 경비, 이전비, 감손상당액, 부대비용 등을 합하여 평가함.

(휴업기간은 4개월을 적용함.)

2. 영업이익

1) 재무제표기준

㈎ 2019년 : 180,000,000 - 87,000,000 - 35,000,000 ≒58,000,000

㈏ 2020년 : 200,000,000 - 95,000,000 - 40,000,000 ≒65,000,000

㈐ 2021년 : 240,000,000 - 113,000,000 - 50,000,000 ≒77,000,000

㈑ 3년 평균 영업이익(4개월) ≒ 22,222,000

2) 과세표준액 기준

(110,000,000 + 120,000,000 + 150,000,000)/3 × 0.2 × 4/12

≒8,444,000

3) 동종 유사규모 업종 기준

220,000,000 × 0.3 × 4/12 ≒22,000,000

4) 최저 한도액(도시근로자 월평균 가계지출비 3인 4개월)

3,000,000 × 4 ≒12,000,000

5) 영업이익 결정

재무제표를 기준으로 한 영업이익은 동종 유사규모 업종의 영업이익과 상호 유사하고 최저 한도액 이상이므로 이를 기준으로 결정함.

≒ 22,000,000원

3. 고정적 경비 : 600,000 × 4/12 + (500,000 + 1,200,000) × 4

≒ 7,000,000

4. 이전비 : 3,000,000 + 2,000,000 ≒ 5,000,000

5. 감손상당액 : 30,000,000 × 0.1 ≒ 3,000,000

6. 부대비용 ≒ 2,000,000

7. 영업 손실액

22,000,000×1.2 + 7,000,000 + 5,000,000+ 3,000,000 + 2,000,000

≒ 43,400,000

Ⅲ. (물음 2) 영업허가를 득하고 영업장소가 무허가 건축물인 경우

1. 개요

무허가건축물에서 허가를 득한(사업자등록을 행한) 임차인의 개인영업의 이전에 대한 것으로서 이 경우 영업에 대한 보상액 중 이전비 및 감손액을 제외한 금액은 1천만원을 초과하지 못한다.

2. 보상액의 결정

10,000,000 + 5,000,000 + 3,000,000 ≒18,000,000원

Ⅳ. (물음 3) 무허가 영업이고 영업장소가 적법인 경우

1. 개요

무허가 영업의 보상특례(시행규칙 제52조)에 의하여 도시근로자가구 월평균 가계지출비 3인 가구 3개월에 해당하는 금액과 이전비용 및 감손상당액을 별도로 보상한다.

2. 보상액 : 9,000,000 + 5,000,000 + 3,000,000 ≒ 17,000,000원

Ⅴ. (물음 4) 무허가 영업이고 영업장소가 무허가 건축물인 경우

1. 개요

무허가 건축물에서 임차인이 무허가 영업을 영위하는 경우 영업 손실의 보상대상이 되지 아니하며, 다만 영업시설 및 상품 등의 이전비용 등은 별도로 보상을 한다.

2. 보상액 : 5,000,000 + 3,000,000 ≒ 8,000,000원

연습문제 22 | 영업손실(일부편입) 10점

Ⅰ. 일부편입

1. 방침

① 토지보상법 시행규칙 §47③근거

영업이익 (4월)+통상소요비용+매각손실액

② 축소에 대한 영업손실 성격 고려

2. 영업이익 등

60,000,000×4/12 =20,000,000

3. 통상소요비용(고정비 포함)

18,000,000+2,000,000×4월 =26,000,000

4. 매각손실액 : 5,000,000

5. 합계 : 51,000,000

Ⅱ. 한도액 검토(휴업보상액)

60,000,000×4/12×1.2+2,000,000×4월+4,000,000+1,000,000

=37,000,000

Ⅲ. 결정

토지보상법 §47③ 근거 휴업보상 한도 내 보상 〈37,000,000원〉

연습문제 23 영업손실 30점

Ⅰ. 개요

도시계획시설도로사업에 편입됨에 따른 영업손실에 대한 보상평가로서, 관계 법령 등에 의거 적정 보상액을 평가함. (가격시점 : 2023. 8. 31)

Ⅱ. 각 영업별 평가방법

1. 기호#1

(1) 자유업인바, 별도의 허가 등을 요하지 않으므로 적법한 영업임.

(2) '89.1.24 이전 건축된 바, 적법한 건축물 내 영업임.

(3) 적법한 건축물 내 적법영업인바, 시행규칙 제47조 기준 "휴업보상함"

2. 기호#2

(1) 자유업인바, 별도의 허가 등을 요하지 않으므로 적법한 영업임.

(2) '89.1.24 이후 무허가 건축물인바, 불법건축물 내 영업임.

(3) 불법건축물 내 적법장소의 소유자인바, "영업시설 등 이전비용" 보상함.

3. 기호#3

(1) 자유업인바, 별도의 허가 등을 요하지 않으므로 적법한 영업임.

(2) '89.1.24 이전 무허가 건축물이므로, 적법 건축물 내 영업임.

(3) 적법건축물 내 적법영업인바, "휴업보상"함

4. 기호#4

(1) 자유업인바, 별도의 허가 등을 요하지 않으므로 적법한 영업임.

(2) '89.1.24 이후 무허가건축물인바, 불법건축물 내 영업임.

(3) 불법건축물 내 적법 영업이나, 임차영업자가 사업인정 고시일 등 1년 전부터 사업자 등록한 바 '영업이익 천만원한도'로 "휴업보상"함.

5. 기호#5

(1) 허가업종인바, 사업인정 이후 허가를 득하였으므로, 불법영업임.

(2) 적법 건축물 내 무허가 영업인바, 시행규칙 제52조에 근거하여, "도시근로자 3인가구 3월분 가계지출+영업시설 등 이전비용"보상함.

6. 기호#6

(1) '89. 1. 24 이전 무허가 건축물인바, 적법건축물 내 영업임

(2) 적법건축물 내 무허가 영업인바, 시행규칙 제52조에 근거하여, "도시근로자 3인가구 3월분 가계지출+영업시설 등 이전비용"을 보상함.

7. 기호#7

(1) '89. 1. 24 이전 무허가 건축물인바, 적법 건축물 내 영업임.

(2) 적법건축물 내 무허가영업으로 시행규칙 제52조에 근거하되, 이미 배우자가 동일사업지구 내 영업보상 받은 바, "영업시설 등 이전비용"을 보상함.

8. 기호#8

(1) '89. 1. 24 이후 무허가 건축물인바, 불법 건축물 내 영업임.

(2) 불법건축물 내 불법영업인바, "영업시설 등 이전비용" 보상함.

9. 기호#9

(1) 적법건축물 내 적법영업(자유업)인바, "휴업보상" 기준함.

(2) 개인영업 최저한도액으로서 "도시근로자 3인가구 휴업기간 가계지출비"를 고려함.

10. 기호#10

(1) 비영리법인 내 유치원으로 적법건축물 내 적법영업인바,

(2) 시설이전비 및 고정적비용 등을 고려하여 보상함.

Ⅲ. 각 영업별 보상액

1. 공통사항

(1) 최저 영업이익 한도 : 2,915,554 × 4월 ≒ 11,662,216

(2) 영업이익 : 연간 자가노력비를 포함하여 (한도액 초과)

* 36,000,000 × 4/12 ≒ 12,000,000

(3) 고정적비용 및 부대비용 : 4,000,000 + 500,000 ≒ 4,500,000

(4) 영업시설 등 이전비용(시설개선비 제외, 시행규칙 제2조4호)

(3,600,000 - 600,000) + 700,000 ≒ 3,700,000

2. 기호#1

12,000,000×(1+0.2)+4,500,000+3,700,000 ≒ 22,600,000

3. 기호#2

영업시설 등 이전비용 기준 ≒ 3,700,000

4. 기호#3 ≒ 22,600,000

5. 기호#4

① 임차영업자 영업이익 한도 고려할 때,

"12,000,000×1.2+4,500,000 〉 10,000,000"인 바, 한도를 기준함.

② 보상액 : 10,000,000 + 3,700,000 ≒ 13,700,000

6. 기호#5

2,915,554 × 3월 + 3,700,000 ≒ 12,447,000

7. 기호#6

2,915,554 × 3월 + 3,700,000 ≒ 12,447,000

8. 기호#7

영업시설 등 이전비용 기준 ≒ 3,700,000

9. 기호#8

영업시설 등 이전비용 기준 ≒ 3,700,000

10. 기호#9(최저한도액이 더 큰바, 최저한도액 기준함)

11,662,216×(1+0.2)+4,500,000+3,700,000 ≒ 22,195,000

11. 기호#10

30,000,000 + 4,500,000 ≒ 34,500,000

연습문제 24 농업손실 10점

Ⅰ. 감정평가개요

토지보상법 시행규칙 제48조에 따라 농업손실 보상액 산정
(가격시점 : 재결일 2023.8.25.)

Ⅱ. 보상대상여부 검토

공부상 지목이 '임야'이나 농지(「농지법」 제2조 제1호 가목)로 이용 중인 토지는 영농손실을 보상함. 다만, 산지로서의 관리 필요성 등 전반적인 사정을 고려할 때 손실보상을 하는 것이 사회적으로 용인될 수 없다고 인정되는 경우에는 보상대상에서 제외. (判例)

해당 토지는 당근을 재배하고 있는 「농지법」 상 농지이며, 토지소유자 이대한씨와 김민국씨는 모두 「농지법」 상 농민으로서 사업인정 전부터 농업활동을 영위하고 있음. 따라서 토지보상법 시행규칙 제48조 "농업손실보상대상 요건"에 부합하여 보상 대상.

※ 개정 농지법(2016.1.21시행) 상 지목'임야', 산지관리법 상 산지는 사실상 농지로 보지 않으며 농업손실보상대상에서 제외됨. (부칙에 따라 시행일 당시 행위일 기준 판단)

Ⅲ. 농업손실보상액

1. 평균 소득 2배 초과여부

① 실제소득 : 6,847,050×0.542÷1,200 = 3,093원/㎡

② 작물별 평균소득 : 1,885,742÷1,000 = 1,886원/㎡

③ 적용 : 실제소득이 작물별 평균소득 2배 미만으로 시행규칙 §48② 본문에 따라 실제소득의 2년분을 곱하여 산정한 금액으로 보상

2. 개인별 보상

(1) 소유자(이대한) : 도별 연간 농가 평균 농작물총수입 기준

3,402×1,200 ÷ 2 = 2,041,200원

(2) 실제경작자(김민국)

6,847,050×0.542×2 - 2,041,200 = 5,381,000원

연습문제 25 | 생활보상 35점

Ⅰ. 감정평가 개요

공공사업시행에 따른 토지 · 지장물의 보상액 산정으로, 토지는 공시지가를 기준으로 거래사례를 참작하고, 지장물은 물건의 가격 범위 내 이전비 지급을 하도록 하되, 생활보상에 유의하기로 한다. (가격시점 : 2023년 8월 20일)

Ⅱ. 甲에 대한 보상액

1. 토지

사업인정고시일(2023. 1. 15) 이전의 공시지가 중 가장 근접한 공시지가인 2023. 1. 1 공시지가를 선정함. 무허가건물부지로서 1989. 1. 24 이전에 신축되었으므로, 적법한 건축물로 본다.

(1) '대' 부분

대상과 용도지역, 이용상황이 동일 · 유사한 표준지#1을 택함.

$85{,}000 \times 1.03397^{1)} \times 1 \times \frac{105}{95} \times 1.00$ ≒ 97,000원/㎡

시 지 개 그

1) (2023. 1. 1~2023. 8. 20 : D군 관리지역)

지가변동률은 용도지역을 기준으로 하되, 소재 시 · 군 · 구의 지가가 변동된 경우는 인근 시 · 군 · 구의 평균 지가변동률을 적용한다. 대상부동산의 경우, 사업 면적은 200,000㎡ 이상이며, 사업인정의제일부터 가격시점까지, 지가변동률이 6.990%로서 3% 이상이며, 속하고 있는 도에 대비하여 1.3배 이상이므로 지가변동이 현저한 것으로 판단되는바, 인근 시 · 군 · 구의 평균 지가변동률을 적용하도록 한다. (이하 동일)

$1.02526 \times \left(1 + 0.005 \times \frac{51}{30}\right) ≒ 1.03397$

(2) '전' 부분

① 공시지가기준법

용도지역, 이용상황이 동일 · 유사한 표준지#2를 택함.

$40{,}000 \times 1.03397 \times 1 \times \frac{105}{100} \times 1.00$ ≒ 43,000원/㎡

시 지 개 그

② 거래사례비교법(#1기준, 적정성 검토)

$12{,}300{,}000 \times \frac{100}{95} \times 1.02883 \times \frac{90}{100} \times \frac{105}{95} \times \frac{1}{300}$ ≒ 44,000원/㎡

사 시[1] 지 개 면

1) (2023. 2. 15~2023. 8. 20 : D군 적용)

$\left(1 + 0.004 \times \frac{14}{28}\right) \times 1.003 \times 1.005^3 \times \left(1 + 0.005 \times \frac{51}{30}\right) ≒ 1.02883$

③ 결정

거래사례에는 개발이익이 반영되어 있을 개연성이 높은바, 공시지가를 기준으로 43,000원/㎡으로 결정함.

(3) 합계 : 97,000/㎡ × 375 + 43,000/㎡ × 425 ≒ 54,650,000원

2. 건물

(1) 물건의 가격

250,000 × 3/30× 75 ≒1,875,000원

(2) 이전비

(20,000 + 30,000 + 50,000 + 30,000 + 20,000) × 75 ≒ 11,250,000원

※ 시설개선비 제외(이하 동일)

(3) 결정 : 6,000,000원(최저 보상액 600만원의 적용)

3. **보상금액** : 54,650,000 + 6,000,000 ≒ 60,650,000원

Ⅲ. 乙에 대한 보상액

1. 건물

(1) 물건가격

① 거래사례비교법

$(17,934,000 - 85,000 \times 150) \times 1 \times 1 \times \frac{102}{100} \times \frac{40}{45}$ ≒ 4,700,000원

사례 토지가격 사 시 개 면

1) 토지단가 : 85,000×(1+0.009×1/31)×1×1×1 ≒ 85,000

② 원가법 : 200,000 ×3/30× 40 ≒ 800,000원

③ 물건가격 결정 : 비준가액 〉 적산가액이나

칙§58 특례에 따라 600만원(최저보상액)으로 결정함.

(2) 이전비 : (20,000 + 30,000 + 40,000 + 30,000 + 20,000) × 40

≒ 5,600,000원

(3) 보상액 결정

'물건가격 > 이전비'인바, 이전비 5,600,000원으로 결정함.

2. 수목

(1) 물건의 가격 ≒ 100,000원/주

(2) 이전비

25,000 + 100,000 × 0.18 + 50,000 × (1 - 0.18) × 2.2 ≒ 133,200원/주

(3) 결정 : '이전비 > 물건의 가격'인바, 100,000원/주으로 결정함.

〈∴ 100,000 × 2그루 ≒ 200,000원〉

3. **보상금액** : 5,600,000 + 200,000 ≒ 5,800,000원

Ⅳ. 丙에 대한 보상액

1. 토지(보상금액)

대상과 용도지역, 이용상황이 동일 · 유사한 표준지#1을 택함.

$85,000 \times 1.03397 \times 1 \times \frac{100}{95} \times 1.00$ ≒ 93,000원/㎡

시 지 개 그

〈× 100 ≒ 9,300,000원〉

2. 건물소유자(乙)에 지상권 :

乙의 소유권외 권리는 반사적 이익에 해당하여 별도 고려 안함.

V. 丁에 대한 보상액

1. 토지

대상과 용도지역, 이용상황이 동일 · 유사한 표준지#1을 택함.

$85,000 \times 1.03397 \times 1 \times \frac{105}{95} \times 1.00$ ≒ 97,000원/㎡

시 지 개 그

〈× 300 ≒ 29,100,000〉

2. 건물

(1) 물건가격

$150,000 \times \left(1-\frac{14}{25}\right) \times 100$ ≒6,600,000원

(2) 이전비

(20,000 + 30,000 + 25,000 + 30,000 + 20,000) × 100 ≒ 12,500,000원

(3) 결정 : '물건가격 < 이전비'인바, 물건가격 6,600,000원으로 결정함.

3. 재편입가산금

토지보상법시행규칙 제58조에 의거 재편입되는 토지로, 20년 이내이므로 10,000,000[1]원을 지급함.

1) (29,100,000 + 6,600,000) × 0.3 ≒ 10,710,000원인바, 천만원을 한도로 결정함.

4. 보상총액

29,100,000 + 6,600,000 + 10,000,000 ≒ 45,700,000원

연습문제 26 주거이전비 및 이사비 15점

Ⅰ. 개요

대상은 도시계획시설사업(근린공원조성사업)에 편입됨에 따라 주거용 건축물 소유자 및 세입자에 대한 주거이전비 및 이사비 산정을 위한 감정평가임. (가격시점 : 2023. 8. 31)

Ⅱ. 주거이전비 산정

1. 대상자별 처리방침

(1) 89. 1. 24 이후 무허가 건축물 내 거주하는 연번 #3, #5는 지급 대상에서 제외함.

(2) 추가된 연번 #7의 경우 사업시행자 측과 중앙토지수용위원회 의견이 상이하고 결론이 불확실하므로, 사업시행자의 판단을 기준하여 평가 제외하되, 비고란에 별도로 표시함.

(3) 소유자는 도시근로자가구 가구원수별 월평균 가계수지 〈2月〉분, 세입자는 도시근로자가구 가구원수별 월평균 가계수지 〈4月〉분 기준함.

(4) 평가시점 현재 최근 통계청 발표 내용 기준함.

2. 주거이전비

(1) #1 (3人) : 2,915,554 × 2월 ≒ 5,831,100

(2) #2 (1人) : 1,709,905 × 2월 ≒ 3,419,800

(3) #3 ('89. 1. 24 이후)

(4) #4 (4人) : 3,201,063 × 2월 ≒ 6,402,100

(5) #5 ('89. 1. 24 이후)

(6) #6 (2人) : 2,185,680 × 4월 ≒ 8,742,700

(7) #7 (비고란 표시, 2人) : 2,185,680 × 2월 ≒ 4,371,400

Ⅲ. 이사비 산정

1. 처리방침

(1) 토지보상법 시행규칙 제55조 제2항 및 별표4 기준함

(2) 공사부문 보통인부 노임단가 ≒ 57,820원

(3) 차량운임(일반화물 5t 1일 8시간 기준) ≒ 104,840원

2. 이사비

(1) #1(60㎡) : (57,820 × 5 + 104,840 × 2.5) × 1.15 ≒ 633,900

(2) #2(31㎡) : (57,820 × 3 + 104,840 × 1) × 1.15 ≒ 320,000

(3) #3(80㎡) : (57,820 × 6 + 104,840 × 3) × 1.15 ≒ 760,700

(4) #4(128㎡) : (57,820 × 8 + 104,840 × 4) × 1.15 ≒ 1,014,200

(5) #5(33㎡) : (57,820 × 4 + 104,840 × 2) × 1.15 ≒ 507,100

(6) #6(19㎡) : (57,820 × 3 + 104,840 × 1) × 1.15 ≒ 320,000

(7) #7(17㎡) : (57,820 × 3 + 104,840 × 1) × 1.15 ≒ 320,000

Ⅳ. 보상금(개인별 보상 원칙)

#1. : 5,831,100 + 633,900 ≒ 6,465,000

#2. : 3,419,800 + 320,000 ≒ 3,739,840

#3. ≒ 760,700

#4. : 6,402,100 + 1,014,200 ≒ 7,416,300

#5. ≒ 507,100

#6. : 8,742,700 + 320,000 ≒ 9,062,700

#7. : 320,000 (비고란 : 주거이전비 4,371,400)

연습문제 27 | 주거이전비 및 재편입가산금 15점

Ⅰ. 개요

택지개발사업지구에 편입되는 지장물에 대한 보상평가로서 관련 제법령 의거하여 적정 보상액을 산정함. 또, 보상대상 여부 결정은 사업시행자의 권한이나. 제시 물음에 따라 의견 개진 (가격시점 : 2023. 8. 31)

Ⅱ. (물음 1) 주거이전비 지급대상여부

1. 주거이전비 보상기준

(1) 소유자

적법한 건축물 내 보상당시 거주하는 경우(실비변상적 성격인바 거주기간 불요)

(2) 세입자

적법한 건축물인 경우 사업인정고시일 등 또는 관계법령에 의한 고시 등 당시 (택촉법의 경우 공람공고일 기준) 3월 이상 거주자 · 무허가건축물인 경우 사업인정고시일 등 또는 관계법령에 의한 고시 등 당시 1년 이상 거주자(생활보상측면에서 거주기간이 요건임)

2. 주거이전비 보상판단

(1) 기호#1('89.1.24 이전 건축된바 적법 건축물 의제됨)

① 소유자 : 적법 거주인바 보상대상임

② 세입자 : 적법 3월 이상 거주인바 보상대상임

(2) 기호#2(무허가 건축물)

① 소유자 : 무허가인바 보상대상 아님

② 세입자 : 무허가 1년 이상 거주인바 보상대상임

(3) 기호#3(무허가 건축물)

① 소유자 : 무허가인바 보상대상 아님

② 세입자 : 무허가 1년 이하 거주인바 보상대상 아님

Ⅲ. (물음 2) 재편입가산금 지급대상여부

1. 판단기준(시행규칙 제58조2항)

(1) 주거용건축물에 대한 보상금을 받은 자가 보상일로부터 20년 이내 다른 공익사업시행지구에 편입된 경우

(2) 무허가건축물의 매입 또는 건축한 경우와 다른 공익사업의 사업인정고시일 등 또는 관계법령에 의한 고시 등이 있은 날 이후에 매입 또는 건축한 경우는 제외함

(3) 소유자의 거주 요건은 불문함

2. 보상여부 판단

(1) 기호#4 : 20년 이내 편입된 적법한 건축물인바, 재편입가산금 보상대상임 (건물분)

(2) 기호#5 : '89. 1. 24 이후 무허가건축물인바 보상대상 아님

(3) 기호#6 : 관계법령에 의한 고시 이후로서 보상대상 아님

Chapter 10

보상평가 종합문제

종합문제 01 **토지, 건축물 보상** 35점

Ⅰ. 감정평가 개요

1. 가격시점 : 재결일인 2023년 8월 31일임 (법§67①)

2. 사업인정의제일 : 지구지정일 2022.1.24.
(계획공고고시일 : 주민공람공고 2021.4.5.)

Ⅱ. (물음 1) 토지의 평가 등

1. 적용공시지가 선택 1 (#1~#3)

1) 취득하여야 할 토지의 가치 변동여부(령§38 - 2) : 요건 불충족

① 20만m^2 이상 도로 등 사업이 아닌 사업

② 사업구역 내 표준지 공시지가 변동률 (2022.1.1./2021.1.1.) : 9.26%

③ 서초구 전체 공시지가 변동률 (2022.1.1./2021.1.1.) : 10% 〈30% 미만〉

2) 적용공시지가 선택

토지보상법 §70④에 따라 사업인정고시일 이전 가격시점 최근 공시된 〈2022.1.1.〉 선택

2. 적용공시지가 선택 2 (#4)

사업구역의 확장에 따른 변경 고시된 토지로서 토지보상법 §70④에 따라 사업인정고시일 이전 가격시점 최근 공시된 〈2023.1.1.〉 선택

3. 비교표준지의 선정

1) 선정기준

용도지역이 동일하며, 인근지역 내 실제지목 및 이용 상황, 공법상 제한, 주위환경 등이 같거나 유사하며, 지리적으로 근접한 표준지를 선정함.

2) 공법상 제한을 받는 토지의 평가

토지보상법 시행규칙 제23조에 의하여 해당 공익사업 시행 절차로서 용도지역이 변경된 경우 변경되기 전의 용도지역을 기준으로 평가하는 바, 자연녹지지역의 개발제한구역을 기준으로 평가하며, 도시계획도로 저촉은 개별적인 제한인바 고려치 아니함.

3) 비교표준지의 선정

① 기호#1 : 자연녹지지역의 개발제한구역 내 주상용 건부지로서 표준지 #D 선정함.

② 기호#2 : 착공 전에 편입되어 건축허가가 실효되었다 보아(判例), 자연녹지지역의 개발제한구역 내 나대지인 표준지#E 선정함.

③ 기호#3 : 자연녹지지역의 개발제한구역 내 전이나, 불법형질변경된 토지로서 '95. 1. 7 당시 공익사업시행지구에 편입되지 아니한바, 형질변경 당시의 이용 상황임야로 평가하며, 표준지#C 선정함.

④ 기호#4 : 자연녹지지역의 개발제한구역 내 전으로서 표준지#F 선정함.

4. 시점수정치

1) 기호#1～#2 지가변동률

① 해당 공익사업에 따른 변동 여부(령§37③) : 요건 불충족

- 20만m^2 이상 도로 등 사업이 아닌 사업
- 령§37③2호 : 서초구 (녹지 - 사업인정고시일~가격시점) : 3%P 이상
- 령§37③3호 : 서울시 지가변동률 비교 〈 30% 미만 〉

② 서초구 녹지 2022.1.1. ~ 2023.8.31. (령§37①단서)

1.07×1.11319 = 1.19111

※ 개발제한구역과 지가변동 추이 공법상제한 유사 '녹지'적용(이하 동일)

2) 기호#4 지가변동률

① 해당 공익사업에 따른 변동 여부(령§37③) : 요건 불충족

- 20만m^2 이상 도로 등 사업이 아닌 사업 : 요건 불충족

② 서초구 녹지 2023.1.1. ~ 2023.8.31. (령§37①단서) : 1.11319

3) 생산자물가상승률 : 미제시

4) 시점수정치 결정

생산자물가상승률은 일반재화의 가치변동을 나타내는 지표로서 국지적인 지가변동추세를 반영하지 못하므로 지가변동률을 시점수정치로 결정

5. 그 밖의 요인 보정치

1) 그 밖의 요인 보정의 필요성 및 근거

시점수정, 지역요인, 개별요인 비교에서 반영하지 못하는 가치형성요인을 반영하고 보상의 형평성 및 시가(정당)보상을 위해 적용. 감칙, 감정평가실무기준 및 토보침에 근거하며 판례가 그 필요성을 인정함.

2) 개발제한구역 주상용(선례 : 424 - 5번지)

[800,000×1.10000×1.00×0.83×0.97] ÷[500,000×1.19111] = 1.19

3) 개발제한구역 전(선례 : 500번지)

[240,000×1.10000×1.00×1.00] ÷ [180,000×1.11319] = 1.32

6. 토지의 보상감정평가액

1) 기호#1(350㎡)

500,000 × 1.19111 × 1.00×(1.20×1.05×0.92×0.90×1.03) × 1.19

공시지가 시점 지역 개별 그

= @762,000원/㎡

〈× 350㎡ = 266,700,000원〉

2) 기호#2(450㎡)

300,000×1.19111×1.00×(1.00×0.95×1.00×1.03)×1.19

= @416,000원/㎡

〈×450㎡ = 187,200,000원〉

*1 이용상황이 상이하나 지목이 '대'이며, 보상의 형평성에 따라 그 밖의 요인 보정함

3) 기호#4(900㎡)

180,000×1.11319×1.00×(1.11×1.14×1.00)×1.32=@335,000원/㎡

〈×900㎡=301,500,000원〉

Ⅲ. (물음 2) 건물의 보상 감정평가액

1. 기호#가

① 편입부분(20㎡) : 550,000×20×26/45 =6,356,000

② 보수비 : 400,000×(9.4×2)+50,000×(50 - 20) =9,020,000

③ 보상액 : 보수비가 건축물 잔여부분의 가격(550,000×30×26/45 =9,533,000원)을 하회하므로 일부편입 및 보수비의 합으로 결정함.

=15,376,000원

(일부편입에 따른 잔여부분의 가치하락은 없는 것으로 전제함.)

[참고] 전체 이전비

4,000,000+1,500,000+1,200,000+(20,000,000 - 5,000,000)+5,000,000 +5,000,000=31,700,000원 미달

※ 상기 항목은 명시적으로 제시된 이전비 항목만을 기준으로 산정하였으나, 별도 제시된 건축허가 비용(12,000,000원)도 포함하여 산출할 수 있다. 건축물의 이전시에도 관련 건축허가가 필요하기 때문이다.

2. 기호#나

① 물건의 가격(40㎡) : 450,000×40×11/40 =4,950,000

② 이전비(시설개선비 제외, 건축허가비용 포함)

2,000,000+1,200,000+1,000,000+(15,000,000 - 5,000,000) +3,000,000+ 3,000,000+12,000,000 =32,200,000

③ 결정 : 물건의 가격 범위 내 이전비 결정함. =4,950,000원

종합문제 02 토지, 건축물, 영업손실 30점

Ⅰ. 감정평가 개요

도시계획도로에 편입된 토지 및 지장물에 대한 보상감정평가임.

(가격시점 : 2023. 8. 31)

Ⅱ. (물음 1) 토지 보상감정평가액

1. 적용공시지가 선택

토지보상법 제70조 4항 근거하여 사업인정의제일(2023. 5. 5) 이전 공시된 〈2023. 1. 1〉 공시지가 선택함.

2. 비교표준지 선정

(1) '89. 1. 24 이전 건축된 무허가건축물부지인 바, 사업시행자에게 조회한 결과 현실적 이용상황 고려하여 평가함.

(2) 지적측량에 따른 조서상 면적 80㎡를 '대'로 보고, 〈D〉 선정함.

(3) 나머지 350 - 80 ≒ 270㎡ 부분은 '전' 기준 〈A〉 선정함.

3. 시점수정치(생산자물가지수 미제시)

(2023. 1. 1~8. 31 녹지지역) $1.03068 \times (1 + 0.00404 \times \frac{62}{30}) \fallingdotseq 1.03929$

4. 그 밖의 요인 보정

(1) 2023. 1. 1 공시지가에는 도시계획 실시계획 고시로 인한 개발이익이 반영되지 아니한 바, 별도로 개발이익 배제는 불필요함.

(2) 보상선례와의 균형을 위하여, 그 밖의 요인 보정을 요함.

(3) 그 밖의 요인 보정치 : $\frac{1{,}250{,}000 \times 1.06131^{1)} \times 1 \times 1.25}{1{,}100{,}000 \times 1.03929 \times 1 \times 1.05} \fallingdotseq 1.38$

1) (2022. 5. 7~2023. 8. 31, 녹지지역) : $\left(1 + 0.00117 \times \frac{25}{31}\right) \times \left(\frac{1.03694}{1.01638}\right) \times 1.03929$

5. 보상평가액

(1) '대' 부분

1,100,000	× 1.03929	× 1	× 1.050	× 1.38	≒ 1,660,000원/㎡
	시	지	개[1]	그	
					〈× 80≒132,800,000〉

1) 1 × 1.05≒1.050

(2) '전' 부분

$320{,}000 \times 1.03929 \times 1 \times 1.563^{1)} \times 1$ ≒ 520,000원/㎡

〈× 270 ≒ 140,400,000〉

1) 1.25 × 1.25≒1.563

(3) 보상액(計) ≒ 273,200,000

Ⅲ. (물음 2) 건물 보상감정평가액

1. 개요

(1) 토지보상법 제75조 근거 물건의 가격 범위 내 이전비 보상 기준함.

(2) 사업인정 이전 건축된 무허가건축물인 바, 보상 대상임.

2. 이전비

45,000,000 × 0.45 ≒20,250,000

3. 물건의 가격

(1) 직접법 고려 여부 : 사정 개입된 바, 고려하지 아니함.

(2) 간접법(건설사례A 기준)

$39,000,000 \times \underset{시}{1} \times \underset{잔}{1} \times \underset{개}{\frac{7}{40}} \times \frac{100}{98} \times \underset{면}{\frac{80}{100}}$ ≒5,571,000

4. 결정

물건의 가격 범위 내 이전비를 기준으로 하는 바 5,571,000원으로 결정함.

Ⅳ. (물음 3) 영업손실보상액

1. 영업보상대상 여부

개정 시행규칙 제45조에 근거하여, '89. 1. 24 이전 무허가건축물(부칙 3조, 적법 건축물 의제)내 자유업인 바, 보상대상에 해당함. 휴업기간 미제시로 "4月"로 봄.

2. 영업이익 결정

(1) 과세표준액 기준

$\left\{\frac{159,446,000+172,075,000+180,246,000}{3}\right\} \times (1 - 0.928) \times 4/12$ ≒4,094,000

(2) 동종유사규모 기준

15,000,000 × 12 × 0.1×4/12 ≒ 6,000,000

(3) 최저 영업이익

2,915,554 × 4月 ≒ 11,662,000

* 최근 "연단위" 적용

(4) 결정

동종유사규모 기준 과세표준 대상 매출액의 타당성이 인정되고, 최저 영업이익이 이를 초과하므로 11,662,000 기준함.

3. 영업시설 등 이전비용등(증설비는 시설개선비로 제외)

1,200,000 + 850,000 + 5,000,000 × 0.1 + 200,000[1] ≒ 2,750,000

1) 간판 : 물건의 가격이 작은 바, 물건의 가격 보상

4. 영업보상액

$\underset{영}{11,662,000} \times \underset{영업감소}{(1+0.2)} + \underset{이}{2,750,000} + \underset{고}{200,000} \times \frac{4}{12}$ ≒ 16,811,000

Ⅴ. (물음 4) 무허가건축물 내 영업보상

1. 소유자 : 영업보상 대상 아닌 바, 이전비 2,750,000원 보상함.

2. 임차인

사업인정 고시일 등 1년 전부터 부가가치세법 제5조에 의한 사업자등록을 한 임차영업인은 적법한 영업보상대상인 바, 한도액(10,000,000+2,750,000)으로 보상함.

종합문제 03 공공주택사업 25점

Ⅰ. 감정평가 개요

1. 대상부동산은 공공주택사업을 위한 토지보상(이의재결) 목적 감정평가로 관련법령에 의거 정당보상액 산정
2. 가격시점 : 수용재결일 2023.8.31. 〈법§67①〉

Ⅱ. (물음 1) 적용공시지가 비교표준지 선정

1. 사업인정 의제일

지구지정고시 2022.1.3.

2. 취득할 토지 가격 변동 여부

(1) 감정평가 기준이 되는 표준지 변동률(2021~2022)

(9%×6 + 9%) ÷7 ≒9%

公#2~8 (사업지구 內) / 公#9 (사업지구 外)

(2) 성남시 SC구 전체 변동률 : 10%

(3) 변동여부 : 30% 이하인바 지가의 변동 없음.

3. 적용공시지가 결정

관계법령 공고고시 (주민의견청취)로 인하여 취득할 토지의 가격이 변동되지 않아 사업인정고시(지구지정고시) 이전 공시된 공시지가로 가격시점 현재 공시된 최근 〈2022.1.1.〉 선정〈법§70④〉

4. 비표표준지 선정

(1) 선정기준(시행규칙 §22③)

용도지역등 공법상 제한이 같거나 유사할 것,

실제 이용상황, 주위 환경 등이 같거나 유사할 것, 지리적으로 가까울 것

(2) 공법상 제한(시행규칙 §23)

① 용도지역 등 : GB 해제는 당해 사업에 따른 변경으로 변경 前 〈G.B〉

② 도시계획시설 : 개별적(or당해 사업에 따른) 제한으로 제한 없는 상태기준

(3) 비교표준지 선정

1) 기호 #1 : 〈公 #9〉 - 사업지구 外

① 사업지구 內 주상용 표준지가 없어 ② 사업지구 外 GB '주상용' 선정

2) 기호 #2 : 〈公 #3〉

① 착공 前 편입되어 건축허가 실효 ② 현황 GB 內 '주거나지' 기준

3) 기호 #3 : 〈公 #8〉

① 복구되어야 할 산림(현황 일시적 이용)(判例)으로 "임야" 기준

② 현황 유사한 GB 內 '토지임야' 〈#8〉 선정

4) 기호 #4 : 〈公 #4〉

대상부동산 표준지 GB 內 '전'〈#4〉 선정

Ⅲ. (물음 2) 시점수정치

1. 지가변동률(녹지 2022.1.1.~2023.8.31.)

인근 시군구 지가변동률 적용(令§37②)

(1) GN구 : 1.03×1.02×1.01 ≒1.06111

(2) DJ구 : 1.03×1.02×1.003 ≒1.05375

(3) 평균 : 1.05743

2. 생산자 물가변동률 : 133.5/130.2 ≒1.02535

3. 결정 : 국지적 지가변동을 반영하고 있는 지가변동률 적용

Ⅳ. (물음 3) 보상평가액

1. 기호 1

311,000×1.05743×1×1×1.55 ≒510,000

〈×350≒178,500,000〉

2. 기호 4

120,000×1.05743×1×1×1.55 ≒197,000

〈×900≒177,300,000〉

종합문제 04 토지 및 농업손실(일반산업단지) 40점

Ⅰ. 감정평가 개요

1. 대상부동산은 일반산업단지사업을 위한 토지보상 목적 감정평가로 관련법령에 의거 정당보상액 산정
2. 가격시점 : 계약체결예정일 2023.8.31. 〈법§67①〉
3. 사업인정 의제일 : 산업단지 지정고시 2022.6.9.

Ⅱ. (물음 1) 토지 보상

1. 비교표준지 선정

(1) 선정기준(시행규칙 §22③)

용도지역 등 공법상 제한이 같거나 유사할 것,

실제 이용상황, 주위 환경 등이 같거나 유사할 것, 지리적으로 가까울 것

(2) 공법상 제한(시행규칙 §23)

용도지역 등 : 당해 사업에 따른 용도지역 변경은 배제, 변경 前 〈농림〉 / 〈관리지역〉 / 〈계획관리〉기준

(3) 비교표준지 선정

1) 기호 #1 : 농림지역, 전, 〈公 #1〉 선정

2) 기호 #2

① 관리지역, 주상용, 〈公 #8〉 선정(사업지구 外)

② 사업지구 外 표준지 선정 사유 : 동일 이용상황 인접 표준지 선정

3) 기호 #3 :

① 불법형질변경 토지로 시행규칙 §24 근거 "임야" 기준

② 계획관리, 임야 〈#13〉 선정

2. 취득할 토지 가격 변동 여부

(1) 비교표준지 변동률(2021~2022) : 16%

(2) □□군 표준지 전체 변동률(2021~2022) : 16%

(3) 변동여부

차이3% 미만, 변동률1.3배 이하인바 지가의 변동 없음.

3. 적용공시지가 선택

관계법령 공고고시 (지정열람공고)로 인하여 취득할 토지의 가격이 변동되지 않아 사업인정고시(산업단지 지정고시) 이전 공시된 공시지가로 가격시점 현재 공시된 최근 〈2022.1.1.〉 적용〈법§70④〉

4. 시점수정치

(1) 지가변동률(2022.1.1.~2023.8.31.)

당해 사업에 따라 비교표준지가 소재하는 지가변동률이 현저히 변동되어 인근 시군구 지가변동률 적용(令§37②)

1) 농림지역(#1) : 1.03×1.03 ≒1.06090

2) 관리지역(#2) : 1.02 × 1.02 ≒1.04040

관리 평균

3) 계획관리(#3) : 1.03 × 1.02 ≒1.05060

평균 계관

(2) 생산자 물가변동률 : 미제시

(3) 결정 : 국지적 지가변동을 반영하고 있는 지가변동률 적용

5. 그 밖의 요인 보정치

(1) 선정 : 농림지역, 전, 2022.6.9 이전 보상선례 〈#B〉 선정

(2) 보정치

$$\frac{60,000^{*} \times 1.06090^{*} \times 1 \times 0.98}{29,000 \times 1.06090 \times 1 \times \frac{1.05}{0.85} \times \frac{1.05}{0.85}} ≒ 1.33$$

* 가중평균단가 적용

* 시(인근 시군구 평균)

6. 토지 보상평가액

(1) 기호 1 : $29,000 \times 1.06090 \times 1 \times 1 \times \frac{1.05}{0.85} \times \frac{1.05}{0.85} \times 1.33$ ≒62,000

〈×200≒12,400,000〉

(2) 기호 2 : $180,000 \times 1.04040 \times 1 \times 1 \times \frac{105}{110 \times 1.03} \times \frac{85}{85} \times 1.00$ ≒174,000

〈×400≒69,600,000〉

(3) 기호 3 : $35,000 \times 1.05060 \times 1 \times 1 \times 1 \times 1.00$ ≒37,000

〈×1,000≒37,000,000〉

Ⅲ. (물음 2) 농업손실 보상(시행규칙 §48)

1. 보상대상

농지법 제2조제1호 가목에 해당하는 토지(농지)를 보상대상으로 하며, 다음의 토지는 농업손실보상의 대상이 되는 농지로 보지 아니한다.

① 사업인정고시일등 이후부터 농지로 이용되고 있는 토지

② 토지이용계획 · 주위환경 등으로 보아 일시적으로 농지로 이용되고 있는 토지

③ 타인소유의 토지를 불법으로 점유하여 경작하고 있는 토지

④ 농민(농지법 제2조제3호의 규정에 의한 농업법인 또는 농지법시행령 제3조 제1호 및 동조제2호의 규정에 의한 농업인)이 아닌 자가 경작하고 있는 토지

⑤ 토지의 취득에 대한 보상 이후에 사업시행자가 2년 이상 계속하여 경작하도록 허용하는 토지

2. 산정방법

※ 시행규칙 제48조 제1항 :
편입농지면적×도별 연간 농가평균 단위경작면적당 농작물총수입×2년

※ 시행규칙 제48조 제2항 :
연간 단위경작면적당 실제소득≒농작물 총수입÷경작농지 전체면적×소득률

3. 지급대상

(1) 자경농지인 경우

농지소유자에게 지급

(2) 자경농지가 아닌 경우

1) 농지의 소유자가 당해지역에 거주하는 농민인 경우

① 농지소유자와 실제경작자간 협의가 성립된 경우 협의내용에 따라 보상

② 협의 불성립시 제1항(도별 연간 농가평균 단위경작면적당 농작물총수입 기준)에 따라 영농손실액이 결정된 경우는 농지의 소유자와 실제 경작자에게 각각 영농손실액의 50퍼센트에 해당하는 금액을 보상하고, 제2항(실제소득입증)에 따라 영농손실액이 결정된 경우농지의 소유자에게는 제1항의 기준에 따라 결정된 영농손실액의 50퍼센트에 해당하는 금액을 보상하고, 실제경작자에게는 제2항에 따라 결정된 영농손실액 중 농지의 소유자에게 지급한 금액을 제외한 나머지에 해당하는 금액을 보상

③ 실제경작자가 자의에 의한 이농, 당해 농지의 소유권 이전에 따른 임대차계약 해지 등의 사유로 보상협의일 또는 수용재결일 당시 경작을 하고 있지 아니하는 경우에는 농지의 소유자가 당해지역에 거주하는 농민인 경우에 한하여 농지소유자에게 보상

2) 농지소유자가 당해지역에 거주하는 농민이 아닌 경우

실제경작자에게 보상

4. 기타 고려사항

(1) 농기구보상

농지의 2/3 이상 면적이 공익사업시행지구에 편입되므로 인하여 당해지역에서 영농을 계속할 수 없게 된 경우, 과수 등 특정한 작목의 영농에만 사용되는 특정한 농기구의 경우에는 공익사업시행지구에 편입되는 면적에 관계없이 해당 지역에서 해당 영농을 계속할 수 없게 된 경우에는 농기구에 대하여는 "매각손실액"을 평가보상.

다만, 평가가 현실적으로 곤란한 경우 원가법에 의한 가격의 60% 이내

(2) 공익사업시행지구 밖의 농업의 손실

농지의 2/3 이상 편입되므로 인하여 당해지역에서 영농을 계속할 수 없게 된 농민에 대하여 영농손실액 보상

Ⅳ. (물음 3) 농업손실 보상액 산정

1. 기호 '가'

(1) 농업손실(지력을 이용하지 않는 농지)(시행규칙 §48②항 2호)

20,000×200×4月 / 12 ≒1,333,000원

(2) 이전비 등 : 2,600,000+1,000,000 ≒3,600,000원

(3) 합계 : 4,933,000원

2. 기호'나'

(1) 실제소득 기준

1) 단위 경작 면적당 실제 소득(입증소득)

(13,200,000+13,000,000)÷2×0.365÷324 ≒@14,760원/㎡

※ 사업인정고시등 이전 3년 평균 적용하나 사업인정고시 이전 2년 분 적용

2) 작물별 평균 소득 : 5,778,212÷1,000 ≒@5,780원/㎡

3) 적용 :

① 실제(입증)소득이 작물별 평균소득 2배 이상으로 1,000㎡ 기준 생산량 :
(6,600kg×1,000÷324≒) 20,370kg 생산은 불가능하므로

② 실제소득금액 산정 특례 : 단위면적당 평균생산량의 2배를 판매한 금액 기준
(7,385kg×2배×324㎡÷1,000㎡)×2,000원/kg×0.365*×2년
≒ 6,986,800원으로 결정.

* 사업인정고시일 등 당시 2022

(2) 농지소유자 B

1) 경기도 연간 농가평균 단위경작면적당 농작물총수입 기준 단가
(19,625,000÷15,261.84+19,479,000÷14,821.09
+20,622,000÷15,612.19) ÷ 3 ≒@1,307원/㎡

2) 소유자 B 지급분 : 1,307원/㎡×324㎡×2년×0.5 ≒ 423,460원

(3) 임차인(실경작자)

A : 6,986,800 - 423,460 ≒6,563,340원

3. 기호'다'

(1) 보상대상 여부

공부상 지목 '임야' 이나, 농지법 제2조 제1호 제가목에 해당하는 "사실상의 농지"의 경우 농업손실 보상 대상임.

(다만, 산지관리의 필요성 등 전반적 사정을 고려할 때, 손실보상 하는 것이 사회적으로 용인될 수 없다고 인정되는 경우는 보상대상에서 제외)

(2) 농업손실 보상액

1,307원/㎡×400㎡×2년 ≒1,045,600원

※ '16.1.21 이후 지목 '임야'이나 형질변경하여 경작한 경우에는 「농지법」 상 '사실상의 농지'에 해당하지 아니하여 농업손실보상 대상에서 제외됨.

종합문제 05 정비사업(재개발등 현금청산) 20점

Ⅰ. 감정평가 개요

1. 가격시점 : 2023년 4월 21일임 (법§67①)

2. 사업인정의제일 : 사업시행인가고시 2021.12.24

Ⅱ. 토지가액 산출근거

1. 적용공시지가 선택

1) 취득하여야 할 토지의 가치 변동여부(령§38 - 2) : 요건 불충족

2) 적용공시지가 선택 : 토지보상법 §70④에 따라 사업인정고시일 이전 가격시점 최근 공시된 〈2021.1.1.〉 선택

2. 비교표준지의 선정

1) 선정기준

용도지역이 동일하며, 인근지역 내 실제지목 및 이용 상황, 공법상 제한, 주위환경 등이 같거나 유사하며, 지리적으로 근접한 표준지를 선정함.

2) 공법상 제한을 받는 토지의 평가

토지보상법 시행규칙 제23조에 의하여 해당 공익사업 시행 절차로서 변경된 정비구역지정 및 도시계획도로 저촉은 개별적인 제한인바 고려치 아니함.

3) 사업구역 밖 표준지 선정

해당 정비구역 지정에 따른 개발이익등 배제 위해 구역 밖의 표준지 선정

4) 비교표준지의 선정

일반상업, 상업용 구역외 표준지#C 선정

3. 시점수정치 (지가변동률)(령§37①)

해당 비교표준지 속한 시군구 상업지역 = 1.00000

4. 그 밖의 요인 보정치

1) 거래사례 등 선정 : 공법상제한 유사 〈424 - 5번지〉 선정

2) 격차율 : $\frac{22,100,000 \times 1 \times 1 \times 1}{14,500,000 \times 1}$ ≒ 1.52

3) 실거래가 분석 등 통한 검증

인근 실거래가 가격 수준 및 보상사례 등 유사하며 해당 격차율은 적정한 것으로 판단

4) 결정

상기 표준지공시지가 격차율 및 평가사례 실거래가 등 종합하여 〈1.58〉로 결정

5. 토지 단가

14,500,000 × 1.00000 × 1.00 × 1.00 × 1.52 = @22,000,000

※ 일련번호 #1~6은 일단지

Ⅲ. 보상 평가액

1. #1 : 22,000,000 × 70 × 1/2 = 770,000,000
2. #2 : 22,000,000 × 70 × 1/4 = 385,000,000
3. #3 : 22,000,000 × 70 × 1/4 = 385,000,000
4. #4 : 22,000,000 × 6 × 1/2 = 66,000,000
5. #5 : 22,000,000 × 6 × 1/4 = 33,000,000
6. #6 : 22,000,000 × 6 × 1/4 = 33,000,000

종합문제 06 토지(잔여지) 25점

Ⅰ. (물음 1) 가치하락 평가시 조사사항 등

1. 잔여지 가치하락 등 손실 평가시 조사사항

① 잔여지의 위치 · 면적 · 형상 및 지세 · 이용상황

② 잔여지 용도지역등 공법상 제한

③ 잔여지와 인접한 동일인 소유토지의 유 · 무 및 이용상황

④ 잔여지의 용도변경 등이 필요한 경우에는 주위토지의 상황

⑤ 해당 공익사업으로 설치되는 시설의 형태 · 구조 · 사용 등

⑥ 잔여지에 도로 · 구거 · 담장 · 울 등 시설의 설치 또는 성토 · 절토 등 공사의 필요성 유 · 무 및 공사가 필요한 경우에 그 공사방법 등

2. 이대한 주장 사항 검토

(1) 소음 진등 등에 따른 손실

해당 공익사업의 완료 전 소음등에 따른 가치하락 여부의 확인이 사실상 곤란하여 배제

(단, 소음등에 따른 손실은 관계법령에 따른소음 허용기준 원상회복비용 및 스티그마 등을 고려하여 가치하락에 따른 손실을 산정함)

(2) 접도구역에 따른 손실액

① 현실적 이용상황 등 변경에 따른 것 외에도 장래 이용가능성 등에 따른 "사용가치 및 교환가치"하락요인을 고려할 수 있으나

② 判例 는 "그 손실이 해당 공익사업에 취득 · 사용으로 인하여 발생하는 것이 아니라면 특별한 사정이 없는 한 잔여지 손실보상 대상에 해당되지 않는다" 판시하였음.

③ 사안에서는 해당 사업과 별도로 "접도구역"을 지정고시한 것에 기인한 것으로 잔여지 손실의 대상에 해당하지 않음.

(단, 도로법 상 공용제한(접도구역)에 따라 발생하는 손실보상은 도로법 규정에 따른 별도의 손실보상 또는 매수청구 대상임)

Ⅱ. (물음 2) 손실보상액

1. 가격시점 : 수용재결일 2023.6.30. (법§67①)

2. 사업인정의제일 : 2022.1.23.

3. 편입부분 보상액

(1) 적용공시지가 선택

사업인정 전 공시기준일로하는 공시지가 중 가격시점 최근 공시된 〈2022.1.1.〉 선택

(2) 비교표준지 선정

① 용도지역 '개발제한'(용도지역 및 용도구역 환원)

② 이용상황 '상업용' 〈#2〉 선정

(3) 시점수정치 : (2022.1.1. ~ 6.30 녹지) : 1.01000

(4) 그 밖의 요인 보정치

1) 거래사례 등 선정 : 개발제한구역, 접도구역 비저촉 〈# 다〉 선정

2) 격차율 : $\frac{850,000 \times 1 \times 1 \times 1}{580,000 \times 1.01000 \times 1 \times 1}$ ≒ 1.45

3) 결정 : 상기 표준지공시지가 격차율 및 평가사례 실거래가 등 종합하여 〈1.45〉로 결정

(5) 편입부분 (50m2, 121 - 1번지)

580,000×1.01000×1.000×1.000×1.45 = @849,000

〈 × 50 = 42,450,000원〉

4. 잔여지 수용청구 시

(1) 잔여지 보상액(200m²)

① 일단의 토지 전체 가격 : 849,000×250 = 212,250,000

② 편입되는 토지 가격 : 42,450,000

③ 잔여지 보상액 : ① - ② = 169,800,000

(2) 보상액 : 편입부분 + 잔여지(수용) = 212,250,000

5. 잔여지 가치하락 보상 시

(1) 편입 후 토지단가

580,000×1.01000×1.00×100/110×1.45 = @772,000

※ 편입 후 : 세로(가)

※ 진입도로 개설 사업시행자 부담 4m 확보

※ 소음등 가치하락 : 가치하락 여부 사실상 확인 곤란

※ 접도구역 교환가치 하락 : 법§73① 본문에 해당 없음(判)

(2) 가치하락 보상액

(849,000 - 772,000)×200 = 15,400,000

※ 공사비 등은 사업시행자 부담으로 별도 고려 안함.

(3) 보상액

편입부분 + 잔여지 가치하락 = 57,850,000

종합문제 07 토지(현황평가의 예외) 25점

Ⅰ. (물음 1) 현황평가의 예외 관련

1. 평가방법

① 무허가건축물 등의 부지는 해당 토지에 무허가건축물 등이 건축 또는 용도변경될 당시의 이용상황을 기준으로 보상평가함

② 다만, 1989년 1월 24일 당시의 무허가건축물 등의 부지는 기준시점에서의 현실적인 이용상황을 기준으로 평가함

③ 1989년 1월 24일 당시의 무허가건축물 등의 부지면적은 해당 건축물 등의 적정한 사용에 제공되는 면적을 기준으로 하되, 관련 법령에 따른 건폐율을 적용하여 산정한 면적을 초과할 수 없음

2. 일련번호(3) – 무허가건축물에 해당하는지 여부(X)

(무허가건축물 등이란 「건축법」등 관련 법령에 의하여 허가를 받거나 신고를 하고 건축 또는 용도변경을 하여야 하는 건축물을 허가를 받지 아니하거나 신고를 하지 아니하고 건축 또는 용도변경한 건축물을 말함.)

「건축법」제22조는 건축물의 사용승인에 대하여 규정하면서 사용승인을 받은 후가 아니면 건축물을 사용하거나 사용하게 할 수 없도록 규정하고 있으나, 허가 또는 신고와 사용승인은 법적 성질이 다르므로 그 건축물이 건축허가와 전혀 다르게 건축되어 실질적으로는 건축허가를 받은 것으로 볼 수 없는 경우가 아니라면 허가 또는 신고에는 사용승인이 포함되지 않음

Ⅱ. (물음 2) 조서의 진실의 추정력과 현황평가 원칙 관련

1. 현황평가 예외(무허가건축물 부지) 입증 책임

(1) 사업시행자에게 입증책임이 있다는 견해

(현황평가의 예외)

법§70②에 의하여 현황평가가 원칙인 것인바, 이의 예외인 불법형질변경 당시의 이용상황을 상정한 평가는 현황평가의 예외임에 따라 사업시행자에게 입증책임이 있다는 견해

(2) 토지소유자에게 입증책임이 있다는 견해

(조서의 진실의 추정력)

법§27에 의한 토지조서에는 진실의 추정력이 인정됨에 따라 이에 대한 이의를 제기하기 위해서는 토지소유자가 입증을 해야 한다는 견해

2. 판례의 입장(대법원 2016두10271 판결)

토지에 대한 보상액은 현실적인 이용상황에 따라 산정함이 원칙이므로, 수용대상 토지의 이용상황이 일시적이라거나 불법형질변경토지라는 이유로 본래의 이용상황 또는 형질변경 당시의 이용상황에 의하여 보상액을 산정하기 위하여는 그와 같은 예외적인 보상액 산정방법의 적용을 주장하는 쪽에서 수용대상 토지가 불법형질변경토지임을 증명하여야 한다.

3. 검토 및 토지의 현실이용상황 판단

헌법§23③상의 정당한 보상을 위한 법§70②의 현황평가주의는 대원칙인 것인바, 단지 지목과 현실의 이용상황이 다르다는 이유로 이의 예외를 인정하기 위해서는 이를 주장하는 자에게 입증책임을 지워야 함이 타당하다고 사료된다.

Ⅲ. (물음 3) 보상평가액 〈가격시점 : 2023.6.30.〉

1. 적용공시지가 선택

사업인정 전 공시기준일로 하는 공시된 공시지가 중 기준시점 최근 공시된 〈2022.1.1.〉(법§70④)

2. 일련번호 #1

(1) 이용상황 : 무허가 건축물 부지로서 건축 당시 이용상황 '전' 기준(칙§24)

(2) 비교표준지 선정 : 계관, 전 〈#2〉 선정

(3) 평가액 : 30,000 × 1.00000 × 1.000 × 1.000 × 1.00 = @30,000/m^2

〈×500 = 15,000,000원〉

3. 일련번호 #2

(1) 이용상황

89.1.24 이전 무허가 건축물로 적법한 건축물인바 그 부지는 현황 '대' 기준

(2) 면적 사정 :

① 바닥면적 : 250m^2

② 건폐율 적용(625m2) 인바 전체 500m^2를 적법한 대지로 봄.

(3) 비교표준지 선정 : 계관, 대 〈#1〉 선정

(4) 평가액 : 50,000 × 1.00000 × 1.000 × 1.000 × 1.00 = @50,000/m^2

〈×500 = 25,000,000원〉

4. 일련번호 #3

(1) 이용상황 : 적법한 허가를 득한 부지(단독주택)

(2) 비교표준지 선정 : 계관, 대 〈#1〉 선정

(3) 평가액 : 50,000 × 1.00000 × 1.000 × 1.000 × 1.00 = @50,000/m^2

〈×500 = 25,000,000원〉

종합문제 08 토지 및 지장물(재편입가산금 등) 20점

Ⅰ. 감정평가 개요

1. 공익사업을 위한 토지 등의 취득 및 보상에 관한 법률(이하 법) 등을 참작한다.
2. 구분평가 · 물건별로 각각 평가한다. (칙§20)
3. 가격시점은 계약체결 예정일 2023. 1. 20

Ⅱ. 토지 보상평가

1. 적용 공시지가

법§70 ⑤에 의거하여 계획 공고고시일 등(2021. 6. 22) 전에 공시된 공시지가 중 사업인정 고시일에 가장 가까운 시점에 공시된 2021. 1. 1 기준 공시지가 적용함.

2. 비교표준지 선정

사업지구 내 동일용도지역 표준지 중 개별적 제한인 도시계획시설도로에 저촉되지 않고 일반적 제한인 군사시설보호 구역에 저촉되며, 이용상황 등에서 비교가능성 높은 〈#2〉선정함.

3. 토지단가

150,000 × 1.05999 × 1.000 × 0.972 × 1.10 ≒ 170,000원/㎡

시[1] 지 개[2] 그[3]

〈× 500 ≒ 85,000,000〉

1) $1.02365 \times 1.03016 \times \left(1 + 0.02333 \times \frac{20}{90}\right)$

2) $1 \times \frac{1.05}{1.08} \times 1$

3) 당해 공익사업이 아닌 도로사업으로 인한 지가상승분은 반영함

Ⅲ. 지장물 보상평가

1. 개요 : 물건가격 범위 내에서 이전비 보상함

2. 기호1 주택

(1) 개요 : 보상평가는 현황평가임에 따라 현황을 기준함

(2) 물건가격 : $520,000 \times \frac{19}{35} \times 45$ ≒ 12,703,000

(3) 이전비

520,000 × (0.207 + 0.143 + 0.135 + 0.208 - 0.053 + 0.168) × 45
≒ 18,907,000

(4) 결정

물건 가격이 이전비보다 적어 물건가격 12,703,000원으로 보상함.

3. 기호2 축사

(1) 개요 : 주민공고공람일 이전에 신축한 무허가 건물임에 따라 보상대상임.

(2) 물건가격 : $150,000 \times \frac{10}{20} \times 155$ ≒ 11,625,000

(3) 이전비

150,000 × (0.115 + 0.142 + 0.14 + 0.11 - 0.014 + 0.169) × 155
≒ 15,392,000

(4) 결정 : 물건가격이 적어 물건가격을 11,625,000원으로 결정함.

4. 지장물 보상평가액

12,703,000 + 11,625,000 ≒ 24,328,000원

Ⅳ. 생활보상 등(사업시행자 산정)

1. 이주정착금(시행규칙§53②) : 12,703,000 × 0.3 = 3,810,900원

〈최소 12,000,000원 결정〉*

※ 別§53② 적용

2. 주거이전비(시행규칙§54①) : 3,000,000 × 2개월 = 6,000,000원

※ 2022 3인 가계지출비(명목)

3. 이사비(시행규칙§55②) :

(100,000 × 4인 + 150,000 × 2대) × 1.15 = 805,000원

4. 재편입 가산금(시행규칙§58②)

대상부동산 주거용 건축물은 종전 사업 보상일로부터 20년 이내에 다른 공익 사업에 편입됨에 따라 1천만원을 한도로 재편입가산금 대상에 해당됨.

(85,000,000 + 12,703,000) × 0.3 ≒ 29,311,000

결정 : 상기 금액이 1천만원을 초과하여 〈10,000,000원〉으로 결정함.

5. 생활보상 등 합계 = 28,805,000원

Ⅴ. 총 보상액

토지 + 지장물 + 생활보상 = 138,133,000원

종합문제 09 토지보상(도로법 상 도로사업) 40점

Ⅰ. 감정평가 개요

도로건설사업에 편입된 토지에 대한 보상평가로서, 계약체결이 예상되는 시점인 2023년 12월 18일을 가격시점으로 함.

Ⅱ. (물음 1) 비교표준지 선정

1. 적용공시지가 선택

토지보상법§70④에 의거 사업인정고시일(도로구역 결정고시일 2019. 11. 15) 전의 시점을 공시기준일로 하는 공시지가로서, 가격시점 당시 공시된 공시지가 중 사업인정고시일에 가장 가까운 시점에 공시된 〈2019.1.1〉 공시지가를 선택함.

2. 비교표준지 선정

(1) 비교표준지 선정 기준 (칙§22③)

용도지역등 공법상제한 유사, 이용상황·주위환경 동일 유사, 지리적으로 가까운 표준지 선정

(2) 기호#1

자연녹지지역 내 상업용으로서 사업구간에 접하여 위치한 公#3를 선정

(3) 기호#2

자연발생적 도로는 '사실상의 사도'로서 인근토지의 이용상황을 반영하고 있는 公#4을 선정. (∵ 대상부동산. 인근, 지목 '田')

(4) 기호#3

현황 무허가점포는 조서작성 후 신축한 불법건물로서 불법형질변경 토지에 해당되어 편입당시 이용상황으로 추정되는 '전'을 기준함. → ∴ 公#4(자연녹지, 전, 사업구간 위치)

(5) 기호#4

A시는 2020년 시관할 토지의 상당부분이 도시지역으로 편입되어 당해 사업과 무관한 용도지역 변경이 있었고, 따라서 현재 용도지역(1종일주)을 기준하여야 함.

→ 公#1선정(2019년 1종일주, 단독주택(대지)로서 인근지역에 위치)

Ⅲ. (물음 2) 시점수정치

지가변동률과 생산자물가상승률을 참작하되, 토지보상법 시행령§37①에 의거 '비교표준지가 소재하는 시·군·구'의 지가변동률을 적용함.

1. P시 녹지지역(2019. 1. 1~2023. 12. 18)

$1.12980 \times 1.13936 \times 1.09742 \times 1.05812 \times 1.07266 \times (1 + 0.00361 \times \frac{48}{31})$

$\fallingdotseq 1.61233$

2. P시 주거지역(2019. 1. 1~2023. 12. 18)

$1.07530 \times 1.07537 \times 1.07211 \times 1.03496 \times 1.05509 \times (1 + 0.00243 \times \frac{48}{31})$

$\fallingdotseq 1.35885$

3. 생산자물가상승률 :

$\frac{2023.11}{2018.12} ≒ \frac{111.8}{99.5}$ ≒ 1.12362

4. 결정

생산자물가상승률은 일반물가의 변동을 나타내는 경제지표인바 국지적인 지가의 변동추이를 상대적으로 잘 반영하는 지가변동률로 결정함.

Ⅳ. (물음 3) 그 밖의 요인 보정치

그 밖의 요인 보정치는 '비교표준지별'로 산출하기로 함.

1. 기호#1

(1) 거래사례 등 선정 : 대상과 용도지역, 이용상황이 같은 최근의 〈사례#4〉

(2) 그 밖의 요인 보정치 (대상토지 기준 산정방식)

보#4	시[1]	지	개[2]	
415,000 ×	1.04922 ×	1 ×	1.382	≒ 1.39
250,000 ×	1.61233 ×	1 ×	1.071	
2019.公#5	시	지	개[3]	

1) (2023. 5. 15~2023. 12. 18) P시 · 녹지

$\left(1+0.00966\times\frac{17}{31}\right)\times 1.01025\times 1.00871\times 1.00864\times 1.00613\times 1.00361$

$\times\left(1+0.00361\times\frac{48}{31}\right)$

2) 1.04 × 1.03 × 1.29(대상 : 중로각, 가장형, 평지)

3) 1.04 × 1.03 × 1

도 형 고저

2. 기호#2, #3

(1) 거래사례 등 선정 : 대상과 용도지역, 이용상황 유사한 최근의 〈사례#1〉

(2) 그 밖의 요인 보정치(대상토지 기준 산정방식)

보#1	시[1]	지	개[2]	
240,000 ×	1.01396 ×	1 ×	1.401	≒ 1.46
145,000 ×	1.61233 ×	1 ×	1	
2019.公#4	시	지	개[3]	

1) (2023.9.8~2023.12.18) P시. 녹지 $\left(1+0.00613\times\frac{23}{30}\right)\times 1.00361\times\left(1+0.00361\times\frac{48}{31}\right)$

2) 1.12 × 0.97 × 1.29

도 형 고저

3) 대상과 公#4은 동일한 토지(분할 전 기준)

3. 기호#4

선정된 비교표준지(A동 소재)는 시세수준을 적절히 반영하고 있어서 이에 대한 보정은 필요없음.

Ⅴ. (물음 4) 보상평가액

1. 기호#1

250,000 × 1.61233 × 1 × 1.071 × 1.39 ≒ @600,000/㎡

시 지 개 그

〈× 120㎡ ≒ 72,000,000원〉

2. 기호#2

토지보상법 시행규칙§26에 의거 인근토지에 대한 평가액의 1/3 이내로 평가 (사실상의 사도)

145,000 ×1.61233 × 1 ×0.333 × 1.46 ≒ @113,000/㎡

公#4 시 지 개[1] 기

〈× 15㎡ ≒ 1,695,000원〉

1) 대상이 '도로'인접 외에 기준이 되는 인근토지의 특성이 불명확하고 인근토지의 이용상황을 반영하고 있는 公#4을 기준하였으므로 기타 개별요인 비교는 하지 않음. 다만, '인근토지의 평가액'의 1/3 이내로 평가하여야 하는 바, 인근토지의 기준특성이 표준지의 특성과 격차가 있을 경우 이를 보정하여야 함.

3. 기호#3

145,000 × 1.61233 × 1 × 1 × 1.46 ≒ @341,000/㎡

시 그

〈× 150㎡ ≒ 51,150,000원〉

4. 기호#4

310,000 × 1.35885 × 1 × 1.23 × 1.00 ≒ @518,000/㎡

公#1 시 지 개[1] 그

〈× 200㎡ ≒ 103,600,000원〉

1) 1.00 × 1.23 × 1.00

도로 토지용도 형상

종합문제 10 선하지(전원개발촉진법 등) 30점

I. (물음 1) 기설선하지 보상

1. (물음 1 - 1) 영구사용 보상(칙§31)

(1) 가격시점 : 2023. 5. 31

(2) 비교표준지 선정

1) 적용공시지가 : 가격시점 최근 2023. 1. 1

2) 비교표준지 : 미지정 垈(#349 - 5〉

(3) 감가율

1) 입체이용저해율

① 건물 등 저해

• 저해 층수

- 이격거리

*12(단수)

$3 + \frac{154 - 35}{10} \times 0.15$ ≒4.8M

- 건축가능층수 : (30 - 4.8)÷4 ≒ 6층

- 저해층수 ≒ 7층

• 저해율

$0.75 \times \frac{77}{91 + \cdots 77 \times 4}$ ≒ 0.082

② 그 밖의 저해율 : $0.15 \times \frac{3}{4}$ ≒0.113

③ 입체이용저해율 : ① + ② ≒0.195

2) 추가보정률

0.10 + (0.05 + 0.05) + 0.05 ≒0.25

구분지상권 설정 포함

3) 감가율 : 1) + 2) ≒0.445

(4) 설정면적 : (2 + 4.8 × 2) × 33 ≒382.8

(5) 보상액

$156,000 \times 1.01480 \times 1 \times \left(1 \times \frac{121}{100} \times \frac{100}{96}\right) \times \frac{1}{0.8} \times 0.445$ = @110,991원/㎡

시[1)]

〈× 382.8≒42,487,350원〉

1) 2023. 1. 1 ~ 5. 31(녹지)

2. 부당이득금(사용료 시행규칙 30조)

(1) 산정기간 : 취득일(2022. 6. 1~2023. 5. 31)

(2) 비교표준지

1) 2022 기준 : 관리지역 垈〈#347 - 1〉

2) 2023 기준 : 미지정 垈〈#349 - 5〉

(3) 부당이득금

1) 2022 기준(2022. 6. 1 ~ 12. 31)

$140{,}000 \times 1.01122^{1)} \times 1 \times \left(1 \times \frac{121}{100} \times \frac{100}{96}\right) \times \frac{1}{0.7} \times 0.395 \times 0.05$

≒@5,034원/㎡

〈× 382.8 × $\frac{214}{366}$ ≒1,126,720원〉

* 2022.1.1.~6.1(관리)$(1+0.02684\times\frac{153}{366})$

* 추가보정률 : 구분지상권 설정 제외 −5% 적용

2) 2023 기준(2023. 1. 1 ~ 5. 31)

$156{,}000 \times 1.00011^{1)} \times 1 \times \left(1 \times \frac{121}{100} \times \frac{100}{96}\right) \times \frac{1}{0.8} \times 0.395 \times 0.05$

≒ @4,854원/㎡

〈× 382.8 × $\frac{151}{365}$ ≒ 768,690〉

1) 녹지$(1+0.00339\times\frac{1}{31})$

Ⅱ. (물음 2) 도시계획시설 보상

1. 개요

토지보상법 시행규칙(§29, 28 근거)

구분지상권이 설정된 토지 ≒ 나지 − 구분지상권(가격시점 2023.8.31.)

2. 적용공시지가 : 법§70④ 2023.1.1

3. 나지상정토지

$156{,}000 \times 1.01480^{1)} \times 1 \times \left(1 \times \frac{121}{100} \times \frac{100}{96}\right) \times \frac{1}{0.8}$ ≒ @249,000원/㎡

1) 2023.1.1~8.31 녹지

4. 구분지상권

(1) 1방법(입체이용저해율)

249,000 × 0.195 × 382.8 ≒18,586,850

* 입체이용저해율만 적용

(2) 2방법 ≒42,487,350

(3) 결정 : ((1) + (2)) × 0.5 ≒30,537,100

5. 보상액

(1) 토지소유자 : 249,000 × 990 − 30,537,100 ≒215,972,900

(2) 구분지상권자 ≒30,537,100

종합문제 11 하천보상 25점

Ⅰ. 감정평가 개요

○○천 정비사업에 편입된 토지 등에 대한 보상평가(수용재결)로서 가격시점은 수용재결 예정일인 2023. 4. 14을 기준함.

Ⅱ. (물음 1) 비교표준지선정

1. 사업인정의제일이 소하천정비시행계획의 수립 · 공고일인 2022. 12. 15인바, 그 이전 시점으로서 가장 근접한 2022년 공시지가를 기준함.

2. 비교표준지 선정(토지 기호1~2)

   '자연녹지', '전'인 표준지 중에서 공법상 제한 사항이 유사한 기호#가 선정

   (기호 '#나' 주거개발진흥지구로 상이하여 배제)

Ⅲ. (물음 2) 개별요인비교치

1. 기호#1

- 전 : $\left(\frac{100+15+15}{100}\right) \times \left(\frac{100+10+15}{100}\right) \times \left(\frac{100+10+8}{100}\right)$ ≒ 1.918

  접근 자연 획지

- ㉡ 물이흐르는 토지 : $\frac{130}{100} \times \frac{125}{100} \times \frac{118}{100} \times \frac{1}{10}$ ≒ 0.192(도시지역 내)

- ㉢ 제방 : $\frac{130}{100} \times \frac{125}{100} \times \frac{118}{100} \times \frac{1}{4}$ ≒ 0.479

2. 기호#2

- 전 : $\frac{127}{100} \times \frac{125}{100} \times \frac{118}{100}$ ≒ 1.873

- ㉡ 제방 : $\frac{127}{100} \times \frac{125}{100} \times \frac{118}{100} \times \frac{1}{4}$ ≒ 0.468

Ⅳ. (물음 3) 토지 보상평가액

1. 그 밖의 요인 보정치

(1) 선정 : 자연녹지 전, 지역요인 비교 가능 #2 선정(#1 - 지역 비교 불가)

(2) 격차율 (비교표준지 기준)

$\frac{140,000 \times 1.00000 \times 0.95 \times 1.00}{85,000 \times 1.00000}$ ≒1.564

(3) 결정 : 인근 보상선례 등 종합 고려 〈1.56〉 결정

2. 기호#1

(1) 전

85,000×1.00000×1×1.918×1.56 ≒ @254,000/㎡

〈× 400㎡ ≒ 101,600,000〉

(2) ㉡ 하천 : 85,000 × 1.00000 × 1 × 0.192 × 1.56 ≒ 25,500/㎡

〈× 100㎡ ≒ 2,550,000〉

(3) ㉢ 제방 : 85,000 × 1.00000× 1 × 0.479 × 1.56 ≒ @63,500/㎡

〈× 30㎡ ≒ 1,905,000〉

3. 기호#2

(1) 전 : 85,000 × 1.00000 × 1 × 1.873 × 1.56 ≒ @248,000/㎡

〈×300㎡ ≒ 74,400,000〉

(2) ㉡ 제방 : 85,000 × 1.00000 × 1 × 0.468 × 1.56 ≒ @62,000/㎡

〈× 100㎡ ≒ 6,200,000〉

Ⅴ. (물음 4) 잔여지 수용시 취득조건(토지보상법 시행령§39①)

1. 대지

면적의 과소 또는 부정형 등의 사유로 인하여 건축물을 건축할 수 없거나 건축물의 건축이 현저히 곤란할 경우

2. 농지

① 농기계의 진입과 회전이 곤란할 정도로 폭이 좁고 길게 남거나 부정형 등의 사유로 인하여 영농이 현저히 곤란할 경우

② 공익사업의 시행으로 인하여 교통이 두절되어 사용 또는 경작이 불가능하게 된 경우

3. 기타

잔여지가 상기 1과 2 외에 이와 유사한 정도로 잔여지를 종래의 목적대로 사용하는 것이 현저히 곤란하다고 인정되는 경우

종합문제 12 공익사업의 일부해제 30점

Ⅰ. (물음 1) 공공주택사업

1. 가격시점 : 2023. 6/30

2. 사업선정의제 : 지구지정고시 2019. 5/26

3. 적용공시지가 선택

(1) 취득할 토지 지가 변동여부

공공주택특별법 및 토지보상법 令§38 - 2에 따라 요건을 충족하지 못하였음

(2) 적용공시지가 선택

토지보상법§70④에 따라 사업인정 전 공사기준일로 하고 가격시점 최근 공시된 〈2019. 1/1〉

4. 비교표준지 선정

(1) 공법상 제한(용도지역등 則§23)

해당 사업에 따라 용도지역 변경 배제(GB. 자연녹지) 기준

(2) 기호 #1

① 무허가건축물 부지(則§24) 근거

② 신축당시 G.B 內 전 〈公 #1〉 선정

(3) 기호 #2 : 적법절차 거쳐 조상 상태 현황기준

GB 內 공장용지 〈公 #4〉 선정

(4) 기호 #3 : ① 선하지 미보상 상태로 전체보상

② GB 內 전 〈公 #1〉 선정

(5) 기호 #4 : GB 內 임야 〈公 #2〉 선정

5. 자가변동률(시점수정치)

(1) 자가변동여부 : 令§37③ 요건 불충족 (시도 격차 30% 미만)

(2) 지가변동률 : 令§37① 비교표준지 소재 시군구 P구(녹지지역)

〈1.04001〉

6. 그 밖의 요인 보정치

(1) 보상선례 선정 : GB. 전 적용공시지가 선택 기준 부합 〈사례 A〉 선정

(2) 보정치(GB 전 기준) : $\frac{300,000 \times 1 \times 1 \times 1}{191,000 \times 1.04001 \times 1 \times 1}$ ≒1.51

7. 보상액

(1) 기호 #1 : 191,000×1.04001×1×1×1×1.51 =@300,000

〈×400 = 120,000,000〉

(2) 기호 #2 : 1,520,000×1.04001×1×1×1.51 =@2,390,000

〈×200 = 478,000,000〉

(3) 기호 #3 : 191,000×1.04001×1×1×1×1.51 =@300,000

〈×800 = 240,000,000〉

(4) 기호 #4 : 60,000×1.04001×1×1×1.51 =@94,000

〈×100=9,400,000〉

8. 무허가건물 보상 주장 검토

① 국공유지 무단 점유 건축물도 원칙적으로 「토지보상법」에 따른 손실보상 대상

② 행위제한일(주민공람 · 공고) 이후 신축한 건물은 보상대상에서 제외

Ⅱ. (물음 2) 도시계획시설 사업

1. 가격시점 : 2023. 6/30

2. 사업인정의제 : 실시계획인가고시 2020. 12/31

3. 적용공시지가 선택

법§70④ 근거 사업인정 前 공시지가 중 가격시점 최근 공시된 〈2020. 1/1〉 선정

4. 비교표준지 선정

(1) 용도지역 등

① 공공주택지구 지정 해제로 '3종일주'(용도지역)은 원상복귀되나 GB(용도구역)은 해제된 상태로 남아 〈자연녹지〉 기준

② 당해 사업 관련 '도시계획시설 저촉' 제한 없는 상태 기준

5. 지가변동률(Y시 P구 녹지) 1.02111

6. 그 밖의 요인 보정치

(1) 선정 : 자연녹지, 임야 〈선례 B〉 선정

(2) 격차율 : $\frac{150,000 \times 1 \times 1 \times 1}{72,000 \times 1.02111 \times 1 \times 1}$ ≒2.04

7. 보상액

72,000×1.02111×1×1×2.04=@150,000/m^2

〈×200=30,000,000원〉

종합문제 13 건축물 보상 25점

지장물 등에 대한 보상평가로서 가격시점은 계약체결 예정일인 2023. 6. 1임 보상대상 여부 결정은 사업시행자의 권한이나 물음에 따라 의견 개진함.

Ⅰ. 소유자A

1. 건물(이전불능. 중급)

1) 기존부분

① 근생(B1, 1F)

$600{,}000 \times \frac{39}{50} \times (0.75 \times 96.75 + 96.75)$ ≒ 79,238,000

(B1: 0.75×96.75, 1F: 96.75)

② 주택(2F) : $690{,}000 \times \frac{39}{50} \times 96.75$ ≒ 52,071,000

2) 증축(3F주택)

$690{,}000 \times \frac{39}{39+10} \times 28.58$ ≒ 15,696,000

3) 소계 ≒ 147,005,000

2. 옥상간이창고

보상대상 여부 결정 및 조서작성은 사업시행자 판단 사항이나, 사업인정의제일(2022. 3. 20) 이후 설치된 것으로서 토지보존의무(토지보상법§25) 위반으로 보상 제외

3. 기름탱크

1) 이전비 :

$32{,}000/㎥ \times \left\{\left(\frac{1.5}{2}\right)^2 \times 3.14 \times 4\right\}$ ≒ 226,000

(3.14: π)

2) 물건의 가격 ≒ 400,000

3) 결정 : 이전보상 원칙으로서 226,000(∵ 1) < 2))

4. 담장 : $30{,}000 \times 4.5 \times 1.6$ ≒ 216,000

(30,000: 조립식)

5. 計 ≒ 147,447,000

Ⅱ. 소유자D

1. 건물(이전불능, 하급)

1) 근생(B1, 1, 2)

$550{,}000 \times \frac{23}{50} \times (0.75 \times 106.84 + 106.84 \times 2)$ ≒ 74,334,000

2) 주택(3F)

$630{,}000 \times \frac{23}{50} \times 106.84$ ≒ 30,962,000

3) 소계 ≒ 105,296,000

2. 담장 : 70,000 × 7.5 × 1.4 ≒ 735,000

연와조

3. 計 ≒ 106,031,000

Ⅲ. 소유자F(건물)

구조상 이전이 불가능하므로 취득보상(상급기준)하되, 보수비와 잔여부분에 대한 손실 등을 추가로 고려함.

1. 편입부분

1) 근생

$650,000 \times \frac{47}{50} \times (0.75 \times 289.9 + 180.5 + 215.6 + 254.2)$ ≒ 530,180,000

2) 주택

$750,000 \times \frac{47}{50} \times 254.2$ ≒ 179,211,000

3) 옥탑 : $500,000 \times \frac{47}{50} \times 0.75 \times (4.4 + 3.3)$ ≒ 2,714,000

4) 소계 ≒ 712,105,000

2. 잔여부분

1) 보수비 및 가치손실

① 보수비(제시 보수 비용合)

9,598,000 + ⋯ + 78,397,000 ≒ 267,309,000

② 잔여부분가치손실 : 1,394,230,000[1)] × 0.15 ≒209,135,000

1) 잔여부분 물건의 가격(편입전 가격 기준)

- 근생 : $650,000 \times \frac{47}{50} \times (0.75 \times 787.1 + 164.5 + 462 \times 2)$ ≒ 1,025,762,000
- 주택 : $750,000 \times \frac{47}{50} \times 462$ ≒ 325,710,000
- 옥탑 : $500,000 \times \frac{47}{50} \times (65.6 + 55.7) \times 0.75$ ≒ 42,758,000

合 : 1,394,230,000

③ 計(① + ②) ≒ 476,444,000

2) 잔여부분 물건의 가격 ≒ 1,394,230,000

3) 결정 ≒ 476,444,000

3. 計 ≒ 1,188,549,000

종합문제 14 수목보상 등 40점

Ⅰ. 감정평가 개요

택지개발사업에 편입된 수목의 보상평가로서 가격시점은 계약체결 예정일인 2023.6.1.임.

Ⅱ. (물음 1)

1. 고손율

① 수목이전시 '고사(말라죽음)'로 인해 생긴 손해의 비율을 말한다.

② 수목종류에 따라 차이가 있으며, 이식부적기인 경우 고손율은 2배까지 증가한다.

2. 감수율

① 과수목과 같은 수익수들의 이전시 수익의 감소율을 말한다.

② 통상 이식 후 3년 동안 220%의 감수률을 적용한다.

Ⅲ. (물음 2)

1. 조림된 용재림의 요건(시행규칙§39④)

산림자원의 조성 및 관리에 관한 법률§13에 따른 산림경영계획인가를 받아 사업하였거나 산림의 생산요소를 기업적으로 경영·관리하는 산림으로서, 입목에관한법률§8에 따라 등록된 입목의 집단 또는 이에 준하는 산림을 말함.

2. 보상시 손실이 없는 것으로 간주되는 경우

① 조림된 용재림 중 벌기령에 달한 용재림은 손실이 없는 것으로 본다.

② 벌기령의 90% 이상 경과하였거나 그 입목의 성장 및 관리상태가 양호하여 벌기령에 달한 입목과 유사한 경우에는 벌기령에 달한 것으로 본다.

Ⅳ. (물음 3)

1. 물건#30

(1) (자료 3)의 이식가능 수령을 초과하였는바 물건의 가격으로 평가함.

(2) 왜성사과의 표준재식수 10a당 89주(대목 M26. 4.5 × 2.5)이므로 대상의 면적이 50a(5,000㎡)인바, 89주(10a당) × 5 ≒ 445주가 표준재식수임.

(3) 대상 5,000㎡ 내에 400주 식재 상태는 정상범위 이내이므로 정상평가함.

@81,000원/주 × 400주 ≒ 32,400,000원

2. 물건#41

(1) 개요

이식가능수령 초과하였는바, '물건의 가격'으로 평가함.

(2) 정상식 검토

대목 M26. 4.25 × 2.5에 의할 경우 '89주/10a'이므로 대상 500주는 정상식 445주(89주 × 5)의 범위를 초과함.

(3) 평가액 결정

토지보상법 시행규칙§40②에 의거 정상식 기준 평가액을 초과할 수 없으므로 한도액은 아래와 같음.

7,298,000 × 5 ≒36,490,000원

〈10a당 가격〉 (@72,980원/주)

3. 물건#101 - 106

(1) 무궁화 : 상품화 가능하므로 손실이 없음.

(2) 왕벚나무

1) 물건의 가격 : @1,200 × 500 ≒ 600,000원

2) 이전비 : 관상수. 규격 0.9~1.5H 기준

① 이식비

$(14,881 + 5,000 + 5,314 + 26,042 + 2,418 + 5,328) \times \frac{500주}{100}$

굴 운 상 식 재 부

≒ 294,915원

② 고손액(묘목 소손율 1% 적용. 이하 同一)

@1,200 × 0.01 × 500주 ≒ 6,000원

③ 이전비(① + ②) ≒ 300,915

3) 결정 : '이전비 < 물건의 가격'이므로 이전비 300,915원으로 결정함.

(3) 장미

1) 물건의 가격 : @500 × 2,000 ≒ 1,000,000

2) 이전비

$(7,441 + 2,500 + 2,657 + 7,441 + 744 + 738) \times \frac{2,000}{100} + 500 \times 2,000$

관상수 0.9H 이하

× 0.01 ≒ 440,420원

3) 결정 : '이전비 < 물건의 가격'이므로 이전비 440,420원으로 결정.

(4) 느티나무

1) 물건의 가격 : @250 × 4,000 ≒ 1,000,000원

2) 이전비(관상수 1.5H 초과)

$(22,322 + 12,500 + 13,284 + 37,203 + 3,348 + 8,829) \times \frac{4,000}{100} + 250$

× 4,000 × 0.01 ≒ 3,909,440원

3) 결정 : '이전비 > 물건의 가격'이므로 물건의 가격 1,000,000원으로 결정.

(5) 사과

1) 물건의 가격 : @3,000 × 200 ≒ 600,000원

2) 이전비(과수 0.9H~1.5H)

$(22,322 + 10,000 + 5,314 + 37,203 + 2,976 + 7,782) \times \frac{200}{100} + 3,000$

× 200 × 0.01 ≒ 177,194원

3) 결정 : '이전비 < 물건의 가격'이므로 이전비 177,194원으로 결정.

(6) 배 : 이식가능수령 초과 ∴ 물건의 가격 보상

@2,000 × 300 ≒ 600,000원

(7) 보상액 합계((1)~(6)) ≒ 2,518,529원

4. 물건#311(낙엽송)

(1) 개요

수령 23년으로서 기준벌기령(40년) 고려시 보상대상이며, 시장거래가격을 알 수 있는 상황이므로 시행규칙§39에 의거 "거래가격 - 벌채비용 - 운반비"로 보상액을 산정함.

(2) 거래가격

1) 입목재적 : 0.4966[1] × 900본 ≒ 446.94㎥

1) 흉고직경 28cm, 수고 18m의 1본당 재적

2) 원목재적 : 446.94 × 80% (조재율) ≒ 357.55㎥

3) 거래가격 : @119,200[3] × 357.55 ≒ 42,619,960원

1) 최근 5月 원목가격(15 − 30cm × 3.6m 이상, 생산지)

(3) 벌채비용

1) 벌채공정

① 1ha당 벌채입목 재적 : 0.4966 × 900본 ÷ 3ha ≒ 148.98㎥

② 본당재적 : 0.4966㎥

∴ 벌채능률 14.51㎥ / 1인1일((자료 5) 임상 · 침엽수림)

2) 벌채비용

446.94 ÷ 14.51 (능률) × @79,326 (노임단가) + 446.94 × 1,879 (기계경비 · 유류대) ≒ 3,283,216원

(4) 운반비용

1) 굴삭기 그래플(입목제적 446.94㎥ 기준)

@340,000/대 × 2대 × 11일[1] ≒ 7,480,000원

1) 능률판단 : 446.94 ÷ 20.5 (1일1대 능력) ÷ 2대 ≒ 11일

2) 11ton 트럭(원목제적 357.55㎥ 기준)

① 소요대수(운반회수) : 357.55 ÷ 13.8㎥ ≒ 26회

② 비용 : @160,000 × 2대 × 6.5회[1] ≒ 2,080,000원

1) 11ton 트럭 2대. 대당 1일 2회 왕복기준

3) 소계 ≒ 9,560,000원

(3) 보상액

거 별 운

42,619,960 - 3,283,216 - 9,560,000 ≒ 29,776,744원

V. (물음 4)

수목의 보상은 '재산권에 대한 객관적 가치보상'이고, 영농손실보상은 '수용 등에 의한 일실손실보상'으로서 양자는 별개의 보상객체를 가짐.

따라서 각각의 보상요건에 해당되면 보상대상이 되며, 통상 수목은 다년생 식물에 속하며, 농지에서 자라고 있을 경우 그 해당여부를 개별적으로 검토하여 수목보상 및 영농손실액 보상의 대상이 될 수 있음.

저자약력

김 사 왕

- 제일감정평가법인 본사 이사
- 한국감정평가사협회 감정평가기준위원회 간사
- 국방부 국유재산자문 위원
- 국토교통부 부동산조사평가협의회 위원
- 국토교통부 중앙토지수용위원회 검토평가사
- 국토교통부 중앙토지수용위원회아카데미 강사
- SH공사 보상자문 위원
- 하우패스감정평가사학원 실무강사

〈편저〉
- 플러스 감정평가실무연습 입문 · 중급 · 기출
- 감정평가실무 분석

김 승 연

- 하나감정평가법인 이사
- 한국감정평가사협회 미래위원회 위원
- 하우패스감정평가사학원 실무강사

황 현 아

- 하나감정평가법인 본사 감정평가사
- 성균관대학교 한문교육학과
- 하우패스감정평가사학원 실무강사

[제6판] PLUS 중급 감정평가실무연습 II (예시답안)

2009년 7월 14일 초판 발행
2011년 10월 10일 제2판 발행
2014년 12월 2일 제3판 발행
2018년 3월 22일 제4판 발행
2020년 2월 20일 제5판 발행
2021년 4월 28일 제5판 2쇄 발행
2022년 4월 11일 제6판 1쇄 발행

저 자 / 김사왕 · 김승연 · 황현아
발행인 / 이 진 근
발행처 / **회 경 사**
서울시 구로구 디지털로33길 11, 1008호
(구로동 에이스테크노타워 8차)
전 화 / (02)2025-7840, 7841 FAX/(02) 2025-7842
등 록 / 1993년 8월 17일 제16-447호
홈페이지 http://www.macc.co.kr
e-mail/macc7@macc.co.kr

정가 23,000원

ISBN 978-89-6044-244-3 14320
ISBN 978-89-6044-242-9 14320(전2권)